Annales Bac 2012

Sujets et corrigés

Philosophie

T^les L/ES/S

Lisa Klein
Professeur certifié de Philosophie
Professeur en lycée

Yohann Durand
Professeur certifié de Philosophie
Professeur en lycée

hachette
ÉDUCATION

Conception graphique
Couverture : Alain Vambacas / Audrey Izern
Intérieur : Jehanne Marie Husson

Réalisation
Mise en pages : Médiamax

www.hachette-education.com

ISBN : 978-2-01-160308-1

AVANT-PROPOS

Le présent ouvrage couvre, grâce à l'étendue des sujets qu'il traite, l'ensemble du programme de philosophie de la classe de Terminale pour toutes les séries.

Le but de cet ouvrage est de permettre à chaque élève de s'entraîner à la réflexion philosophique, à partir de sujets qui ont été donnés récemment au baccalauréat. Chaque corrigé fait apparaître les différentes étapes de la réflexion :
– l'analyse préparatoire nécessaire au traitement d'un sujet,
– les règles d'élaboration d'un plan,
– la rédaction (plus ou moins détaillée).

Les nombreux sujets corrigés, qui sont proposés ici, fourniront également aux élèves les connaissances élémentaires nécessaires au traitement de chacune des notions du programme.
On trouvera, enfin, dans cet ouvrage, un rappel méthodologique général, visant à expliquer les règles fondamentales de la dissertation et de l'explication de texte ainsi que des conseils et un exemple pour l'épreuve orale dite « de rattrapage ».

Les auteurs

MODE D'EMPLOI

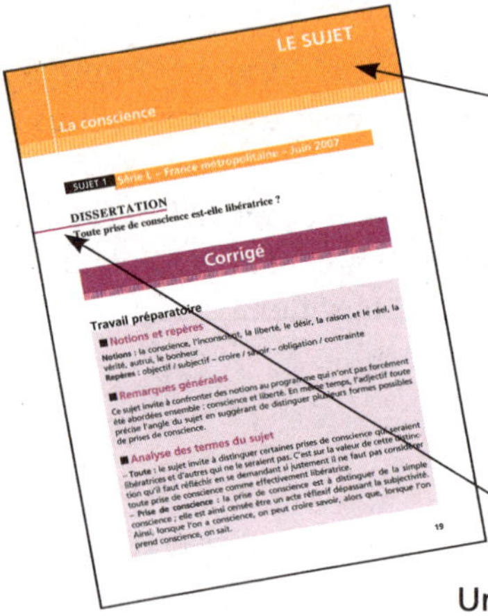

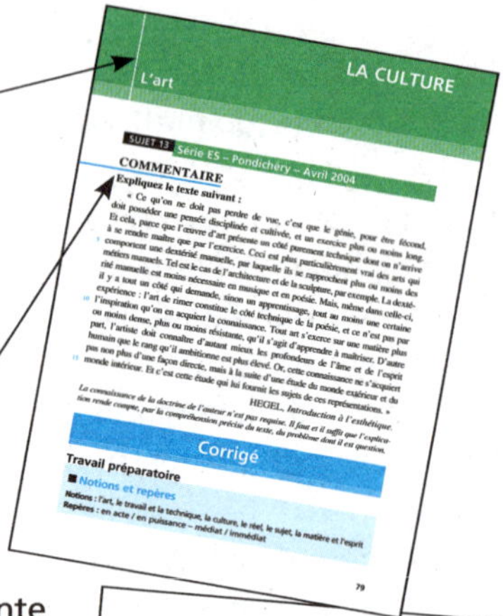

Chaque notion au programme repérable par sa couleur.

Une couleur différente pour chaque type de sujet.

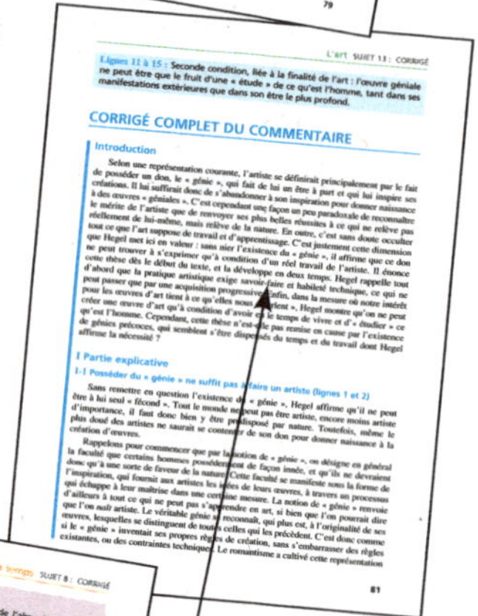

Une préparation développée au corrigé de chaque sujet.

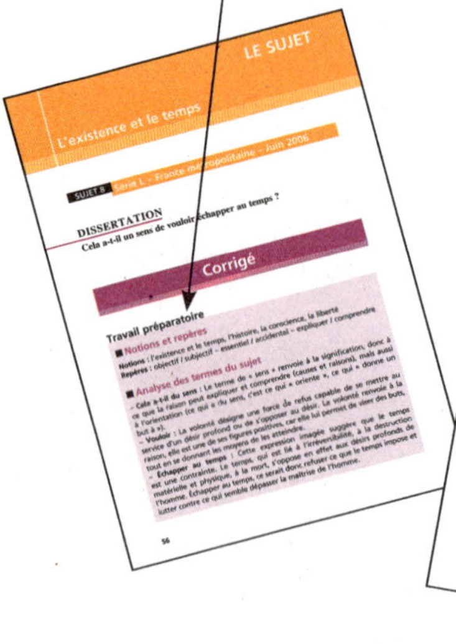

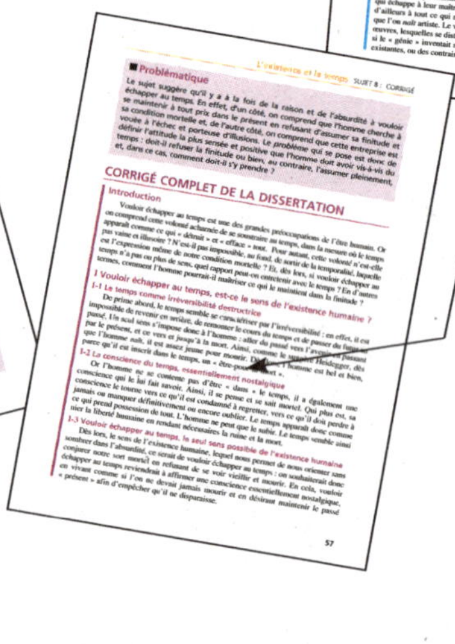

Corrigés complets ou plans détaillés.

SOMMAIRE

L'existence et le temps

Voir aussi L'épreuve orale, page 298.

LA CULTURE

La culture

Le langage

Voir aussi Sujet 51, page 281.

L'art

Le travail et la technique

La religion

L'histoire

Voir aussi Sujet 47, page 264.

LA RAISON ET LE RÉEL

La raison et le réel

Voir aussi Sujet 52, page 286.

Théorie et expérience

La démonstration

L'interprétation

Voir aussi Sujet 53, page 290.

LA POLITIQUE

La justice et le droit

Voir aussi Sujet 45, page 255.

L'État

LA MORALE

Voir aussi Sujet 50, page 277.

La liberté

Le devoir

Voir aussi Sujet 49, page 272.

Le bonheur

Voir aussi Sujet 46, page 259.

Sujets corrigés du bac 2010 et du bac 2011

Annexe

NOTIONS AU PROGRAMME

Notions	L	ES	S	N° de sujet
Le sujet				2, 5, 9, 12, 13, 30, 43, 48, 53
La conscience	✗	✗	✗	1, 2, 3, 4, 5, 6, 7, 8, 11, 12, 14, 16, 20, 21, 26, 28, 29, 30, 38, 43, 44, 46, 48, 50
L'inconscient	✗	✗	✗	1, 2, 3, 5, 6, 7, 11, 26, 48, 50
La perception	✗			3, 4, 30, 51
Autrui	✗	✗		1, 3, 5, 9, 11, 12, 25, 26, 33, 34, 42, 43, 53
Le désir	✗	✗	✗	1, 2, 5, 6, 7, 14, 17, 44, 46, 48
L'existence et le temps	✗			8, 29, 30
La culture				3, 9, 10, 13, 15, 16, 37, 47, 50
Le langage	✗	✗		11, 12, 22, 25, 26, 51
L'art	✗	✗	✗	4, 6, 11, 12, 13, 14, 15, 49
Le travail et la technique	✗	✗	✗	4, 12, 13, 14, 15, 16, 27, 28, 33, 34, 37, 51
La religion	✗	✗	✗	6, 14, 17, 18, 20, 21, 24, 27, 29, 44
L'histoire	✗	✗		8, 16, 19, 22, 25, 47
La raison et le réel				1, 2, 6, 12, 13, 14, 18, 19, 20, 21, 22, 23, 24, 28, 29, 31, 40, 44, 47, 51, 52
Théorie et expérience	✗			18, 22, 23, 27, 28, 52
La démonstration	✗	✗	✗	2, 18, 20, 21, 23, 24, 31
L'interprétation	✗	✗		2, 11, 18, 19, 22, 24, 25, 26, 30, 31, 45, 47
Le vivant	✗		✗	3, 20, 27, 28, 29, 30
La matière et l'esprit	✗	✗	✗	13, 15, 20, 23, 24, 27, 28, 29, 30
La vérité	✗	✗	✗	1, 2, 3, 5, 9, 14, 17, 20, 21, 22, 23, 24, 25, 26, 31, 40, 44, 47, 48, 52, 53
La politique				32, 33, 35, 36, 38, 39, 45, 52, 53
La société	✗	✗	✗	10, 14, 32, 33, 35, 36, 38, 39, 42, 46, 49, 51, 53
Les échanges		✗		12, 33, 34, 36
La justice et le droit	✗	✗	✗	10, 32, 33, 35, 36, 37, 38, 39, 45
L'État	✗	✗	✗	32, 33, 35, 36, 38, 39, 42, 46, 49
La morale				9, 10, 16, 18, 27, 28, 29, 31, 34, 35, 38, 39, 41, 42, 43, 44, 45, 47, 49, 50, 52, 53
La liberté	✗	✗	✗	1, 2, 7, 8, 10, 11, 15, 16, 29, 37, 39, 40, 41, 43, 46, 48, 49, 50
Le devoir	✗	✗	✗	17, 27, 31, 35, 38, 39, 41, 42, 43, 46, 47, 49, 52
Le bonheur	✗	✗	✗	1, 6, 7, 10, 14, 16, 17, 39, 43, 44, 46, 53

PRÉSENTATION DE L'ÉPREUVE

Lors de l'épreuve écrite, trois sujets sont proposés au choix des candidats : deux sujets de dissertation et un sujet-texte.

Les deux sujets de dissertation

Ces deux sujets pourront porter sur toutes les parties du programme. Ils seront, le plus souvent, libellés sous forme de questions directes et ouvertes.

Le sujet-texte

Le texte, d'une longueur de dix à vingt lignes, est emprunté à un auteur figurant dans la liste du programme. Il concerne une question essentielle en rapport avec le programme et doit permettre de poser, et éventuellement de résoudre, un problème philosophique.

Déroulement de l'épreuve écrite

	Série L	**Série ES**	**Série S**
Durée	4 heures	4 heures	4 heures
Coefficients	7	4	3

CONSEILS GÉNÉRAUX DE MÉTHODE

Méthode de la dissertation

Présentation générale de l'exercice

Disserter exige que l'on réponde à une question précise après en avoir fait apparaître l'intérêt, c'est-à-dire après avoir montré en quoi elle posait vraiment problème. La problématique peut être saisie à partir de la mise en relation des termes du sujet et de leur analyse.
Disserter philosophiquement, c'est donc réfléchir à partir d'une confrontation d'opinions que l'on s'efforce de dépasser.
Cette démarche doit prendre la forme d'une réponse argumentée et cohérente, dont la structure fera apparaître votre projet de réflexion.

Critères d'évaluation :
- compréhension du sujet et de son problème,
- analyse des concepts en jeu,
- cohérence de l'argumentation,
- capacité à mobiliser des connaissances (références et concepts),
- clarté et qualité de l'expression.

Conseils pour bien démarrer

- Commencez par analyser tous les termes du sujet en envisageant leurs différents sens (à l'aide de l'étymologie et de termes proches ou opposés...).
- Faites apparaître le problème à partir de la mise en relation des termes du sujet et de la confrontation d'opinions que leur analyse suggère.
- Cherchez des expressions proches, car la question fait parfois allusion à une expression familière renvoyant à une certaine opinion.
- Cherchez des arguments et des exemples.

Remarque : le sujet comporte souvent un présupposé, quelque chose qui est donné comme une évidence au sein même de la question. Il est important de le repérer car il peut être pertinent de l'interroger.

Principes de rédaction

La copie doit comporter une introduction, un développement en plusieurs parties, des transitions et une conclusion.

INTRODUCTION

L'introduction doit montrer, d'une part, pourquoi et en quels termes la question se pose et, d'autre part, quelle est la nature du problème qu'elle soulève.

- Pour commencer, on peut énoncer ce que répondrait l'opinion commune à la question posée, à partir du sens le plus immédiat des termes du sujet. On peut ensuite opposer à cette opinion des arguments plus philosophiques, qu'une analyse plus approfondie des termes du sujet suggère. La confrontation de ces deux thèses formera un paradoxe (du terme grec *para-doxa* : ce qui va « contre l'opinion »).
- Il faut ensuite reformuler le sujet et exposer clairement le problème qu'il soulève en montrant à quelle alternative nous conduit le paradoxe : nous sommes face à des thèses opposées et qui paraissent toutes deux recevables.
- On peut enfin annoncer soit une question qui servira de fil directeur à la réflexion, soit plusieurs questions qui détermineront le plan de la dissertation.

DÉVELOPPEMENT

Bien qu'aucun nombre de parties ne soit imposé, le plan le plus recommandé se compose de trois parties soit sous la forme « thèse-antithèse-synthèse » soit sous la forme d'un plan « progressif ».

Le plan « thèse-antithèse-synthèse »

Ce plan ne consiste pas à soutenir une chose puis son contraire pour clore la réflexion, à la fin, en balançant entre oui et non.

Dans la **première partie** (« thèse »), on doit exposer la réponse la plus spontanée à la question. Au terme de cette partie, une **transition** vient rappeler brièvement la réponse examinée, en en pointant les limites, pour annoncer la partie suivante.

La **deuxième partie** (« antithèse ») consiste à critiquer ou nuancer la thèse présentée au départ. Elle peut aussi chercher à résoudre les problèmes que posait la première réponse, ou développer une autre réponse possible.

Au terme de cette partie, une nouvelle **transition** vient relancer la réflexion.

La **troisième partie** (« synthèse ») s'efforce d'apporter une nouvelle réponse en dépassant l'opposition qui surgissait entre les deux précédentes parties.

Remarque : dans cette dernière partie, il faut absolument éviter de se contenter de faire un résumé des deux thèses précédentes.

Le plan « progressif »

Ce plan est recommandé pour les sujets qui invitent à ne donner qu'une seule réponse. Chaque partie correspond à une étape d'approfondissement de la réflexion : on peut ainsi faire varier les domaines de traitement de la réponse (en allant du plus particulier au plus général, ou du plus individuel au plus collectif…).

Remarque : quel que soit le plan adopté, l'essentiel est qu'il marque une progression dans l'analyse et s'oriente vers une conclusion.

CONCLUSION

La conclusion ne doit pas être un simple résumé ou une répétition inutile de ce qui précède. Il convient plutôt de mettre en valeur l'essentiel du développement et de montrer en quoi l'opposition de départ est enfin dépassée. On peut, par exemple, reprendre synthétiquement les différents moments de la réflexion et montrer le cheminement que l'on a suivi depuis l'énoncé de la thèse initiale. Comme l'indique le terme de conclusion, il est impératif d'apporter une véritable réponse au problème que le sujet a soulevé et de ne pas se contenter d'un bilan hésitant.

Une « ouverture » sur un autre sujet est toujours possible, mais elle n'est pas obligatoire. Qui plus est, mieux vaut éviter d'en faire une si celle-ci se révèle artificielle ou si elle remet en question le travail accompli.

Méthode de l'explication de texte

Deuxième type d'exercice proposé au baccalauréat.

Présentation générale de l'exercice

L'objectif de l'explication de texte est identique à celui de la dissertation, puisque cet exercice consiste également à saisir un problème philosophique en mettant en valeur son traitement argumenté. L'explication de texte doit donc être comprise comme un travail de lecture active s'attachant à interroger un texte.

Le sujet se présente ainsi : « Expliquez le texte suivant : ……

……

(Nom de l'auteur et de l'œuvre)

La connaissance de la doctrine de l'auteur n'est pas requise. Il faut et il suffit que l'explication rende compte, par la compréhension précise du texte, du problème dont il est question. »

Premièrement, comme l'indique le libellé du sujet, il faut expliquer le texte en montrant que son idée générale ainsi que ses détails ont été compris. Le but de l'explication de texte consiste en effet à s'approprier la thèse et l'argumentation de l'auteur. Il faut donc agir comme si le texte avait été écrit par vous et comme si vous vous efforciez de clarifier et de développer vos propres idées. Sans être forcément d'accord avec l'auteur, il faut donc montrer que l'on est capable d'effectuer le même raisonnement que lui.

L'autre exigence essentielle de cet exercice est la mise en évidence du problème philosophique qu'examine l'auteur, ainsi que de sa thèse. De façon générale, le texte philosophique constitue en effet une réponse à un problème précis et un effort pour dépasser l'opinion commune.

Deuxièmement, il convient de prendre un recul critique à l'égard de la thèse de l'auteur. On peut procéder de deux façons : en faisant apparaître cet effort critique soit dans une partie distincte de l'explication elle-même, soit dans le cours même de l'explication.

Conseils pour bien démarrer

- Mieux vaut ne pas écarter un texte sous prétexte que l'on ne connaîtrait pas son auteur car le texte forme une unité suffisante pour être expliqué et compris. Comme le précise le libellé, il ne s'agit pas d'une épreuve d'histoire de la philosophie, laquelle impliquerait nécessairement « la connaissance de la doctrine de l'auteur ».
- Faites plusieurs lectures en vous méfiant des premières impressions.
- Il faut également dégager les articulations principales du texte en s'appuyant sur les connecteurs logiques et en cherchant des titres pour les différentes parties.
- Enfin, il convient de repérer la thèse et le problème qu'étudie le texte, ainsi que ce qui pourrait faire l'objet d'une discussion critique.

Principes de rédaction

Comme pour la dissertation, votre copie devra comporter une introduction, un développement et une conclusion.

INTRODUCTION

L'introduction doit indiquer le thème, la thèse, le problème, le plan et l'intérêt philosophique du texte.

- Le <u>thème</u> est ce dont le texte traite de façon générale et ce qui renvoie aux notions du programme.
- La <u>thèse</u> est la position précise de l'auteur sur le thème et elle constitue une réponse à un problème philosophique. Il faut prendre soin de la reformuler, car elle n'est pas toujours explicitement présente dans le texte.
- Le <u>problème</u> est une question dont la particularité est d'amener à la confrontation de plusieurs points de vue.
- Dégager le <u>plan</u> consiste à mettre en évidence la structure de son argumentation. Il faut justifier le découpage choisi en précisant rapidement la fonction de chacune des parties (exemple : exposé de la thèse, illustration par un exemple, prise en compte d'une objection...). L'objectif est de montrer comment progresse le raisonnement de l'auteur.
- L'<u>intérêt philosophique</u> du texte est le recul critique que suggère la position de l'auteur et qui peut faire l'objet d'une discussion.

PARTIE EXPLICATIVE (étude ordonnée)

La partie explicative doit comporter autant de parties que le texte car elle en suit le plan et doit dégager toutes les étapes du raisonnement de l'auteur. Faites attention à ne pas « dissoudre » le texte dans l'analyse : il s'agit bien d'expliquer le texte dans son détail mais en veillant à ce que les analyses ne soient pas simplement juxtaposées et isolées les unes des autres. Pour développer tous les points implicites que comporte le texte (*explicare* signifie en latin « déplier », « déployer »), il convient de ne rien admettre.

Cela vous permettra également d'éviter de tomber dans la paraphrase, principal défaut rencontré dans cet exercice. C'est la simple répétition de ce que dit déjà le texte. On la reconnaît à des phrases telles que : « l'auteur dit que… puis il dit que…, etc. ». Pour l'éviter, il faut s'interroger systématiquement sur ce qu'avance l'auteur, et souligner le lien logique entre les idées. Il est également nécessaire de définir les termes importants et les concepts en jeu et de clarifier les exemples. Ainsi, on mesure la qualité d'une explication à ce qu'elle apporte au texte dans le but de le clarifier.

L'autre grand défaut à éviter est le hors-sujet, lequel consiste à prendre le texte comme un prétexte pour plaquer des connaissances ou des idées qui ne s'y trouvent pas. Pour ne pas tomber dans le hors-sujet, il faut donc :

– citer régulièrement le texte pour appuyer chaque moment de l'explication ;
– ne pas citer de trop grands passages à la fois.

Si des difficultés persistent, il vaut mieux ne pas les taire et les signaler pour montrer qu'elles ont au moins été perçues. Il est possible aussi de proposer plusieurs hypothèses d'explication.

PARTIE CRITIQUE
(à traiter au cœur de l'explication ou dans une seconde partie)

Dans cette partie, on peut apporter un regard critique, c'est-à-dire distancié par rapport à la thèse de l'auteur. Pour autant, cette critique ne doit pas être nécessairement négative, et l'on peut aussi montrer, par exemple, les implications ou bien l'originalité de la thèse soutenue par l'auteur. Pour éviter le hors-sujet, mieux vaut prendre pour point de départ le problème qu'examinait le texte.

Dans cette partie, il est également possible de faire référence aux réponses que d'autres auteurs ont apportées sur le même problème.

Remarque : malgré l'intérêt que représente cette démarche critique pour apporter un éclairage supplémentaire au texte, la partie explicative reste à privilégier car c'est sur elle que se jugent avant tout les qualités de compréhension.

CONCLUSION

Il faut ici rappeler quel était le problème du texte, et faire un bilan à la fois de l'explication et de la démarche critique.

L'épreuve orale de rattrapage

Remarques générales sur l'épreuve orale

Cette épreuve est dite épreuve de rattrapage car elle permet aux candidats dont la moyenne aux épreuves écrites se situe entre 8/20 et 10/20 de repasser une épreuve orale dans deux matières de leur choix pour ainsi tenter d'obtenir une moyenne au moins égale à 10/20 grâce aux nouvelles notes obtenues à l'oral.

Présentation de l'épreuve de philosophie

L'épreuve de philosophie porte sur une œuvre étudiée en classe au cours de l'année. Cette œuvre doit avoir été étudiée soit intégralement soit dans une de ses parties, dans les deux cas à partir d'extraits précis. Le candidat présente à l'examinateur chargé de l'épreuve une liste sur laquelle figurent l'œuvre étudiée ainsi que les textes précis ayant fait l'objet d'une explication en classe. L'examinateur choisit un texte parmi la liste.

Le candidat dispose de 20 minutes de préparation et de 20 minutes d'épreuve.

L'épreuve elle-même se déroule en deux temps : un temps pendant lequel le candidat procède à l'explication du texte et un temps pendant lequel l'examinateur pose des questions au candidat, questions permettant de préciser des points d'explication ou de compléter celle-ci.

Méthode d'explication

L'explication du texte doit être linéaire c'est-à-dire ordonnée (il faut suivre l'ordre du texte).

Le candidat procédera de la manière suivante :

- *lire* le texte sélectionné,
- présenter rapidement *l'auteur* et *l'œuvre*,
- *situer* le texte dans l'œuvre,
- donner la *thèse* du texte,
- donner le *plan* du texte,
- procéder à *l'explication détaillée* en mettant l'accent sur les mots et expressions importants pour éviter ainsi la paraphrase ou le résumé de texte,
- faire une conclusion en montrant l'intérêt philosophique du texte étudié.

La conscience

SUJET 1 Série L – France métropolitaine – Juin 2007

DISSERTATION

Toute prise de conscience est-elle libératrice ?

Corrigé

Travail préparatoire

Notions et repères

Notions : la conscience, l'inconscient, la liberté, le désir, la raison et le réel, la vérité, autrui, le bonheur
Repères : objectif / subjectif – croire / savoir – obligation / contrainte

Remarques générales

Ce sujet invite à confronter des notions au programme qui n'ont pas forcément été abordées ensemble : conscience et liberté. En même temps, l'adjectif *toute* précise l'angle du sujet en suggérant de distinguer plusieurs formes possibles de prises de conscience.

Analyse des termes du sujet

– **Toute :** le sujet invite à distinguer certaines prises de conscience qui seraient libératrices et d'autres qui ne le seraient pas. C'est sur la valeur de cette distinction qu'il faut réfléchir en se demandant si justement il ne faut pas considérer toute prise de conscience comme effectivement libératrice.
– **Prise de conscience :** la prise de conscience est à distinguer de la simple conscience ; elle est ainsi censée être un acte réflexif dépassant la subjectivité. Ainsi, lorsque l'on a conscience, on peut croire savoir, alors que, lorsque l'on prend conscience, on sait.

– **Est-elle libératrice :** la question porte sur le rapport entre la conscience (comme « prise » de conscience) et la liberté – le savoir que nous apporte la prise de conscience est-il porteur de liberté ou, au contraire, aliénant ? On demande donc d'interroger ce qu'apporte la prise de conscience par rapport à ce qu'apporte éventuellement le fait de ne pas prendre conscience.

■ Problématique

Le sujet oppose deux thèses. *D'une part* on peut poser que la prise de conscience est un facteur d'aliénation, par le savoir qu'elle impose au sujet et qui le priverait de certaines formes rassurantes d'illusions ou d'irresponsabilité. *D'autre part* on exige que le sujet humain ne se maintienne pas dans ce qui caractérise au fond l'inconscience. Le *problème* est alors de comprendre comme libérateur un processus qui peut sembler au contraire un poids, un « fardeau » (Sartre).

■ Plan de la dissertation

I On peut s'interroger sur l'opposition apparente entre les contraintes imposées par la prise de conscience et ce que suppose la liberté comme absence de contrainte.
II On peut remettre en question ce rapport d'opposition en montrant que la liberté comme absence de contrainte n'est pas une vraie liberté.
III On peut alors se demander à quelles conditions la prise de conscience rend possible une vraie liberté.

CORRIGÉ COMPLET DE LA DISSERTATION

Introduction

La prise de conscience ne se fait pas toujours dans la joie et l'on peut parfois la vivre comme une épreuve douloureuse. En effet, le savoir auquel nous confronte la prise de conscience semble mettre un terme brutal à une somme d'illusions bienfaisantes ainsi qu'à une forme de liberté consistant à croire ou à se comporter comme il nous plaît. En même temps, on ne peut que s'interroger sur la valeur de l'inconscience et du sentiment de liberté qu'elle procure, car il semble bien que ce soit une valeur trompeuse. N'est-ce pas plutôt la prise de conscience qui nous libère et en réalité l'inconscience qui nous enchaîne ? Mais alors le problème revient à comprendre comment la liberté est à l'œuvre dans toute prise de conscience et à quelles conditions.

I Toute prise de conscience serait plutôt aliénante par rapport à l'inconscience

I-1 La prise de conscience nous impose l'objectivité envers nous-même

Il convient tout d'abord de comprendre ce qui caractérise la prise de conscience par rapport à la simple conscience. Autant la conscience (de soi) peut être marquée par la subjectivité (du sujet lui-même), autant la prise de conscience implique un retour réflexif de la conscience sur elle-même, l'arrachant à la subjectivité pour la rendre plus objective. Le sujet doit donc en quelque sorte sortir de lui-même, de son propre point de vue, pour s'imposer un point de vue plus extérieur sur lui-même. En ce sens, la prise de conscience semble imposer l'abandon de ce que l'on tenait pour vrai, de ce qui constituait l'ensemble de nos représentations, de nos connaissances et de l'image que l'on avait de soi. Prendre conscience, c'est passer de ce qu'on croyait à ce que l'on sait et ne plus pouvoir revenir en arrière – d'où le sentiment de perdre une forme de liberté, consistant à se voir de la façon qui nous convenait ou qui était la plus facile à accepter.

I-2 La prise de conscience nous impose la responsabilité

Cette objectivité se double d'une responsabilité en invitant le sujet conscient à « répondre » de soi, de ses actes. Comme l'explique Kant, l'enfant qui commence à dire « Je » cesse de se sentir pour se penser et accède par là même au rang de sujet, de personne.

En cela, le sujet devenu véritablement conscient ne peut plus, par conséquent, se dédire de ce qu'il fait. Ses actes et ses pensées lui sont imputables ; il les porte et se doit de les assumer comme siens. La prise de conscience prive donc du confort de l'irresponsabilité, ce moment béni de l'enfance où rien n'est « de notre faute », où l'on peut agir sans savoir vraiment ce que l'on fait, sans penser aux conséquences, ni à la valeur morale de nos actions. Là encore, une forme de liberté semble perdue : celle consistant à agir comme bon nous semble.

I-3 La prise de conscience nous impose la vérité sur le monde extérieur

De même, l'objectivité de la prise de conscience nous fait passer de l'illusion (nous croyons savoir) au savoir lui-même, à la connaissance proprement dite. Or ce passage ne peut – semble-t-il – que se vivre dans l'épreuve et la difficulté, puisque forcément nous devons renoncer à ce qui, au fond, satisfaisait un désir. Comme le suggère l'allégorie de la Caverne de Platon, la prise de conscience peut nous aveugler par la souffrance qu'elle engendre. C'est donc bien qu'elle nous prive d'un état que nous lui préférons et qui est une façon de penser en toute liberté : penser le monde et les choses comme il nous plaît, selon nos opinions, sans s'imposer un travail de réflexion.

Transition

Il semble donc que la prise de conscience nous prive d'une certaine liberté. Cependant, cette liberté possible dans l'inconscience est-elle une vraie liberté ?

II Mais l'inconscience est une fausse liberté

II-1 Ne pas se connaître est une forme de dépendance

Nous pouvons remettre en question l'idée que la subjectivité serait confortable et « libre ». En effet, rester rivé à son propre point de vue et se voir subjectivement tel que l'on désire se voir, c'est proprement ne pas se connaître et ne pas vivre en accord avec soi-même. Or cela revient à être dépendant d'une image fausse de nous-même pouvant nous entraîner à faire de mauvais choix, à ne pas savoir aussi ce que nous faisons. Ne pas vivre en accord avec ce que nous sommes vraiment et ce que nous connaissons de nous-même, c'est ainsi ne pas être soi-même mais être au fond un autre et vivre sous la conduite de cet autre que nous croyons être et que nous ne sommes pas.

II-2 L'irresponsabilité est une forme de déterminisme

De même, on peut croire que l'enfant inconscient est libre mais, en réalité, il est déterminé par ce que Freud appelle « le principe de plaisir » : il ne cherche qu'à satisfaire son propre plaisir, en se pliant à ses pulsions et en croyant à sa toute-puissance. Là encore, il n'y a pas de vraie liberté car c'est être esclave de soi-même. Comme le suggère Spinoza, celui qui « est captif de son propre plaisir au point de ne plus rien voir ni faire qui lui soit vraiment utile est soumis au pire esclavage ». En effet, l'inconscience est le pire des esclavages au sens où l'on dépend en fait de soi-même sans même le savoir – ce qui nous rend alors incapable de nous en libérer.

II-3 L'illusion est un bonheur fictif et éphémère

Enfin, même si l'on croit qu'il faut préférer l'illusion à la vérité pour être plus heureux, ce bonheur n'est qu'une satisfaction imparfaite et précaire. Comme le montre Descartes, la joie de l'illusion ne touche que la superficie de notre âme, qui en ressent une certaine amertume. Or cette amertume peut être le signe que notre esprit, plongé et noyé dans l'illusion, se sent à la merci d'une vérité moins plaisante et qui menace sa joie. En cela, l'illusion est menacée par une désillusion toujours possible et sa liberté n'est elle aussi qu'une apparence, une fausse liberté. Platon montre également que le « prisonnier » de la Caverne est au fond prisonnier de ses ombres, lesquelles lui montrent un monde tronqué, réduit, et l'empêchent de saisir la vérité profonde des choses, symbolisées par le Soleil.

Transition

Il nous faut donc bien admettre que l'inconscience n'offre pas une vraie liberté. Seule la prise de conscience peut alors nous libérer de cette illusion. Mais comment ?

III Conditions pour que toute prise de conscience soit effectivement libératrice

III-1 La prise de conscience doit permettre la connaissance unificatrice de soi

La prise de conscience ne signifie pas « renoncer à sa subjectivité pour s'imposer un point de vue cruel sur soi-même ». La prise de conscience doit plutôt être un moyen pour notre propre conscience de rencontrer et de partager la subjectivité d'autrui, même s'il faut certes passer par ce que Sartre appelle « l'épreuve de la honte ». En effet, celle-ci est « reconnaissance » de soi et nous libère d'un point de vue erroné sur nous-même. En ce sens, pour que la prise de conscience soit libératrice, il faut qu'elle débouche sur le sentiment d'une unité trouvée ou retrouvée et non sur un traumatisme menaçant notre unité. Même si prendre conscience de ce que l'on est réellement implique l'effort d'accepter ce qui nous déplaît en nous, cet effort doit rester une épreuve positive et constructive. « Faire » prendre conscience en imposant une souffrance trop brutale ne permettrait pas au sujet de se libérer de quoi que ce soit.

III-2 La prise de conscience doit être une responsabilité autonome

De même, croire que la responsabilité à laquelle nous engage la prise de conscience est aliénante serait une erreur. C'est au contraire la responsabilité qui est source de liberté, en nous permettant d'agir en tant que sujet autonome, animé d'une volonté et capable de maîtriser la réalité, de revendiquer et d'assumer de vrais choix. Là aussi, la responsabilité n'est pas quelque chose de facile, mais c'est la condition pour une vraie liberté, impliquant que l'on se libère d'une fausse liberté consistant à agir inconsciemment, au hasard de désirs non assumés. La prise de conscience de ce que l'on veut vraiment est alors le moyen de se diriger plus efficacement vers ce qui nous définit, vers ce que nous savons être notre but véritable, et elle prend le sens d'un authentique engagement envers nous-même.

III-3 La prise de conscience doit être le bonheur d'une vérité délivrant de l'illusion

Enfin, la prise de conscience qui nous délivre de l'illusion cause certes du déplaisir (celui de la « désillusion »), mais c'est au profit d'une satisfaction plus grande de l'esprit humain : celle de connaître la vérité. Le « prisonnier » de la Caverne qui a finalement contemplé le Bien ne veut pour rien au monde redescendre parmi ses anciens compagnons, et son bonheur tient à ce qu'il est libéré de ses anciennes chaînes. Il voit enfin le « ciel des Idées », c'est-à-dire l'ordre même du monde ; il comprend cet ordre comme étant l'œuvre d'une raison et peut ainsi ne plus craindre d'être soumis au hasard des choses.

Conclusion

Si nous avons pu croire que la prise de conscience entravait la liberté par ses exigences, il est apparu que, sans prise de conscience, l'homme se maintenait figé dans une inconscience asservissante. La prise de conscience doit donc être comprise comme le moyen permettant de sortir de cette fausse liberté, à condition qu'elle soit constructive et épanouissante pour le sujet lui-même.

L'inconscient

SUJET 2 Série L – France métropolitaine – Juin 2004

DISSERTATION

La notion d'inconscient psychique est-elle contradictoire ?

Corrigé

Travail préparatoire

■ Notions et repères

Notions : la conscience, l'inconscient, le sujet, la raison et le réel, la vérité, l'interprétation, le désir, la démonstration, la liberté
Repères : contingent / nécessaire / possible – en fait / en droit – expliquer / comprendre – légal / légitime

■ Remarque générale

Une certaine maîtrise de la doctrine de Freud et de celles de ses détracteurs est ici requise sans quoi on risquerait de ne traiter le sujet que partiellement.

■ Analyse des termes du sujet

– **La notion :** On doit seulement s'interroger sur la possibilité de *penser* la notion d'inconscient, indépendamment du fait qu'on puisse *savoir* si l'inconscient existe ou non.
– **Inconscient :** L'inconscient désigne ce qui n'est pas conscient, c'est-à-dire ce que la conscience ignore ou n'est pas capable d'expliquer. C'est donc tout ce qui n'est pas « su » (*scire* : savoir), ou encore tout ce qui échappe à la pensée. Or, classiquement, la philosophie place la conscience au centre de l'existence humaine. L'idée d'inconscient devient du coup problématique et l'on peut :

– soit nier l'existence de l'inconscient au nom de la foi que l'on accorde à la conscience humaine et affirmer que si l'homme se caractérise par sa conscience et son aptitude à « savoir » et à « se connaître », alors l'inconscient renvoie à l'animal (l'instinct), mais pas à l'homme ;
– soit supposer qu'il existe un inconscient du corps (constitué par tout ce qui appartient au corps mais qui échappe à la conscience), mais on se retrouve face à un inconscient qui reste encore relativement maîtrisable ;
– soit, enfin, affirmer avec Freud l'existence d'un inconscient « psychique » en montrant la possibilité de pensées inconscientes qu'on refuserait de connaître.

– **Psychique :** C'est la notion centrale du sujet car ce qui est problématique, c'est l'idée d'un inconscient qui serait psychique. Psychique renvoyant à « psuchè », qui signifie l'âme et la pensée, parler d'inconscient psychique revient à affirmer avec Freud qu'il y aurait de l'inconscient dans notre âme, autrement dit des pensées s'ignorant elles-mêmes ou même des pensées refoulées. Or il est courant depuis Descartes de définir la pensée par la conscience : en effet, lorsque je pense, je sais que je pense et je sais ce que je pense. Ce que le sujet interroge donc, c'est la contradiction apparente de cette possibilité même : comment penser sans en avoir du même coup conscience et comment poser qu'il existe des pensées inconscientes puisque, par définition, on ne connaîtrait pas ces pensées ?

– **Contradictoire :** Contradictoire signifie que l'on affirme à la fois qu'une chose est ceci et qu'elle ne l'est pas. Le sujet demande donc si en affirmant qu'il y a des pensées inconscientes, on ne contredit pas la définition même de la pensée, laquelle pose que toute pensée est consciente.

■ Problématique

Le sujet oppose, d'un côté, le fait que la plupart de nos pensées semblent connues de nous et, de l'autre, le fait que certains aspects de notre âme paraissent nous échapper, comme s'il existait en nous des pensées dont nous ignorons la provenance ou même le sens. Le problème est alors de savoir si cette contradiction vient de ce que nous définissons mal la pensée (en la posant comme consciente) ou bien de ce que nous nous trompons en affirmant la possibilité même de penser sans en avoir conscience.

■ Plan de la dissertation

I Apparente contradiction de la notion d'inconscient psychique.
II L'hypothèse d'un inconscient psychique semble pourtant nécessaire.
III En quel sens peut-on alors critiquer la notion d'inconscient psychique ?

CORRIGÉ COMPLET DE LA DISSERTATION

Introduction

L'homme, parce qu'il est conscient, semble capable non seulement de penser mais aussi de savoir qu'il pense. Il peut ainsi se représenter le monde extérieur mais également se représenter lui-même. En ce sens, la conscience fait que l'homme est transparent à lui-même, il sait ce qui se passe dans son âme et connaît ses pensées. Pourtant, certaines de nos pensées semblent parfois nous échapper comme si nous n'en maîtrisions pas toujours la provenance ni le sens. Dès lors, devrait-on en déduire qu'il existerait chez nous une certaine forme d'inconscient et que nous pourrions être sujets à des pensées inconscientes ? Or ceci ne contredirait-il pas la définition même de la pensée, laquelle se pose comme consciente d'elle-même ? Se pourrait-il que nous pensions sans savoir ce que nous pensons ? Le problème qui se pose est donc de savoir si une forme de pensée inconsciente est concevable : si nous pensons sans le savoir, d'où viendraient alors ces pensées inconscientes et que vaudraient-elles ?

I Apparente contradiction de la notion d'inconscient psychique

I-1 L'affirmation cartésienne : penser, c'est avoir conscience de penser

Pour s'assurer que son esprit est capable de connaissances, autrement dit est capable de se représenter les choses telles qu'elles sont vraiment, Descartes entreprend un jour de remettre en question tout ce dont on peut douter, jusqu'à douter des choses les plus évidentes. Ainsi, comme nos sens nous trompent parfois, on peut douter d'eux. Ensuite, comme la raison se trompe aussi parfois dans certains de ses « calculs », on est en droit alors de remettre en question ses affirmations. Enfin, comme nous croyons parfois être éveillés alors que nous rêvons, il faut aussi douter de l'évidence d'être éveillé. Il s'ensuit que l'on se trompe aussi peut-être lorsqu'on est certain de ne pas se tromper. Cependant, une certitude apparaît au sein de tous ces doutes : c'est que, même si je me trompe, dès lors que je pense, je suis au moins certain d'exister. La conscience trouve donc sa place dans ce doute systématique et radical et apparaît comme capable de vérité puisqu'elle suppose que je suis conscient de penser et que « je suis une chose dont toute la nature est de penser ».

I-2 Il n'existe donc pas de pensée inconsciente

La conséquence du fameux *« cogito ergo sum »* est que chacune de mes pensées, puisqu'elle me renvoie à la certitude que j'ai d'exister, est donc consciente. Ainsi penser, sentir, imaginer, vouloir, c'est en même temps avoir conscience de penser, sentir, imaginer et vouloir. Dès lors, comme la certitude qui accompagne la pensée l'identifie à la conscience, il ne peut, par conséquent, y avoir de pensées inconscientes. Le sujet humain est donc bel et bien transparent à lui-même : il peut ainsi tout savoir sur lui-même. La notion d'inconscient n'a donc pas de sens pour Descartes, et encore moins l'idée d'un inconscient qui serait « psychique », puisque ce que je ne sais pas c'est tout simplement ce que j'ignore ou bien encore ce qui relève de l'erreur. Et, si je me trompe, je n'ai certes pas conscience de me tromper, mais j'ai toujours la conscience qui accompagne ma pensée erronée : si, par exemple, je pense que la tour est carrée, je n'ai certes pas conscience qu'elle est ronde, mais j'ai conscience de la penser comme carrée. Il n'y a donc pas, de ce point de vue, de pensée qui puisse être inconsciente.

I-3 Si toute pensée est consciente, l'inconscient ne peut qu'être physique et non psychique

Dès lors, il ne peut y avoir d'inconscient qui relève de la pensée. Aussi, s'il y a de l'inconscient, ce ne peut être que du corps. Pour autant, bien que Descartes souligne combien est délicate l'union de l'âme et du corps – union qui fait que « je ne suis pas logé dans mon corps comme un pilote en son navire », ce qui signifie que certains phénomènes du corps peuvent modifier mon âme et la rendre « passive » – il n'en demeure pas moins que, pour lui, cette passivité reste toutefois accessible à la pensée, bien que celle-ci subisse les effets du corps. Ainsi, si je suis en colère, je subis la colère mais je me sais en colère, autrement dit ma colère reste donc consciente. Alain ira plus loin en affirmant que l'inconscient est réductible au simple « instinct » animal, auquel l'homme n'échappe pas et qui le détermine certes, mais qui ne lui ôte pas sa responsabilité de sujet conscient : « Il n'y a point de pensées en nous sinon par l'unique sujet, Je. » Il s'ensuit que s'il existe bel et bien un inconscient, celui-ci ne peut provenir que du corps, puisque, dans tous les cas, l'idée d'un inconscient qui serait psychique est inconcevable dans la mesure où la pensée, même imparfaite et déformée, reste, par définition, toujours consciente d'elle-même.

Transition

Or la réalité paraît parfois nous mettre en présence de pensées que notre conscience semble incapable de saisir.

II L'hypothèse d'un inconscient psychique semble nécessaire

II-1 Le psychisme serait plus inconscient que conscient

Que la conscience accompagne la plupart des phénomènes pensés semble acquis. Freud lui-même emploie d'ailleurs l'adjectif « conscients » à propos de phénomènes que la conscience ne peut pourtant expliquer. Il suggère ainsi que j'ai conscience, par exemple, d'avoir fait tel ou tel rêve, ou que j'ai conscience de certains actes manqués (lapsus, oublis…), ou encore que j'ai conscience de tel ou tel symptôme névrotique (angoisse, phobie, etc.). Mais, ce que Freud montre surtout, c'est que cette conscience est toute superficielle et ne renvoie qu'à un vague « je sais ». Ainsi, selon lui, « tous ces actes conscients demeurent incohérents et incompréhensibles si nous nous obstinons à prétendre qu'il faut bien percevoir par la conscience tout ce qui se passe en nous en fait d'actes psychiques ». Et, certes, notre savoir ne peut nous renseigner sur le sens de tel rêve, sur le sens de tel oubli qui se répète, ou encore sur le pourquoi de telle phobie. Or ces faits sont bien des faits psychiques, puisque ce sont des produits de notre âme et non de notre corps. En ce sens, on peut affirmer que puisque la conscience se révèle « lacunaire » et incapable de donner des informations satisfaisantes sur ces faits, c'est donc qu'on peut les qualifier d'inconscients. Or comme ces faits constituent la majeure partie des faits psychiques, on pourrait être tenté d'en déduire, comme Freud, que « la conscience ne constitue pas l'essence du psychisme, elle n'en est qu'une qualité et une qualité inconstante, bien plus souvent absente que présente ».

II-2 L'inconscient psychique serait le produit du refoulement

Mais, dès lors, comment expliquer cet aspect du psychisme humain ? Pour expliquer qu'il puisse exister un inconscient psychique en nous, Freud met en avant le mécanisme du refoulement. Ainsi, selon lui, si tel aspect de notre âme nous demeure inconnu, c'est que nous ne voulons pas le connaître parce que la morale le condamne. Une pensée meurtrière ou jalouse, par exemple, ou des complexes profonds seront présents en nous mais inconscients car nous ne voudrons pas les voir. Freud avance la notion de libido pour montrer que l'inconscient psychique est constitué d'éléments qui renvoient à notre vie affective et sexuelle et que notre conscience morale censure. Ainsi, une patiente de Freud, jalouse d'une amie, rêve qu'elle ne peut préparer un dîner : sa conscience ne peut saisir la jalousie à l'œuvre dans son rêve et le sens de celui-ci demeure donc inconscient. La patiente donnera une interprétation erronée et superficielle à son rêve parce qu'elle ne veut pas au fond admettre qu'elle est jalouse. Dès lors, il semble que, pour Freud, c'est précisément l'hypothèse d'une conscience toute puissante qui serait contradictoire : en effet, si la conscience peut tout expliquer, pourquoi manque-t-elle à ce point de lucidité sur certains faits psychiques ? Ainsi, ce serait en vérité l'idée même d'un inconscient psychique qui permettrait de rendre « cohérents » certains aspects de notre âme qui, sinon, resteraient absurdes.

II-3 Autonomie de l'inconscient psychique

Or pour que l'inconscient psychique nous apparaisse, il faut bien que ce que la morale censure ne le soit pas tout à fait ! Ainsi la jalousie de la patiente de Freud n'est pas complètement refoulée puisqu'elle se manifeste dans un rêve. C'est donc bien que l'inconscient arrive, malgré la censure, à s'exprimer et à signifier ce que précisément la censure morale veut masquer complètement. C'est pourquoi Freud « décompose » le psychisme humain en des « instances », qui opèrent chacune de façon autonome par rapport aux autres : ce que l'une « pense », l'autre ne veut pas le savoir et il y a donc la possibilité d'un mensonge à soi-même, d'un refus de se connaître. Le « Moi » apparaît alors divisé ou « tiraillé », comme si, en nous, œuvraient plusieurs personnes.

Transition

Loin d'être contradictoire, la notion d'inconscient psychique semble plutôt à même de lever les contradictions : en effet, sans cette hypothèse, le sujet humain risquerait de rester incompréhensible ! Pour autant, affirmer que l'on puisse se mentir à soi-même comme s'il y avait en nous plusieurs sujets ne serait-ce pas un tant soit peu contradictoire ?

III En quel sens peut-on critiquer la notion d'inconscient psychique ?

III-1 Contradiction apparente de l'hypothèse freudienne

Les critiques qui ont été adressées à la théorie freudienne portent essentiellement sur la possibilité d'un mensonge à soi-même, lequel supposerait à la fois qu'on sache et qu'on ne sache pas. Sartre, notamment, a souligné que le refoulement qui, selon Freud, structure le psychisme inconscient laisse penser que l'on peut à la fois savoir et ne pas savoir. Et, certes, pour refouler les éléments qu'on ne veut pas connaître, il faut bien cependant les connaître. Telle est donc la critique que Sartre formule à l'égard de la théorie freudienne et de la censure qui opère le refoulement : « Comment la censure distinguerait-elle les impulsions refoulables sans avoir conscience de les discerner ? » C'est dire que, pour Sartre, l'inconscient freudien serait contradictoire car il supposerait que l'on ne veut pas connaître ce que l'on connaît pourtant ! Ainsi, l'hypothèse freudienne ne supprimerait pas la difficulté rencontrée dans les autres formes de mensonges à soi-même : elle la déplacerait simplement et répèterait la contradiction.

III-2 Thèse sartrienne de la mauvaise foi

Sartre lève cette contradiction en affirmant que le mensonge à soi-même doit être compris comme n'étant qu'une mauvaise foi consciente d'elle-même. Pour refuser de savoir, il me faut en effet savoir. Simplement, je fais semblant de ne pas savoir. Ainsi, selon Sartre, ces conduites de mauvaise foi « ne peuvent apparaître que dans la translucidité de la conscience ». Sartre prend l'exemple de la coquette qui, tout en recherchant la séduction, la refuse. En réalité, elle fait semblant de ne pas voir la séduction à l'œuvre dans le comportement de son soupirant. Dès lors, il s'ensuit qu'il n'y a plus d'inconscient et que même la névrose suppose une conscience suffisamment claire pour refuser ce qu'elle refoule. La maladie n'est ainsi, pour Sartre, qu'une manière de se maintenir également dans la mauvaise foi. Par conséquent, il n'y a pas, selon Sartre, d'inconscient psychique. Ce qui est contradictoire, c'est donc l'être humain lui-même, car sa liberté fait qu'il peut toujours être ce qu'il n'est pas et ne pas être ce qu'il est. C'est donc la conscience qui permet en fait à l'homme de se projeter ainsi dans ce qu'il n'est pas et d'être de mauvaise foi, d'où des conduites contradictoires, mais qui ne sont pas inconscientes.

III-3 Dépassement de la critique sartrienne

La mauvaise foi est certes possible et elle caractérise même de nombreuses conduites qui pourraient être comprises comme inconscientes, bien qu'elles restent en réalité conscientes d'elles-mêmes. Pour autant, il semble que certaines manifestations psychiques résistent à cette hypothèse de mauvaise foi. En effet, la maladie névrotique et la psychose ne semblent pas pouvoir s'expliquer par la conscience. Lorsque c'est le corps qui devient, ainsi, signe et expression de certaines pensées, comme c'est le cas par exemple dans le symptôme névrotique, on peut supposer que c'est parce que la conscience devient alors incapable d'exprimer ses contradictions. Le corps devient ainsi porteur de ce savoir refusé par la conscience et ses expressions se font symboliques, autrement dit devront être interprétées. Seule l'hypothèse de l'inconscient psychique permet alors de voir dans le corps malade l'expression du conflit entre un « je veux » et un « je ne veux pas », entre un « je suis » et un « je ne suis pas » ; conflit qui dépasse la simple mauvaise foi pour dégénérer en vraie maladie.

Conclusion

Il semble donc que si la conscience accompagne la plupart de nos pensées, il faut pourtant admettre que certaines pensées échappent toutefois à notre savoir. Qui plus est, bien que la mauvaise foi démontre que parfois nous savons bien ce que nous affirmons ne pas savoir, il n'en demeure pas moins que, seule, l'hypothèse d'un inconscient psychique permet d'éclairer ce que parfois la conscience refoule au point de l'oublier, et qui n'apparaît plus que dans certains souvenirs (réminiscences) que le corps se charge alors d'exprimer.

La perception

SUJET 3 Série L – France métropolitaine – Juin 2008

DISSERTATION

La perception peut-elle s'éduquer ?

Corrigé

Travail préparatoire

Notions et repères

Notions : la perception, la conscience, l'inconscient, la culture, la vérité, autrui, le vivant

Repères : objectif / subjectif – universel / général / particulier / singulier – absolu / relatif – origine / fondement

Remarque générale

Ce sujet est assez difficile parce que pointu. Il combine en effet la notion de perception avec la notion de culture, dont les problématiques sont souvent séparées.

Analyse des termes du sujet

– **La perception** : cette notion appartient à la rubrique « le sujet », où la perception est en général étudiée dans son rapport avec l'objectivité, en se demandant si celle-là s'enracine plutôt dans la sensibilité, source d'illusions, ou bien dans l'entendement, plus fiable. En effet, la perception désigne à la fois nos sensations et le jugement qui les accompagne et les traduit. D'autre part, la perception nous ouvre-t-elle au monde extérieur ou bien est-elle condamnée à nous renseigner uniquement sur nos états internes ? Ici, la perception est

interrogée *plutôt dans son rapport avec la culture* et l'on se demande si notre manière de nous rapporter au monde extérieur est indépendante de notre culture ou bien, au contraire, si l'on apprend à percevoir à travers une culture et une éducation particulières.
– **Peut-elle :** cette question a à la fois le sens de la possibilité et celui de la légitimité. On demande donc s'il est possible, pour la perception, de s'enraciner dans l'éducation et si cela serait une bonne chose.
– **S'éduquer :** l'éducation désigne la manière dont on conduit un être pour le « sortir » d'un état en l'amenant à un autre état, jugé meilleur. Si la perception ne peut s'éduquer, cela signifie qu'elle est innée, naturelle, non modifiable et, par conséquent, la même pour tous les hommes. Cela peut aussi signifier qu'il serait mauvais de vouloir changer notre perception (si cela était possible). La forme pronominale (« s'éduquer ») peut être distinguée d'une autre formulation plus passive « être éduquée », comme si la question ici prenait en compte la possibilité pour la perception de s'éduquer elle-même, de ne pas simplement se laisser conduire.

■ Problématique

Le sujet oppose deux thèses. On peut croire, d'une part, à l'idée que la perception humaine est un phénomène naturel et universel, donné par la nature à l'homme. Mais l'on peut également supposer que nous apprenons à percevoir et que c'est notre éducation, voire notre culture qui orientent et façonnent notre manière de sentir les choses. Le problème est donc de déterminer quelle est la part innée et quelle est la part acquise de notre perception. Percevons-nous tous de la même manière et « bien », si notre perception est relative à notre éducation ?

■ Plan de la dissertation

I La perception semble un phénomène naturel, inné et universel.
II Mais la perception est en fait le produit de l'éducation.
III Comment alors apprendre à bien percevoir ?

PLAN DÉTAILLÉ DE LA DISSERTATION

I La perception semble un phénomène naturel, inné et universel

I-1 La perception est ce qui semble caractériser de façon naturelle le règne animal

Apparemment, la perception est un phénomène naturel et non culturel, que l'on rencontre dans le règne animal, telle une capacité innée permettant d'être en rapport avec le monde extérieur. En effet, percevoir, c'est sentir, c'est-à-dire mettre une sensibilité interne en rapport avec des phénomènes externes. D'où l'idée que la perception n'est pas une faculté qui s'éduque, puisque nous naissons avec cette faculté.

I-2 La perception s'enracine apparemment dans l'instinct de conservation

En ce sens, la perception semble garantir une adaptation par rapport au monde extérieur, en vue de la conservation. C'est grâce à la perception de ce qui nous entoure que nous pouvons satisfaire notre besoin de nous nourrir, de nous protéger, de nous défendre. En ce sens, il semble impossible et néfaste d'éduquer cet instinct qui est efficace et parfait, puisque conservé et transmis au cours de l'évolution.

I-3 Nous percevons tous la même chose

Enfin, nous tombons d'accord sur nos perceptions, et autrui est en ce sens celui qui confirme ou annonce mon propre point de vue par le sien, similaire. Comme le montre Gilles Deleuze, « un visage effrayé, c'est l'expression d'un monde possible effrayant [...], que je ne vois pas encore ». Cette identité de perception suggère donc que notre perception n'est pas quelque chose qui subit des modifications et qui se particularise au cours d'une éducation, d'un apprentissage. Un objet effrayant est perçu par nous tous comme étant effrayant.

II Mais la perception est en fait le produit de l'éducation

II-1 Dans la perception, le jugement accompagne nos sensations

Il apparaît que la perception ne se réduit pas à la simple sensation et qu'elle est plutôt une sensation accompagnée de conscience, une manière pour la conscience de se saisir comme « incarnée », faite de chair, prise dans l'étoffe d'un corps (Merleau-Ponty). En ce sens, la perception humaine n'est pas une simple donnée naturelle nous permettant seulement de sentir le monde extérieur, elle nous renvoie à notre propre corps percevant. Seul l'apprentissage peut ainsi nous permettre d'expérimenter cette dimension-là de notre perception.

II-2 Sans éducation, il apparaît que notre perception ne s'humanise pas

Le cas des enfants sauvages, comme celui de Victor de l'Aveyron, montre également que si l'on n'apprend pas à un enfant à voir, à entendre, à toucher, etc., c'est-à-dire à exercer ses sens, alors sa perception reste quasi animale, centrée sur les fonctions vitales (nutrition et défense). Or notre perception est bien plus élaborée et élargie, prouvant ainsi que c'est bien l'éducation qui permet cela. Nous apprenons à notre perception à viser des activités plus gratuites, plus esthétiques (plaisir des couleurs, des sons, des odeurs, etc.).

II-3 Autrui est celui qui façonne notre perception

Cela revient donc à suggérer aussi qu'autrui n'est pas tant celui qui confirme ma perception que celui qui peut former et façonner ma perception en lui donnant une dimension particulière, voire singulière. La psychanalyse montre, en ce sens, que les névroses s'enracinent dans des rapports affectifs investis de sentiments parfois non formulés et mal vécus. Nous percevons comme nous avons le sentiment d'avoir été perçus. Nous projetons sur le monde et les autres le regard parental dont on nous a chargés.

III Comment alors bien éduquer la perception ?

III-1 Si la perception est, de fait, éduquée, il convient de bien l'éduquer

Le fait que la perception humaine soit le produit d'un apprentissage et d'une éducation ne doit pas pour autant laisser cette éducation être menée n'importe comment. Il convient de s'entendre sur les critères permettant aux enfants de conduire au mieux leur rapport au monde extérieur et à leur propre corps. Éduquer la perception, c'est ainsi s'attacher à l'amener à réaliser ses possibilités au maximum, la conduire dans le sens d'un accomplissement de ses potentialités. Tel est le principe même de l'éducation. Concrètement, c'est à l'école que l'enfant apprend à développer et à affiner ses sens et son corps.

III-2 L'art comme modèle d'une perception bien éduquée

En ce sens, l'art semble représenter le modèle que l'on peut proposer à l'éducation de la perception humaine. En effet, la perception esthétique n'est-elle pas une manière pour nos sens de se rapporter au monde et à notre propre corps de façon totalement dégagée de toute fonction vitale, de tout intérêt ? Ne représente-t-elle pas une manière de « percevoir pour rien, pour le plaisir » (Bergson) ? L'artiste qui saisit par son génie un aspect du réel que nous ne voyons pas n'est-il pas le meilleur éducateur pour notre perception ?

III-3 Toutefois, l'éducation de notre perception doit pouvoir nous appartenir aussi

Pour autant, il ne faut pas laisser à autrui seul le soin de conduire notre perception, car ce serait se risquer à voir celle-ci être façonnée, voire déformée. Comme toute éducation, son but doit être l'autonomie. En ce sens, si autrui a contribué à éduquer notre perception, c'est à nous de la réinvestir de façon positive, pour que nous puissions nous rapporter au monde et à nous-même de façon personnelle et équilibrée. Ce que l'on appelle la « perte de la réalité » dans les psychoses signale peut-être une perception des choses trop éduquée par autrui.

SUJET 4 Série L – France métropolitaine – Septembre 2008

COMMENTAIRE

Expliquez le texte suivant :

« Vivre consiste à agir. Vivre, c'est n'accepter des objets que l'impression utile pour y répondre par des réactions appropriées : les autres impressions doivent s'obscurcir ou ne nous arriver que confusément. Je regarde et je crois voir, j'écoute et je crois entendre, je m'étudie et je crois lire dans le fond de mon cœur. Mais ce que je vois et ce que j'entends du monde extérieur, c'est simplement ce que mes sens en extraient pour éclairer ma conduite ; ce que je connais de moi-même, c'est ce qui affleure à la surface, ce qui prend part à l'action. Mes sens et ma conscience ne me livrent donc de la réalité qu'une simplification pratique. Dans la vision qu'ils me donnent des choses et de moi-même, les différences inutiles à l'homme sont effacées, les ressemblances utiles à l'homme sont accentuées, des routes me sont tracées à l'avance où mon action s'engagera. Ces routes sont celles où l'humanité entière a passé avant moi. Les choses ont été classées en vue du parti que j'en pourrai tirer. Et c'est cette classification que j'aperçois, beaucoup plus que la couleur et la forme des choses. Sans doute l'homme est déjà très supérieur à l'animal sur ce point. Il est peu probable que l'œil du loup fasse une différence entre le chevreau et l'agneau ; ce sont là, pour le loup, deux proies identiques, étant également faciles à saisir, également bonnes à dévorer. Nous faisons, nous, une différence entre la chèvre et le mouton ; mais distinguons-nous une chèvre d'une chèvre, un mouton d'un mouton ? L'individualité des choses et des êtres nous échappe toutes les fois qu'il ne nous est pas matériellement utile de l'apercevoir. Et là même où nous la remarquons (comme lorsque nous distinguons un homme d'un autre homme), ce n'est pas l'individualité même que notre œil saisit, c'est-à-dire une certaine harmonie tout à fait originale de formes et de couleurs, mais seulement un ou deux traits qui faciliteront la reconnaissance pratique. »

BERGSON, *Le Rire.*

La connaissance de la doctrine de l'auteur n'est pas requise. Il faut et il suffit que l'explication rende compte, par la compréhension précise du texte, du problème dont il est question.

Corrigé

Travail préparatoire

Notions et repères

Notions : la perception, la conscience, le travail et la technique, l'art
Repères : objectif / subjectif – identité / égalité / différence – universel / général / particulier / singulier – en théorie / en pratique

Remarques générales

Le texte n'est pas particulièrement difficile à comprendre et il offre l'avantage de proposer des exemples concrets, mais on peut être tenté de croire que l'auteur répète la même idée. Il faut donc bien insister sur la progression du texte et, à partir d'une analyse détaillée, mettre en valeur les différents arguments de Bergson et leur articulation avec l'idée centrale.

Problème, thèse et intérêt philosophique

Le problème posé est celui de l'objectivité de notre perception : percevons-nous les choses telles qu'elles sont réellement ou bien notre perception est-elle subjective, marquée et influencée par des facteurs venant de nous, et notamment de ce que notre humanité a en commun avec le vivant ? À cette question Bergson répond que l'humanité est marquée par le besoin pratique d'agir sur le monde extérieur, ce qui conditionne sa manière de percevoir : les hommes ne perçoivent les choses que par rapport à un critère, celui de leur utilité. D'où une perception assez grossière qui simplifie les rapports entre les choses et tend à les confondre là où elles ont la même utilité. Pour autant, on peut se demander si l'homme n'est pas aussi doué d'un sens esthétique lui permettant d'affiner sa perception et le rendant capable de percevoir pour percevoir, comme en témoigne l'artiste. Cette idée est précisément celle de Bergson, mais le texte insiste surtout sur la perception ordinaire, laquelle n'est pas esthétique mais plutôt technique (attention, en effet, au fait que cette idée n'est exprimée que de façon implicite et que Bergson nous montre surtout, dans cet extrait, que la perception a avant tout une visée utilitaire chez l'homme et que ce dernier ne perçoit l'individualité qu'en cas de nécessité).

Analyse des concepts principaux

– **Vivre... agir... vivre... utile :** Bergson insiste sur la manière dont la vie oriente notre perception vers l'action et l'utilité pratique. Les choses prennent un sens réduit lorsque nous les percevons, car nous en saisissons d'emblée l'utilité, ce que nous pouvons en « faire » et comment nous pouvons

« agir » par rapport à elles. Ceci s'enracine dans ce que l'homme a en commun avec l'animal et avec le vivant. Même si la perception humaine est plus fine que la perception animale, elle reste au final, et comme chez l'animal, assez simpliste, parce qu'au service de la vie.

– **Impressions... voir... entendre... mes sens et ma conscience... du monde extérieur... de moi-même** : ce que Bergson analyse ici, c'est notre faculté de percevoir, portant à la fois sur des objets extérieurs et sur nous-même (puisque l'homme a une conscience lui permettant de se percevoir lui-même). En ce sens, aussi bien envers le monde extérieur qu'envers nous-même, notre perception est grossière car nous cherchons à classer les choses en fonction de leur utilité. Nous saisissons donc aussi de notre propre être ce qui se rapporte à son action et à son efficacité pratique et n'atteignons qu'un aspect superficiel de nous-même.

– **Confusément... simplement... simplification... différences... ressemblances... classification... distinguons-nous... individualité** : Bergson met en évidence la fonction simplificatrice de la perception humaine qui confond au lieu de distinguer et qui range dans une seule et même catégorie des objets pourtant différents. Car les choses ont une singularité qui les rend uniques et qui les distingue des autres « mêmes » choses : une chèvre est différente d'une autre chèvre. La perception rate donc la singularité des objets.

■ Plan du texte de Bergson

Lignes 1 à 8 : Mise en évidence de ce qui oriente notre perception des objets, c'est-à-dire leur utilité et ce que l'on peut en faire.

Lignes 8 à 14 : Conséquence de cette manière de percevoir qui aboutit à une perception simplifiée et réductrice.

Lignes 15 à 25 : Comparaison entre la perception humaine et la perception animale mettant en évidence la manière dont la perception humaine, tout en étant plus performante que la perception animale, n'arrive pas à saisir les choses dans ce qu'elles ont de singulier.

CORRIGÉ COMPLET DU COMMENTAIRE

Introduction

On pourrait croire que la perception humaine, condition de la connaissance et d'un rapport possible au monde extérieur, serait objective. En effet, percevoir un objet en dehors de soi, n'est-ce pas être assuré du même coup que cet objet existe et qu'il est tel qu'on le perçoit ? Pour autant, ce serait là négliger le fait que la perception s'enracine nécessairement dans le sujet humain que l'on est et que, par là même, certains facteurs l'orientent, distinguant notamment la perception humaine de la perception animale. Comment alors caractériser la perception humaine ? Selon quels critères proprement humains l'homme perçoit-il le monde qui l'entoure ? Fait-il preuve d'une parfaite objectivité parce que plus doué et plus précis que l'animal, par exemple ?

Ou bien n'a-t-il pas lui aussi une perception marquée par des critères d'adaptation et d'efficacité, comme tout être vivant ?

Ainsi, selon Bergson, l'humanité est marquée, comme le vivant, par le besoin pratique d'agir sur le monde extérieur, ce qui conditionne sa manière de percevoir. On ne perçoit alors les choses que par rapport à un critère, celui de leur utilité. D'où une perception assez grossière qui simplifie les rapports entre les choses et tend à les confondre lorsqu'elles ont la même utilité. Pour autant, on peut se demander si l'homme n'est pas aussi doué d'un sens esthétique lui permettant d'affiner sa perception et le rendant capable de percevoir pour percevoir, comme en témoigne l'artiste. Cette idée est aussi celle de Bergson, mais l'extrait proposé insiste surtout sur la perception ordinaire, laquelle n'est pas esthétique mais plutôt technique.

I Partie explicative

I-1 Ce qui oriente notre perception des objets (lignes 1 à 8)

Lignes 1 à 3 : la première phrase résume assez bien l'idée selon laquelle la vie humaine ne se distingue pas tellement de la vie animale et consiste à « agir ». Par là il faut comprendre que le vivant, quel qu'il soit, ne se maintient en vie que par l'intermédiaire d'échanges avec le milieu extérieur, qu'il doit assimiler pour se nourrir, se protéger ou se reproduire. Le fait d'interagir avec le monde extérieur devient alors la condition même de la vie. Pour cela, il faut donc que l'être vivant soit en mesure de percevoir le monde extérieur par rapport à ses besoins et donc par rapport à ce qu'il peut en retirer d'utile et de nécessaire (repérer de la nourriture, un prédateur, etc.). D'où un certain tri que la vie opère par rapport à tout ce qui se présente et que Bergson résume par une différence dans la manière dont la perception sélectionne ses « impressions ». Certaines impressions seront « acceptées » et la vie va y « répondre », d'autres impressions seront « obscurcies » ou reçues « confusément ». Par *impressions* il faut entendre la manière dont les objets extérieurs frappent nos sens, avant même d'être pris en charge par la pensée. Une première sélection s'effectue alors au niveau simplement sensible de la perception, certaines sensations étant retenues et interprétées, d'autres n'étant pas traitées. Ce qui permet cette sélection est, selon Bergson, le critère d'utilité. Par exemple, si un animal perçoit un prédateur, cette impression sera sélectionnée parce que utile à sa survie, et il y réagira de manière « adaptée », c'est-à-dire efficace pour sa survie (la fuite, par exemple, ou l'attaque). Mais si l'animal perçoit un objet sans intérêt pour sa vie, alors son impression restera très faible.

Lignes 3 à 8 : Bergson applique cette idée à la perception humaine, suggérant d'emblée que, nous aussi, en tant qu'êtres vivants, nous agissons avant tout (lignes 3 à 8). Il explique que, comme la vie, nos sens (vue, ouïe…) et notre conscience (« Je m'étudie ») trient leurs impressions pour ne retenir que celles qui sont utiles à l'action. Celles qui concernent la perception d'objets sont retenues, parce que utiles pour « éclairer (notre) conduite », c'est-à-dire mieux guider nos actions et les rendre plus efficaces (par exemple, retenir d'un objet qu'il constitue un obstacle que l'on doit enjamber pour ne pas tomber). De même pour les impressions qui concernent la perception (conscience) que l'on a de soi-même : la conscience retient « ce qui affleure à la surface » et qui « prend part à l'action », c'est-à-dire ce qui en nous-même est utile pour agir efficacement (par exemple, la capacité de déplacement de notre jambe suffisante pour enjamber l'obstacle). Ici, la perception de soi est superficielle ; ce qui est saisi ne vise que ce que l'on fait ou s'apprête à faire dans le présent (parler, marcher, travailler, lire, etc). Notre « moi profond » n'est pas saisi, parce qu'il ne sert à rien, n'agit pas, n'est pas en interaction avec les autres. Le moi que la conscience saisit est notre moi superficiel, social, celui qui agit et se veut efficace. Pour Bergson, cette sélection opérée par la perception humaine (extérieure ou intérieure) n'est pas consciente, au sens où nous ne savons pas que notre perception est ainsi partielle. Nous « croyons » percevoir les choses de façon complète et objective, alors que nous les percevons de façon incomplète et subjective. Nous sommes donc dans l'illusion.

I-2 Conséquence sur la perception (lignes 8 à 14)

Lignes 8 à 14 : La conséquence de cette orientation de la perception est sa réduction et sa simplification. Nous éliminons la complexité de la réalité (le monde extérieur et nous-même) pour la simplifier, c'est-à-dire la réduire à un nombre restreint d'éléments, ceux qui sont utiles à l'action. Les « différences inutiles » sont « effacées », au sens où ce sont les détails qui sont sacrifiés dans cette perception utilitaire. En effet, nous ne saisissons d'un objet que son intérêt pratique (par exemple, ce que l'on peut en faire, comment l'utiliser). Il ne s'agit donc que d'un seul de ses aspects, un seul de ses éléments. D'où une « simplification ». Par exemple, si l'on s'avance vers une porte pour l'ouvrir, on ne saisit de la porte que sa poignée, la distance qui sépare notre main d'elle, et s'il faut pousser ou tirer. Mais sa forme, sa couleur, sa composition, parce que inutiles, ne sont pas perçues. Nous « accentuons » ses « ressemblances utiles », car nous retenons de cet objet ce qu'il a en commun avec tous les autres (ici, avec les autres portes). Bergson insiste sur l'idée que cette orientation de la perception dessine des « routes » et les trace « à l'avance », au sens où notre perception est déjà prédéfinie avant même que nous ne percevions les objets. Il s'agit d'un mécanisme nous venant de « l'humanité entière », c'est-à-dire de l'évolution, de notre enracinement biologique et de notre besoin de nous conserver en agissant efficacement sur le monde. Ainsi, ce que nous percevons n'est pas constitué d'objets bien distincts les uns des autres, par leurs détails (« couleur », « forme »), mais au contraire rangés dans les mêmes catégories (« classification ») et que, par conséquent, nous confondons (pour notre perception, une porte ne se distingue pas d'une autre porte).

I-3 Comparaison entre la perception humaine et animale et limites de la perception humaine (lignes 15 à 25)

Lignes 15 à 25 : Bergson entreprend alors de répondre à une objection que l'on pourrait lui faire (« Sans doute ») : la perception humaine n'est-elle pas pourtant plus fine et plus détaillée que la perception animale ? À cette question Bergson répond par l'affirmative en prenant l'exemple de la vision du loup, laquelle confond deux objets aussi distincts que l'agneau et le chevreau. Si le loup confond ces deux objets, c'est, selon l'auteur, parce qu'ils ont pour l'animal le même intérêt pratique : il s'agit du même type de proie (bonne et facile) et le loup les classe donc dans la même catégorie. Bergson admet alors que la perception humaine est plus fine et que l'homme ne confond pas deux objets différents comme la chèvre et le mouton. En ce sens, l'homme est capable d'une classification moins grossière. En retenant non seulement la qualité de proie bonne et facile de ces deux animaux mais aussi leur aspect physique, l'homme les distingue. Néanmoins Bergson suggère que l'homme ne distingue pas une chèvre d'une autre chèvre, ni un mouton d'un autre mouton. Il veut ici montrer que notre distinction reste tout de même grossière lorsqu'il s'agit de saisir le caractère individuel d'un objet, à savoir ce qui le rend unique, singulier, radicalement différent d'un objet de la même classe que lui. Il précise toutefois que cette individualité peut être perçue si elle est utile : on peut penser ici à un éleveur capable de reconnaître et de distinguer ses animaux, mais ne le faisant que parce que cela sert son travail (repérer un animal plus faible, plus petit, plus alerte, etc.). Bergson conclut en montrant que cette subtilité dont nous disposons ajoute quelques éléments distinctifs (« un ou deux traits qui faciliteront la reconnaissance pratique ») mais ne nous permet pas de saisir la véritable originalité de l'objet, laquelle ne sert à rien.

Transition

Bergson met donc ici en évidence la manière dont la perception humaine se révèle réductrice et incapable de saisir l'originalité des choses. Pour autant, l'homme n'est-il pas également capable de remédier à cette imperfection ?

II Partie critique

En effet, comme Bergson le suggère ici et le souligne plus loin, il existe certains hommes capables de percevoir justement les choses pour le simple plaisir de les percevoir et qui montrent ainsi une sensibilité exceptionnelle. Tels sont les artistes, capables de percevoir pour « rien », c'est-à-dire de façon désintéressée. Par là même Bergson confirme le caractère général de la perception humaine, laquelle serait intéressée et réductrice. Mais l'on peut se demander si la manière dont les hommes sont sensibles à l'art ne tend pas à prouver que tout homme est au fond capable de percevoir autrement que de façon ordinaire, pour peu que l'artiste l'aide un peu. En effet, si nous ne percevions que de façon grossière les choses, comment pourrions-nous être sensibles à ce que nous montre l'artiste et qui nous touche ? Pour autant, il nous faut bien admettre aussi qu'une telle sensibilité doit se former et s'apprendre, pour que l'individu soit à même d'élargir sa perception et de la rendre capable de s'intéresser à des objets inutiles et uniques tels que les œuvres d'art.

Conclusion

Bergson nous apprend donc que la perception humaine est marquée par l'évolution (du vivant) et que l'homme ne perçoit au fond que ce qui l'intéresse, que ce qui lui est utile, que ce dont il peut « faire » quelque chose. Par conséquent, l'homme se montre incapable d'apprécier les objets (y compris lui-même) pour ce qu'ils ont de radicalement différent et d'unique. Mais ce serait oublier que l'humanité produit aussi des hommes exceptionnels – les artistes –, capables de percevoir justement l'originalité des choses et, par là même, de rendre les hommes ordinaires plus sensibles, plus désintéressés, plus ouverts.

Autrui

SUJET 5 Série ES – France métropolitaine – Juin 2008

DISSERTATION

Est-il plus facile de connaître autrui que de se connaître soi-même ?

Corrigé

Travail préparatoire

Notions et repères

Notions : autrui, la conscience, l'inconscient, le désir, la vérité, le sujet
Repères : objectif / subjectif – croire / savoir – intuitif / discursif

Remarques générales

Ce sujet paraît au premier abord assez simple mais il comporte au moins deux difficultés. La première tient à ce qu'il nous est demandé de comparer deux démarches tout en insistant davantage sur la connaissance d'autrui que sur la connaissance de soi (le sujet ne doit pas être réduit à la question : est-il facile de connaître autrui ?). La seconde tient à ce qu'on ne saisit pas d'emblée l'intérêt de la question : quelle opinion doit-on remettre en question ? Faut-il simplement établir que la connaissance d'autrui est difficile ? Faut-il montrer que la connaissance d'autrui est plus difficile que la connaissance de soi et pourquoi ?

Analyse des termes du sujet

– **Est-il plus facile :** cette question interroge les modalités de la connaissance d'autrui par rapport aux modalités de la connaissance de soi. Si cette connaissance est *plus facile*, il convient de comparer les modes d'accès, les moyens. Si, au contraire, cette connaissance est *plus difficile*, il convient de comparer les obstacles, les difficultés. Enfin, une autre alternative suggère qu'il est *tout aussi difficile* de connaître autrui que de se connaître soi-même (à noter que le sujet nous demande d'éliminer d'emblée l'idée que les deux connaissances seraient aussi faciles l'une que l'autre).

– **Connaître autrui :** connaître autrui, c'est pouvoir dire qui il est et ce qu'il est. Cette connaissance porte sur l'identité d'autrui. Cette identité concerne à la fois l'être physique et l'être moral qu'est autrui, en tant qu'autre homme, à la fois différent de moi et égal. En effet, comme le suggère la formule de Sartre, « autrui, ce moi qui n'est pas moi » ; autrui est une conscience comme moi, parce que humain lui aussi, donc sujet comme moi, mais il est aussi radicalement différent de moi, parce que unique, singulier. On voit alors que cette connaissance présente à la fois des facilités et des difficultés : autrui est offert à la connaissance car il est extérieur à nous et nous ressemble ; en même temps, sa différence radicale et son intériorité semblent inaccessibles.

– **Se connaître soi-même :** se connaître soi-même, c'est également pouvoir dire qui l'on est et ce que l'on est. Ici, il s'agit de se connaître par ses propres moyens. Là aussi, il semble à la fois facile et difficile de se connaître : nous sommes à la fois très proche et trop proche de nous-même. Nous disposons, semble-t-il, de la conscience comme outil de connaissance de soi, mais cette conscience est nécessairement subjective.

■ Problématique

L'opinion suggère qu'autrui est plus facile à connaître que soi-même, mais, en s'interrogeant un peu plus, nous constatons que la connaissance d'autrui implique des difficultés que ne semble pas imposer la connaissance de soi. Chacune de ces deux connaissances apparaît alors comme difficile, mais pas pour les mêmes raisons. Là où l'une est « facile », l'autre est difficile – et inversement. Alors il convient de se demander si ces difficultés respectives n'impliquent pas une complémentarité ou une interdépendance entre la connaissance de soi et la connaissance d'autrui.

■ Plan de la dissertation

I Il est apparemment plus facile de connaître autrui que de se connaître soi-même.

II Mais la connaissance d'autrui peut s'avérer aussi difficile que la connaissance de soi-même.

III Ces difficultés de part et d'autre suggèrent que la connaissance d'autrui et la connaissance de soi doivent se compléter et s'aider mutuellement.

CORRIGÉ COMPLET DE LA DISSERTATION

Introduction

On insiste souvent sur la difficulté pour le sujet de se connaître lui-même en relativisant par là même la connaissance d'autrui. On conclut rapidement à la facilité de connaître autrui et à l'idée que l'on connaît même mieux autrui qu'on ne se connaît soi-même (ou encore qu'autrui nous connaît mieux que nous ne nous connaissons). Pour autant, ce serait négliger tout ce que la connaissance véritable d'autrui a de problématique. N'est-il pas illusoire et présomptueux de prétendre savoir exactement ce que pense et ressent l'autre ? Comment puis-je affirmer pouvoir me mettre à sa place ? Ainsi, si l'on ne peut que remettre en question l'idée qu'il serait plus facile de connaître autrui que soi-même, faut-il alors s'en tenir à une mise en évidence des difficultés respectives de ces deux connaissances ? Ou bien faut-il aller plus loin et suggérer que ces connaissances sont indissociables et qu'elles incarnent la dimension tragique du sujet humain ?

I Il est apparemment plus facile de connaître autrui que de se connaître soi-même

I-1 Je peux plus facilement connaître autrui car il est extérieur à moi

Il apparaît tout d'abord qu'autrui est, par définition, celui qui n'est pas moi (Sartre) et, en ce sens, il est extérieur à moi, visible comme un « objet ». Si moi je suis moi dans un rapport d'identité dont je ne peux me défaire, collant pour ainsi dire à moi-même, autrui est un autre sujet, il est distinct de moi, il est l'autre. J'ai donc par rapport à autrui un recul, une distance, conditions nécessaires à toute connaissance, laquelle implique un sujet et un objet distincts. Au contraire, lorsqu'il s'agit de me connaître, je suis sans recul, à la fois sujet et objet, juge et partie. Je suis condamné à me voir et me connaître « de l'intérieur », par ma propre conscience, dans un dédoublement illusoire parce que interne. Ceci rend donc apparemment la connaissance d'autrui plus facile.

I-2 Mon jugement sur autrui est plus impartial

Par conséquent, mon jugement sur autrui est comme « désengagé », neutre, car je ne suis pas lui et il n'est pas moi. Même si autrui m'est très proche et s'il m'est douloureux de constater en lui des aspects désagréables de son être ou de sa personnalité, je peux tout de même constater ces défauts sans me sentir affecté par eux, comme lui pourrait se sentir affecté par eux s'il venait à les connaître. À l'inverse, je peux également voir en autrui des qualités qu'il se refuse à voir, même si cette connaissance peut se teinter pour moi d'envie ou de jalousie. Et cela est possible parce qu'il semble impossible de ne pas juger autrui. Quand bien même ce jugement nous affecterait, il semble que cela nous affecte moins qu'il n'affecte autrui. Et par conséquent, lorsqu'il s'agit de me connaître moi-même dans ce qui pourrait me définir moi, je suis nécessairement affecté, ayant à assumer aussi ce qui est imparfait, négatif, déplaisant. Cela peut nuire à mon objectivité et rendre donc plus difficile encore la connaissance de soi que la connaissance d'autrui.

I-3 Autrui est plus accessible à mon jugement parce qu'engagé dans des rapports avec moi

Enfin, autrui est engagé dans des rapports avec moi, rapports sociaux, familiaux, personnels, sachant que les hommes vivent ensemble et non pas seuls. Or cet engagement de rapports implique pour autrui de s'exposer, par ses actes, ses paroles ou encore son travail, à mon jugement et à ma connaissance. Vivre avec autrui implique qu'on porte un regard sur lui et qu'on le juge. L'analyse sartrienne du rapport à autrui dans *Huis clos* conduit à la fameuse phrase « L'enfer, c'est les autres », pour suggérer le jugement permanent auquel nous nous soumettons mutuellement lorsque nous sommes les uns en présence des autres. Nous ne pouvons échapper au jugement que les autres portent sur nous et que nous portons sur eux. Or sommes-nous exposé autant à notre propre regard ? Ne pouvons-nous pas plus facilement nous dérober à nous-même, comme le montre la théorie freudienne de l'inconscient ?

Transition

Il semble donc plus facile de se connaître soi-même que de connaître autrui, car autrui est plus accessible et plus offert à mon jugement que je ne le suis à mon propre jugement. Pour autant, la connaissance d'autrui n'implique-t-elle pas d'autres difficultés par d'autres aspects ?

II Mais il s'avère en réalité difficile de connaître autrui, peut-être même plus difficile que de se connaître soi-même

II-1 La conscience d'autrui reste inaccessible, alors que j'ai accès directement à ma conscience

Il apparaît, après réflexion, que, même si autrui s'offre extérieurement à ma connaissance (plus facilement que je ne m'offre moi-même), son intériorité reste comme hermétique, inaccessible à ma conscience. En effet, ma conscience porte sur ma propre intériorité, j'ai conscience de moi-même, de ce que je pense ou sens, mais je ne suis pas « dans » la conscience de l'autre, et ce par définition. Comme le montre Merleau-Ponty, « le comportement d'autrui n'est pas autrui » et, même si je peux « compatir » à ses sentiments et à ses émotions, et ainsi ressentir les choses « avec » lui dans une forme de partage, je ne peux jamais ressentir de l'intérieur la même chose exactement, le même sentiment ni la même émotion. Je n'ai accès qu'à son comportement, c'est-à-dire à l'extériorisation de ce que je ne peux pas atteindre et qui me reste à jamais inaccessible.

II-2 Malgré mon impartialité, je peux être influencé par autrui et donc subjectif

De plus, même si je ne suis pas engagé envers autrui comme je suis engagé envers moi-même, je ne peux tout à fait me détacher d'autrui, de son jugement, de ses sentiments, de son influence. Et en ce sens, je suis même davantage dépendant d'autrui que de moi-même, comme en témoigne la situation du petit enfant à l'égard de ses parents. Sa dépendance affective ne lui interdit-elle pas de « mal juger » ceux qu'il aime et dont il veut être aimé ? N'est-on pas alors au fond plus subjectif envers autrui qu'envers soi-même, du moins lorsqu'on est engagé envers lui dans des rapports de dépendance ? Ne refuse-t-on pas parfois de voir ce que d'autres voient de façon évidente et cela ne tient-il pas à ce que l'on peut être envers autrui comme envers soi-même, c'est-à-dire sans recul, sans distance ?

II-3 La morale nous impose un respect d'autrui nous interdisant de le « connaître »

Enfin, même si nous sommes engagés mutuellement dans des rapports qui nous exposent au jugement et à la connaissance des uns et des autres, cette exposition n'est-elle pas par ailleurs freinée par la morale ? En effet, le respect que nous nous devons nous impose de ne pas juger autrui, de nous tenir à la bonne distance, de ne pas nous « mêler de ce qui ne nous regarde pas ». Au contraire, lorsqu'il s'agit de nous-même, la morale semble nous imposer de nous connaître afin d'être au maximum responsable, maître de nos actes et de notre personne. Si nous sommes parfois poussé à juger autrui malgré nous, il n'empêche que ce jugement reste extérieur et sans doute superficiel, et que ce n'est pas à nous qu'il incombe et revient de connaître l'âme d'autrui, sauf si celui-ci se rend coupable de délit ou de crime imposant à la société de sonder cette âme.

Transition

Nous sommes donc confronté également à la difficulté de connaître autrui, tout autant que nous avons constaté la difficulté qu'il y a à se connaître soi-même. Comment alors mesurer ces difficultés et leur valeur respective ?

III Ces difficultés respectives et différentes suggèrent une interdépendance entre la connaissance d'autrui et la connaissance de soi, ainsi qu'une même valeur

III-1 Je peux connaître plus facilement autrui en me connaissant plus facilement moi-même

En cherchant à atteindre ma propre intériorité grâce à ma conscience et en travaillant mon objectivité sur moi-même, je peux aussi mieux comprendre l'intériorité d'autrui, par projection ou empathie, tout en sachant que nous restons fondamentalement différents. Merleau-Ponty montre ainsi que, même si nous ne pouvons atteindre le fond de la conscience d'autrui, nous pouvons partager des sentiments similaires (deuil, colère…), lorsque nous vivons des situations identiques. La psychologie montre que cette empathie se développe chez l'enfant à partir du moment où il devient capable de se reconnaître dans un miroir – ce qui montre que c'est en devenant accessible à soi-même que l'on devient capable d'accéder à autrui.

III-2 Je peux inversement me connaître plus facilement en connaissant autrui plus facilement

Inversement, si je connaissais plus facilement autrui que moi-même en étant plus extérieur, je pourrais l'aider à se connaître lui-même et lui pourrait m'aider à me connaître moi-même. En échangeant nos regards, nous pouvons construire une vision plus objective de ce que nous sommes et reflétons, comme le suggère Sartre pour qui autrui est le « médiateur indispensable entre moi et moi-même ».

Aristote montre en ce sens le rôle fondamental de l'amitié en matière de connaissance de soi. Selon lui, l'ami est comme un miroir de soi, parce que nous choisissons nos amis en fonction de certaines affinités et ressemblances. Ne pouvant nous connaître seuls, Aristote montre que nous nous connaissons grâce à nos amis (et inversement donc, l'amitié étant réciproque).

Ainsi, connaître plus facilement autrui, c'est rendre plus accessible notre propre connaissance de nous-même.

III-3 La connaissance d'autrui et la connaissance de soi-même restent difficiles et imparfaites

Cela signifie, par conséquent, que l'effort de connaître autrui et l'effort de se connaître soi-même ne peuvent être vraiment dissociés et qu'on ne peut dire l'un plus facile que l'autre. On ne peut pas les séparer ni se focaliser sur le problème de la connaissance de soi. Mettre en évidence la difficulté qu'il y a à connaître l'autre, c'est montrer au fond que le sujet humain reste une énigme, aussi bien pour lui-même que pour autrui, parce que sa conscience le rend capable à la fois de s'offrir au regard et de s'y dérober. L'inconscient que porte en lui chaque sujet est ce qui rend à la fois difficile et intéressante l'existence humaine, en faisant d'elle une quête, une recherche ainsi qu'une construction, bien plus qu'un simple donné (être soi et se connaître d'emblée, être l'autre et le connaître d'emblée).

Conclusion

Ainsi, il est apparu que, là où il semble plus facile de connaître autrui, il est plus difficile de se connaître et que, là où il est plus facile de se connaître, il est plus difficile de connaître autrui. C'est donc suggérer une complémentarité entre deux démarches difficiles, permettant non pas d'éliminer radicalement tout obstacle, mais de mieux penser le rapport à autrui et le rapport à soi-même. Ce n'est pas le rapport à soi-même ou le rapport à autrui qui est difficile, c'est la subjectivité humaine dans son ensemble qui est complexe, marquée à la fois par la conscience et par ce qui se dérobe à la conscience.

Le désir

SUJET 6 Série S – France métropolitaine – Juin 2007

DISSERTATION

Le désir peut-il se satisfaire de la réalité ?

Corrigé

Travail préparatoire

■ Notions et repères

Notions : le désir, la raison et le réel, le bonheur, la conscience, l'inconscient, l'art, la religion
Repères : idéal / réel

■ Remarques générales

Le sujet est assez classique et simple en apparence. L'erreur principale à éviter serait de dresser seulement une liste des différents désirs, pour opposer ceux qui seraient réalisables pour l'homme et ceux qui ne le seraient pas. Le sujet suppose une analyse précise de la notion de « désir » et de ses enjeux. Il faut voir aussi que le sujet pose implicitement la question du bonheur.

■ Analyse des termes du sujet

– **Le désir :** le désir se manifeste comme sensation de *manque* et comme tension vers l'objet susceptible de satisfaire ce manque. Il se distingue du *besoin*, entendu comme ce dont la satisfaction représente une nécessité. Le besoin est pour cette raison limité, en quantité et dans ses objets, et il a une origine naturelle. À l'inverse, le désir paraît illimité et pouvoir correspondre à des objets sans cesse nouveaux. On pourrait donc penser que, même si l'on peut satisfaire *des* désirs, *le* désir en lui-même est ce qui ne peut jamais être satisfait. N'est-il pas à ce titre par définition disproportionné par rapport à la réalité, d'autant plus qu'il peut se nourrir de notre imagination ? Par ailleurs, si chaque désir nous porte vers ce qu'on imagine comme source possible de plaisir, on pourrait dire au final que c'est vers *le bonheur* que tend *le* désir, comme pleine satisfaction. Est-ce de la réalité qu'il faut l'attendre ou d'un travail sur le désir pour tâcher de le limiter ? Enfin, on peut se demander ce qui fait la valeur du désir pour l'homme : son insatisfaction face à la réalité ou, au contraire, la possibilité de le mettre en harmonie avec la réalité pour trouver le bonheur ?

– **La réalité :** on peut entendre par *réalité* « l'ensemble de ce qui est ou existe ». Par extension, ce sont toutes les choses présentes, actuelles, les biens qui sont en notre possession… ou encore ce que la réalité permet, ce qui est possible. On peut y opposer tout ce qui relève de l'imaginaire, de la fiction, du rêve, de l'idéal ou encore de l'illusion. L'existence de ces notions n'est-elle d'ailleurs pas le signe que le désir appelle à autre chose que la réalité ? Ne s'agit-il pas aussi de sources possibles de satisfaction pour le désir, qui viendraient compléter les insuffisances de la réalité ?

– **Se satisfaire de :** il faut bien remarquer que la question n'est pas exactement « Le désir peut-il être satisfait par la réalité ? ». Dans l'expression *se satisfaire de*, il y a l'idée de « faire avec », « se contenter de ». On peut y voir une dimension active : il ne s'agit pas forcément d'attendre que la réalité apporte la satisfaction attendue, que cette satisfaction vienne de la réalité elle-même.

– **Peut-il :** deux nuances de sens sont à prendre en compte. On peut d'abord l'entendre en terme de *capacité* : « Est-il *possible* que le désir trouve satisfaction dans la réalité, par la réalité ? » On peut poser ensuite la question en terme de *légitimité* : « Même si c'était possible, le désir a-t-il à se satisfaire de la réalité ? N'est-ce pas plutôt ce qui fait sa valeur et son importance pour nous, que de nous rendre insatisfaits de la réalité, pour nous amener à la changer, à agir, à créer ? »

■ Problématique

Le désir semble être par définition ce qui ne trouve jamais satisfaction, parce qu'il se porte sans cesse vers de nouveaux objets ou encore parce qu'il se nourrit de notre imagination. N'est-il pas alors pour la même raison ce qui nous empêche de trouver un véritable contentement dans la réalité, de sorte qu'il faudrait recourir à d'autres sources de satisfaction ? D'un autre côté, la conduite la plus sage ne consisterait-elle pas justement à chercher comment accorder le désir à la réalité ? Enfin, on peut se demander s'il n'y a pas après tout une valeur positive dans le décalage entre le désir et la réalité, qu'il faudrait entretenir.

■ Plan de la dissertation

I Le désir semble être par essence ce qui ne peut se satisfaire de la réalité.

II Si c'est le bonheur qui donne sens au désir, il doit pouvoir se satisfaire de la réalité.

III Se satisfaire de la réalité, est-ce bien ce qui donne tout son sens au désir ?

PLAN DÉTAILLÉ DE LA DISSERTATION

I Le désir semble être par essence ce qui ne peut se satisfaire de la réalité

I-1 Désir et besoin

Le désir se définit comme ce qui va au-delà du simple besoin. Or le besoin est ce dont la satisfaction paraît bien ancrée dans la réalité. Il renvoie aux nécessités vitales et il est lié à un principe d'adaptation à la réalité. Le désir a une dimension « artificielle » ; il renvoie à d'autres objets que ce que la nature impose sous la forme de l'instinct.

I-2 Le désir, principe permanent d'insatisfaction face à la réalité

Le désir s'inspire sans doute au départ de ce qu'offre la réalité comme objets possibles de satisfaction. Mais si on peut arriver à satisfaire *des* désirs, il semble que par nature *le* désir en lui-même est ce qui ne peut trouver de satisfaction. Il a en effet un lien avec la conscience, comme ce qui nous porte au-delà d'un rapport immédiat à la réalité présente. Plutôt que de s'attacher à ce qui est ou ce que l'on a, on se représente ce qui nous manque, ce que l'on voudrait avoir. Le désir est donc sans cesse renaissant, nous empêchant de jouir de ce que la réalité nous offre, en nous faisant sentir ce qu'elle ne nous offre pas ou pas encore.

I-3 Le désir en arrive même à tendre vers tout autre chose que la réalité

Se distinguant du besoin, le désir semble ne pas connaître de limites. Or *la réalité* est justement synonyme de « limites » et de « déterminations », sous la forme des lois de la nature ou encore des impératifs de la vie en société (lois, morale). Ce sont là autant d'éléments que la réalité oppose à nos désirs et qui nous amènent à les sacrifier ou au moins à les refouler. De ce point de vue, c'est plutôt par l'imaginaire ou au moyen de « satisfactions substitutives » qu'il faudrait chercher de quoi combler le désir. D'où l'importance de l'art, du rêve, voire des croyances religieuses si on les interprète comme des illusions (Freud).

II Si c'est le bonheur qui donne sens au désir, il doit pouvoir se satisfaire de la réalité

II-1 Finalité ultime du désir : le bonheur

Si chaque désir tend vers un objet de plaisir, on peut dire que *le* désir, quant à lui, semble tendre vers *le bonheur*, entendu comme satisfaction complète et durable. C'est d'ailleurs la recherche du bonheur qu'on pourrait poser comme la finalité de toute vie humaine (Aristote). Pour y parvenir, il faudrait donc que le désir puisse trouver satisfaction dans la réalité.

II-2 Difficultés de trouver le bonheur

On ne peut évidemment pas attendre pour cela que la réalité satisfasse d'elle-même tous nos désirs. Ce n'est pas dans un effort permanent mais vain de combler tous nos désirs que peut être trouvé le bonheur. Ce n'est pas non plus l'imaginaire sous toutes ses formes qui peut nous apporter une satisfaction authentique et complète, « réelle ». L'imaginaire peut même avoir tendance à nous rendre encore plus difficile le rapport de satisfaction à la réalité, en embellissant davantage nos objets de désirs (exemple de l'art).

II-3 La solution : savoir adapter nos désirs à la réalité plutôt que l'inverse

La solution passe donc plutôt par un effort pour harmoniser nos désirs avec la réalité. C'est ce à quoi le désir semble appeler lui-même dans la mesure où il tend au bonheur. Il s'agit alors, par un travail de la raison, de déterminer parmi nos désirs quels sont ceux qui sont réellement nécessaires à notre bonheur. Or, comme le montre Épicure, il y a justement des désirs « naturels et nécessaires » que la réalité permet de combler facilement et qui suffisent à eux seuls à nous combler. Il faut pour cela, en contrepartie, savoir reconnaître et écarter tous les désirs « vains », à la satisfaction impossible, et qui ne représentent d'ailleurs rien d'essentiel pour notre bonheur. (On peut penser aussi à la sagesse stoïcienne, posant qu'il vaut mieux accorder nos désirs à la réalité qu'attendre qu'elle s'y accorde.)

III Se satisfaire de la réalité, est-ce bien ce qui donne tout son sens au désir ?

III-1 Le désir : une dynamique humanisante

Le terme ultime du désir serait ainsi d'arriver à ne plus désirer, en éprouvant une pleine et entière satisfaction. On peut cependant se demander si ce n'est pas aller contre ce qui fait son essence ou sa valeur pour l'homme. Le désir est sans doute ce qui nous empêche de trouver simplement satisfaction, à l'image des autres êtres. Mais en contrepartie, on peut penser avec Rousseau que c'est son caractère stimulant qui a amené l'homme à développer sa raison et ses facultés humaines.

III-2 Une insatisfaction créatrice à entretenir

On peut d'ailleurs considérer que, derrière tout ce qu'entreprend l'homme, il y a une forme d'insatisfaction à l'égard de la réalité. Ce qui fait la valeur du désir, c'est de donner à l'homme l'impulsion d'agir pour modifier la réalité, en fonction de ce qu'il conçoit ou imagine. C'est lui qui pousse l'homme à développer son imaginaire, pour chercher des solutions de satisfaction. On peut penser ici à l'art, mais aussi à la politique en tant que portée par des idéaux.

III-3 À ne pas confondre avec un rejet stérile de la réalité

Il reste qu'il faut distinguer cette idée d'une « frustration » positive à l'égard de la réalité, d'une frustration malheureuse. Si le désir est à entretenir comme insatisfaction à l'égard de la réalité, c'est dans la mesure où il est créatif et constructif, dans la mesure où il s'accompagne d'un effort pour changer cette réalité et où il permet à l'homme de s'accomplir dans ses facultés. On peut y opposer une insatisfaction qui ne serait que l'incapacité de supporter la réalité et les limites qu'elle met à nos désirs et qui peuvent aussi être constructives.

SUJET 7 Série ES – France métropolitaine – Juin 2008

DISSERTATION

Peut-on désirer sans souffrir ?

Corrigé

Travail préparatoire

Notions et repères

Notions : le désir, le bonheur, la conscience, l'inconscient, la liberté
Repères : objectif / subjectif – croire / savoir – essentiel / accidentel – idéal / réel

Remarques générales

Il s'agit d'un sujet assez classique, permettant d'interroger le désir de manière critique dans son rapport avec la souffrance. La difficulté tient essentiellement à la manière dont on organisera le plan de la dissertation et au choix de la première partie.

Analyse des termes du sujet

– **Peut-on :** la question a en général au moins deux sens, celui de la possibilité et celui du droit. Ici, cela revient à demander quelle est la meilleure façon de définir le désir, dans son essence même. Ainsi il est peut-être possible et même légitime (juste) de désirer sans souffrir, au sens où cela ne serait pas contraire à l'essence même du désir.
– **Désirer :** le désir doit être compris comme un processus complexe, si l'on veut saisir toute la pertinence du sujet. Le désir contient en effet plusieurs éléments, et chacun de ces éléments est à la fois constitutif du désir et problématique. Ainsi le désir est à comprendre comme *manque*, comme tension, comme recherche d'un but qui est la *satisfaction* et comme mise en œuvre d'*objets* permettant d'atteindre cette satisfaction. Se demander si l'on peut désirer sans souffrir, c'est donc demander si la souffrance accompagne (et doit accompagner) nécessairement le désir dans ces différents moments.
– **Sans souffrir :** on interroge ici le rapport entre désir et souffrance, donc également le rapport entre désir et plaisir, désir et bonheur. L'expression « sans » suggère l'idée d'une condition nécessaire, comme si le désir

s'accompagnait nécessairement (ou pas) de souffrance et aussi comme si la souffrance « devait » accompagner le désir (au deuxième sens de « peut-on »). Donc la question est de savoir si la souffrance est constitutive du désir, si elle le définit au point de rendre impossible, inconcevable et illégitime un désir sans souffrance. Cette question du « vrai » désir qui « devrait » être accompagné de souffrance est ce qui permet d'orienter la réponse à la question posée vers l'affirmative, car on ne comprend pas bien comment on pourrait légitimer (défendre) l'idée d'un désir devant faire souffrir, à moins de voir dans la souffrance une manière pour l'homme de progresser vers quelque chose de positif.

■ Problématique

Le sujet confronte deux thèses, dont la première consiste à proposer une définition positive du désir, en le définissant plutôt comme une manière de rechercher et d'atteindre le bonheur. La seconde, au contraire, consiste à concevoir le désir comme une source d'insatisfaction, étant incapable d'atteindre ce qu'il vise. Le problème est alors de savoir si cette insatisfaction est propre au désir ou bien si elle n'est qu'un échec du désir, une manière de mal conduire ses désirs, auquel cas il conviendrait alors de déterminer comment permettre au désir d'éviter cette insatisfaction.

■ Plan de la dissertation

I Apparemment le désir ne s'accompagne pas de souffrance mais de satisfaction.
II Cependant, la complexité du désir montre qu'il s'accompagne de part en part de souffrances.
III Pour autant, ces souffrances peuvent être surmontées si l'on conduit bien ses désirs.

PLAN DÉTAILLÉ DE LA DISSERTATION

Introduction

Le désir semble par nature le moyen de rechercher et d'obtenir ce qui nous manque et ce qui nous comblerait. Il se définit en effet comme étant un manque visant la satisfaction et comme une recherche d'objets ou de moyens permettant d'obtenir cette satisfaction. On peut en cela voir dans le désir le moteur de nos plaisirs et plus encore de notre bonheur. Pour autant, le désir paraît également menacé par l'insatisfaction, car on ne peut pas, semble-t-il, combler tous ses manques. Le désir, en effet, semble déborder, par ses excès, ses possibilités d'accomplissement, et on désire ainsi parfois l'impossible. On peut aussi désirer ce qui ne nous rend pas forcément heureux, se tromper dans ses choix. Il faut alors se demander si une telle insatisfaction, source de souffrance, est propre au désir, au point de se confondre avec lui, ou bien si elle ne fait que signaler un échec de notre part, une façon de « mal » désirer, de mal conduire nos désirs.

I Apparemment le désir ne s'accompagne pas de souffrance mais de satisfaction

I-1 Nous désirons ce qui représente une satisfaction

La définition même du désir semble marquée par l'idée de plaisir, de satisfaction, au sens où l'on désire par définition quelque chose qui représente la cessation d'un manque et donc qui est une façon d'obtenir ce que l'on désire. Désirer, c'est rechercher ce que nous n'avons pas et qui pour nous est quelque chose de positif. Nous ne désirons pas la souffrance mais son contraire : le plaisir. Plus précisément et selon l'analyse freudienne, le désir s'enracinerait dans la pulsion, laquelle, comme « poussée », viserait un seul et même but : le plaisir (comme, par exemple, la libido, laquelle, selon Freud, est à la sexualité ce que la faim est à la nutrition). Le désir serait en quelque sorte le « pôle » psychique de la pulsion, laquelle aurait un pôle somatique (corporel). En ce sens, le désir aurait pour origine notre instinct de conservation, en permettant simplement à l'homme de faire varier les objets possibles de satisfaction et d'exprimer ainsi sa liberté, par opposition à l'animal resté rivé à l'instinct et à de simples besoins.

En ce sens, le désir ne semble pas pouvoir faire souffrir, puisqu'il vise précisément le contraire, à savoir la satisfaction, le bonheur.

I-2 Nous savons quoi désirer pour être satisfait

Notre conscience est ce qui précisément nous permet de nous représenter l'objet de notre désir, ce qui nous manque, nous ferait plaisir et ferait cesser notre désir. La conscience est ainsi ce qui donne un objet précis et accessible à notre manque. Si, par exemple, je désire une maison à la mer, ma conscience me représente des maisons qui conviendraient à mon envie – ce qui apaiserait mon manque. Par définition, la conscience est en effet un « savoir » permettant au sujet que nous sommes de nous représenter à nous-même, de nous connaître et donc d'orienter notre existence librement. En pouvant connaître intérieurement ses désirs par la conscience, l'homme semble devenir capable de se satisfaire et de combler parfaitement ses manques. Nietzsche montre, en ce sens, que la conscience est née du besoin de l'homme de communiquer à autrui sa faiblesse pour être aidé. La première fonction de la conscience est, selon lui, de permettre à l'homme de se représenter d'abord ses désirs pour ensuite les exprimer à autrui et ainsi trouver le moyen de se conserver, ne pouvant le faire seul.

Ainsi, la conscience dont fait preuve l'être humain apparaît comme ce qui ne peut que rendre impossible l'échec de nos désirs et donc la souffrance.

I-3 Nous sommes apparemment libre de désirer telle ou telle chose

Enfin, nos désirs semblent émaner de notre liberté et c'est ce qui les distingue des simples besoins. Autant nos besoins semblent déterminés par la vie même (boire, manger…), autant nos désirs semblent être le fruit de notre volonté et de notre personnalité. Nous choisissons librement ce qui « nous » ferait plaisir, au-delà de la simple nécessité de vivre, pour « bien » vivre et pour vivre selon notre conception de la vie. Nous avons besoin de manger mais nous désirons bien manger. Et dans ce « bien » manger, nous mettons ce qui témoigne de nos goûts ou de notre histoire. Nous paraissons maître de nos désirs, comme si nous choisissions de désirer telle chose plutôt que telle autre, comme s'il en allait de l'affirmation de notre « personnalité ». Là encore, il semble impossible de désirer en souffrant, puisque précisément nous choisissons de désirer ce qui « nous » comble personnellement.

Transition

Il semblerait donc impossible de désirer en souffrant ou en visant la souffrance, ceci étant en contradiction avec le désir et avec notre nature libre et consciente. Pourtant, cet aspect théorique du désir se voit contesté par une certaine réalité, montrant aussi un désir accompagné de souffrances.

II Cependant, la complexité du désir montre qu'il s'accompagne de part en part de souffrances

II-1 Le désir est en lui-même la souffrance d'un manque

Par définition, le désir exprime la souffrance d'un manque, la souffrance d'un vide à combler, et, en ce sens, nous souffrons en désirant quelque chose que nous n'avons pas et que nous ne sommes jamais sûr d'obtenir. À l'inverse et comme le suggère Schopenhauer, le désir est aussi ce qui nous fait souffrir lorsqu'il est accompli, car alors nous sommes ramené à l'ennui de la satisfaction. D'un côté et de l'autre, nous souffrons donc. Selon Schopenhauer, en effet, nous souffrons lorsque nous sommes dans le manque du désir et nous souffrons lorsque nous sommes satisfait, car alors la satisfaction ne nous est pas perceptible, nous ne sommes pas capable de l'apprécier. Prenant l'exemple même de la douleur, Schopenhauer montre que nous la sentons mais que nous ne sentons pas son absence (lorsque la douleur cesse, nous ne le percevons pas). D'où l'idée que le désir est condamné, dans son commencement et dans sa fin, à la souffrance, qu'il faut comprendre ici comme une insatisfaction, une impossibilité d'être comblé.

II-2 Le désir peut être inconscient et viser des objets non satisfaisants

De même, notre conscience n'accompagne pas nécessairement nos désirs, et nous pouvons désirer des objets ne convenant pas à ce qui, au fond, nous manque. En effet, la théorie freudienne de l'inconscient montre que nos désirs s'enracinent en fait dans des pulsions refoulées et que nous donnons à ces pulsions des objets symboliques de substitution, plus convenables : nous désirons autre chose que ce que nous désirons vraiment à l'origine, parce que la vie en société exige de nous un renoncement à l'objet véritable et originel de nos manques, lequel est le sein maternel selon Freud. D'où une insatisfaction inévitable, puisque nous nous trompons d'objet, recherchant sans cesse un plaisir originel perdu et que nous croyons retrouver à travers d'autres objets.

II-3 Nous pouvons enfin souffrir d'être esclave de nos désirs

Finalement, l'idée que nous sommes maître de nos désirs n'est peut-être qu'une illusion de liberté. Nous ne choisissons pas de désirer, nous subissons nos désirs et leur obéissons, croyant à tort les avoir créés nous-même. Spinoza montre ainsi que « les hommes sont conscients de leurs actions mais ignorants des causes par lesquelles ils sont déterminés », croyant par là agir librement par leur volonté alors qu'ils seraient déterminés à agir par leurs désirs, issus de leur corps. Spinoza prend pour exemple l'homme ivre qui croit « vouloir » parler, alors que ce qui le fait parler est uniquement son corps ivre. En ce sens, l'homme ivre n'est pas l'auteur de son désir de parler, de même que l'alcoolique ne choisit pas de désirer l'alcool ni le cleptomane de désirer voler. Là encore, le désir semble condamner à la souffrance, celle consistant à être esclave et soumis au pire maître : soi-même.

Transition

Le désir montre donc plusieurs souffrances possibles, dans ses différents moments constitutifs. Mais cette souffrance qui peut ainsi accompagner tous nos désirs est-elle essentielle, propre au désir en lui-même, ou bien le fait de désirs mal maîtrisés et mal orientés ?

III Pour autant, ces souffrances peuvent être surmontées si l'on connaît et conduit bien ses désirs

III-1 Le manque peut être compris comme dynamisme, élan créateur, et pas seulement comme souffrance d'un manque

Le manque qui définit et structure le désir est certes une source possible de souffrance mais aussi et plus positivement un projet qui oriente le sens de notre vie et nous donne le sentiment d'exister. Spinoza concède que « le désir est l'essence de l'homme », suggérant ainsi que le désir exprime chez l'homme sa manière de « persévérer » dans son être, d'accroître sa puissance d'exister. Nietzsche défend également les passions en montrant qu'elles expriment la vie même, ce qui en nous est de l'ordre de la création et de la puissance de vie. Renoncer au désir pour éviter de souffrir serait alors contre nature. Il faudrait donc voir et distinguer dans le désir plusieurs aspects, une souffrance certes mais aussi un dynamisme permettant à l'homme de croire à une satisfaction et d'orienter son existence. Tel est le sens de la formule de Rousseau « Malheur à qui n'a plus rien à désirer », pour montrer que le manque même du désir est, par l'idéalisation qui le constitue, essentiel à l'être humain et positif.

III-2 Une prise de conscience de nos désirs profonds peut nous éviter de souffrir et de nous tromper d'objet

De plus, même si notre désir premier et fondamental (celui du sein maternel) reste inaccessible, d'autres désirs rendant malheureux peuvent être évités. En effet, si certains désirs peuvent être inconscients et refoulés au point de créer des maladies comme remplacements, substituts (les névroses), nous pouvons accéder à leur source cachée et nous réconcilier avec nos désirs profonds, évitant ainsi de « mal » désirer. La psychanalyse montre, en ce sens, que comprendre nos désirs inconscients, c'est renoncer à la maladie et à la souffrance que cause le refoulement. Nous renonçons à nos symptômes, substituts de nos désirs véritables et causes de notre souffrance.

III-3 Une maîtrise des désirs est possible et nous ne sommes pas condamné à en être esclave

Enfin, même si nous ne sommes pas à l'origine de nos désirs, leur maîtrise reste possible, qui nous éviterait de souffrir d'en être esclave. En effet, si l'on connaît l'origine de nos désirs, si l'on sait où ils s'enracinent, alors nous pouvons soit éviter de leur donner libre cours, soit au contraire leur donner notre accord en acceptant de les satisfaire. Ici, il convient d'analyser à la façon d'Épicure les conséquences éventuelles de nos désirs – plaisir ou douleur – et de réfléchir à ce qui peut découler de leur satisfaction, sachant qu'un plaisir peut s'avérer être une douleur et inversement. Ou encore, on peut procéder à une « classification » des désirs pour déterminer lesquels méritent vraiment d'être satisfaits et lesquels seulement peuvent être satisfaits. En cela, Épicure distingue les désirs naturels et nécessaires (manger ce qu'il faut), les désirs naturels non nécessaires (manger de bonnes choses) et les désirs vains (argent, pouvoir...), pour suggérer que l'homme peut s'en tenir aux seuls désirs naturels et nécessaires s'il veut être sûr d'être comblé. Cela n'exclut pas pour autant, dans l'esprit d'Épicure, de se faire plaisir lorsque l'occasion se présente, à condition de ne pas s'y habituer.

Conclusion

Ainsi, même si l'on peut croire au premier abord à l'impossibilité pour le désir de s'accompagner de souffrances, il s'avère plutôt qu'il ne s'agit en fait que d'une illusion. Le désir, en effet, peut être marqué de bout en bout par diverses formes de douleurs, aussi bien dans ce qui le définit comme manque que dans la recherche des objets susceptibles de satisfaire ce manque. Pour autant, cette négativité, présente effectivement dans la plupart de nos désirs, n'est pas constitutive du désir en lui-même et correspond davantage à une mauvaise façon de désirer. Et pour peu que nous nous attachions à mieux connaître et à mieux orienter nos manques, une certaine satisfaction reste possible, qui fait la valeur et la richesse de nos désirs, bien plus que la souffrance qui peut les accompagner.

L'existence et le temps

SUJET 8 Série L – France métropolitaine – Juin 2006

DISSERTATION

Cela a-t-il un sens de vouloir échapper au temps ?

Corrigé

Travail préparatoire

Notions et repères

Notions : l'existence et le temps, l'histoire, la conscience, la liberté
Repères : objectif / subjectif – essentiel / accidentel – expliquer / comprendre

Analyse des termes du sujet

– **Cela a-t-il du sens :** Le terme de « sens » renvoie à la signification, donc à ce que la raison peut expliquer et comprendre (causes et raisons), mais aussi à l'orientation (ce qui a du sens, c'est ce qui « oriente », ce qui « donne un but à »).
– **Vouloir :** La volonté désigne une force de refus capable de se mettre au service d'un désir profond ou de s'opposer au désir. La volonté renvoie à la raison, elle est une de ses figures positives, car elle lui permet de viser des buts, tout en se donnant les moyens de les atteindre.
– **Échapper au temps :** Cette expression imagée suggère que le temps est une contrainte. Le temps, qui est lié à l'irréversibilité, à la destruction matérielle et physique, à la mort, s'oppose en effet aux désirs profonds de l'homme. Échapper au temps, ce serait donc refuser ce que le temps impose et lutter contre ce qui semble dépasser la maîtrise de l'homme.

Problématique

Le sujet suggère qu'il y a à la fois de la raison et de l'absurdité à vouloir échapper au temps. En effet, d'un côté, on comprend que l'homme cherche à se maintenir à tout prix dans le présent en refusant d'assumer sa finitude et sa condition mortelle et, de l'autre côté, on comprend que cette entreprise est vouée à l'échec et porteuse d'illusions. Le *problème* qui se pose est donc de définir l'attitude la plus sensée et positive que l'homme doit avoir vis-à-vis du temps : doit-il refuser la finitude ou bien, au contraire, l'assumer pleinement, et, dans ce cas, comment doit-il s'y prendre ?

CORRIGÉ COMPLET DE LA DISSERTATION

Introduction

Vouloir échapper au temps est une des grandes préoccupations de l'être humain. Or on comprend cette volonté acharnée de se soustraire au temps, dans la mesure où le temps apparaît comme ce qui « détruit » et « efface » tout. Pour autant, cette volonté n'est-elle pas vaine et illusoire ? N'est-il pas impossible, au fond, de sortir de la temporalité, laquelle est l'expression même de notre condition mortelle ? Et, dès lors, si vouloir échapper au temps n'a pas ou plus de sens, quel rapport peut-on entretenir avec le temps ? En d'autres termes, comment l'homme pourrait-il maîtriser ce qui le maintient dans la finitude ?

I Vouloir échapper au temps, est-ce le sens de l'existence humaine ?

I-1 Le temps comme irréversibilité destructrice

De prime abord, le temps semble se caractériser par l'irréversibilité : en effet, il est impossible de revenir en arrière, de remonter le cours du temps et de passer du futur au passé. Un seul sens s'impose donc à l'homme : aller du passé vers l'avenir en passant par le présent, et ce vers et jusqu'à la mort. Ainsi, comme le suggère Heidegger, dès que l'homme naît, il est assez jeune pour mourir. Dès lors, l'homme est bel et bien, parce qu'il est inscrit dans le temps, un « être-pour-la-mort ».

I-2 La conscience du temps, essentiellement nostalgique

Or l'homme ne se contente pas d'être « dans » le temps, il a également une conscience qui le lui fait savoir. Ainsi, il se pense et se sait mortel. Qui plus est, sa conscience le tourne vers ce qu'il est condamné à regretter, vers ce qu'il doit perdre à jamais ou manquer définitivement ou encore oublier. Le temps apparaît donc comme ce qui prend possession de tout. L'homme ne peut que le subir. Le temps semble ainsi nier la liberté humaine en rendant nécessaires la ruine et la mort.

I-3 Vouloir échapper au temps, le seul sens possible de l'existence humaine

Dès lors, le sens de l'existence humaine, lequel nous permet de nous orienter sans sombrer dans l'absurdité, ce serait de vouloir échapper au temps : on souhaiterait donc conjurer notre sort mortel en refusant de se voir vieillir et mourir. En cela, vouloir échapper au temps reviendrait à affirmer une conscience essentiellement nostalgique, en vivant comme si l'on ne devait jamais mourir et en désirant maintenir le passé « présent » afin d'empêcher qu'il ne disparaisse.

II Caractère irrationnel et vain de la volonté d'échapper au temps

II-1 Le temps comme durée

En analysant de plus près le temps, il apparaît que ce dernier n'est pas porteur que de destruction. En effet, le temps est aussi synonyme de durée, comme le suggère Bergson, car il est la conscience même, « pont jeté entre le passé et l'avenir ». Ainsi, si, d'un côté, le temps fait disparaître, paradoxalement, de l'autre côté, il maintient le passé dans le présent et l'avenir. Ainsi, grâce au temps, nous nous maintenons présents à nous-mêmes, conscients d'être toujours la même personne malgré le temps qui passe.

II-2 Le poids des souvenirs que l'on ne parvient pas à oublier

Dès lors, notre conscience ne nous fait plus saisir seulement ce que le temps détruit, elle est aussi à même de nous signaler ce que le temps maintient en nous, donc ce qu'il ne fait pas passer. Tant et si bien que nous souhaitons parfois faire disparaître les souvenirs que le temps maintient trop « présents » en nous. L'hystérique qui souffre de réminiscences est ainsi malade de ses souvenirs refoulés, qu'il n'arrive pas à oublier. Donc, vouloir échapper au temps ne consisterait pas seulement à vouloir échapper à son caractère destructif, mais consisterait aussi, d'une part, à vouloir échapper au fait que certains souvenirs restent « présents » en nous alors que nous voudrions les oublier et, d'autre part, à vouloir nous « délivrer » du sens que le temps nous donne à poursuivre (Sartre).

II-3 Vouloir échapper au temps n'a aucun sens

Par conséquent, si le temps peut être perçu à la fois comme ce qui détruit, mais aussi comme ce qui ne fait pas disparaître, c'est peut-être que nous incriminons le temps au lieu de nous incriminer nous-mêmes, selon que notre existence nous échappe ou nous pèse. Ainsi, le sens que nous mettons à vouloir échapper au temps est donc contradictoire et vain, subjectif et non objectif.

III Quel doit être le sens de notre rapport au temps ?

III-1 Le temps comme condition de notre liberté

L'essence du temps n'est donc ni destructrice ni pesante en soi. C'est nous qui la rendons destructrice ou pesante, selon ce que nous vivons. Le temps doit donc être pensé comme un « cadre » de perceptions, dans lequel nous pouvons saisir les phénomènes internes et externes (Kant). En ce sens, le temps n'est rien en lui-même, mais est une simple mesure possible, donc une dimension de notre existence, au même titre que l'espace. Ainsi, c'est dans le temps et grâce au temps que les choses nous apparaissent et prennent un sens.

III-2 Savoir que nous n'échapperons pas au temps doit être le sens de notre existence

Nous devons donc repenser notre rapport au temps, tout en sachant, d'une part, que nous devons mourir un jour et, d'autre part, que notre histoire se maintient en nous grâce à notre conscience. Ainsi, le paradoxe de l'existence humaine, paradoxe qu'il nous faut assumer et orienter, c'est de devoir à la fois disparaître et vivre l'unité d'une histoire. Dès lors, nous devons être dans le temps et nous devons vouloir nous y maintenir afin de montrer que nous prenons en charge notre condition mortelle tout en lui donnant du sens.

III-3 La liberté, entre le poids et l'inconsistance

Ainsi, ne pas vouloir échapper au temps, c'est équilibrer notre rapport à notre propre existence. C'est savoir nous souvenir de ce que nous fûmes en donnant à notre existence une consistance, une « étoffe », une histoire, choisie par nous et non subie. C'est également accepter de disparaître sans pour autant vouloir ne plus rien construire. Ainsi, choisir le sens de notre passé par rapport à de nouveaux projets (Sartre), c'est assumer librement une histoire en décidant nous-mêmes de la poursuivre ou d'en changer le sens. De même, l'art, la science sont des moyens de pérenniser notre existence en en faisant don à l'humanité et non plus en voulant illusoirement ne pas mourir. Ici, c'est la conscience de ne pouvoir échapper au temps qui oriente positivement notre existence. Et, paradoxalement, c'est de cette manière que nous lui échappons réellement, en lui faisant face et non plus en le fuyant.

La culture

SUJET 9 Série ES – Pondichéry – Avril 2004

DISSERTATION

Puis-je juger la culture à laquelle j'appartiens ?

Corrigé

Travail préparatoire

Notions et repères

Notions : la culture (et toutes les notions qui en relèvent), le sujet, la vérité, autrui, la morale

Repères : absolu / relatif – médiat / immédiat – objectif / subjectif – transcendant / immanent – universel / général / particulier / singulier

Remarques générales

Ce sujet, qui suppose une bonne maîtrise de la notion de culture, interroge également le problème de la connaissance de soi, autrement dit demande s'il est possible de se voir soi-même et de se juger objectivement. Il faut donc se demander si la proximité de l'objet et du sujet de la connaissance représente un privilège ou un obstacle pour juger de sa propre culture.

Analyse des termes du sujet

– **La culture :** De façon générale, on peut définir la notion de « culture » dans son opposition à celle de « nature », la culture désignant tout ce que l'homme produit par lui-même, donc tout ce par quoi il se distingue du reste de la nature. Elle correspond ainsi à l'élaboration d'un monde humain, conçu à la mesure de l'esprit de l'homme et à travers un ensemble de techniques, de coutumes, de croyances, de valeurs, etc. Or la culture se présente également sous la forme d'une diversité de cultures. Chaque culture représente en effet un certain système de valeurs et de références, donc un certain cadre de jugement. Par ailleurs, « la culture » désigne aussi un *processus*, celui par lequel l'homme « se cultive » lui-même, c'est-à-dire accède à son humanité. La culture n'est donc pas censée être un conditionnement, lequel nous enfermerait dans un cadre étroit de préjugés, mais elle apparaît plutôt comme ce qui permet la formation d'un être libre et responsable, éclairé et capable de juger librement. La question qui se pose consiste donc à déterminer dans quelle mesure ma culture me donne les moyens de la juger : puis-je la juger sans la juger à partir d'elle-même, et alors que c'est à elle que je dois d'avoir été formé ?

– **Juger :** On peut entendre ce verbe de deux façons : soit comme jugement de connaissance, donc comme quelque chose de descriptif ; soit comme jugement de valeur, donc comme quelque chose de normatif. La question interrogera donc, d'un côté, le processus même de la connaissance qui s'y joue : suis-je bien placé pour déterminer en quoi consiste ma propre culture ? D'un autre côté, elle incitera à examiner le processus d'évaluation en lui-même : suis-je en mesure de pouvoir déterminer de façon objective la valeur de ma culture ?

– **À laquelle j'appartiens :** Appartenir peut se comprendre d'abord de façon objective comme le simple fait d'être une partie d'un ensemble. Mais on peut aussi déceler dans ce verbe une nuance plus subjective, car affective, qui s'apparenterait à un sentiment d'appartenance. Or, justement, le fait que tout homme « appartienne » forcément à une culture, sa culture d'origine, n'implique-t-il pas qu'il ne puisse être en mesure ni en droit de porter un jugement sur elle ?

– **Puis-je :** Le verbe « pouvoir » pose, d'une part, la question de la possibilité ou de la capacité et, d'autre part, celle de la légitimité et du « bon droit » (lorsque l'on dit à quelqu'un qu'il « ne *peut* pas faire une chose pareille », c'est bien qu'il en est capable puisqu'il s'apprête à la faire, mais qu'il ne le *devrait* pas). Ces deux sens peuvent être pris en compte ici : ainsi, on peut d'abord s'interroger sur notre capacité à juger notre propre culture, puis sur la légitimité d'une telle démarche. On peut donc se demander si l'on est à même de juger objectivement sa propre culture, sachant qu'elle nous a formés et construits. Pourrons-nous faire autre chose que de la voir à travers ses propres valeurs et références ? On peut, par ailleurs, se demander si l'on est en droit de la « juger ».

– **Je :** Ce « je » fait que la question est posée à tout homme, en tant qu'il appartient à une culture. Il ne s'agit donc pas d'envisager une étude de cas particuliers, mais de produire une réflexion et une réponse pouvant valoir pour tout homme, indépendamment de sa culture ou de son individualité.

■ Problématique

De prime abord, il semble que l'on puisse dire que personne n'est mieux placé pour juger une culture que ses propres membres, lesquels peuvent vraiment la comprendre du fait de leur familiarité avec elle. Or cette même familiarité paraît cependant faire problème dans la mesure où elle peut rendre tout jugement suspect de subjectivité et de partialité. Dès lors, pour bien juger sa culture, ne faudrait-il donc pas en quelque sorte rompre avec elle, c'est-à-dire prendre ses distances avec elle et ne plus lui « appartenir » ? Or une telle démarche est-elle vraiment possible et légitime ?

■ Plan de la dissertation

I Être à même de juger une culture suppose de lui appartenir.
II On ne peut juger objectivement qu'une culture à laquelle on n'appartient pas.
III Juger la culture à laquelle j'appartiens est possible et légitime.

CORRIGÉ COMPLET DE LA DISSERTATION

Introduction

Prétendre juger la culture des autres paraît discutable dans la mesure où l'on pourrait nous reprocher de ne pas assez bien la connaître pour pouvoir le faire. À l'inverse, qui mieux que moi serait à même de juger ma propre culture ? Je la connais forcément mieux que ceux qui appartiennent à une autre culture et il est donc légitime que ce soit moi qui puisse la juger au mieux. Or le fait d'appartenir à cette culture ne risque-t-il pas cependant de m'empêcher de vraiment la juger ? En effet, appartenir à une culture, n'est-ce pas être dans une certaine relation affective avec elle ? Or tout jugement n'implique-t-il pas au contraire une certaine mise à distance ? Dès lors, comment pourrais-je la juger objectivement ? De plus, comment pourrais-je juger de la valeur de cette culture autrement qu'à travers les valeurs et les références qui sont les siennes et dont je suis imprégné ?

I Être à même de juger une culture implique qu'on lui appartienne

Juger la culture à laquelle on appartient semble non seulement possible, mais encore être la meilleure condition pour qu'un tel jugement ait lieu.

I-1 Juger une culture suppose qu'on la connaisse complètement

Une culture est un ensemble complexe, qu'on ne peut juger que si l'on en connaît toutes les dimensions. Sa richesse ne peut en effet apparaître qu'à celui qui entretient avec elle une longue familiarité et qui en connaît tous les aspects. Pour apprécier la qualité d'une langue par exemple, il ne suffit pas de l'apprendre comme on apprendrait un simple code de communication, il faut encore connaître la culture qui lui correspond et partager la vision du monde qu'elle représente.

I-2 Le sens d'une culture ne peut être saisi que dans une relation immanente

L'incompréhension ou le sentiment d'étrangeté que l'on peut avoir à l'égard d'une culture qui n'est pas la nôtre démontre bien qu'on ne peut vraiment saisir une culture que si on la connaît bien. Ainsi, vues de l'extérieur, autrement dit vues par quelqu'un qui n'a pas été élevé dans la même culture, certaines coutumes et traditions peuvent paraître comme des rites absurdes, alors qu'elles seront jugées par ceux qui les suivent depuis leur plus tendre enfance comme tout à fait nécessaires et pertinentes.

I-3 L'appartenance à une culture semble rendre possible un regard critique

Cette relation d'immanence, qui semble devoir garantir la possibilité même de jugement d'une culture, n'empêche pas d'ailleurs que l'on puisse porter sur sa propre culture un regard critique ou un jugement quant à sa valeur. Ainsi, Nietzsche critique bien son époque ainsi que la culture allemande et, plus radicalement encore, Montaigne porte un jugement sur la culture elle-même et dénonce ses travers lorsqu'elle en vient à « étouffer » la nature.

Transition

Cependant, ce jugement que chaque individu est censé pouvoir porter sur sa propre culture est-il pour autant objectif ? L'objectivité ne suppose-t-elle pas au contraire un regard extérieur ?

II On ne peut juger une culture que si on ne lui appartient pas

Si la valeur d'un jugement tient avant tout à son objectivité, ne s'ensuit-il pas que l'on ne peut guère juger sa propre culture, à moins d'avoir pris ses distances avec elle ?

II-1 La tendance spontanée à l'ethnocentrisme

Juger de l'intérieur sa propre culture revient à ne pouvoir la juger qu'à partir d'elle-même, donc à partir de ses propres valeurs et références. Dès lors, il semble difficile de parvenir à porter sur elle un regard véritablement objectif. La preuve en est que l'on rejette souvent les autres cultures, ou que l'on rencontre de grandes difficultés lorsque l'on cherche à les comprendre. Comme le fait remarquer Lévi-Strauss, « l'attitude la plus ancienne » consiste en effet à « rejeter hors de la culture, dans la nature, tout ce qui ne se conforme pas à la norme sous laquelle on vit » *(Race et histoire)*. Or ne voir dans les autres que des « sauvages » ou des « barbares », c'est-à-dire des êtres sans culture, témoigne d'une incapacité à juger sa propre culture comme une culture parmi d'autres.

II-2 Toute attitude critique témoigne d'une mise à distance de sa culture

Ainsi, appartenir à une culture, au sens plein, c'est s'identifier à elle et être avec elle dans une relation d'adhésion affective. Dès lors, il s'ensuit que si certains individus arrivent à porter un regard critique ou distancié sur leur propre culture, c'est parce qu'ils ne sont plus justement dans une relation de pleine appartenance avec elle. Ainsi, ce qui amène Nietzsche, par exemple, à critiquer la culture allemande, c'est le sentiment d'être plus en affinité avec la culture grecque.

II-3 Pour bien juger sa culture, un détour par d'autres cultures est nécessaire

Dès lors, il semble que pour pouvoir juger sa propre culture, il faille s'ouvrir à d'autres cultures, et voir que d'autres cultures sont possibles. En effet, une telle démarche permet de se décentrer, autrement dit de cesser de voir sa culture comme la référence absolue, et donc de rompre avec ses préjugés. Or ce n'est qu'à cette condition que l'on peut porter un véritable jugement objectif sur sa propre culture. Ainsi, comme le fait remarquer Descartes, « il est bon de savoir quelque chose des mœurs des divers peuples afin (...) que nous ne pensions pas que tout ce qui est contre nos modes soit ridicule et contre raison » *(Discours de la méthode)*. Une telle ouverture peut également nous montrer que nous connaissons sans doute moins bien notre culture que nous ne le pensions et peut nous permettre de la voir avec d'autres yeux, comme le suggère Montesquieu dans *Les Lettres persanes*.

Transition

Dès lors, ne faudrait-il pas toujours juger sa culture à l'aune d'une autre culture ? Or, dans quelle mesure cette ouverture à d'autres cultures est-elle possible et légitime, sachant que chacun de nous doit cependant ce qu'il est à la culture qui l'a formé ?

III Juger la culture à laquelle on appartient est possible et légitime

Dans la mesure où toute culture produit un être raisonnable et libre, elle lui offre donc la capacité de la juger tout en lui appartenant. Cette démarche est même ce à quoi tend toute culture.

III-1 La raison, faculté universelle de jugement

Chaque culture particulière s'inscrit dans le processus global de la Culture, c'est-à-dire de la réalisation pour l'homme de son humanité à travers le développement de ses potentialités. Ainsi, si, d'un côté, chaque culture fournit des références culturelles relatives, de l'autre côté elle conduit aussi au développement en chaque homme de sa faculté de jugement et de réflexion, la raison. Or celle-ci s'avère être universelle, comme le prouve d'ailleurs, selon Malebranche, l'existence de vérités universelles, qui transcendent la diversité des cultures. La raison offre ainsi à l'homme la capacité de juger librement et objectivement, et lui permet d'avoir un point de référence légitime pour juger.

III-2 Possibilité de juger sa culture, à la fois du dedans et du dehors

Appartenir à une culture ne doit donc pas nous conduire à un conditionnement, c'est-à-dire à un enfermement de notre capacité de juger dans le cadre limité des valeurs de notre culture. Je dois en effet pouvoir m'interroger sur ma culture et être capable d'une certaine distance à son égard. Par ailleurs, « être cultivé » ne signifie pas être l'homme d'une seule culture, mais être ouvert à la connaissance d'autres cultures. Or c'est justement cette ouverture aux autres cultures qui me permet de pouvoir véritablement juger ma propre culture. En effet, de même que l'introspection permet d'acquérir une grande connaissance de soi à condition d'y associer la médiation du regard d'autrui, de même pour juger une culture, il faut pouvoir la connaître du dedans et du dehors, autrement dit lui appartenir tout en étant capable de la voir d'un point de vue extérieur.

III-3 Légitimité de ce jugement

Dès lors, ce n'est pas se montrer ingrat à l'égard de sa propre culture que de vouloir la juger et la remettre en question, alors même qu'on lui doit de nous avoir formés. C'est au contraire une façon d'évaluer dans quelle mesure cette culture, relative qui est la mienne, correspond bien à la finalité même de la Culture. En effet, dans la mesure où aucune culture n'est parfaite et où aucune n'accomplit pleinement le processus de Culture, une culture relative, puisque particulière, ne doit pas représenter une réalité statique, qu'il faudrait s'abstenir de juger, mais il faut au contraire pouvoir la juger car comme toute culture elle est appelée à évoluer. Lévi-Strauss souligne d'ailleurs dans *Tristes Tropiques* que le sens de sa démarche d'ethnologue est d'aller à la rencontre d'autres cultures afin de se donner les moyens de mieux juger la nôtre et de la faire progresser. Sa démarche se rapproche ainsi de celle de Rousseau, lequel jugeait la culture en général par rapport à « l'état de nature », moins pour la rejeter que pour parvenir à déterminer les conditions de son amélioration.

Conclusion

Ainsi, je peux juger la culture à laquelle j'appartiens dans la mesure où, étant au plus près d'elle, je suis apte à en saisir toute la valeur et toutes les dimensions. Cependant, pour que mon jugement soit véritablement objectif, encore faut-il que je sois capable de vivre cette appartenance à cette culture particulière qu'est ma culture, autrement que comme un conditionnement. En effet, seule l'ouverture à d'autres cultures, laquelle témoigne de la présence en moi de la raison, pourra octroyer une véritable légitimité à mon jugement.

SUJET 10 Série ES – France métropolitaine – Juin 2006

DISSERTATION

Une culture peut-elle être porteuse de valeurs universelles ?

Corrigé

Travail préparatoire

Notions et repères

Notions : la culture, la société, la morale, la justice et le droit, le bonheur, la liberté

Repères : universel / général / particulier / singulier – objectif / subjectif – en fait / en droit – formel / matériel – identité / égalité / différence

Analyse des termes du sujet

– **Une culture :** L'emploi de l'article indéfini indique qu'il convient de s'interroger sur les cultures prises dans leurs particularités, voire dans leur singularité, donc dans ce qui les différencie et les distingue les unes des autres. Avant de s'intéresser à « la Culture » en général, il faudra donc s'intéresser d'abord aux contenus des cultures. Or ces derniers représentent un ensemble de pratiques et de croyances communes, partagées par un groupe d'hommes. Ainsi, une culture signale une même appartenance et laisse entrevoir une communauté qui s'identifie à travers des actions et des idées qui contribuent à transformer la nature. Concernant à présent la « culture », il faut préciser que l'on y range le langage (les différentes langues), la technique (les moyens mis en œuvre pour travailler), l'art, la religion et l'histoire. Ainsi, s'intéresser à « la Culture », c'est supposer que l'homme est un être de culture, c'est-à-dire qu'il ne s'en tient pas au donné naturel, mais le transforme et le « nie » (G. Bataille) pour s'arracher à la sphère des instincts et à l'animalité, ce en quoi, d'ailleurs, il montre sa « perfectibilité » (Rousseau).

– **Peut-elle :** L'emploi de ce verbe indique qu'il convient de s'interroger autant sur la possibilité que sur la légitimité. Remarquons cependant que la possibilité pour une culture particulière d'engendrer des valeurs universelles est mise en question par la formulation du sujet et par l'opposition qui est faite entre « une » (culture) et « des » (valeurs). Il s'ensuit qu'il faut problématiser le droit qu'aurait une culture de vouloir imposer aux autres cultures les valeurs qu'elle seule affirmerait comme universelles.

– **Être porteuse :** Cette expression peut avoir le sens positif d'« engendrer », de « donner naissance à » et de « rendre possible », ou le sens plus « militant » de « défendre », « prôner », « vouloir imposer ».

– **Valeurs universelles :** La notion de valeur renvoie au domaine surtout moral (ce qui est bien), mais aussi matériel (valoir : avoir du prix). On peut ainsi parler de la valeur technique et de la valeur humaine d'une chose, sachant que ce qui a de la valeur dans l'un de ces deux domaines peut ne pas en avoir dans l'autre. Le problème que pose la notion de valeur est donc son critère (d'évaluation) : comment en effet mesurer la valeur de quelque chose ? Avec quel étalon peut-on le faire ? Le critère choisi est-il suffisamment objectif ? Enfin, il convient de se demander si la raison peut déterminer la valeur de quelque chose qui mettrait tout le monde d'accord ou bien si toutes les valeurs sont relatives.

Notons également que le terme « Universel » renvoie à ce qui ne comporte aucune exception : « l'universel » se distingue donc du simple « général ». Dès lors, s'attacher à la recherche de valeurs universelles, c'est rechercher ce qui pourrait valoir pour tout être.

■ Problématique

Le sujet oppose deux thèses. D'un côté, on peut considérer que chaque culture est particulière et que, dès lors, il est impossible et illégitime de penser qu'une culture pourrait détenir en elle autre chose que des valeurs qui sont propres au groupe qui lui a donné naissance. De l'autre côté, on peut considérer que chaque culture partage avec toutes les autres cultures sa dimension de culture humaine et qu'elle est donc porteuse d'une valeur commune et plus large. Dans ce cas, toutes les cultures véhiculeraient la même chose, à savoir l'aptitude qu'a l'homme de modifier librement la nature pour la maîtriser et y évoluer. Or n'y aurait-il pas autre chose, à savoir quelque chose de nature plus morale, qu'une culture pourrait porter en elle et que les autres cultures ne porteraient pas nécessairement ? Le problème qui se pose est donc de savoir si l'on peut distinguer parmi les multiples cultures celles qui seraient les plus à même de promouvoir le Bien ?

PLAN DÉTAILLÉ DE LA DISSERTATION

I Une culture ne semble pas pouvoir être porteuse de valeurs universelles

I-1 Chaque culture est particulière

Une culture est un ensemble de pratiques et de croyances relatives à un groupe d'hommes et à une société donnée. Cet ensemble de pratiques et de croyances n'est donc pas absolu, puisque chaque culture se distingue des autres par ses différences de langue, de religion, de développement artistique, technique et d'histoire… Cette relativité des différentes cultures est d'ailleurs renforcée par le fait qu'une culture s'acquière par l'éducation et dépende d'un apprentissage.

I-2 Les valeurs culturelles sont propres à chaque culture et sont différentes

Dès lors, les valeurs érigées par une culture sont avant tout particulières et sont évaluées en fonction de leur aptitude à permettre et à faciliter la vie du groupe. Qui plus est, ces contenus culturels varient en fonction de la situation géographique et de l'histoire du groupe dans lequel ils sont conçus. Ce qui explique que l'on ne puisse guère appliquer, par exemple, nos valeurs occidentales à d'autres cultures puisqu'elles seraient inadaptées ou sans signification (exemple : l'alimentation, l'habillement, l'habitat...).

I-3 Risque d'ethnocentrisme si une culture prétend véhiculer des valeurs universelles

Par ailleurs, prétendre être en possession de valeurs universelles relèverait de l'ethnocentrisme que Lévi-Strauss dénonce. En effet, cela reviendrait à estimer que les valeurs que véhicule notre culture sont autant de références et de critères de comparaison qui nous permettent de juger les autres cultures, ce qui reviendrait en d'autres termes à nous mettre « au centre » de nos comparaisons. Ainsi, qualifier les peuples voisins de « barbares », comme le faisaient les Grecs dans l'Antiquité, c'est penser qu'ils sont moins civilisés que nous et que notre culture a donc une dimension plus universelle, parce que plus représentative de « La » civilisation telle qu'elle devrait être.

II Cependant, chaque culture porte en elle la culture humaine

II-1 Chaque culture est autant « culture » que les autres

Or toutes les cultures, malgré leurs différences, expriment la dimension perfectible et « non naturelle » de l'homme. En effet, c'est à la culture d'amener l'homme à l'humanité, cette dernière ne lui étant pas « donnée » d'emblée, mais devant être acquise par lui. De ce point de vue-là, toutes les cultures ont pour vocation d'humaniser l'homme.

II-2 Les valeurs universelles sont les valeurs humaines

Ainsi, ce qui a de la valeur, c'est bien tout ce qui contribue à l'humanisation de l'homme. Or cette humanisation de l'homme passe, dans toutes les cultures, par la transformation de la nature et par l'instauration de « règles » (Lévi-Strauss). En effet, aucune culture ne laisse l'homme à l'état « sauvage ». Au contraire, toutes cherchent à élever l'homme, grâce aux règles qu'elles imposent dans tous les domaines et en disciplinant le corps et l'esprit. La prohibition de l'inceste, par exemple, bien qu'apparaissant sous des formes différentes, est pourtant présente dans toutes les cultures.

II-3 Aucune culture ne véhicule plus qu'une autre ces valeurs humaines

Cependant, affirmer que toutes les cultures sont autant « culture » les unes que les autres, c'est tomber dans un relativisme qui revient à affirmer que toutes les cultures se valent. Or si toutes les cultures portent, de façon universelle, l'humanité, il s'ensuit que ce n'est plus « une » culture qui porte en elle des valeurs universelles, mais que c'est « la » culture humaine qui porte en elle toutes ces valeurs universelles et qui les reflète dans les différentes cultures.

III Cependant, une culture peut véhiculer plus qu'une autre des valeurs morales

III-1 Chaque culture développe plus ou moins des valeurs morales universelles

Pourtant, chaque culture développe plus ou moins des valeurs morales. En effet, ces valeurs, qui sont fondées sur le respect et la dignité de la personne humaine et qui cherchent à empêcher que toute violence physique ou morale porte atteinte à l'intégrité de la personne, sont plus ou moins développées par les différentes cultures dans la mesure où la liberté, qui est au cœur de chacune d'elles, fait qu'elles peuvent choisir de développer ou de ne pas développer ces valeurs.

III-2 Ces valeurs morales peuvent être étendues aux autres cultures et érigées en devoir

En ce sens, on peut être amené à condamner certaines pratiques culturelles qui semblent menacer la dignité de la personne humaine. L'excision peut, par exemple, être condamnée parce qu'elle semble être une source de souffrance et de mutilation. Dès lors, on peut concevoir comme un devoir d'« exporter » auprès des autres cultures des valeurs prônant le respect de la personne (respect notamment du corps humain et du droit au plaisir). Cependant, il faut faire très attention car, comme le suggère Lévi-Strauss, certaines cultures anthropophages nous semblent barbares, bien qu'elles soient plus humaines que les nôtres sur certains plans.

III-3 Cependant, ces valeurs universelles doivent être le produit de la raison

Il s'ensuit que, pour qu'une culture soit porteuse de valeurs universelles, il ne faut pas que ces valeurs soient le produit de raisons subjectives et particulières, mais qu'elles soient au contraire le produit de la raison universelle, capable de délibérer sur l'homme indépendamment de toute référence à une culture donnée et indépendamment de tout intérêt. Or cette capacité pour une culture de « transmettre » autre chose que ses propres valeurs ne peut se faire qu'au contact des autres cultures, donc que si elle fait preuve d'ouverture.

Le langage

SUJET 11 Série L – France métropolitaine – Juin 2009

DISSERTATION

Le langage trahit-il la pensée ?

Corrigé

Travail préparatoire

Notions et repères

Notions : le langage, la conscience, l'inconscient, autrui, l'art, l'interprétation, la liberté
Repères : intuitif / discursif – en acte / en puissance – médiat / immédiat – universel / général / particulier / singulier – essentiel / accidentel

Remarque générale

Ce sujet est un grand classique mais requiert des éléments d'analyse précis sur le langage et ses limites.

Analyse des termes du sujet

– **La pensée :** dans un sens restreint, la pensée désigne l'activité de la raison, la réflexion au moyen de concepts ; dans un sens plus large, il s'agit des différents contenus possibles de notre conscience (idées, émotions, sentiments...). Le rôle du langage est en principe de permettre d'extérioriser tous ces éléments, afin de les faire partager à autrui. La question est de savoir si le langage est à même de remplir ce rôle ou du moins dans quelle mesure il le peut. La difficulté tient principalement à ce que ces éléments semblent pouvoir exister indépendamment du langage ou encore être différents de lui par essence.

– **Le langage :** c'est la faculté, propre à l'homme, de communication et d'expression. Cette faculté implique l'utilisation d'une langue précise, à savoir un ensemble de signes (les mots) relativement limité. Il y a en principe un rapport d'affinité entre la pensée et le langage, comme le suggère notamment le terme grec *logos* qui désigne aussi bien « le discours » que « la raison » ou « l'intelligence ». Le langage serait donc le moyen par excellence de faire connaître nos pensées à autrui, voire tout simplement de nous permettre d'élaborer nos pensées. D'un autre côté, notre usage du langage peut conduire à certaines déceptions : il arrive que « les mots nous manquent » ou qu'ils « dépassent notre pensée ». Il faut alors examiner quelles sont les limites du langage et dans quelle mesure elles peuvent être surmontées.

– **Trahit-il :** il faut bien remarquer que la question est posée ici de façon générale. Elle suggère une forme de « trahison » qui ne serait pas « accidentelle » mais fréquente, voire systématique, et donc tenant à l'essence même du langage. Trahir, c'est tromper la confiance de quelqu'un. En ce sens, si le langage peut « trahir la pensée », c'est dans la mesure où nous comptons en principe sur les mots pour exprimer de la façon la plus fidèle ce que nous pensons ou ressentons. Or, les mots ne sont-ils pas plutôt de nature à déformer le contenu véritable de notre conscience ? Par ailleurs, on parle de « trahison » quand il y a révélation de choses que l'on voulait garder cachées. L'exemple du « lapsus » montre, en effet, qu'il arrive que nos paroles expriment autre chose que notre pensée consciente. Tous ces éléments ne devraient-ils donc pas nous conduire à nous méfier du langage ?

■ Problématique

D'un côté, il semble y avoir une affinité profonde entre le langage et la pensée, qui justifie que nous lui fassions confiance pour en être le reflet le plus fidèle dans notre désir de communication et d'expression. Mais, d'un autre côté, nous pouvons souvent faire l'expérience d'un écart, voire d'une déformation entre ce que le langage nous permet de dire et ce que nous voulions dire. Devons-nous pour autant en conclure qu'il faut voir le langage comme un traître ? N'arriverions-nous pas alors à une impasse tragique ? L'analyse des limites du langage ne suggère-t-elle pas justement des solutions permettant de lui renouveler notre confiance ?

■ Plan de la dissertation

I Le langage, allié fidèle de la pensée.
II Limites de la confiance que la pensée peut accorder au langage.
III Solutions permettant à la pensée de conserver sa confiance dans le langage.

CORRIGÉ COMPLET DE LA DISSERTATION

Introduction

On se plaint parfois de ne pas « trouver les mots » pour dire exactement ce que l'on ressent. Il nous arrive aussi de regretter des paroles, avec l'impression que les mots « ont dépassé notre pensée ». Dans les deux cas, le langage semble pris en défaut dans ce qui devrait pourtant être sa fonction essentielle : être au service de notre pensée pour l'extérioriser de la façon la plus juste. Il nous apparaît alors comme un moyen, certes nécessaire, d'expression, mais dont il serait prudent de se méfier. Est-il juste cependant de considérer que le langage trahit la pensée ? La faute vient-elle du langage lui-même, en raison de sa nature, ou bien du mauvais usage que nous faisons de ce moyen offert à notre pensée ? Par ailleurs, ce sentiment de trahison ne repose-t-il pas sur une illusion, à savoir l'existence d'une « pensée » en dehors du langage ? Nous verrons, dans un premier temps, en quoi le langage semble être, par nature, un allié fidèle de la pensée, puis nous examinerons les raisons qui devraient, au contraire, nous inviter à nous méfier du langage pour préserver la liberté et l'authenticité de la pensée. Enfin, cela ne doit-il pas nous inviter à mieux user du langage plutôt que de nous en méfier ?

I Le langage, allié fidèle de la pensée

I-1 Une affinité d'essence entre le langage et la pensée

Comme l'écrit Aristote, l'homme se distingue du reste des êtres en cela qu'il est doué de *logos*. Il faut entendre ce don comme la capacité à la fois de pouvoir « parler » et de concevoir des idées abstraites, propres à l'homme. La finalité du langage est, de ce point de vue, de permettre la mise en commun des pensées de chacun, qui ne peut se faire directement de conscience à conscience. Il y a ainsi une affinité d'essence entre le langage et la pensée, qui suggère que la pensée ne peut que faire confiance au langage.

I-2 Le langage comme lieu même de la pensée

On peut aller plus loin en affirmant que le langage et la pensée sont même « consubstantiels », inséparables l'un de l'autre. Loin de trahir la pensée, le langage est bien plutôt « l'élément » sans lequel elle ne pourrait pas exister. C'est ce que veut dire Hegel quand il écrit que « c'est dans les mots que nous pensons ». Il s'oppose en cela à l'idée courante qui ne voit le langage que comme le « véhicule » de la pensée. Selon cette opinion, la pensée existerait indépendamment des mots et serait parfois trop riche pour qu'ils puissent la traduire de façon juste. Au contraire, pour Hegel, ce que nous croyons « ineffable », intraduisible en mots, ne tient qu'au caractère encore très vague et indéfini de ce que nous « pensons ». Notre pensée n'est vraiment pleinement en acte que lorsqu'elle arrive à s'incarner dans des mots précis.

I-3 Le langage est toujours le témoin fidèle de la pensée

Enfin, nous pouvons dire que même les moments où le langage semble trahir notre pensée sont bien plutôt à voir comme des révélations de notre *véritable* pensée. Quand nous disons, par exemple, que « les mots ont dépassé notre pensée », n'est-ce pas faire preuve de mauvaise foi ? L'exemple de ces « actes manqués » que sont les « lapsus » peut aussi être interprété comme le dévoilement d'une dimension inconsciente, car refoulée de notre pensée (S. Freud). Ainsi, les occasions où la pensée semble « trahie » par le langage témoignent plutôt d'un manque de sincérité de notre part ou d'un manque de connaissance d'une part de nos pensées. Le langage nous oblige alors à être plus sincère envers nous-même ou à mieux nous connaître.

II Limites de la confiance que la pensée peut accorder au langage

II-1 Le langage contient en lui des facteurs de malentendus

Pour que le langage remplisse fidèlement son rôle de médiateur entre deux consciences, il faudrait que les mots que nous utilisons aient bien pour tous la même signification. Or, un des caractères du langage humain est qu'il implique nécessairement une part d'interprétation. Les mots sont « équivoques », au sens où, pour un même « signifiant », il existe plusieurs « signifiés ». D'autre part, comme le fait remarquer Hobbes, chaque homme investit chaque mot de ce qui correspond à sa propre expérience : en employant les mêmes mots, nous ne pensons pourtant pas exactement aux mêmes choses. Tous ces éléments attestent du fait que le langage n'est pas entièrement fiable quand il s'agit de faire connaître nos pensées à autrui.

II-2 Le langage semble devoir trahir la singularité de la pensée de chacun

Plus précisément encore, on peut douter du caractère approprié du langage à l'égard de ce qui constitue notre vie intérieure, avec ses « mille nuances fugitives », comme l'écrit Bergson. Les mots renvoient par essence à des généralités : les employer, c'est donc toujours trahir ce que nous ressentons, *nous*, de façon authentique et singulière. Davantage encore, l'habitude que nous avons de recourir au langage fait que nous ne percevons plus de nous-même que ce qui peut rentrer dans des mots. On peut donc dire que le langage va jusqu'à fausser la connaissance même de ce qui fait la singularité de notre personnalité, avec des sentiments et des émotions qui n'appartiennent qu'à elle.

II-3 Le langage enferme la pensée à son insu dans certaines limites

Enfin, nous pouvons ajouter que même la pensée dans ce qu'elle a de plus conceptuel peut avoir des raisons de se sentir trahie par le langage. Comme le suggère Nietzsche dans *Par-delà bien et mal*, la langue dans laquelle nous pensons nous détermine à penser selon certaines structures logiques précises, en raison des règles de grammaire notamment. L'élément dans lequel se forme la pensée est donc en même temps ce qui la conditionne et ce qui la maintient dans un certain cadre de pensée *particulier*. La pensée est en ce sens trahie dans son aspiration à la liberté et à la vérité.

III Solutions permettant à la pensée de conserver sa confiance dans le langage

III-1 C'est moins le langage qui est fautif que l'usage que nous en faisons

Il y a donc dans l'essence même du langage un certain nombre de facteurs qui font que la pensée peut se sentir trahie dans son désir de communication, d'expression et même de libre élaboration. Pourtant, il semble qu'il n'y ait pas d'autre solution pour la pensée que de recourir au langage, comme le fait observer Hegel. D'ailleurs, nous pouvons remarquer que ce n'est peut-être pas le langage en lui-même qui est un « traître », mais plutôt la façon assez passive dont nous l'utilisons en général. Le langage pourrait alors contenir en lui-même la solution au problème.

III-2 Le modèle de l'art et de la poésie

Nous avons tendance, en effet, à prendre le langage comme quelque chose de donné, alors qu'il revient à chacun de faire l'effort de se l'approprier. Si nous nous sentons trahi dans notre désir d'expression, par exemple, c'est souvent parce que nous recourons par facilité à des formules convenues qui finissent par être anonymes et vides de sens. C'est ce que le poète Robert Desnos appelle « le langage cuit », qu'il oppose à un « langage cru », entendu comme un rapport créatif et inventif aux mots et aux expressions. C'est donc bien à chacun qu'il revient de ne pas se voir trahi par le langage.

III-3 L'enjeu de la pluralité des langues

Enfin, il faut remarquer qu'il existe une pluralité de langues et que celle-ci représente un enjeu important pour l'homme. En effet, comme le montrent les linguistes et les philologues, chaque langue porte en elle une certaine vision de la réalité. Par suite, apprendre et connaître une diversité de langues nous procurent un élargissement de notre capacité à penser. C'est dans cette mesure que le langage, au lieu de nous enfermer dans une certaine forme de pensée, peut au contraire nous ouvrir à une pluralité de perspectives possibles sur la réalité.

Conclusion

Il peut donc bien sembler que le langage trahisse la pensée, au point de croire que celle-ci serait plus libre et plus authentique si elle n'avait pas besoin d'en passer par lui. C'est cependant une illusion, car c'est bien le langage qui permet à la pensée d'accéder à une vraie existence. Encore faut-il, pour cela, en faire un usage habile et créatif, en apprenant à utiliser toutes les ressources du langage, comme nous y invitent notamment les poètes et les écrivains.

SUJET 12 Série L – France métropolitaine – Juin 2005

DISSERTATION

Le langage ne sert-il qu'à communiquer ?

Corrigé

Travail préparatoire

■ Notions et repères

Notions : le langage, le sujet, la conscience, autrui, l'art, la technique, les échanges, la raison et le réel

Repères : médiat / immédiat – intuitif / discursif – essentiel / accidentel – universel / général / particulier / singulier – persuader / convaincre

■ Remarques générales

Il s'agit d'un sujet classique sur les fonctions du langage. La question se présentant sous une forme très ouverte, il est tentant de faire un simple catalogue de tous les usages et fonctions possibles du langage. Mais, comme pour tout sujet, la réflexion doit s'attacher à l'examen d'un problème précis et être construite selon une progression.

■ Analyse des termes du sujet

– **Le langage :** dans son sens le plus général, on peut le définir comme la faculté de communication, d'échange d'informations et d'idées par le moyen de signes. Or c'est précisément cette définition que le sujet invite à interroger : n'est-elle pas réductrice à l'égard d'autres usages essentiels du langage ? D'autre part, s'il y a bien des « langages » animaux (des systèmes de communication), on peut poser que la faculté de langage est propre à l'homme : en quoi exactement, si elle ne sert qu'à la communication ?

– **Communiquer :** dans son sens le plus large, c'est faire connaître, partager des idées, des informations, des messages, des sentiments, etc. Au sens propre, c'est « mettre en commun », à la portée des autres. Pour approfondir l'analyse, il faut distinguer communication et pensée : le langage ne sert-il qu'à la communication de la pensée ? n'est-il pas déjà nécessaire à son élaboration ? Il faut aussi distinguer communication (au sens strict) et expression : là où la

première vise un idéal d'efficacité (être compris de la façon la plus immédiate possible), la seconde renvoie à un usage plus personnel du langage (faire partager notre singularité).
– **Sert :** « servir » implique une vision utilitaire du langage, celle qui en fait un moyen ou un « outil » de communication. C'est un présupposé dans la question : le langage « sert » à quelque chose ; il faut en chercher les fonctions possibles. Mais on peut aussi remettre en question cette idée : le langage doit-il nécessairement « servir » à quelque chose ? n'a-t-il pas une dimension autre qu'utilitaire, qui montrerait mieux son caractère proprement humain ?
– **Ne... que :** ce type de formulation oriente la réponse et nous invite à réfléchir à d'autres fonctions du langage que celle à laquelle on pense spontanément. Attention cependant à proposer des fonctions qui paraissent au moins aussi essentielles que le fait de « communiquer ».

■ Problématique

Spontanément, on a tendance à réduire le langage à un simple moyen de communication, dont la nécessité serait essentiellement liée au besoin de faire connaître ses pensées à autrui. Le langage se réduit-il cependant à cette seule fonction ? Ne joue-t-il pas déjà, par exemple, un rôle essentiel dans l'existence et la formation de cette pensée ? Enfin, n'y a-t-il pas lieu de remettre en question cette vision utilitaire du langage ?

■ Plan de la dissertation

I Le langage est essentiellement un moyen de communication.
II Autres fonctions du langage, montrant mieux son caractère humain.
III Remise en question de la conception « utilitaire » du langage.

PLAN DÉTAILLÉ DE LA DISSERTATION

I Le langage est essentiellement un moyen de communication

I-1 Une médiation nécessaire pour nos pensées

La fonction la plus évidente du langage, c'est de faire connaître à autrui le contenu de notre « vie intérieure » : nos pensées, nos désirs, nos sentiments. Les signes, et en particulier les mots, sont une médiation nécessaire, dans la mesure où il ne peut pas y avoir de relation directe de conscience à conscience. Le langage est donc le moyen indispensable d'extérioriser et de mettre en commun ce qui relève au départ de la singularité de chacun.

I-2 Confirmation par l'analyse des mots

La structure des langues semble confirmer cette vocation essentielle du langage à la communication. Comme le fait remarquer Henri Bergson dans *Le Rire*, les mots renvoient par définition à des idées générales. Ils permettent ainsi de ramener toute expérience individuelle et singulière à quelque chose de commun, qui soit compréhensible par tous. Bergson, de ce point de vue, compare les mots à des « étiquettes » que nous « collons » sur les objets et sur nos propres sentiments pour les rendre plus rapidement identifiables et partageables. On retrouve alors dans le langage l'expression d'un besoin vital : celui de rendre l'action la plus efficace possible.

I-3 Une forme de communication propre à l'homme

Jusqu'ici, le langage, tel qu'on le trouve chez l'homme, ne paraît donc pas très différent de ce qu'on appelle les « langages » animaux. La nécessité de communiquer se retrouve en effet chez tous les êtres vivants. On peut cependant montrer, en suivant l'analyse d'Aristote dans *La Politique*, qu'il existe une différence de nature entre ce que les hommes et les animaux échangent dans leurs communications respectives. Avec leurs « voix » inarticulées, les animaux ne peuvent faire connaître que ce qui relève de leurs sensations. En revanche, en faisant don de « la parole » à l'homme, la nature l'a destiné à une forme plus spécifique de communication : celle qui porte sur le juste et l'injuste. Le langage apparaît alors aussi comme ce qui forme et entretient une communauté proprement humaine.

II Autres fonctions du langage, montrant mieux son caractère humain

II-1 Le langage est « l'élément de la pensée »

Ne voir le langage que comme un moyen de communiquer, c'est ne lui accorder qu'un rôle accessoire et secondaire à l'égard de la pensée. C'est faire comme si la pensée existait déjà en dehors des mots et indépendamment d'eux. Une telle conception s'accompagne d'ailleurs logiquement de l'idée que le langage est imparfait, comme lorsque nous « ne trouvons pas les mots » pour traduire et transmettre notre pensée. Or, comme le fait remarquer Hegel dans l'*Encyclopédie des sciences philosophiques*, il faut plutôt considérer que « c'est dans les mots que nous *pensons* ». En réalité, nous ne pouvons pas réfléchir sans recourir aux mots, d'autant plus que c'est par eux que notre pensée se précise et se forme. Le langage n'est donc pas le « véhicule » de la pensée, mais plutôt son « élément » même. On peut ajouter que cette relation étroite avec la pensée caractérise le langage proprement humain : les « langages » animaux se réduisent, eux, à leur fonction de communication instinctive.

II-2 Le langage, moyen de connaissance

Par ailleurs, le langage est aussi un moyen nécessaire à la connaissance. Les mots nous permettent d'opérer un classement dans le réel et ainsi d'organiser notre expérience. Ils sont aussi le moyen de « re-présenter » à volonté le réel, en nous permettant de parler de ce qui n'est pas ou plus là. À la différence des codes de communication animaux, le langage chez l'homme est d'ailleurs inventé et ouvert, capable d'évoluer à mesure du progrès de ses connaissances. Il ne faut d'ailleurs pas se représenter les diverses langues comme autant de « répertoires » équivalents pour désigner les éléments qui composent la réalité. Chacune est en elle-même un certain « découpage » de la réalité, correspondant à une certaine vision du monde.

II-3 Le langage est aussi un moyen d'agir

Enfin, il faut voir dans le langage humain un moyen d'agir aussi. On peut considérer que « communiquer », c'est simplement transmettre une information, d'un individu à un autre, de façon neutre. Un usage habile du langage (la rhétorique) permet en outre d'agir sur l'opinion d'autrui, par la persuasion. Le langage est, dans cette mesure, un instrument de pouvoir. Davantage encore, on peut remarquer que certaines paroles sont en elles-mêmes des actes : lorsqu'on fait un serment ou une promesse, ou que l'on « prononce » un mariage, par exemple. C'est ce que J. L. Austin identifie comme un usage « performatif » du langage *(Quand dire, c'est faire)*. Un tel usage symbolique et cérémoniel est évidemment proprement humain.

III Remise en question de la conception « utilitaire » du langage

III-1 Le langage est humain aussi en ce qu'il peut ne servir à rien

Paradoxalement, il peut aussi arriver que le langage ne serve à rien, comme lorsqu'on « parle pour ne rien dire ». Il s'agit d'une sorte de communication vide, comme dans le simple bavardage, où l'on ne parle que pour le plaisir de parler ou de maintenir un certain contact. Cet usage « phatique » du langage montre au moins la liberté du rapport au langage chez l'homme. Chez l'animal, le langage ne peut pas ne pas « servir », au sens où il est essentiellement lié à l'instinct et à des fins biologiques (avertir d'un danger, attirer un partenaire de reproduction, effrayer, etc.).

III-2 L'usage poétique du langage : « servir » les mots plutôt que « s'en servir »

Cette liberté se manifeste davantage encore dans le rapport artistique ou poétique au langage. Il ne s'agit plus, dans ce domaine, de chercher à « communiquer », au sens de transmettre un message de façon claire et efficace. Au contraire, le poète joue de ce qui apparaît comme une imperfection, selon le point de vue utilitaire sur le langage : son équivocité. Il sort les mots de leur usage habituel et conventionnel, pour attirer l'attention sur eux et leur rendre leur richesse. On peut ici reprendre la formule de Jean-Paul Sartre dans *Qu'est-ce que la littérature ?* : le poète est celui qui refuse de « se servir des mots », pour au contraire « les servir ».

III-3 Conséquence : une redéfinition de la communication

Ce que nous rappellent ainsi les poètes, comme Robert Desnos dans *Langage cuit*, c'est que le langage est autre chose qu'un code de communication rigide. Si ce rappel est nécessaire, c'est que dans notre habitude de « communiquer » nous avons tendance à recourir aux formules les plus communes et les plus courantes. À force de « parler comme tout le monde », nous trahissons notre désir d'expression : celui d'extérioriser quelque chose de personnel, de singulier. Il faut donc savoir faire du langage un usage créatif et inventif. C'est d'ailleurs la condition d'une véritable « communication », entendue comme autre chose qu'une banalisation de ce que nous avons à dire.

L'art

SUJET 13 Série ES – Pondichéry – Avril 2004

COMMENTAIRE

Expliquez le texte suivant :

« Ce qu'on ne doit pas perdre de vue, c'est que le génie, pour être fécond, doit posséder une pensée disciplinée et cultivée, et un exercice plus ou moins long. Et cela, parce que l'œuvre d'art présente un côté purement technique dont on n'arrive à se rendre maître que par l'exercice. Ceci est plus particulièrement vrai des arts qui comportent une dextérité manuelle, par laquelle ils se rapprochent plus ou moins des métiers manuels. Tel est le cas de l'architecture et de la sculpture, par exemple. La dextérité manuelle est moins nécessaire en musique et en poésie. Mais, même dans celle-ci, il y a tout un côté qui demande, sinon un apprentissage, tout au moins une certaine expérience : l'art de rimer constitue le côté technique de la poésie, et ce n'est pas par l'inspiration qu'on en acquiert la connaissance. Tout art s'exerce sur une matière plus ou moins dense, plus ou moins résistante, qu'il s'agit d'apprendre à maîtriser. D'autre part, l'artiste doit connaître d'autant mieux les profondeurs de l'âme et de l'esprit humain que le rang qu'il ambitionne est plus élevé. Or, cette connaissance ne s'acquiert pas non plus d'une façon directe, mais à la suite d'une étude du monde extérieur et du monde intérieur. Et c'est cette étude qui lui fournit les sujets de ces représentations. »

HEGEL, *Introduction à l'esthétique.*

La connaissance de la doctrine de l'auteur n'est pas requise. Il faut et il suffit que l'explication rende compte, par la compréhension précise du texte, du problème dont il est question.

Corrigé

Travail préparatoire

Notions et repères

Notions : l'art, le travail et la technique, la culture, le réel, le sujet, la matière et l'esprit
Repères : en acte / en puissance – médiat / immédiat

Problème, thèse et intérêt philosophique

La *thèse* est annoncée dès le début de l'extrait : le génie est une *condition nécessaire*, sans doute, à la création des œuvres d'art les plus accomplies, mais c'est une *condition non suffisante*. En effet, l'activité artistique comporte deux exigences essentielles que le génie, don *immédiat*, ne peut à lui seul satisfaire : d'une part, un travail sur la « matière » qui suppose *l'acquisition* d'un savoir-faire, et, d'autre part, l'expression d'une vérité qui suppose une certaine *étude* du réel, et en particulier de la nature humaine. Autrement dit, même pour qui possède du « génie », l'art est une chose qui s'apprend.

Une telle thèse implique une certaine conception de l'art, mettant l'accent, d'une part, sur le savoir-faire de l'artiste et assignant, d'autre part, à l'art comme principale finalité de permettre à l'homme de prendre conscience de ce qu'il est. Or une telle conception peut être discutée : l'art est-il nécessairement une activité sérieuse et laborieuse ? Par ailleurs, la thèse de Hegel n'est-elle pas contredite par l'existence de génies accomplis mais précoces, comme Mozart ou Rimbaud ?

Analyse des concepts principaux

– **L'art et la technique :** L'étymologie de ce terme rappelle une parenté entre l'art et la technique : le latin *ars* est l'équivalent du grec *techné*, et désigne une production accompagnée de « savoir-faire » et d'une certaine habileté. C'est cette dimension technique qui rapproche l'artiste de l'artisan. En revanche, ce qui semble les séparer, c'est la finalité première de leur activité : là où l'artiste vise le plaisir esthétique (les « beaux-arts »), l'artisan vise avant tout l'utile. On pourrait donc définir l'art comme une activité visant la création d'œuvres, caractérisées par un souci « esthétique », entendu comme la recherche de la beauté. Il faut toutefois remarquer que le texte insiste plutôt sur d'autres aspects, et notamment sur la dimension technique de l'art. D'autre part, c'est une finalité particulière que le texte assigne à l'art : être l'expression de l'âme et de l'esprit humains, et permettre à l'homme de se voir et de se connaître.

– **Le génie / un génie :** On peut définir le génie par opposition à ce qui peut s'apprendre ou s'acquérir. Par étymologie *(ingenium)*, ce concept désigne ce qui vient avec la naissance, donc ce qui est inné et ce qui relève d'un *don naturel*. C'est donc ce que nous devons à une heureuse faveur de la nature, plutôt qu'à nos propres efforts. Rapporté à l'art, le génie désigne cette faculté particulière qui s'exprime sous la forme de l'inspiration et qui « souffle » en quelque sorte aux artistes leurs idées.

Plan du texte de Hegel

Lignes 1 et 2 : Énoncé de la thèse, qui pose deux conditions à la « fécondité » du « génie ».

Lignes 2 à 11 : Première condition, liée à la dimension technique de la pratique artistique : même le génie doit en passer par « l'apprentissage ».

Lignes 11 à 15 : Seconde condition, liée à la finalité de l'art : l'œuvre géniale ne peut être que le fruit d'une « étude » de ce qu'est l'homme, tant dans ses manifestations extérieures que dans son être le plus profond.

CORRIGÉ COMPLET DU COMMENTAIRE

Introduction

Selon une représentation courante, l'artiste se définirait principalement par le fait de posséder un don, le « génie », qui fait de lui un être à part et qui lui inspire ses créations. Il lui suffirait donc de s'abandonner à son inspiration pour donner naissance à des œuvres « géniales ». C'est cependant une façon un peu paradoxale de reconnaître le mérite de l'artiste que de renvoyer ses plus belles réussites à ce qui ne relève pas réellement de lui-même, mais relève de la nature. En outre, c'est sans doute occulter tout ce que l'art suppose de travail et d'apprentissage. C'est justement cette dimension que Hegel met ici en valeur : sans nier l'existence du « génie », il affirme que ce don ne peut trouver à s'exprimer qu'à condition d'un réel travail de l'artiste. Il énonce cette thèse dès le début du texte, et la développe en deux temps. Hegel rappelle tout d'abord que la pratique artistique exige savoir-faire et habileté technique, ce qui ne peut passer que par une acquisition progressive. Enfin, dans la mesure où notre intérêt pour les œuvres d'art tient à ce qu'elles nous « parlent », Hegel montre qu'on ne peut créer une œuvre d'art qu'à condition d'avoir eu le temps de vivre et d'« étudier » ce qu'est l'homme. Cependant, cette thèse n'est-elle pas remise en cause par l'existence de génies précoces, qui semblent s'être dispensés du temps et du travail dont Hegel affirme la nécessité ?

I Partie explicative

I-1 Posséder du « génie » ne suffit pas à faire un artiste (lignes 1 et 2)

Sans remettre en question l'existence du « génie », Hegel affirme qu'il ne peut être à lui seul « fécond ». Tout le monde ne peut pas être artiste, encore moins artiste d'importance, il faut donc bien y être prédisposé par nature. Toutefois, même le plus doué des artistes ne saurait se contenter de son don pour donner naissance à la création d'œuvres.

Rappelons pour commencer que par la notion de « génie », on désigne en général la faculté que certains hommes posséderaient de façon innée, et qu'ils ne devraient donc qu'à une sorte de faveur de la nature. Cette faculté se manifeste sous la forme de l'inspiration, qui fournit aux artistes les idées de leurs œuvres, à travers un processus qui échappe à leur maîtrise dans une certaine mesure. La notion de « génie » renvoie d'ailleurs à tout ce qui ne peut pas s'apprendre en art, si bien que l'on pourrait dire que l'on *naît* artiste. Le véritable génie se reconnaît, qui plus est, à l'originalité de ses œuvres, lesquelles se distinguent de toutes celles qui les précèdent. C'est donc comme si le « génie » inventait ses propres règles de création, sans s'embarrasser des règles existantes, ou des contraintes techniques. Le romantisme a cultivé cette représentation de l'artiste emporté dans un souffle créateur, dans une sorte d'abandon à l'inspiration. Or cette conception provient sans doute d'une méconnaissance du véritable processus de création et du fait que le public n'est convié qu'à admirer l'œuvre une fois achevée. De la sorte, tout ce qu'il y a de recherches, d'esquisses, de repentirs est occulté, au point de laisser penser que l'œuvre a pu surgir sous le seul effet de l'inspiration.

C'est cette représentation que Hegel entend corriger lorsqu'il dit qu'on « ne doit pas perdre de vue » ce que suppose en réalité le génie « pour être fécond ». Pour Hegel, il semble que le don soit sans doute nécessaire pour fournir l'inspiration, mais que celle-ci ne puisse aboutir à une œuvre que si elle rencontre tout d'abord « une pensée disciplinée et cultivée ». Ces termes vont en quelque sorte à l'opposé de l'idée que l'on se fait du génie : ils insistent, en effet, sur la dimension de conscience et de maîtrise de l'artiste à l'égard de ses idées. Ce qui est « discipliné », c'est ce sur quoi on exerce un contrôle strict, au contraire de ce qui peut vagabonder librement, selon sa fantaisie. Par « cultivée », on peut entendre ici deux idées. Cultiver, c'est d'abord travailler à rendre productif quelque chose, ou encore développer par l'entraînement. Mais c'est aussi enrichir quelque chose : « se cultiver » renvoie notamment au fait d'acquérir des connaissances, donc une « culture ». Ainsi, la source même des idées de l'artiste ne peut pas ne relever que d'un don, inné par définition ; elle doit, au contraire, relever de ce qui doit s'acquérir. D'autre part, la mise en forme de ces idées suppose elle aussi une acquisition, celle d'un savoir-faire qui ne vient qu'avec l'exercice, comme va le montrer Hegel pour chaque forme d'art.

I-2 La dimension technique de l'art exige un apprentissage (lignes 2 à 11)

Si l'artiste ne peut se reposer sur son génie, c'est qu'il y a dans l'art un « côté purement technique », comme l'écrit Hegel. Par là, il faut entendre que toute une partie de la pratique artistique relève *uniquement* de la « technique », notion que l'on peut justement opposer à celle de « génie », puisqu'elle désigne ce qui relève du savoir-faire, ce qui peut prendre la forme de règles et de méthodes, donc, ce qui, par suite, peut s'apprendre et se transmettre. La « technique » est aussi ce qui se forme avec l'« exercice », c'est-à-dire avec une pratique répétée et appliquée : donc une certaine habileté. Cette part technique de l'art n'est pas négligeable : c'est par sa maîtrise que les idées sorties de l'esprit de l'artiste vont pouvoir déboucher sur une œuvre effective. L'artiste doit donc se familiariser avec la technique inhérente à son art pour faire en sorte qu'elle puisse se mettre au service de ses idées, l'idéal étant d'arriver à donner à ses créations une impression de naturel et de facilité, ayant toute l'apparence du don.

Pour illustrer cette affirmation, Hegel commence par citer l'exemple des arts pour lesquels elle est « plus particulièrement vraie », autrement dit le cas des arts où la dimension technique est la plus évidente. Il s'agit donc des arts les plus « manuels », ceux qui sont le plus en prise avec une « matière » qu'il faut apprendre à travailler et ceux qui « se rapprochent plus ou moins des métiers manuels ». La sculpture et l'architecture supposent en effet de manier des outils, et le travail de la pierre, ou des différents matériaux, implique un certain savoir-faire.

Hegel montre par la suite que même les arts, qui semblent le moins en prise avec la « matière » et ce qu'elle suppose de travail technique, ont aussi leur « côté technique ». C'est là que la thèse de Hegel est la plus fragile, car il pourrait être tentant de voir dans ces arts un passage plus direct des idées issues de l'inspiration à l'œuvre. Hegel reconnaît en effet que « la dextérité manuelle est moins nécessaire en musique et en poésie ». Il faut sans doute entendre par « musique » l'art de la composition, car la pratique d'un instrument exige de façon évidente une « dextérité manuelle » que seul un exercice régulier permet de développer. Pour la poésie, pas d'ambiguïté : on pourrait même dire que la « dextérité manuelle » n'y est pas du tout nécessaire. Or, comme le rappelle Hegel, la poésie ne peut pas pour autant être toute d'inspiration : car « même dans celle-ci, il y a tout un côté qui demande, sinon un apprentissage, tout au moins une certaine expérience ». Et cette « dextérité » que nécessite la poésie correspond à « l'art de rimer », sachant qu'il faut entendre le mot art comme « un savoir-faire ». Avoir de l'inspiration ne suffit pas en effet à écrire un poème, car tout poème suppose une mise en forme assez rigoureuse, passant par le respect de règles de conventions comme celles de la versification. C'est pourquoi, sans aller jusqu'à dire que la poésie pourrait faire l'objet d'un « apprentissage » au sens strict, on peut affirmer qu'elle implique une certaine « expérience » et une longue pratique. Un parallèle est d'ailleurs possible avec des arts plus manuels : s'exercer à l'art de rimer, c'est comme exercer sa main en sculpture. C'est pourquoi Hegel peut conclure ce moment de l'argumentation en écrivant que « tout art s'exerce sur une matière plus ou moins dense, plus ou moins résistante, qu'il s'agit d'apprendre à maîtriser ». La notion de « matière » se définit alors comme ce qui va permettre de donner une existence sensible mais aussi une forme aux idées de l'artiste et, enfin, comme ce qui donne à l'art son côté technique et que l'artiste doit apprendre à maîtriser.

I-3 L'art exige l'étude et la connaissance de l'homme (lignes 11 à 15)

Après examen de ce qui relève de la « forme » des œuvres d'art, Hegel attire l'attention sur ce que leur contenu ou « fond » implique. Selon lui, le « rang » d'un artiste, c'est-à-dire son importance ou sa qualité, se mesure à sa connaissance des « profondeurs de l'âme et de l'esprit humain ». Il y a derrière cette idée une conception de la finalité de l'art, autrement dit de ce que vise l'artiste à travers son œuvre, et de ce que le public en attend. On peut rappeler ici que, selon Hegel, l'art n'est pas quelque chose de superflu ou qui relèverait uniquement du divertissement, mais qu'il renvoie, au contraire, à quelque chose d'essentiel pour l'homme, au point que l'on pourrait parler d'un « besoin d'art ». Ce besoin est lié à la conscience de soi chez l'homme : celle-ci le pousse à vouloir se voir, se représenter et se connaître. Dès lors, le plus grand artiste sera en effet celui dont les œuvres manifesteront la connaissance la plus profonde de ce qu'est l'homme, celles dans lesquelles nous pourrons le mieux nous retrouver, et qui nous permettront donc de mieux nous comprendre nous-mêmes. Ce n'est, selon Hegel, qu'à cette condition qu'une œuvre arrive à nous toucher, ou encore à nous « parler », et si certaines œuvres traversent le temps, c'est justement parce que leur auteur a su saisir et exprimer en elles quelque chose de profond sur l'homme.

Or une telle connaissance de l'homme et de ses « profondeurs » ne peut être innée. Comme l'écrit Hegel, elle « ne s'acquiert pas non plus de façon directe », mais suppose « une étude du monde extérieur et intérieur ». L'idée d'« étude » peut être mise en parallèle avec la notion d'apprentissage, car elle aussi ne peut s'inscrire que dans le temps et dans une démarche consciente. L'artiste peut d'abord mener cette étude sur lui-même, sur son « monde intérieur ». En tant qu'homme, il porte en effet en lui cette nature humaine dont l'art veut se faire le miroir. Mais il lui faut aussi pour cela avoir vécu, c'est-à-dire avoir eu le temps de se connaître lui-même en profondeur, et d'avoir eu un certain nombre d'expériences. De quoi pourrait bien « parler » un artiste qui n'aurait encore rien vécu ? Il lui faut, de plus, connaître le « monde extérieur », lieu des actions humaines, là où peut être saisi aussi ce qu'est l'homme à travers ce qu'il fait. L'histoire, par exemple, comme théâtre des passions humaines, est en effet une source d'inspiration pour les artistes. On retrouve ainsi les deux façons par lesquelles l'homme prend conscience de lui-même selon Hegel : de façon « théorique », mais aussi de façon « pratique ».

Transition partie explicative – partie critique

Dès lors, le génie, bien qu'inné, ne peut venir en réalité qu'avec l'âge, étant donné ce qu'il suppose de temps et de maturation. Le « génie » serait donc à l'origine une faculté « en puissance », qui ne viendrait à l'« acte » qu'à condition d'un réel travail de la part de l'artiste.

II Partie critique

À suivre Hegel, il ne pourrait donc pas y avoir de « génie précoce ». Il semble pourtant possible de citer des exemples d'artistes chez qui la fécondité du génie s'est manifestée très tôt, comme s'ils n'avaient pas eu besoin justement de passer par de laborieux exercices, ni par une étude approfondie. On peut invoquer notamment l'exemple de Mozart. Mais c'est une objection que Hegel a en partie prévue : il reconnaît que le génie peut se manifester plus tôt qu'ailleurs en musique, dans la mesure où elle traduit, certes, des « sentiments profonds », mais de façon tout à fait « imprécise ». Il faut entendre par là que la musique est une expression très directe des sentiments, qui n'a pas la dimension précise et consciente que l'on retrouve en poésie, à travers les mots. Cependant, l'exemple de Rimbaud, en poésie justement, peut nous amener à nuancer le point de vue de Hegel : il semble bien que la jeunesse du génie puisse être compatible avec une œuvre réellement inspirée et d'importance. On peut souligner, par ailleurs, que son œuvre a été composée dans un très court laps de temps, comme si, pour certains artistes, le temps allait plutôt dans le sens d'un tarissement de leur inspiration, que d'un accomplissement de celle-ci.

Conclusion

Si l'art est bien autre chose qu'une forme de divertissement, et si on lui doit des œuvres « profondes », c'est bien parce que les artistes expriment en elles une connaissance qu'ils n'ont pu acquérir qu'au fil du temps et de leur expérience. Il en va de même pour leur habileté, qu'ils ne peuvent trouver en eux-mêmes toute faite. On peut ainsi conclure avec Hegel à la nécessité, même pour un « génie », de s'astreindre à un véritable « travail ». Cela ne retire pas l'importance du don en art, tant il est évident que tout le monde ne peut être artiste. En revanche, cela permet de rappeler combien les artistes doivent à leurs propres efforts.

SUJET 14 Série S – France métropolitaine – Juin 2008

DISSERTATION

L'art transforme-t-il notre conscience du réel ?

Corrigé

Travail préparatoire

Notions et repères

Notions : l'art, la technique, la conscience, la raison et le réel, la vérité, le désir, la religion, le bonheur, la société
Repères : idéal / réel – objectif / subjectif

Remarques générales

Le sujet porte sur le thème classique des rapports entretenus par l'art et le réel, mais sous l'angle un peu plus précis de « notre conscience du réel », dont il faut bien tenir compte. Il est important de pouvoir s'appuyer, dans la réflexion, sur l'analyse d'exemples pour ne pas rester sur des considérations trop abstraites et vagues.

Analyse des termes du sujet

– **L'art :** on peut définir l'art comme une activité amenant à la création d'œuvres, faites pour la simple contemplation et propres à susciter un sentiment esthétique chez le spectateur. Ces œuvres sont aussi le moyen pour l'artiste d'extérioriser des idées et des sentiments. Ainsi, *d'un certain côté*, l'art peut être vu comme une activité un peu secondaire, faite pour le simple « divertissement ». *D'un autre côté*, en tant que l'art tient un certain discours sur le réel, on peut s'interroger sur l'influence que celui-ci peut avoir sur notre rapport à la réalité.
Remarque : on pourrait aussi inclure la technique dans la réflexion, si l'on prend le mot « art » dans son sens le plus large et le plus ancien.
– **Le réel :** c'est l'ensemble de ce qui est ou existe. À ce titre, on pense d'abord au monde qui nous entoure (la réalité « extérieure »), mais il faut aussi penser à l'ensemble de ce qui nous constitue : nos sentiments, nos désirs, nos pensées,

etc. On peut y opposer tout ce qui relève de « l'irréel » : l'imaginaire, la fiction, etc. N'est-ce pas d'ailleurs là le domaine de l'art ?

– **Notre conscience du réel :** la conscience est cette faculté qui permet à l'homme de se connaître et d'être en relation avec le monde qui l'entoure. Selon son étymologie (*cum-scientia* en latin), la « conscience » désigne une forme de connaissance (voir les expressions « prendre conscience de… », « avoir conscience… »). Cette conscience n'est cependant pas nécessairement objective : il peut s'agir d'une certaine « vision » du réel, de notre perception de celui-ci, qui peut être partielle, fausse ou trompeuse. Cela ne pourrait-il pas être l'effet de l'art justement ? Ou bien est-il pour nous le moyen d'avoir une connaissance plus juste ou plus riche du réel ? Enfin, le sujet ne se limite pas à la question de la connaissance du réel : notre conscience du réel comprend aussi notre rapport affectif à la réalité. L'art ne peut-il pas avoir pour effet de nous la faire aimer davantage ou de nous la rendre plus désirable ?

– **Transforme-t-il** : transformer, c'est apporter une modification, un changement, qui peut aller aussi bien dans le sens d'une amélioration que d'une altération. L'idée de transformation implique par ailleurs un changement décisif et assez profond. Lorsqu'on dit de quelqu'un « qu'il a été transformé » par une « expérience », c'est qu'elle a été suffisamment marquante pour qu'il ne soit « plus le même ». Il s'agit donc, *d'une part*, de voir si l'art peut avoir une influence aussi déterminante sur notre rapport à la réalité et, *d'autre part*, d'examiner la valeur de cette « transformation ».

■ Problématique

D'un côté, on pourrait être tenté de considérer l'art comme un domaine ayant peu d'influence sur notre rapport à la réalité, soit parce que nous y voyons un domaine séparé (celui de l'imaginaire), soit parce qu'il ne fait que produire une répétition de cette réalité (l'art comme imitation de la réalité). Mais, *d'un autre côté*, l'art semble bien être capable de nous « marquer », d'apporter un changement notable dans notre vision des choses, soit en enrichissant notre rapport à la réalité, soit, au contraire, en le « faussant ». La question devient alors : à quelles conditions cette « transformation » dont l'art est capable peut-elle être positive pour l'homme ?

■ Plan de la dissertation

I En apparence, l'art ne peut pas avoir d'effet durable et déterminant sur notre rapport au réel.

II En réalité, l'art joue bien de façon déterminante sur notre rapport à la réalité.

III Conditions auxquelles cette transformation trouve sa valeur pour l'homme.

PLAN DÉTAILLÉ DE LA DISSERTATION

I En apparence, l'art ne peut pas avoir d'effet durable et déterminant sur notre rapport au réel

Au premier abord, l'art semble être un domaine un peu accessoire de notre existence, en marge de la réalité. Il ne paraît pas pouvoir opérer une transformation véritable dans notre façon de voir les choses.

I-1 L'art comme simple répétition de ce que nous connaissons déjà du réel

Si l'on considère que le but de l'art consiste à donner une reproduction habile (peintres figuratifs) ou fidèle (hyperréalisme) de la réalité, alors il ne change en rien notre conscience de celle-ci. Il ne fait que nous montrer ce que nous connaissons déjà, sous une forme qui nous est aussi familière. Le plaisir que l'on peut prendre à la contemplation de ce type d'œuvres tient d'ailleurs à cela : nous sommes d'autant plus admiratifs d'une œuvre qu'elle est la copie la plus fidèle de son modèle réel. L'artiste, de son côté, peut y trouver le plaisir de mesurer sa propre habileté, mais il ne change donc en rien notre vision de la réalité.

I-2 L'art comme lieu d'une vision seulement subjective du réel

L'artiste peut aussi offrir à travers ses œuvres une autre vision du réel que la nôtre (peintres abstraits, surréalistes). Mais si nous considérons qu'il s'agit seulement de sa propre façon de percevoir les choses, ses œuvres n'ont là encore qu'un intérêt limité pour nous et, pour la même raison, un effet assez limité sur notre conscience. De telles œuvres peuvent bien susciter la curiosité, celle de voir quelque chose d'inhabituel et d'original. Mais, tant qu'elles semblent nous donner une vision seulement subjective des choses, elles ne sont pas de nature à pouvoir nous faire changer notre propre vision des choses.

I-3 L'art comme simple divertissement

Enfin, on peut dire que, bien souvent, nous ne voyons l'art que comme un moyen de « se divertir », c'est-à-dire une façon de mettre temporairement entre parenthèses ce qui fait notre réalité. Ce que cherchent la plupart des gens lorsqu'ils se rendent au cinéma ou se plongent dans la lecture d'un roman, c'est oublier quelques instants leur réalité quotidienne. Mais ce plaisir pris n'est que ponctuel, car le réel sait ensuite se rappeler à nous de toute sa force. L'art n'offre ainsi qu'un moyen temporaire d'évasion, dont on ressort sans en être véritablement transformé. Ce sont plutôt les expériences bien réelles de la vie qui peuvent avoir un tel effet sur nous.

II En réalité, l'art a bien un effet déterminant sur notre rapport à la réalité

À mieux y regarder, l'art est un domaine essentiel de l'existence humaine et joue un rôle décisif dans notre façon de percevoir et de penser la réalité.

II-1 La vraie fonction de l'art : être un « révélateur » du réel

Comme le soutient Hegel, on ne peut pas réduire la fonction de l'art à une simple copie de la réalité. Si l'art a une importance pour l'homme, c'est dans la mesure où il peut nous apprendre quelque chose, en étant porteur de vérité. Il faut à cela une condition : qu'il nous montre une autre vision de la réalité que celle qui est déjà la nôtre, tout en étant plus que la seule vision subjective de l'artiste. Le rôle de l'artiste consiste alors à nous rendre sensibles à des aspects du réel qui nous échappent, que ce soit hors de nous comme en nous-mêmes. Si nous avons besoin pour cela des artistes, c'est que la conscience que nous avons du réel est souvent partielle ou, comme le fait remarquer Bergson, réduite par nos préoccupations quotidiennes. On comprend par suite pourquoi nous pouvons être touchés par les œuvres d'un artiste : nous nous retrouvons en elles, lesquelles sont porteuses d'une vision des choses que nous arrivons à partager en accédant à une conscience plus large de la réalité.

II-2 La vocation sociale et politique de l'art

Un autre signe de l'influence que l'art peut avoir sur notre vision de la réalité tient au fait qu'il peut être le moyen de véhiculer de façon efficace des idées ou un discours critique sur la société (*1984* d'Orwell, *La Haine* de M. Kassovitz). On parle souvent en ce sens des « messages » que l'art servirait à « faire passer ». L'art est d'ailleurs sans doute le moyen le plus efficace d'atteindre et de marquer les consciences de ce point de vue, car il s'adresse d'abord à la sensibilité. Il permet ainsi de « toucher » les individus de façon plus profonde que ne le ferait un discours simplement théorique, pour les amener ensuite à un autre regard sur la réalité. L'art peut même être par suite un encouragement à transformer la réalité elle-même.

II-3 L'art comme expérience marquante

Enfin, on peut dire que, même si les expériences que nous procure l'art relèvent de la fiction et ne sont vécues que « par procuration », elles n'en ont pas moins un effet indéniable sur nous. Nous ne serions sans doute pas les mêmes si nous n'avions pas rencontré depuis notre plus jeune âge des œuvres d'art qui ont influencé notre rapport à nos passions et à nos désirs. Nous nous identifions toujours plus ou moins aux héros des œuvres que nous apprécions, qui deviennent des modèles plus ou moins conscients. À force aussi de fréquenter des œuvres d'art qui donnent des choses une vision idéalisée, nous apprenons aussi à désirer davantage de la réalité. On peut aussi dire de certaines œuvres qu'elles peuvent éveiller en nous la conscience du sacré ou encore un sentiment mystique, d'où les rapports profonds entre l'art et la religion.

III Conditions auxquelles cette transformation trouve sa valeur pour l'homme

Si, effectivement, l'art paraît en mesure de modifier notre façon de nous rapporter à la réalité, on peut aussi imaginer qu'il le fasse d'une mauvaise façon. Il faut alors envisager dans quelle mesure l'art peut jouer un rôle positif pour l'homme.

III-1 Une transformation qui doit permettre d'élargir notre capacité de réflexion sur le réel

Si l'art peut être mis au service de fins politiques, le risque est qu'il dégénère en propagande. On peut rappeler que les régimes les plus totalitaires ont souvent amené non pas à une suppression de l'art, mais plutôt à son utilisation à des fins uniquement idéologiques (Leni Riefenstahl et la propagande du IIIe Reich). Avec un certain paradoxe d'ailleurs : cet art se voulait d'autant plus « réaliste » dans la forme qu'il prêchait des idées fausses ou trompeuses à l'égard de la réalité. La « transformation » par le moyen de l'art devient alors ce que l'on pourrait même qualifier de « déformation ». C'est ainsi trahir ce que l'on pourrait voir comme une des fonctions essentielles de l'art : fournir une variété de points de vue et rendre possible un discours critique et distancié par rapport à la réalité. On peut alors en déduire le rôle positif que l'art devrait avoir : nous donner le moyen de ne pas être enfermé dans une seule vision des choses.

III-2 Une transformation qui doit « élever » l'homme

Une des raisons de l'effet de l'art sur l'homme réside dans le fait qu'il représente les passions humaines et, qu'en le faisant, il permet aux hommes de laisser libre cours à tout ce que la réalité nous demande de refouler. C'est ce qui explique le plaisir que nous pouvons prendre au spectacle de la violence, par exemple, dans certaines œuvres. Mais la fréquentation des œuvres d'art de ce type pourrait avoir un effet négatif sur l'homme : lui désapprendre à maîtriser ses passions, lui faire confondre ce qui peut être permis dans la fiction et ce que la réalité exige. C'est pourquoi, comme l'affirme Hegel, une œuvre d'art devrait toujours « flatter les passions humaines » et, en même temps, offrir une distance de jugement. À cette condition, l'art peut être vu comme « libérateur », au sens où il permet à l'homme de prendre davantage conscience de lui-même et des passions qu'il porte en lui, pour ensuite mieux les maîtriser. L'art est ainsi un moyen pour l'homme de « s'humaniser ».

III-3 Une transformation qui doit enfin offrir un rapport plus heureux à l'existence

Enfin, le plaisir que nous pouvons prendre à la contemplation des œuvres d'art pourrait avoir un autre effet négatif : être déçu ensuite par la réalité, après en avoir vu l'image idéalisée, transfigurée par l'art. C'est un peu ce qui arrive à Emma Bovary dans le roman de Gustave Flaubert. Ses lectures romantiques l'ont amenée à se créer des attentes que la réalité ne fait que décevoir, au point de ne plus être capable de trouver le bonheur dans sa véritable existence. L'art peut donc fausser notre rapport à la réalité et nous rendre incapable de savoir l'apprécier ensuite. Si l'art joue un rôle positif pour l'homme, c'est dans la mesure où il apprend à mieux apprécier la réalité, en enrichissant notre façon de la percevoir, plutôt qu'en servant de refuge illusoire. La transformation opérée par l'art devrait ainsi revenir à nous offrir de quoi être réellement plus heureux en nous montrant la richesse et les beautés du réel que nous ne savons pas voir par nous-mêmes immédiatement.

Le travail et la technique

SUJET 15 Série ES – France métropolitaine – Juin 2009

DISSERTATION

Le développement technique transforme-t-il les hommes ?

Corrigé

Travail préparatoire

Notions et repères

Notions : le travail et la technique, la culture, la conscience, la liberté, l'histoire, le bonheur, la morale
Repères : en acte / en puissance – essentiel / accidentel

Remarques générales

Comme souvent lorsqu'il est question de la technique, il faut résister à la tentation de réduire la réflexion à une simple énumération d'exemples. Il faut, par ailleurs, se montrer très attentif aux termes précis du sujet et en particulier ici à la notion de « transformation ».

Analyse des termes du sujet

– **Le développement technique :** la technique désigne l'ensemble des moyens (outils, machines) et des méthodes inventés par l'homme pour lui permettre de faciliter et rendre plus efficaces ses tâches. Le développement technique correspond à l'invention constante de nouveaux moyens ou encore à l'extension de la technique à des domaines de plus en plus nombreux (voir le progrès récent des « biotechnologies », par exemple).
– **Les hommes :** en principe, la technique a pour finalité la modification du monde extérieur, de la nature, et non l'homme lui-même, qui en est plutôt l'utilisateur. Cependant, le recours sans cesse grandissant à la technique ne peut-il pas avoir aussi un effet sur l'homme lui-même, dans les différentes dimensions qui le définissent, à la fois physiquement et moralement ? Cette réflexion implique de poser en même temps la question de l'existence d'une

« nature humaine » : l'homme peut-il se définir par des propriétés déterminées et immuables ou bien faut-il le concevoir comme un être qui doit se définir lui-même de façon libre justement ?

– **Transforme-t-il :** au sens le plus strict, la notion de « transformation » implique une modification profonde, durable et significative : être « transformé », c'est être quelque chose ou quelqu'un d'*autre*. On pourrait presque parler alors de « métamorphose ». Est-il possible d'imaginer que l'homme puisse faire l'objet d'un tel changement ? Il faut remarquer aussi que la notion de « transformation » n'implique pas en elle-même un jugement de valeur : ce changement pourrait être aussi bien à penser comme une perte pour l'homme de son identité (une altération ou une « aliénation ») que comme une amélioration de ses qualités. Mais, en ce cas, s'agirait-il bien d'une « transformation » ou seulement d'une « actualisation » de facultés déjà présentes en l'homme, et donc d'un accomplissement ? Enfin, on peut discuter le caractère subi et passif de cette transformation sous l'effet du développement technique. N'est-ce pas à l'homme de maîtriser la technique et, avec elle, ses effets ? N'est-ce pas aussi à l'homme qu'il revient de se définir lui-même, de construire son identité et de se donner les moyens d'y parvenir ?

■ Problématique

En principe, la technique a pour fin la transformation de la nature extérieure. Cependant, l'invention et l'utilisation sans cesse grandissante de moyens techniques n'ont-elles pas aussi un effet sur l'homme lui-même ? Quels peuvent être le sens et l'importance de cet effet ? Peut-il y avoir une « transformation » au sens propre de l'homme lui-même ? L'existence d'une nature humaine ne rend-elle pas impossible toute modification profonde de l'homme dans son être ? Les progrès techniques ne sont-ils pas l'occasion de remettre en cause cette idée, en rappelant à l'homme la responsabilité qu'il a à son propre égard ?

■ Plan de la dissertation

I Le développement technique ne transforme pas l'homme, mais le « rend » homme.

II Le développement technique peut cependant être un facteur d'aliénation.

III Le développement technique appelle l'homme à la responsabilité de se définir lui-même.

CORRIGÉ COMPLET DE LA DISSERTATION

Introduction

La technique semble marquée par le progrès. Depuis que l'homme a inventé les outils nécessaires à sa subsistance, ceux-ci n'ont cessé de se multiplier, de s'étendre et de se développer. D'abord destinée à modifier la nature pour l'adapter aux besoins de l'homme, la technique est maintenant en mesure de modifier la structure de la matière ainsi que la vie. On pourrait penser que ce développement se limite à transformer ce qui reste extérieur à l'homme, à savoir le monde lui-même : en effet, les outils et les machines restent destinés avant tout à rendre le travail humain efficace et performant en termes de vie et de confort. Ce que la technique transforme, c'est la nature et les choses, dans un but utilitaire, et non pas l'homme lui-même. Pour autant, le développement technique n'a-t-il pas aussi des répercussions sur l'être humain, directes ou indirectes ? En effet, l'homme cherche à améliorer ses propres performances et utilise, pour cela, la technique ; de même, en modifiant le monde qui l'entoure, l'homme modifie ses conditions de vie et son propre être. Quelle est alors la nature de ces impacts de la technique sur l'homme ? S'agit-il d'une simple amélioration de ce que l'homme porte déjà en lui, auquel cas le développement technique ne ferait qu'accomplir les potentialités humaines sans changer l'homme ? Ou bien s'agit-il d'un bouleversement plus radical que l'on pourrait qualifier de « transformation » ? Mais alors, est-ce la technique en elle-même qui serait responsable de cette action sur l'homme ou l'homme lui-même ?

I Le développement technique ne transforme pas l'homme, mais le « rend » homme

I-1 L'existence d'une nature humaine rend impossible de parler d'une « transformation »

Pour que l'on puisse parler de « transformation » sous l'effet du développement technique, il faudrait que l'homme puisse devenir quelque chose d'autre que lui-même, qu'il change de « nature ». Or, il semble bien qu'il y ait des propriétés fondamentales qui définissent l'homme de façon immuable et qui font que l'on peut parler d'une « nature humaine ». Les moyens techniques peuvent ainsi évoluer, se diversifier, se multiplier, sans que cela change véritablement l'homme dans son être. On peut prendre ici l'outil comme modèle de réflexion : il vient s'ajouter au corps de l'homme, mais de façon ponctuelle et non comme un véritable nouvel organe. Autre preuve de cette absence de transformation : le fait que nous pouvons reconnaître une intelligence semblable à la nôtre dans les outils de nos plus lointains ancêtres (Bergson).

I-2 Un accomplissement plutôt qu'une véritable « transformation »

On peut cependant reconnaître au développement technique un certain effet sur l'homme, mais qui relève d'un accomplissement plutôt que d'un bouleversement dans ce qui le caractérise. L'invention de nouveaux moyens techniques permet en effet « d'actualiser » des qualités déjà présentes en l'homme, mais « en puissance » seulement. Le développement technique est ainsi un facteur « d'humanisation », en apportant à l'homme plus de temps libre, par exemple, ou encore plus de moyens pour développer son habileté, pour se cultiver, etc. Ce serait d'ailleurs l'enjeu principal du progrès technique en dernière analyse : permettre à l'homme d'être davantage lui-même.

I-3 Une illusion de transformation due au développement technique

Enfin, il faut signaler qu'il n'est pas nécessaire pour cela de se lancer dans une logique de développement technique à outrance. Les hommes des sociétés dites

« primitives », qui en sont restés à un certain niveau de développement technique, sont pourtant bien pleinement nos semblables. S'ils ont été considérés comme moins « civilisés » ou moins « humains », ce n'est que par l'effet d'un préjugé « ethnocentriste ». On peut d'ailleurs remarquer qu'il s'agit d'un des travers constants de l'homme (Lévi-Strauss, *Race et Histoire*). De ce point de vue, le développement technique serait dans une certaine mesure un facteur d'illusion, amenant les hommes à se croire transformés en des êtres plus « développés » eux-mêmes et qui perdent de vue leur appartenance à une même essence.

II Cependant, par rapport à cette nature, le développement technique peut être un facteur d'aliénation

II-1 L'ambiguïté de l'effet du développement technique sur l'homme

Le développement technique ne va pas nécessairement dans le sens pour l'homme d'un épanouissement de ses qualités, comme le suggère déjà la remarque précédente. C'est d'ailleurs toute l'ambiguïté de la « perfectibilité » qui définit l'homme selon Rousseau. D'un côté, le fait que l'homme ne soit pas enfermé dans des instincts rigides lui permet de s'ouvrir sans cesse à de nouveaux progrès. Mais, d'un autre côté, cela peut entraîner une régression de l'homme au-dessous de l'animal lui-même. Les caractéristiques que l'homme porte « en puissance » ne sont pas, en effet, toutes positives : le risque est que le développement technique ait plutôt pour résultat d'encourager les travers de la « nature humaine ». Comme le montre Rousseau dans le *Second Discours*, la violence, la cupidité ou encore la paresse ne peuvent avoir que peu d'effets à l'état naturel. C'est le développement technique qui les éveille et les encourage.

II-2 Le développement technique comme facteur d'aliénation

À cela s'ajoute que le développement technique peut transformer ce qui devrait être pour l'homme un lieu d'accomplissement en un lieu « d'aliénation ». Selon Marx, le travail est en principe pour l'homme le moyen de s'épanouir en mettant en œuvre ses capacités spécifiques. Or, la mécanisation du travail peut produire l'effet inverse en rendant les tâches monotones, répétitives et peu valorisantes. Sous cette forme, le travail devient alors ce qui fait perdre à l'homme son essence : il « l'animalise ».

II-3 Le développement technique comme facteur d'appauvrissement de l'existence

Il faut voir aussi que le développement technique porte en lui certaines valeurs ou encore une certaine vision du monde et de l'existence. La technique implique une logique d'efficacité et de rentabilité, qui risque de se substituer à toute autre forme de rapport au monde et à autrui. Comme le fait remarquer Heidegger (en parlant d'un monde dominé par l'« essence de la technique »), le développement technique conduit l'homme à ne plus voir la nature que comme un ensemble de moyens mis à sa disposition. La technicisation des moyens de communication entre les hommes peut aussi avoir tendance à faire perdre un authentique rapport à nos semblables. Le développement technique est dans cette mesure un facteur d'appauvrissement de notre conception de l'existence.

III Le développement technique appelle l'homme à la responsabilité de se définir lui-même

III-1 Un nécessaire progrès moral de l'homme

Le développement technique apparaît donc à la fois comme ce qui peut permettre à l'homme de s'épanouir en tant que tel et en même temps comme ce qui est susceptible de l'appauvrir et de l'« aliéner ». Il ne s'agit cependant pas de refuser le développement technique, mais plutôt de veiller à ce qu'il se fasse toujours dans le sens de ce qui peut permettre à l'homme de mettre en œuvre les qualités positives qu'il porte en lui. Il faudrait notamment que les progrès techniques soient moins orientés vers une logique purement économique. Plus profondément encore, il faudrait que l'homme progresse moralement, en apprenant à résister à ses mauvais penchants.

III-2 L'essentielle responsabilité de l'homme

Il faut, à ce sujet, rappeler que le véritable responsable est bien l'homme lui-même en dernière analyse. Réfléchir sur les effets du développement technique ne doit pas faire oublier que l'homme en est l'auteur et qu'il est donc responsable en même temps de l'influence que ce développement peut avoir sur lui. Cette réflexion nous amène aussi à remettre en question l'idée d'une « nature humaine » qui serait donnée à l'homme une fois pour toutes. On peut, en effet, penser avec Sartre que chez l'homme « l'existence précède l'essence » – ce qui signifie que c'est à l'homme lui-même de se définir. L'histoire de l'homme, sous l'influence du développement technique, serait en ce sens davantage le lieu d'une « construction » que d'une « transformation ».

III-3 Les progrès récents de la technique la rendent plus nette encore

Les récents progrès techniques semblent d'ailleurs inviter l'homme à cette prise de conscience. Sartre faisait remarquer en 1945 que l'arme nucléaire impliquait que le choix et la responsabilité d'exister appartenaient désormais à l'humanité elle-même. De façon analogue, les progrès des biotechnologies, grâce à la génétique, laissent entrevoir des possibilités inédites pour l'homme de se modifier lui-même. Le développement technique, qui avait pour fin la maîtrise de la nature par l'homme, atteint en ce sens son accomplissement logique : que l'homme puisse disposer aussi des moyens d'agir librement sur son propre être. C'est donc bien ce qui le met en demeure de se choisir et de se définir lui-même.

Conclusion

Nous pouvons donc affirmer que le développement technique modifie l'homme. Cette modification peut prendre la forme soit d'un accomplissement de ce que l'homme a de spécifique (notamment la liberté), soit d'une aliénation, lui faisant alors perdre tout ce qu'il a d'humain. Seule cette aliénation peut être qualifiée de « transformation », tant elle impose à l'homme une perte de ses caractères essentiels. Toutefois, il convient de reconnaître que cette transformation n'est pas tant le fait du développement technique lui-même que de l'homme : c'est lui qui reste responsable de sa manière d'inventer et d'utiliser ses propres outils, y compris lorsqu'il les emploie contre lui-même.

SUJET 16 Série ES – France métropolitaine – Juin 2007

DISSERTATION

Que gagnons-nous à travailler ?

Corrigé

Travail préparatoire

■ Notions et repères

Notions : le travail, les échanges, la culture, le bonheur, l'histoire, la justice et le droit, la conscience
Repères : universel / général / particulier / singulier – genre / espèce / individu – obligation / contrainte – médiat / immédiat

■ Remarques générales

Ce sujet ne présente pas de difficultés particulières dans sa formulation, si ce n'est l'emploi du verbe *gagner* qui est une allusion directe à l'expression « gagner sa vie ». Par conséquent, il faut saisir que le sujet invite à un dépassement de cette idée et donc à un dépassement de la notion de « gain » appliquée au travail.

■ Analyse des termes du sujet

– **Que gagnons-nous :** le sujet interroge un objet ou des objets à gagner par le travail. C'est donc poser qu'en échange du travail on reçoit (ou ne reçoit pas) quelque chose, en opposant l'idée que l'on gagnerait « beaucoup » (notre humanité) à l'idée qu'on ne gagnerait « rien » (notre déshumanisation). C'est le travail comme échange qui est donc interrogé et ses conditions. En même temps, la notion de « gain » suggère que le travail se mesurerait à ce qu'il « rapporte ». Or peut-on réduire ainsi le travail à une telle démarche intéressée, devant absolument « profiter » à l'homme ? Si le travail humanise l'homme, peut-on à ce propos parler de « gain » ?
– **À travailler :** ce qui est présupposé ici, c'est que l'on travaille effectivement et que le travail est une réalité. En même temps, le sujet oppose à cette réalité la perspective d'un monde sans travail, pour justement comparer les « gains »

respectifs : gagne-t-on plus à travailler ou bien à ne pas travailler ? or là encore, la notion de « gain » est-elle capable de mesurer la valeur du travail ou du non-travail ?

■ Problématique

Le sujet oppose deux thèses. *D'un côté*, on suppose que le travail ne fait rien gagner à l'homme, en le privant de sa liberté ou en le déshumanisant. *D'un autre côté*, on suggère que l'homme a peut-être « tout » à gagner en travaillant, mais alors on fait du travail une activité intéressée devant « rapporter ». Le *problème* est donc de savoir *si l'on peut réduire ainsi le travail à un gain ou à une perte et à quelles conditions le travail apporte à l'homme le meilleur gain, à savoir son humanité.*

■ Plan de la dissertation

I Apparemment, nous perdons beaucoup à travailler si le travail prend la forme d'une aliénation.
II Mais le travail en lui-même reste le moyen de gagner notre humanité.
III Pour autant, cette humanité n'est pas un gain facile mais plutôt quelque chose qui se mérite.

CORRIGÉ COMPLET DE LA DISSERTATION

Introduction

La réalité contraignante du travail peut suggérer que l'homme ne fait que « gagner sa vie » en travaillant et donc qu'il perd plus qu'il ne gagne en échangeant ses efforts et son temps contre le simple droit de vivre. D'un autre côté, que serait l'homme sans travail ? Accéderait-il véritablement à l'humanité, quand on sait que le travail est ce qui inscrit l'homme dans la culture ? Le problème est donc de déterminer à quelles conditions le travail est humanisant pour l'homme et si parler en terme de gain à propos du travail suffit à rendre compte de ce qui semble à ce point essentiel pour l'homme. Si le travail humanise l'homme à certaines conditions, peut-on dire que cette humanité « se gagne » ? Ne faut-il pas préciser le sens du mot *gain* ?

I On ne gagnerait rien à travailler si le travail était aliénant

I-1 Le travail comme perte de liberté

On peut définir le travail comme une contrainte, l'homme devant travailler pour survivre, à la différence des animaux. Comme le suggère le mythe de Prométhée, l'homme serait le moins bien pourvu des animaux « nu, sans chaussures ni couvertures, ni armes pour se défendre ». L'homme ne devrait donc sa survie qu'à l'invention d'outils (technique) pour transformer la nature et l'adapter à ses besoins, et ce au détriment même de sa liberté naturelle. En cela, il ne gagnerait rien à travailler en comparaison des animaux qui peuvent vivre sans travailler. Le travail ne serait que le moyen de combler un manque, de compenser une imperfection, et, de ce fait, « n'ajouterait » rien au simple fait de vivre, le rendant seulement « possible ».

I-2 Le travail comme dépossession de soi

De même, le travail serait aliénant (du latin *alius*, « autre »), au sens où, pris dans le système des échanges, il deviendrait l'instrument de domination des uns sur les autres, comme le suggère Marx. Ici, le travail ferait donc perdre à l'homme son humanité. Comme le montre Marx, le travail de l'ouvrier est « sacrifice de soi, mortification » au sens où il le « dépossède » de tout ce qui fait de lui un être humain. Ainsi l'ouvrier ne peut pas affirmer ses talents propres dans son travail, il ne peut pas profiter de ce qu'il produit et enfin il devient la propriété de celui qui le fait travailler. On constate donc que, dans certaines conditions, le travail est dégradant pour le corps et l'esprit, notamment lorsque s'imposent au travailleur les exigences d'efficacité et de rentabilité. Alors, ce sont ceux qui ne travaillent pas qui gagneraient beaucoup en faisant travailler les autres.

I-3 Gagner à ne pas travailler ?

Par conséquent, on pourrait poser que l'on gagnerait davantage (liberté, accomplissement de soi) à ne pas travailler, en se réalisant ailleurs que dans le travail, c'est-à-dire dans le temps libre. Mais, comme le montre Marx, le travail aliéné nous prive justement de notre possibilité de nous humaniser en dehors du travail, car il n'y a pas de vrai temps libre pour le travailleur aliéné. En effet, Marx explique que l'ouvrier voulant fuir le travail ne trouve finalement en dehors du travail qu'« animalité », à savoir la simple possibilité de satisfaire ses besoins, tel un animal. Ceci s'explique par la faiblesse des salaires, qui ne permettent pas de profiter du temps libre, mais aussi par la fatigue, « l'abrutissement », causés par un travail déshumanisant. Ainsi, non seulement au travail mais aussi en dehors du travail, l'homme perd tout « à travailler ».

Transition

Nous voyons donc en quel sens l'homme peut ne rien gagner, voire tout perdre à travailler. Cependant, cela ne doit pas nous faire oublier que le travail reste aussi l'instrument par lequel l'homme se cultive, s'humanise.

II Conditions pour un travail où l'on gagnerait son humanité

II-1 Le travail comme expression de la culture et gain de liberté

Malgré ses formes aliénées, le travail se définit comme ce qui inscrit l'homme positivement dans la culture, le distinguant de l'animal par la transformation qu'il rend possible et variée (libre) de la nature. En travaillant, l'homme s'arrache au règne de la nécessité et du besoin. Il devient capable de maîtriser la nature et de satisfaire des « désirs ». La liberté qu'il perd en travaillant lui fait gagner une liberté d'autant plus grande. Critiquant le mythe de Prométhée, Aristote montre que l'homme n'est pas le moins bien loti des animaux, bien au contraire, car sa main témoigne de ce que la nature l'a fait intelligent et capable d'avoir « le plus grand nombre d'outils ». En ce sens, par le travail, l'homme multiplie ses outils et montre sa supériorité par rapport aux animaux réduits à de simples organes dont ils ne peuvent changer et qui ne sont pas nombreux.

II-2 Le travail nous ferait gagner notre humanité

De même, si le travail aliéné nous fait perdre la possibilité de réaliser nos facultés spécifiques (développement du corps et de l'esprit), il n'en reste pas moins que le travail en lui-même, dans son essence même, est ce sans quoi nous ne pourrions épanouir ces facultés propres. Ainsi, dans son étude sur les « enfants sauvages », Malson montre que seuls le travail et l'éducation font de l'homme un homme, qui sinon resterait un « moindre animal ». Là encore, en échange de ses efforts, l'homme est « récompensé » en gagnant plus qu'il ne perd. Il convient alors de ne pas réduire le travail en général au travail aliéné, ce dernier n'étant qu'une forme possible et particulière de travail.

II-3 Plus largement, le travail contribue au lien social et au progrès matériel

Enfin, derrière les formes aliénées et aliénantes de travail, existent des formes de travail contribuant au progrès de tous et à l'unité de la société humaine en général. Le travail humain en effet, à la différence de l'activité animale, a une dimension universelle, comme le suggère également Marx : autant les animaux « travaillent » uniquement pour eux-mêmes ou pour leur « famille », autant nous ne travaillons pas que pour nous mais aussi pour tous les hommes, à savoir pour l'ensemble de l'espèce. Le travail est réparti selon les compétences de chacun et nous échangeons ce que nous savons faire contre ce que nous ne savons pas faire. En travaillant, nous gagnons donc, en échange, le travail des autres hommes.

Transition

Ainsi, il faut convenir que, si le travail aliéné nous fait perdre beaucoup, le travail humain, lui, dans son essence même, nous fait gagner le fait même de devenir homme. Mais alors peut-on encore parler de simple « gain », comme s'il s'agissait de recevoir un « dû » ?

III Peut-on pour autant parler de « gain » à propos de l'humanisation du travail ?

III-1 Difficultés que pose la notion de « gain »

Il convient de s'entendre sur le sens du mot *gagner*. D'un côté, la question « Que gagne-t-on ? » peut signifier « Quel profit y a-t-il à... ? » et ici on veut que le travail rapporte plus qu'il ne coûte, tel un ticket gagnant de loterie, coûtant peu mais rapportant beaucoup. D'un autre côté, dire d'une chose qu'elle « se gagne » signifie qu'elle « se mérite » et qu'elle ne s'obtient qu'après des efforts coûteux, au moins équivalents au bien obtenu. Dans un cas, le mot *gain* a un sens plutôt péjoratif, signalant une démarche intéressée (« âpre » au gain), et, dans l'autre, un sens plus positif, désignant une démarche méritante et coûteuse, voire désintéressée. Il semble que ce soit ce sens-là qu'il faille retenir pour l'analyse philosophique du travail, puisque l'on cherche d'une certaine façon quelle est la forme la plus accomplie de travail.

III-2 L'humanisation que permet le travail n'est pas donnée mais se mérite

Ce que le travail permet de gagner est davantage à comprendre comme ce qui, dans le travail, élève l'homme en matière de dignité que ce qu'il peut lui « rapporter » en matière d'argent ou de profit. En ce sens, le travail est bel et bien ce qui permet à l'homme de mériter son humanité, sa vie d'homme. Il gagne ceci au prix d'efforts et d'investissements qui lui « en coûtent » par rapport à ses désirs naturels. Il ne gagne pas son humanité en ne faisant rien ; il ne s'agit donc pas d'un gain sans investissement mais d'un gain mesuré par rapport à tout ce qui peut sembler justement perdu ou par rapport à tout ce qui risque d'être perdu dans le travail, sachant que le travail humain est toujours soumis à une forme d'aliénation possible.

III-3 Ce que l'homme gagne ainsi grâce au travail et à quelles conditions

Reste à définir tout ce que l'homme « gagne » ainsi à travailler, dans cette forme méritante d'échanges. Il y gagne, par les obligations qu'il s'impose, de nombreux droits ainsi que son élévation morale. En travaillant, l'homme obtient le droit de vivre dignement, à la fois en développant en lui tout ce qu'il a d'humain (corps et esprit) et en se montrant capable d'œuvrer pour autrui. Car, en se rendant utile à une société composée d'hommes qu'il ne connaît pas et qu'il n'a pas choisis, l'homme dépasse son égoïsme et vise le bien des autres. Ainsi, derrière le gain matériel que permet le travail, il y a donc un gain plus essentiel, plus fondamental. Pour autant, tout ceci suppose des « conditions » de travail et un « droit » du travail, c'est-à-dire des moyens, politiques et moraux, mis en œuvre pour garantir une telle forme épanouissante de travail. Une réflexion sur le travail doit donc être aussi mise en œuvre pour définir ce que doit être le travail humain.

Conclusion

Il a pu sembler que le travail faisait perdre à l'homme beaucoup plus qu'il ne lui faisait gagner, en l'obligeant à gagner une vie péniblement sans lui permettre d'y arriver de façon humaine. Pour autant, il ne s'agit là que d'une forme aliénante, déshumanisante, de travail et non du travail humain en lui-même, lequel reste ce qui permet à l'homme de gagner son humanité. Pour autant, ce gain repose sur certaines conditions et ne doit pas être compris comme un gain facile. C'est un gain qui, au contraire, se conquiert et s'obtient par des efforts et une réflexion sur le travail lui-même.

La religion

SUJET 17 Série S – Sujet type

COMMENTAIRE

Expliquez le texte suivant :

« Si on veut se rendre compte de l'essence grandiose de la religion, il faut se représenter ce qu'elle entreprend d'accomplir pour les hommes. Elle les informe sur l'origine et la constitution du monde, elle leur assure protection et un bonheur fini dans les vicissitudes de la vie, elle dirige leurs opinions et leurs actions par des préceptes qu'elle soutient de toute son autorité. Elle remplit donc trois fonctions. Par la première, elle satisfait le désir humain de savoir, elle fait la même chose que ce que la science tente avec ses propres moyens, et entre ici en rivalité avec elle. C'est à sa deuxième fonction qu'elle doit sans doute la plus grande partie de son influence. Lorsqu'elle apaise l'angoisse des hommes devant les dangers et les vicissitudes de la vie, lorsqu'elle les assure d'une bonne issue, lorsqu'elle leur dispense de la consolation dans le malheur, la science ne peut rivaliser avec elle. Celle-ci enseigne, il est vrai, comment on peut éviter certains dangers, combattre victorieusement bien des souffrances ; il serait très injuste de contester qu'elle est pour les hommes une puissance auxiliaire, mais dans bien des situations, elle doit abandonner l'homme à sa souffrance et ne sait lui conseiller que la soumission. C'est dans sa troisième fonction, quand elle donne des préceptes, qu'elle édicte des interdits et des restrictions, que la religion s'éloigne le plus de la science. »

FREUD, *L'Avenir d'une illusion.*

La connaissance de la doctrine de l'auteur n'est pas requise. Il faut et il suffit que l'explication rende compte, par la compréhension précise du texte, du problème dont il est question.

Corrigé

Travail préparatoire

Notions et repères

Notions : la religion, la vérité, le désir, le bonheur, le devoir
Repères : origine / fondement – objectif / subjectif

Remarques générales

La difficulté de ce texte tient à ce que sa dimension critique n'apparaît pas explicitement. On pourrait même croire de prime abord que Freud fait l'éloge de la religion, comme le mot « grandiose » peut le suggérer, ou bien qu'il se contente de comparer la religion et la science. Il faut donc être attentif à la progression du rapport entre religion et science, car celui-ci se dégrade au fur et à mesure que l'on passe en revue les différentes fonctions de la religion (« rivalité », « ne peut plus rivaliser », « s'éloigne le plus »).

Problème, thèse et intérêt philosophique

Le *problème*, comme le suggère le début du texte, consiste à déterminer *l'essence* de la religion. Freud se demande en effet sur quoi repose l'influence que la religion a sur les hommes. L'idée sous-jacente étant que la nature rationnelle de l'homme devrait plutôt l'éloigner ou même le détourner de la religion.
La *thèse* que développe Freud dans ce texte consiste à montrer que la religion tire son pouvoir du fait qu'elle satisfait les différentes aspirations de l'homme, ce que la science ne peut parvenir à faire.
L'*intérêt philosophique* de ce texte est d'interroger la *rivalité* qui existe entre science et religion et de nous inviter à nous demander s'il faut se passer de la religion pour laisser toute place à la science ou bien s'il faut tâcher de les réconcilier.

Analyse des concepts principaux

– **L'essence :** Ce que Freud interroge ici, ce sont les caractéristiques de la religion, indépendamment des formes particulières qu'elle peut prendre. Il s'agit donc de trouver quels sont les points communs des différentes religions. Or il semble que ce soit dans leurs manifestations objectives, et notamment dans leurs fonctions théorique, sociale et morale que l'on puisse trouver ces points communs.
– **Grandiose :** Ce terme semble avoir dans ce texte un sens ironique, car tandis qu'il traduit habituellement une forme d'admiration, l'auteur adopte en revanche ici une attitude critique vis-à-vis de la religion. Cet adjectif fait également référence au fait que le phénomène religieux semble avoir une envergure considérable.

– **Informe, protection, préceptes :** Ces termes résument les trois principales fonctions de la religion. L'aspect *théorique* fait de la religion une source de savoir, l'aspect *social* fait de la religion un « lien » ou un soutien pour les hommes, enfin l'aspect *moral* permet d'édicter des règles de vie.
– **Science :** On doit, comme on l'a fait pour la religion, interroger les différentes fonctions que la science peut remplir.

■ Plan du texte de Freud

Lignes 1 à 6 : Présentation de l'essence religieuse et de son envergure.
Lignes 6 à 8 : Mise en évidence de la première fonction de la religion et de la rivalité qui l'oppose à la science.
Lignes 8 à 16 : Mise en évidence de la deuxième fonction de la religion et de l'échec que rencontre la science.
Lignes 16 à 18 : Mise en évidence de la troisième fonction de la religion et de la séparation radicale qui existe entre religion et science.

CORRIGÉ COMPLET DU COMMENTAIRE

Introduction

Le phénomène religieux paraît très ancien : on trouve en effet des traces de rites et de croyances dès l'aube de l'humanité. Pourtant, si l'apparition de la religion semble liée au besoin qu'éprouve l'homme de trouver des réponses à ses questions les plus existentielles, on pourrait penser toutefois que plus la science, connaissance authentique, va progresser, plus la religion va voir décroître son influence. Or force est de constater que la religion conserve, aujourd'hui encore, une envergure considérable. Le problème qui se pose est donc de comprendre comment la religion parvient à détourner les hommes des valeurs de la raison et de la science. Freud va montrer que la religion parvient à le faire grâce à son « essence grandiose » : c'est en effet en remplissant trois fonctions que la religion va satisfaire tous les désirs de l'homme, au grand dam de la raison et de la science. L'intérêt de ce texte est donc de nous montrer la force de la religion ainsi que ses dangers, et de nous inviter à nous demander s'il faudrait se passer de la religion ou bien s'il est possible de la réconcilier avec la raison.

I Partie explicative

I-1 Présentation de l'essence de la religion (lignes 1 à 6)

Freud relie à l'essence de la religion trois fonctions qu'il présente au départ de façon générale.

– *Lignes 1 et 2 :* Il présente d'abord la religion dans le cadre d'une prise de conscience qui prend le sens d'une invitation à la clairvoyance. L'expression « si l'on veut se rendre compte » insinue en effet qu'il serait souhaitable de s'interroger sur les raisons de l'envergure et de l'influence de la religion. On est donc invité à interroger la finalité de la religion, à savoir ce qu'elle « entreprend d'accomplir pour les hommes ». Ainsi, pour pouvoir comprendre les caractéristiques fondamentales de la religion, lesquelles nous la présentent comme « grandiose », il faut d'abord examiner quelles sont ses fonctions, autrement dit ce qu'elle apporte à l'homme. Or, précisons que si Freud suggère que la religion a une telle grandeur, ce n'est pas pour dire qu'elle serait en soi quelque chose de « grandiose » (en un sens positif), mais c'est pour souligner que son ampleur est de fait considérable, autrement dit que l'on ne peut que constater son omniprésence. On touche donc ici de façon indirecte à la critique freudienne de la religion, laquelle fait de celle-ci une « illusion » à l'échelle humaine, et voit en elle, de façon plus radicale, « la névrose obsessionnelle de l'humanité ». Freud insinue en effet par l'emploi du terme « grandiose » que la religion dépasse certaines limites et qu'elle y parvient en répondant aux désirs qui sont à l'origine de la plupart de nos illusions : nous aimons croire à ce qui satisfait nos désirs.

– *Lignes 2 à 6 :* Freud énonce ensuite les différents désirs que la religion satisfait et qui expliquent son envergure. Tout d'abord, elle « informe », c'est-à-dire qu'elle nous délivre un savoir que nous n'avons pas à rechercher par nous-mêmes et répond aux questions essentielles que nous nous posons sur nos origines, sur celle du monde, ou sur le sens de notre existence, etc. D'autre part, elle nous donne « protection et bonheur » au sens où elle prend en charge une dimension plus pratique et sociale de soutien, que le sens étymologique de *religio* suggère d'ailleurs puisqu'il signifiait « relier, faire le lien ». Enfin, elle donne des « préceptes », c'est-à-dire des règles morales qui peuvent alimenter nos pensées et nos actions en nous disant à la fois quoi penser mais aussi comment agir et vivre. Le caractère « grandiose » de la religion provient donc du fait qu'elle parvient à satisfaire tous les désirs des hommes.

I-2 Mise en évidence de la première fonction de la religion (lignes 6 à 8)

La première fonction de la religion est théorique puisqu'elle touche à la connaissance. Il semble en effet que la religion donne à l'homme un savoir qui lui permet de saisir son origine ainsi que celle du monde. Si l'on place Dieu ou le divin à l'origine de toute création, il devient en effet possible d'expliquer l'origine du monde et de la vie. Or « le désir humain de savoir » qu'évoque Freud est à comprendre comme un désir profond qui pose non seulement la question de savoir « comment » les choses se sont créées mais aussi « pourquoi ». Dieu devient, en ce sens, à la fois une origine et un fondement : il rend compte des causes tout en les justifiant comme des raisons. Or, la science, comme le souligne Freud, est beaucoup plus limitée dans ses réponses et ne peut proposer le même type de savoir, d'où la « rivalité » qui l'oppose à la religion. Les « moyens » scientifiques ne peuvent en effet qu'expliquer, c'est-à-dire que répondre à la question « comment » et n'arrivent à le faire qu'en cherchant les causes des phénomènes grâce à la démonstration et à l'expérimentation. Par conséquent, les objets qui ne peuvent ni être démontrés ni être expérimentés échappent à l'explication scientifique. La science n'est donc pas capable d'en proposer une connaissance. Or cette rivalité que Freud signale entre science et religion provient du fait que des méthodes différentes aboutissent à des vérités différentes. En effet, si, d'un côté, pour la religion, le savoir est « révélé » et se transmet sous forme de dogmes qu'il faut croire, sans les interroger ni les soumettre à un examen critique, de l'autre côté, pour la science, le savoir est construit et sans cesse mis à l'épreuve par l'expérience. Ainsi la première fonction de la religion fait déjà apparaître un début de rupture (« entre en rivalité ») avec la science, que les autres fonctions confirmeront d'ailleurs.

I-3 Mise en évidence de la deuxième fonction de la religion (lignes 8 à 16)

– *Lignes 8 à 12 :* La deuxième fonction de la religion touche un domaine plus « pratique » et plus social, voire même plus « affectif » au sens où il s'agit d'assurer à l'homme « protection et bonheur ». La religion satisfait ainsi des désirs qui touchent les hommes dans leur vie quotidienne. En effet, elle « apaise l'angoisse des hommes devant les dangers et les vicissitudes de la vie », ce qui signifie qu'elle assure un rôle protecteur, que Freud compare d'ailleurs à celui du père vis-à-vis de son enfant. De même, elle apporte aux hommes de la « consolation » dans le malheur, comme le feraient des parents. Ainsi, elle ne laisse pas seul et fait disparaître ce qui fait souffrir en trouvant les moyens de chasser le malheur. On retrouve dans cette description de la religion le sens étymologique de « relier » *(religare)* mais aussi l'idée de Freud selon laquelle « Dieu n'est qu'un père plus puissant ».

– *Lignes 12 à 16 :* Or cette puissance qui permet de faire oublier le malheur et de rendre heureux éloigne encore la religion de la science. En effet, comme le montre Freud, même si la science arrive à jouer un certain rôle dans le domaine pratique et dans la vie quotidienne des hommes, son pouvoir est cependant limité. Ainsi, bien que la science permette de soigner les maladies ou d'améliorer le confort (grâce à la technique), elle ne peut en revanche calmer les malheurs qui accablent l'homme (deuil, solitude, tristesse) et pour lesquels il n'existe ni médicament ni outil. Comme le souligne Freud, la science se limite donc souvent à conseiller la « soumission », ce qui signifie qu'elle invite à accepter les faits et la nécessité des lois de la nature : la mort, par exemple, est perçue comme un phénomène aussi naturel qu'inéluctable. La religion peut, en revanche, accompagner les hommes dans leur vie quotidienne en leur apportant une véritable consolation. Les « paraboles » que l'on trouve dans le *Nouveau Testament*, par exemple, sont autant de manières de résoudre les soucis qui peuvent nous affecter au quotidien, en leur donnant une solution, ou du moins un sens qui permettra de les rendre plus acceptables.

I-4 Mise en évidence de la troisième fonction de la religion (lignes 16 à 18)

Enfin, Freud montre que la religion exerce une fonction morale en donnant aux hommes des « préceptes », c'est-à-dire des règles à respecter. Ces règles concernent à la fois nos pensées et nos actions : la religion nous disant en effet quoi penser et quoi faire, eu égard aux valeurs du bien et du mal. Les rites caractérisent ainsi la religion en guidant les hommes dans leurs actions, lesquelles s'appuient sur une certaine conception de ce qui est bien et de ce qui est mal. Or Freud suggère que c'est justement cette fonction qui éloigne le plus la religion de la science. En effet, les valeurs, donc ce qui *doit* être, ne peuvent être des objets de science, car la science ne peut dire que ce qui *est*, dans la mesure où elle doit décrire le plus objectivement possible le réel, sans jamais le juger. Cette fonction morale de la religion lui octroie une grande part de son influence sur les hommes car elle lui permet de les diriger.

Transition partie explicative – partie critique

Freud procède ainsi à une certaine critique de la religion en montrant que son influence sur les hommes s'accompagne d'une rupture par rapport aux exigences de la raison. Cependant, devrait-on pour autant imposer aux hommes, au nom de la raison et de la science, de se passer de croyance religieuse ou bien devrait-on tâcher plutôt de réconcilier science et religion ?

II Partie critique

La religion a certes un fondement irrationnel, qui tient à l'essence même de la croyance. Or la croyance rend possible ce que la science ne parvient pas toujours à faire. En effet, la croyance répond à des questions qui portent sur des objets qui restent inaccessibles à la science (le sens de l'existence humaine, notamment) et tire sa force du fait que ses réponses n'exigent pas de preuves dans la mesure où le propre de la croyance est justement de donner son adhésion et sa confiance (*fides* : la foi) à quelque chose dont on ne peut faire l'expérience.

Dès lors, faudrait-il inviter l'homme à ne plus croire ? Bien que, comme l'affirmait Lucrèce, « la physique (= *la connaissance de la nature*) chasse les dieux », on constate cependant que malgré le progrès des sciences, la religion reste tout autant présente et influente, comme si science et religion étaient destinées à rester en rivalité.

Science et religion devraient dès lors coexister. Faut-il donc les concilier en les pensant en complément l'une de l'autre ? La religion peut certes être comprise comme une dimension essentielle de notre humanité, au même titre que les notions relevant de « la culture » : c'est en effet une manière pour l'homme de faire davantage que seulement « vivre » (comme tout être de la nature) en donnant du sens à son existence. Elle peut donc s'avérer être un complément utile à la science qui, pour sa part, ne peut guère proposer ce type de considérations, comme l'a montré Freud.

Cependant, on pourrait souligner qu'il se pourrait aussi que l'homme n'ait pas besoin de la religion pour trouver un sens à son existence et pour s'efforcer de penser et d'agir bien, comme le suggèrent d'ailleurs l'athéisme et l'agnosticisme (poser que « l'on ne sait pas »). Dans ce cas, il faudrait exiger, autant de la croyance religieuse que de la non-croyance, de ne pas transgresser les valeurs fondamentales en matière de morale, et notamment celles qui touchent au respect de la personne humaine.

Conclusion

La religion semble donc satisfaire de profonds désirs humains, que la science ne peut espérer combler. En effet, on ne peut pas nier que la religion réponde aux questions que la raison se pose à elle-même et à la quête de sens qui habite les hommes. En revanche, ce que l'on peut attendre et exiger de la religion, c'est un « maintien » dans certaines limites, afin qu'elle ne s'écarte pas des exigences morales de la raison et qu'elle ne dégénère pas en fanatisme. Or cette exigence est tout aussi valable pour les autres façons de se représenter l'existence et vaut donc également pour l'athéisme.

SUJET 18 Série S – Amérique du Nord – Juin 2006

DISSERTATION

La raison entre-t-elle nécessairement en conflit avec la religion ?

Corrigé

Travail préparatoire

Notions et repères

Notions : la raison et le réel, la religion, la démonstration, théorie et expérience, l'interprétation, la morale
Repères : croire / savoir – transcendant / immanent – origine / fondement – intuitif / discursif – objectif / subjectif – légal / légitime

Remarques générales

Il s'agit d'un sujet classique sur le rapport entre raison et religion. Pour préciser la réflexion et ne pas traiter le sujet de façon trop large, il convient donc d'analyser précisément les termes *nécessairement* et *en conflit*.

Analyse des termes du sujet

– **La raison :** Il s'agit à la fois de la raison théorique (dont le but est la connaissance du réel) et de la raison pratique, morale (dont le but est l'établissement de valeurs guidant l'action : le bien et le mal, le juste et l'injuste). Ce double aspect de la raison peut donc ici être interrogé dans son lien avec la religion : là où la raison théorique peut s'opposer à la religion, la raison pratique peut peut-être ne plus être en opposition, ou alors il y a opposition dans ces deux domaines. Cette piste peut au moins démarrer la réflexion.
– **Entre-t-elle nécessairement en conflit :** On demande ici si le mode du conflit est la seule expression possible du rapport entre la raison et la religion. L'intitulé de la question suggère également que c'est la raison qui engagerait le conflit avec la religion. *Entrer en conflit* signifie « s'opposer violemment sur au moins un point » et *nécessairement* signifie « ce qui ne peut pas ne pas être ». Par conséquent, selon les réponses envisagées, il y a, entre la raison et la religion, soit conflit et rien d'autre, soit d'autres rapports possibles, plus harmonieux ou simplement plus tolérants.

– **La religion :** Il s'agit de la croyance religieuse en général, que l'on peut définir comme étant pour les hommes une manière d'organiser un lien avec une réalité transcendante, posée comme sacrée et faisant l'objet d'une croyance. C'est aussi pour les hommes une manière d'organiser la communauté humaine ainsi créée. Le problème que pose la religion est surtout son fondement théorique : la religion peut-elle prétendre à la vérité ? si elle ne le peut pas, comment alors justifier son influence sur les hommes ? L'autre aspect polémique de la religion est l'intolérance dont elle peut faire preuve et qui s'oppose à l'exigence morale de respect.

■ Problématique

Tout d'abord, la raison semble ne pas pouvoir échapper à un conflit avec la religion, ne serait-ce que sur un seul point : la vérité. En effet, la raison vise l'établissement de vérités fondées sur l'expérience ou la démonstration. Or la religion semble négliger ces fondements, puisqu'elle repose sur la croyance, laquelle se passe de preuves au point parfois de dériver en fanatisme. D'un point de vue moral, on peut également condamner l'intolérance engendrée par les différentes religions. *Pour autant*, la raison ne semble pas capable de tout connaître avec certitude, aussi bien dans le domaine théorique que dans le domaine moral. Une place semble donc possible et légitime pour la croyance religieuse, autorisant alors un autre rapport avec la raison que celui du conflit mais seulement si la religion respecte aussi un certain nombre de conditions.
Dès lors, le *problème* se résume à mettre en évidence la complémentarité et l'entente possibles entre raison et religion. Il nous faut alors déterminer quelles sont les limites de la raison et aussi quelles sont les conditions d'une juste croyance.

■ Plan de la dissertation

I Analyse du conflit qui semble inévitable entre raison et religion.
II Dépassement possible de ce conflit par la mise en évidence des limites théoriques de la raison.
III Autre dépassement possible par la mise en évidence du rôle moral de la religion.

CORRIGÉ COMPLET DE LA DISSERTATION

Introduction

Le rapport entre la raison et la religion ne peut que nous interroger par son ambivalence. En effet, la religion semble bien être à la fois un produit de la raison, une manière pour l'homme de s'interroger sur le sens de son existence, et un obstacle à la raison, en affirmant avec trop de certitudes parfois ce qui reste au fond une croyance.

On peut alors croire à une opposition inévitable entre raison et religion, la raison ne pouvant qu'exiger de la religion qu'elle admette n'être qu'une croyance et non un savoir.

D'un autre côté, la religion structure aussi une démarche de connaissance rationnelle car elle témoigne du besoin qu'a l'homme de donner un sens à son existence là où le savoir manque et où la science reste parfois muette, notamment lorsqu'il s'agit de savoir ce qu'est le bien et ce qu'est le mal. On ne peut alors que se demander si un conflit entre la raison et la religion est à ce point inévitable. Le problème revient à chercher si toute entente, voire une complémentarité entre la raison et la religion est impossible ou, au contraire, possible. Problème que l'on peut résumer en trois questions : en quoi, tout d'abord, la raison semble-t-elle entrer nécessairement en conflit avec la religion ? en quoi toutefois les limites de la raison autorisent-elles une forme d'entente avec la religion ? mais à quelles conditions pour la religion ?

I L'opposition classique entre la raison et la religion semble rendre le conflit nécessaire

La raison, dans ses exigences « rationnelles », apparaît comme opposée à la forme même de la religion, laquelle paraît « irrationnelle ».

I-1 Conflit qui oppose d'abord la raison et la religion dans leur principe même

La raison semble tout d'abord relever de la partie rationnelle de l'homme, alors que la religion semble relever de la partie sensible. Ainsi, on raisonne avec son esprit et on croit avec son cœur. La religion semble impliquer un acte de foi ne dépendant pas de la raison et capable de passer outre les exigences et modalités de celle-ci. Le divin apparaît comme un objet d'une expérience vécue et l'on sent Dieu, comme le suggère Pascal. De là l'idée de « vérité révélée », suggérant que le simple témoignage de la manifestation du divin suffit à en garantir l'existence véritable. Dans ce cas, comment la raison pourrait-elle s'empêcher de rappeler à la religion que la vérité ne peut reposer sur un simple sentiment et qu'il faut « prouver » et non pas seulement « éprouver » ce que l'on pose comme vérité ? C'est donc ici la raison en général qui, dans son principe même, entre en conflit avec la religion.

I-2 Autre conflit plus direct sur le terrain de la connaissance

Mais l'on peut mettre en évidence un autre conflit, plus direct, déclenché par la raison contre la religion, la rivalité entre raison et religion étant cette fois placée sur le terrain de la connaissance. Il y aurait ainsi conflit parce que rivalité entre deux sources possibles de connaissance, luttant sur le même terrain. Or la raison ne peut que vouloir imposer à la religion sa méthode « scientifique », laquelle est la seule capable de garantir la vérité. En effet, la science établit la vérité, d'une part, en procédant par « raisonnements », c'est-à-dire par des enchaînements de propositions (exemple du syllogisme). Elle est en ce sens démonstrative et déductive. D'autre part, elle se livre à des expériences, pour faire en sorte que ses « théories » soient confirmées par les faits. Ainsi elle peut poser des connaissances sous forme de « lois ». Or la croyance à l'œuvre dans la religion est au contraire intuitive, immédiate (directe), inductive, et ce qu'elle établit a un caractère particulier – d'où la variété des religions proposant chacune « leur » vérité. L'exemple du conflit opposant Galilée à l'Église sur le problème de l'héliocentrisme montre à quel point ce conflit est justifié, car il s'agit de faire triompher la connaissance et de mettre fin à l'ignorance.

I-3 Autre conflit possible sur le plan moral

Enfin, la raison peut invoquer un argument d'ordre moral pour condamner l'attitude religieuse, laquelle met justement en péril les fondements mêmes de la morale, qui exige le principe de tolérance et du respect des opinions. Or la religion fait apparaître en son fondement même une volonté de « faire partager » ce qu'elle estime être « la » vérité. D'où les conflits entre différentes religions, allant jusqu'aux « guerres » de Religion, qui ne peuvent que heurter la raison morale dont le but est précisément le bien, lequel semble impliquer la justice et la paix entre les hommes, par-delà leurs différences. Par ailleurs, Freud suggère dans *L'Avenir d'une illusion* que la raison ne peut qu'exiger de l'homme une « maturité » et une capacité à supporter les difficultés de l'existence – ce que la religion empêche puisque, au contraire, elle protège l'homme et lui assure une consolation qui le maintient dans un état infantile. La religion, selon Freud, empêche ainsi l'homme de grandir.

Transition

La raison ne peut donc que refuser ce qui relève de la croyance religieuse car la religion semble heurter les grands principes de la connaissance et de la morale.

Cependant, la religion ne peut-elle être tolérée là où la raison semble incapable de produire aucun savoir ?

II Les limites de la raison rendent possible et autorisent un autre rapport avec la religion que le conflit

II-1 Limites théoriques de la raison

Il apparaît, en effet, que la raison ne peut pas prétendre tout connaître, d'une part, et que même ce qu'elle prétend connaître n'est au fond qu'une vision possible de la réalité. Ainsi la science ne peut pas répondre à toutes les questions, y compris dans son propre domaine. Les questions de l'origine de l'univers, de la vie et de l'homme, par exemple, ne sont résolues qu'en partie, parce que la science ne donne que des « explications » mécanistes. Leur sens (c'est-à-dire les questions « Pourquoi l'univers ? la vie ? l'homme ? etc. ») nous échappe et l'on reste avec la perspective qu'il n'y a peut-être pas de sens, que tout ce qui existe n'est que le produit du hasard. Comme le suggère Pascal, l'homme prenant conscience de sa finitude se trouve confronté à une seule certitude : celle de sa propre mort, inévitable. Pour échapper alors à un athéisme désespéré et solitaire, il doit, selon Pascal, « trouver Dieu » et donner ainsi un sens à son existence.

II-2 Limites « psychologiques » de la raison

De même, la raison semble incapable de « consoler » l'homme confronté aussi aux malheurs quotidiens de l'existence. Freud montre ainsi que, lorsque la religion apaise l'angoisse des hommes et les console en leur promettant « une bonne issue », alors

« la science ne peut rivaliser avec elle ». En effet, la raison affiche une exigence de réalisme et invite à une responsabilité qui n'est pas toujours à la portée de celui qui souffre ; et Freud d'expliquer que, le plus souvent, la raison abandonne l'homme à sa souffrance et lui conseille de l'accepter. La religion ne peut donc que profiter de cette incapacité de la raison à rendre l'homme plus heureux. Et à supposer que la raison tente un conflit théorique, en reprochant à l'homme croyant de se réfugier dans un bonheur illusoire, ce conflit ne peut que s'évanouir sur le plan des faits car la raison comprend aussi et pardonne l'homme qui préfère cette consolation illusoire à une existence malheureuse.

II-3 Limites morales de la raison

Enfin, il apparaît que, dans le domaine pratique ou moral, la raison est également, voire davantage, limitée. En effet, la raison humaine cherche à définir le bien et le mal (et pas seulement le vrai et le faux). Or, dans ce domaine, qui relève du « devoir être », il manque des preuves (expérimentales et démonstratives) : comment prouver, par exemple, qu'il ne faut pas mentir ? Les faits nous montrent plutôt que les hommes mentent et que le mensonge peut être utile. Comme le montre Freud, la science ne peut que laisser à la religion le soin de « diriger les opinions et les actions par des préceptes qu'elle soutient de toute son autorité ». En effet, parce qu'elle ne peut pas poser ces principes moraux, la science se voit incapable de faire valoir une opposition éventuelle.

Transition

Ainsi, de par les limites de la raison, la science se voit obligée d'accepter que la religion satisfasse l'homme là où elle-même ne peut le satisfaire. Cependant, cette complémentarité entre la raison et la religion ne suppose-t-elle pas aussi que la religion respecte certaines conditions ?

III À quelles conditions la religion peut-elle éviter les conflits avec la raison ?

En effet, il semble que, malgré ses limites, la raison doive toutefois exercer un certain contrôle sur la religion.

III-1 L'exigence d'une croyance raisonnable

Il convient de distinguer différentes formes de croyances. On aura des « bonnes » et des « mauvaises » croyances, c'est-à-dire des bonnes et des mauvaises façons de croire. Ici, ce n'est pas tant la religion en elle-même qu'il convient de limiter mais ses formes plus concrètes, tant individuelles que collectives, lesquelles peuvent dériver en superstition ou en fanatisme. C'est donc à chaque homme d'exercer intérieurement sa raison pour mesurer le caractère raisonnable et rationnel de sa croyance religieuse, quitte à vivre une sorte de « mise à l'épreuve » de sa foi, que Dostoïevski analyse à travers la figure des frères Karamazov. Le doute qui s'empare du croyant est, en ce sens, l'emblème d'une croyance capable d'accepter d'être réinterrogée par la raison elle-même, dans un conflit intérieur nécessaire mais provisoire, seule condition d'une entente pacifiée entre raison et religion.

III-2 Dieu comme hypothèse

De même, la religion doit être maintenue dans ce que Kant nomme « les limites de la simple raison », expression tirée du titre de son œuvre sur la croyance religieuse. Kant montre en quel sens l'existence de Dieu ne peut être une affirmation mais bien plutôt une hypothèse. En effet, si l'homme a certes besoin de l'existence de Dieu pour justifier ses devoirs moraux et croire à une justice divine plus fiable que la justice humaine, il ne peut le faire qu'en « postulant », c'est-à-dire en « demandant » que Dieu existe, sans pour autant l'affirmer avec certitude. C'est dire que la croyance religieuse doit s'assumer comme simple croyance et non pas défier la science sur le terrain de la vérité – ce qui ne pourrait qu'engendrer des conflits avec la raison. La vérité religieuse doit alors se définir et s'accepter comme « vérité du cœur » et donc vérité plus personnelle qu'universelle.

III-3 L'exigence de tolérance

Ceci amène la religion à être tolérante, non seulement envers sa propre diversité (les différentes religions) mais aussi avec tout ce qui peut et doit relever du domaine de la raison. Ainsi, pour ne pas se contredire, une religion doit accepter qu'une autre religion fasse aussi bien qu'elle le même travail consistant à apporter à l'homme du sens, de l'espérance, des repères moraux. Si la raison admet ses limites et offre une place à l'exercice de la croyance religieuse, à l'inverse la religion doit accepter ses propres limites et laisser la raison opérer là où l'exigence de rationalité et d'universalité est posée. La laïcité n'est qu'une figure de cette exigence : ne pas permettre à la religion d'établir et d'imposer ses lois là où c'est à l'État et à lui seul d'imposer sa souveraineté.

Conclusion

Nous avons pu croire à un conflit inévitable entre la raison et la religion, tant la raison a de quoi s'opposer aux différentes manifestations de la religion, souvent contraires aux exigences de vérité et de respect. Pourtant, les limites de la raison semblent ne plus pouvoir l'autoriser à condamner ce qui, dans la religion, satisfait et humanise l'homme. Pour autant, cette harmonie possible entre la raison et la religion ne dispense pas la religion de se soumettre aux exigences de la raison et au devoir de se maintenir dans les limites qui sont les siennes, à savoir son statut de simple croyance soumise au principe de tolérance.

L'histoire

SUJET 19 Série L – France métropolitaine – Juin 2009

DISSERTATION

L'objectivité de l'histoire suppose-t-elle l'impartialité de l'historien ?

Corrigé

Travail préparatoire

Notions et repères

Notions : l'histoire, la raison et le réel, l'interprétation

Repères : objectif / subjectif – expliquer / comprendre – croire / savoir – contingent / nécessaire / possible – intuitif / discursif

Remarques générales

Ce sujet peut paraître difficile parce que pointu. Il interroge en effet la connaissance historique et sa méthode. Il convient donc de s'en tenir à cet aspect de la notion et ne pas chercher à mobiliser d'autres éléments (sur le sens de l'histoire et sur la philosophie de l'histoire, par exemple).

Analyse des termes du sujet

– **L'objectivité de l'histoire :** le terme d'*objectivité* renvoie directement à un repère du programme. *Être objectif* signifie « juger *conformément à l'objet*, indépendamment du sujet qui juge » ; l'*histoire* désigne ici la « connaissance historique », l'« étude du passé humain », l'« effort pour reconstituer les événements ayant marqué l'humanité ». Le sujet pose donc ici, à travers l'expression « l'objectivité de l'histoire », la question du but et du *caractère scientifique* que vise la connaissance historique : comment se représenter les événements passés tels qu'ils se sont réellement produits, sans les déformer ? Mais il convient de s'interroger sur la spécificité de l'histoire comme science humaine : certes il s'agit de décrire et de représenter le passé, mais aussi *de raconter, d'expliquer et de* *comprendre des hommes*, acteurs et auteurs de l'histoire humaine. L'objectivité de l'histoire semble alors devoir intégrer une autre démarche que la simple observation, notamment une dimension compréhensive de la part de l'historien.

– **Suppose-t-elle :** le sujet réinterroge une *condition* que l'on estime nécessaire à l'objectivité en général. L'objet de la connaissance historique impose peut-être, en effet, une autre démarche, d'autres conditions que celles habituellement requises. Le passé humain est sans doute difficile à représenter objectivement et nécessite alors d'autres conditions ou bien encore le rejet des conditions habituelles.

– **L'impartialité de l'historien :** la condition à réinterroger, et posée habituellement comme nécessaire à l'objectivité, est l'impartialité, c'est-à-dire la *neutralité* de celui qui juge. En effet, pour juger objectivement quelque chose, nous devons faire abstraction de nous-même, être *sans parti pris*. Or, ici, la question posée consiste à nous demander si l'histoire et l'historien doivent ou non respecter cette condition. La connaissance historique doit-elle accepter, voire supposer la partialité de l'historien pour être objective ? N'inclut-elle pas nécessairement une dimension subjective et une forme de partialité ?

■ Problématique

On peut croire que la connaissance historique exige, comme toute connaissance visant l'objectivité, l'impartialité du jugement. En ce sens, un bon historien serait un historien capable d'être sans parti pris dans les événements passés qu'il essayerait de représenter le plus adéquatement possible. Il lui faudrait s'en tenir aux faits observés, notamment aux traces laissées par les hommes, et aux documents capables de témoigner des événements passés. *Cependant*, la connaissance du passé humain ne suppose-t-elle pas autre chose qu'une simple description ? Ne faut-il pas en effet « raconter » le passé, interroger également les causes des événements ainsi que leurs raisons subjectives ? Ici, l'historien se doit peut-être d'être partie prenante dans son objet d'étude, de faire valoir sa subjectivité, sa capacité à se représenter d'autres consciences, qui plus est disparues. La *question* est alors de savoir si l'histoire vise la même objectivité que la plupart des sciences expérimentales qui s'en tiennent à l'observation impartiale des faits. Ne doit-elle pas, en tant que science humaine et connaissance du « passé », viser une autre forme d'objectivité, impliquant une dimension subjective et compréhensive, et donc un engagement de l'historien, dans tous les aspects de sa démarche ?

■ Plan de la dissertation

I La dimension narrative de l'histoire implique une certaine forme de partialité de l'historien.

II Mais la dimension explicative de l'histoire suppose également une autre forme de partialité.

III Enfin la dimension compréhensive de l'histoire exige encore une autre forme de partialité.

CORRIGÉ COMPLET DE LA DISSERTATION

Introduction

On dit souvent que ce sont « les vainqueurs » qui racontent l'histoire et que celle-ci s'en trouve forcément biaisée, exposée et conservée de façon toujours partiale, au détriment des « vaincus ». Pour que l'histoire ait bien valeur de science, de discipline objective, il semblerait donc que l'impartialité soit la qualité essentielle du bon historien. Il devrait rapporter les faits de la façon la plus neutre possible, sans jamais « prendre parti », à moins de sortir de son rôle. Cependant, cette exigence de neutralité n'aboutit-elle pas à rendre impossible le travail même de l'historien ? Ne lui est-il pas nécessaire de « choisir » parmi les éléments du passé ceux qui ont une dimension historique, de « faire le tri » parmi les diverses causes possibles des événements ou encore de « se glisser » dans l'esprit des acteurs de l'histoire ? On se trouve donc face à l'alternative suivante : soit renoncer à l'objectivité en histoire, si elle doit prendre la forme d'une parfaite neutralité, soit la repenser, en y intégrant une bonne forme de « subjectivité ». Nous allons donc voir quelles sont les différentes raisons qui obligent l'historien à sortir de son impartialité et sous quelles conditions cette nécessité reste inscrite dans une démarche générale d'objectivité.

I La dimension narrative de l'histoire implique une certaine forme de partialité de l'historien

I-1 L'histoire comme narration semble impliquer l'impartialité

L'histoire est apparemment et essentiellement le récit des événements passés, tels qu'ils se sont effectivement déroulés. En ce sens, l'histoire peut être comprise comme une narration « racontant » le passé des hommes et cherchant à en établir la chronologie précise. On pourrait croire que l'impartialité de l'historien soit de rigueur. Pour « bien » raconter, il faudrait s'en tenir aux faits, les laisser parler d'eux-mêmes. Ainsi, « le bon historien [ne serait] d'aucun lieu ni d'aucun temps » (Fénelon).

I-2 Pour autant, la narration repose sur une reconstruction du passé

Pour autant, *raconter le passé* signifie « raconter ce qui n'est plus ». Le passé, par définition, n'est pas capable de parler de lui-même ; il faut donc qu'on le reconstitue à partir des traces qu'il a pu laisser. L'historien a, de ce fait, un travail de tri à faire : il doit choisir, parmi tout ce qui n'est plus, ce qui doit être raconté aux hommes, ce qui « fait partie » de l'histoire humaine. Le récit historique de la Révolution française suppose ainsi que les historiens aient retenu cet événement comme faisant partie de l'histoire ; ils ont, en ce sens, pris parti pour cet événement en l'inscrivant dans l'histoire.

I-3 Mais cette partialité ne doit pas reposer sur des sentiments arbitraires

Pour autant, il ne s'agit pas de n'importe quelle « partialité » et il convient de montrer que la partialité de l'historien ne doit pas être n'importe quel engagement menaçant l'objectivité de l'histoire. L'historien ne doit pas choisir arbitrairement ce qui fait partie de l'histoire humaine en fonction de ses sentiments ou de ses passions : il doit au contraire faire valoir ses qualités d'historien, son affinité avec le passé humain, avec ce qui semble déterminer le « cours » de l'histoire humaine. Un historien peut ainsi se «spécialiser » en privilégiant l'étude de telle ou telle période de l'histoire, mais sa partialité doit prendre le sens d'un intérêt quasi désintéressé.

II La dimension explicative de l'histoire suppose également une autre forme de partialité

II-1 L'histoire comme explication semble impliquer l'impartialité

Mais l'histoire n'est pas seulement un récit du passé : c'est aussi une connaissance explicative, cherchant à analyser les causes objectives des événements. La connaissance historique implique de s'interroger : comment tel événement a-t-il eu lieu ? quel en a été le mécanisme ? qu'est-ce qui l'a rendu nécessaire ?

Ici, l'historien cherche également l'objectivité, et l'on peut croire que sa démarche est la même que celle utilisée dans les sciences expérimentales. Dans ce cas, il faudrait être impartial, « observer sans idées préconçues », être comme le « photographe » des choses (Claude Bernard).

II-2 Mais l'explication suppose un tri des documents et des hypothèses de travail

Pour autant, là aussi la partialité semble requise. En effet, l'historien doit sélectionner, parmi les documents dont il dispose, ceux susceptibles d'indiquer les causes recherchées. Par exemple, les documents relatifs à la Seconde Guerre mondiale peuvent suggérer que la police française n'a pas eu de rôle majeur dans la déportation mais aussi indiquer la possibilité inverse. La partialité de l'historien devient donc le moyen de faire valoir telle hypothèse plutôt qu'une autre et une manière de ne pas se laisser déborder par la masse des documents. Là encore, c'est l'historien qui « fait » parler les documents, en les questionnant depuis sa propre subjectivité, selon ce qu'il pense ou selon ses intuitions, lesquelles lui permettent de chercher au-delà des apparences.

II-3 Cette partialité n'est pas un choix arbitraire

Mais, là aussi, il ne s'agit pas de n'importe quelle partialité. Il ne peut être question de laisser libre cours à son imagination, ni de prendre parti pour telle ou telle cause en fonction de ses idéaux politiques ou de ses préférences. Comme le montre Raymond Aron, il s'agit de faire des « expériences mentales », puisque des expériences réelles restent impossibles (on ne peut « répéter » l'événement passé). En ce sens, « tout rapport de causalité historique est partiel et n'est que *probable* », certes, mais il repose sur une démarche rationnelle. L'historien raisonne sur les causes probables, en rejouant mentalement les scènes du passé, en testant par le raisonnement les causes supposées. L'objectivité atteinte ici repose alors sur le degré de probabilité de telle ou telle cause (probabilité que, sans l'événement du 14 juillet 1789, la Révolution française aurait suivi un autre cours).

III La dimension compréhensive de l'histoire exige encore une autre forme de partialité

III-1 La compréhension semble impliquer l'impartialité

Enfin, l'histoire vise aussi la compréhension du passé humain, à savoir la mise en évidence des raisons humaines, des motivations subjectives, à l'œuvre dans la réalité événementielle. Il s'agit de chercher les motivations des hommes, d'interroger leur volonté, et non plus seulement de chercher par quel mécanisme causal leurs actes ont été pris. Il faut donc « sympathiser » (ressentir) avec les hommes du passé. Là encore, semble-t-il, l'impartialité apparaît comme une condition nécessaire : se mettre à la place d'autrui, n'est-ce pas faire abstraction de soi-même ?

III-2 Mais la compréhension exige une sympathie subjective envers les hommes du passé

Pourtant, ces motivations humaines subjectives (qui font de l'histoire une science « humaine ») ne peuvent être comprises objectivement sans une mobilisation de la subjectivité de l'historien. Pour ressentir ce que ressent une armée encerclée ou un peuple en défaite (Marc Bloch), l'historien doit bien faire valoir sa dimension humaine, sa capacité à comprendre l'autre à partir de sa propre intériorité. Il faut « prendre parti » pour l'homme que l'on cherche à comprendre, fût-il résistant, collaborateur ou déserteur, en ayant en vue son appartenance à la même humanité.

III-3 Cette sympathie n'est pas n'importe quelle sympathie

Mais cette sympathie ne doit pas non plus consister en n'importe quelle sympathie. Comme l'explique Paul Ricœur, l'historien doit montrer son affinité avec « les valeurs de vie » des hommes d'autrefois et admettre ces valeurs comme des hypothèses, tout en étant capable de les « suspendre » et de les « neutraliser ». C'est dire qu'il doit pouvoir se transporter dans un autre présent que le sien – ce qui suppose qu'il admette la valeur d'un autre présent (qu'il respecte d'autres façons de vivre). Mais il ne doit pas pour autant abandonner son esprit critique lorsqu'il sympathise avec les hommes d'un autre temps. Sa partialité n'est donc pas ce que P. Ricœur appelle « une subjectivité *à la dérive* ».

Conclusion

L'impartialité semblait être la moindre des choses que l'on pouvait attendre d'un historien. Nous avons pourtant vu qu'il lui était impossible de s'en tenir à une parfaite neutralité, sans rendre impossible par là même son travail. Sa véritable qualité réside dans le fait de savoir « prendre parti », faire preuve d'une certaine « subjectivité », dans la mesure où celle-ci lui permet de servir, de façon plus générale, une recherche d'objectivité dans le récit et l'explication du passé humain.

La raison et le réel

SUJET 20 Série S – France métropolitaine – Juin 2009

DISSERTATION

Y a-t-il des questions auxquelles aucune science ne répond ?

Corrigé

Travail préparatoire

Notions et repères

Notions : la raison et le réel, la vérité, la démonstration, la matière et l'esprit, le vivant, la conscience, l'art, la religion

Repères : objectif / subjectif – universel / général / particulier / singulier – intuitif / discursif – transcendant / immanent – absolu / relatif

Remarques générales

Ce sujet sur les sciences est très classique en série S mais présente plusieurs difficultés. Une de ces difficultés tient à l'expression « aucune science », qui invite à répertorier « toutes » les sciences, en distinguant ce qui fait partie des sciences et ce qui n'en fait pas partie. On est donc obligé de se demander, par exemple, si l'histoire et la philosophie font partie des sciences. Plus largement, il convient de déterminer s'il faut ranger dans les sciences ce que l'on appelle « les sciences humaines » ou bien si, par « science », il faut entendre seulement les sciences dites « exactes » ou « expérimentales ». L'autre difficulté tient au verbe *répondre*, car on peut entendre par *répondre* aussi bien le fait d'« apporter une réponse (même fausse ou incertaine) à une question » que le fait d'« établir une vérité certaine et définitive ». Enfin, le sujet comporte la possibilité d'une double négation, qui peut poser des difficultés d'un point de vue logique : en effet, montrer qu'« il n'y a aucune question à laquelle aucune science ne répond » revient à montrer que « les sciences (toutes les sciences) répondent à toutes les questions ».

Analyse des termes du sujet

– **Y a-t-il des questions :** le sujet appelle un plan progressif, centré dans ses différents mouvements sur la nature des questions que l'homme se pose

ainsi que sur leur quantité. Il faut donc avoir en vue toutes les questions que l'homme se pose (sur le réel sous tous ses aspects mais aussi sur ce qui peut-être n'a aucune réalité). Une réponse négative à la question posée signifie que les sciences répondent à « toutes » les questions. Une réponse affirmative signifie que les sciences ne répondent pas à « certaines » questions : il faut donc se demander lesquelles et déterminer ce qui alors, en dehors des sciences, permet de répondre à ces questions. Ou encore une réponse affirmative signifie que les sciences ne répondent à « aucune » question, au sens où « toutes » les questions que l'homme se pose demeurent sans réponse de la part des sciences.
– **Aucune science :** l'expression est radicale et impose une classification précise de « toutes » les sciences. Le sujet semble suggérer qu'il existe beaucoup de sciences, susceptibles justement, par leur nombre, de répondre à toutes les questions que l'homme se pose. En cela, le sujet invite plutôt à ranger dans les sciences « toutes » les sciences, c'est-à-dire non seulement les sciences dites « exactes » (expérimentales), comme la physique, la chimie et la biologie, mais aussi les sciences dites « humaines », telles que l'histoire, la sociologie, la psychologie. Par *science*, il faut donc entendre « toute connaissance rationnelle capable de s'appuyer sur des faits observables et visant l'établissement de lois universelles ». Par voie de conséquence, il faut se demander ce qui alors ne peut absolument pas être qualifié de « science ». À ce titre, l'art, la philosophie, la religion se présentent comme des démarches non scientifiques.
– **Ne répond :** on peut prendre le mot *réponse* au sens courant de « dire en retour » – ce qui alors permettrait d'orienter le sujet vers une perspective large : les sciences ne sont-elles pas capables de donner des réponses à tout ? Mais on peut aussi prendre ce terme au sens réduit et exigeant de « solution », d'« explication » (sens dérivé du latin *respondere*, « peser une chose »). Dans ce cas, il s'agit de se demander si toutes les sciences parviennent à tout expliquer de manière « véritable ». Ici, la réponse pourrait être radicale : les sciences ne répondent « vraiment » à aucune question. C'est peut-être l'orientation à laquelle invite d'ailleurs la formulation précise de la question posée, laquelle nous fait partir de l'idée courante selon laquelle les sciences sont présentes dans tous les domaines et capables de répondre à tout pour arriver, après réflexion, au point de vue opposé.

■ Problématique

Le sujet oppose deux thèses sur l'efficacité des sciences en matière de connaissance. On peut en effet supposer que les sciences, de par leur nombre et leur méthode, couvrent tous les champs du savoir, au point qu'aucune question ne resterait sans réponse pour elles. Il nous faut compter avec les sciences purement démonstratives (mathématiques), expérimentales (physique, chimie, etc.), mais aussi avec les sciences dites « humaines » (psychologie, sociologie, etc.). Toutes reposent sur un usage rigoureux de la raison subordonné à l'observation des faits. Chacune occupe son domaine propre. Mais l'on peut constater également que certaines disciplines non scientifiques perdurent (art, religion, philosophie). Leur maintien pourrait s'expliquer par le fait que certaines questions restent sans réponse de la part des sciences : certains domaines de la réalité échapperaient peut-être aux sciences ou bien les réponses scientifiques ne seraient pas de « vraies » réponses. Il nous faut alors nous interroger sur la valeur des réponses apportées par les sciences à nos questions : sont-elles des réponses capables de rendre compte avec certitude de tous les aspects du réel ou bien ne s'agit-il que de réponses partielles et relatives pouvant nous laisser insatisfaits ?

■ Plan de la dissertation

I Apparemment il n'existe aucune question à laquelle aucune science ne réponde.
II En réalité, il existe certaines questions auxquelles aucune science ne répond.
III Plus encore, les sciences ne répondent peut-être à aucune question.

CORRIGÉ COMPLET DE LA DISSERTATION

Introduction

Compte tenu de l'ampleur des sciences et des nombreux domaines qu'elles tendent à couvrir, on peut être tenté de croire que les sciences parviennent à répondre à toutes nos interrogations. En ayant chacune un domaine propre et bien défini, chaque science se donnerait ainsi les moyens d'approfondir un aspect de la réalité de façon rigoureuse et précise. Aucune « chose » du réel ne serait laissée sans réponse, parce que toute « chose » ferait l'objet d'une question. Mais l'on peut constater, par ailleurs, la présence de certaines disciplines non scientifiques qui apportent aussi à l'homme certaines réponses sur le réel, comme si ces réponses tenaient à une incompétence des sciences à répondre elles-mêmes. On peut aussi constater que, dans leurs propres domaines, les sciences sont parfois incapables d'établir des certitudes. Cela ne nous amène-t-il pas alors à douter de la capacité des sciences à établir des vérités absolues et à relativiser la valeur de toutes leurs réponses ?

Le problème est donc de déterminer si les sciences représentent un modèle absolu de vérité, si elles répondent à toutes les questions que l'homme se pose et si leurs réponses sont de « vraies » réponses. N'y a-t-il pas d'autres formes de vérités possibles et valables en dehors des sciences ?

I Apparemment les sciences répondent à toutes les questions

I-1 La démarche scientifique se présente comme une réponse à une question

La science peut se définir comme une connaissance rationnelle reposant sur l'observation et l'expérimentation ou bien encore sur la démonstration. En tant que connaissance, la science vise la représentation objective (vraie) de la réalité et ses théories ou théorèmes sont autant de réponses à la question de savoir « Qu'est-ce que... ? » ou « Comment... ? ». Ces questions permettent d'interroger le réel non pas dans la manière superficielle dont il nous apparaît mais dans sa structure profonde. De ce fait, les vérités scientifiques ne se contentent pas de décrire le réel dans ses états variés et variables, mais dans ce qui le constitue fondamentalement et qui prend la forme de lois universelles et nécessaires. Ces lois sont bien, en ce sens, des réponses à des questions, car elles n'apparaissent pas d'elles-mêmes à nos sens. Elles correspondent à un effort de la raison cherchant justement à remettre en question les données sensibles. Gaston Bachelard montre que la science se mesure à sa capacité de formuler des problèmes et qu'elle s'oppose ainsi à l'opinion.

I-2 La diversité des sciences semble couvrir tous les aspects de la réalité

Cette démarche rationnelle se retrouve dans « toutes » les sciences, lesquelles montrent par leur diversité qu'elles ne prennent pas en charge à elles seules tout le réel, mais qu'elles se divisent pour se consacrer à moins de questions et donc mieux répondre. Ainsi leurs objets sont limités et bien déterminés : les mathématiques ont pour objet les nombres et les figures et interrogent leurs rapports ; la physique interroge les lois de la « nature », c'est-à-dire les lois mécaniques qui régissent le mouvement des corps (terrestres et célestes) ; la chimie questionne les lois de composition des corps ; la biologie se spécialise dans l'étude des êtres vivants. Toutes ces sciences ont leurs réponses propres consistant à expliquer ces différents aspects du réel.

I-3 Les sciences humaines ont également leurs réponses

À ces sciences dites « exactes » ou « expérimentales », il convient d'ajouter les sciences humaines, lesquelles semblent compléter l'interrogation de l'homme sur le réel et proposer également des réponses « scientifiques ». En effet, bien que dites « humaines » parce que portant sur l'être humain, ces sciences s'attachent à la même objectivité et aux mêmes méthodes que les sciences expérimentales. Elles aussi questionnent l'être humain dans les lois qui le régissent et s'efforcent autant que possible de travailler sur des faits observables. Ainsi le sociologue Émile Durkheim pose que les faits sociaux sont à traiter « comme des choses » – démarche qui lui permet de déterminer le mécanisme du suicide. En histoire, bien qu'incapables de répéter le passé, les historiens font des « expériences mentales » (Raymond Aron) pour déterminer les causes des événements. La psychologie permet aussi de répondre aux questions portant sur les lois du comportement et de déterminer le fonctionnement du psychisme.

Même si ces réponses ne sont pas aussi certaines que les réponses proposées par les sciences « exactes », elles permettent néanmoins de satisfaire le questionnement humain, lequel ne reste pas « sans » réponse.

II Mais certaines questions échappent tout de même aux sciences et restent sans réponse scientifique

II-1 La méthode scientifique ne peut être appliquée à tous les objets du réel

Pour qu'une démarche rationnelle et expérimentale soit possible, il faut que l'objet questionné soit observable et qu'il obéisse à une loi universelle et nécessaire. Or, certaines réalités, certains objets ne peuvent matériellement faire l'objet d'une expérience sensible (comme tout ce qui touche aux sentiments ou aux pensées) et/ou sont singuliers. Certes, les neurosciences sont capables de répondre à la question du fonctionnement des pensées et des sentiments, en observant dans le cerveau et en mettant en évidence leurs mécanismes physique ou chimique, mais elles ne permettent pas de savoir ce que le sujet ressent intérieurement, du point de vue de sa conscience (Bergson). De même, la singularité des objets extérieurs échappe aux sciences, car celles-ci rangent ces objets dans des lois générales (tous les corps tombent, par exemple) sans répondre à la question de savoir ce qu'ils sont « en eux-mêmes » (ce qui distingue radicalement « ce » corps d'un autre).

II-2 De même, certains objets dépourvus de réalité font l'objet de questions auxquelles la science ne peut pas répondre

De même, les questions de l'homme ne portent pas seulement sur le réel (matériel ou immatériel) dans lequel il vit, mais aussi sur le domaine des valeurs ou, plus largement, sur des réalités transcendantes. La raison humaine a en effet une dimension « métaphysique » qui la pousse à s'interroger sur ce qui n'est pour elle l'objet d'aucune expérience et qui constitue une autre réalité que celle dont s'occupent les sciences. L'homme se pose ainsi des questions sur le bien et le mal, mais aussi sur la mort, sur l'âme, sur la liberté, sur Dieu, et sur l'homme lui-même dans son abstraction. Ici, aucune science ne peut « répondre », au sens où aucune d'elles ne peut rien « expérimenter », aucun objet ne se donnant à la sensibilité et la raison se retrouvant seule face à des intuitions « vides » (Kant).

II-3 Ce qui permet de répondre à ces questions : l'art, la religion, la philosophie

Par conséquent, l'homme doit chercher des réponses en dehors des sciences, dans des démarches reposant sur d'autres méthodes. Ainsi l'art est une manière de viser la singularité des objets, soit intérieurs (nos sentiments, nos pensées et, plus largement, notre Moi), soit extérieurs, ou de viser des abstractions. Un artiste cherche ainsi, par ses créations, à « représenter » quelque chose et ses représentations peuvent être interprétées comme des réponses aux questions « Qui suis-je ? » ou « Qu'est-ce qui fait la différence entre cet objet et un autre ? », voire « Qu'est-ce que l'homme ? ». La religion répond également à la question du divin, en cherchant à poser les fondements d'une réalité transcendante capable d'orienter l'existence humaine en lui donnant un certain sens. La philosophie « répond » enfin aux questions abstraites portant sur l'existence humaine et ses réponses prennent la forme d'« idées » (l'idée de liberté, de justice, de travail, du beau...).

III Plus encore, les sciences ne répondent peut-être vraiment à aucune question

III-1 Le réel en lui-même ne peut être objectivement connu

Le réel, dans son essence même, demeure inconnaissable. Nous ne pouvons l'appréhender qu'à travers nos facultés de connaissance et donc de façon subjective, à travers les phénomènes qu'il nous donne à connaître, comme le suggère Kant. La réalité en soi est inconnaissable. C'est donc poser une indétermination radicale, une frontière à jamais indépassable nous maintenant « hors » du réel et nous rendant incapable de le saisir de l'intérieur tel qu'il est en lui-même.

III-2 Conséquence : limites des sciences dans leur propre domaine

La conséquence est que même les sciences, quelles qu'elles soient, sont limitées à ne donner des réponses que sur des « phénomènes » et non sur le réel en lui-même. Comme le montrent Einstein et Infeld, le scientifique est comparable à un homme faisant des efforts pour comprendre le mécanisme d'une montre fermée. Il ne peut qu'imaginer le mécanisme interne, à partir de ce qu'il en perçoit extérieurement. En ce sens, les théories scientifiques sont davantage des créations de l'esprit humain que des représentations du réel en lui-même. C'est l'esprit qui « conçoit » le réel à partir de ses propres outils et qui forge des réalités (comme les atomes ou les ellipses, par exemple) pour expliquer ce qu'il perçoit. Les réponses des sciences ne sont donc pas à comprendre comme de « vraies » réponses, des vérités absolues, mais comme des réponses « humaines », subjectives et relatives.

III-3 Possibilité de répondre non scientifiquement aux questions scientifiques

L'autre conséquence est que l'on peut alors chercher et espérer des réponses non scientifiques, peut-être plus pertinentes, aux questions auxquelles la science « ne répond pas vraiment ». Ainsi l'art, la religion et la philosophie sont peut-être des manières de « mieux » répondre à certaines questions auxquelles la science « tente » de répondre et non pas seulement des manières de compléter les réponses scientifiques. La philosophie de Heidegger est, en ce sens, une manière de réinterroger l'ensemble de la réalité (et non pas uniquement certains de ses aspects inaccessibles aux sciences) de façon à poser « la » bonne question : la question de « l'Être » (comment une chose advient-elle à l'être ?), là où les sciences n'auraient fait que répondre à la mauvaise question : la question de « l'étant » (demander ce qu'est telle ou telle chose). D'où sa formule : « La science ne pense pas. »

Conclusion

Nous pouvons donc admettre que les sciences répondent avec efficacité à beaucoup de questions portant sur le réel, au point que toute question semble dorénavant appeler une réponse scientifique. Pourtant, force est de constater que certains domaines résistent à l'entreprise scientifique : ceux notamment dont la réalité échappe aux lois et à l'expérience. Dans ce cas, des réponses existent, mais qui ne sont plus du ressort des sciences proprement dites. Plus encore, il est possible de ne pas être satisfait par les réponses scientifiques, là pourtant où les sciences triomphent : les théories scientifiques ne sont, en effet, pas vraiment des réponses, au sens où elles ne saisissent du réel que ce qui est accessible pour l'homme. Elles ne répondent donc jamais tout à fait à notre quête de l'ultime réalité. Dans ce cas, il est possible d'affirmer que les sciences ne répondent « vraiment » à aucune question, laissant ainsi l'esprit ouvert à ce que l'on nomme « la spiritualité ».

SUJET 21 **Série S – France métropolitaine – Juin 2008**

DISSERTATION

Y a-t-il d'autres moyens que la démonstration pour établir une vérité ?

Corrigé

Travail préparatoire

Notions et repères

Notions : la raison et le réel, la démonstration, la vérité, la religion, la conscience
Repères : croire / savoir – intuitif / discursif – médiat / immédiat – objectif / subjectif – persuader / convaincre – universel / général / particulier / singulier – formel / matériel

Remarques générales

Ce sujet suppose une définition rigoureuse de la notion de démonstration. Attention aussi à la formulation de la question : il ne faut pas y répondre par une simple énumération mais, comme toujours, s'attacher à une problématique directrice. Enfin, il est important de relever les présupposés de la question.

Analyse des termes du sujet

– **La démonstration :** au sens strict, une démonstration est un raisonnement abstrait, tirant sa valeur de sa seule cohérence logique. À ne pas confondre avec le fait de « montrer », de prouver par des éléments « empiriques », des faits issus de l'expérience.
– **Une vérité :** la vérité peut se définir comme l'adéquation entre une représentation ou une affirmation et la réalité (« vérité de fait »). Elle peut aussi consister dans un accord de l'esprit avec lui-même : le respect des règles de la logique (« vérité de raison »). Elle suppose enfin l'unicité et l'universalité. Bien remarquer que le sujet parle d'*une* vérité, et non pas de *la* vérité : il suggère qu'il peut y avoir plusieurs types de vérités, appelant peut-être à des moyens différents. Tous les domaines de connaissance doivent-ils, et peuvent-ils, trouver leur garantie dans une démonstration ?

– **Pour établir :** établir, c'est poser quelque chose de façon « stable », lui donner un fondement solide, indubitable, irréfutable. Il est important de bien insister sur cette idée pour donner son enjeu au sujet. Dire « *il est établi que...* » signifie que c'est prouvé ou démontré, sans aucun doute possible. C'est ce qui peut faire l'objet d'un accord de chacun, sans contestation possible. Il y a ici un présupposé à discuter : est-il possible humainement « d'établir une vérité » ?
– **Y a-t-il d'autres moyens :** c'est un autre présupposé du sujet, qui considère que la démonstration est un moyen, voire le seul moyen de garantir la vérité. Il s'agit donc de voir s'il n'y en aurait pas d'autres, surtout si la démonstration s'avère limitée dans ses domaines d'application. On peut penser à l'expérience, l'expérimentation, l'intuition, la révélation, l'argumentation... selon les différents domaines où il est possible de chercher à établir des vérités (science, religion, politique, morale...).

■ Problématique

D'un côté, il semble que rien ne puisse égaler la force de la démonstration quand il s'agit de produire de la certitude et, *en même temps,* cette force tient aussi au fait que la démonstration est très limitée dans ses domaines d'exercice possibles. Faut-il en conclure qu'elle est le seul moyen, et qu'on ne peut établir aucune vérité en dehors d'elle ? Ou bien d'autres moyens existent-ils, ayant une légitimité comparable ? Il s'agit ainsi d'examiner, *d'une part,* ce qui fait la force et la limite de la démonstration et, *d'autre part,* ce que valent les autres moyens. Ne faut-il pas enfin reconsidérer la prétention d'établir des vérités ?

■ Plan de la dissertation

I La démonstration, seul moyen d'« établir » une vérité.
II Les limites de la démonstration impliquent cependant l'existence d'autres moyens.
III Conditions qui garantissent à ces moyens leur valeur quant à la vérité.

PLAN DÉTAILLÉ DE LA DISSERTATION

I La démonstration, seul moyen d'« établir » une vérité

I-1 La garantie d'une certitude absolue

Si « établir une vérité » signifie « pouvoir en avoir une certitude absolue et indiscutable », la démonstration semble être le moyen par excellence d'y parvenir. Au sens strict, une démonstration consiste en un raisonnement dont la force tient dans l'enchaînement rigoureusement logique des propositions. Le lien entre chaque idée est absolument nécessaire, pour aboutir ainsi à une conclusion elle-même nécessaire. Il est donc impossible de douter du résultat auquel on aboutit, aucune autre possibilité ne pouvant être admise.

I-2 Une certitude objective et universelle

Par ailleurs, si ce qui définit la vérité, c'est son caractère universel, rien ne peut le garantir autant qu'une démonstration. Elle s'adresse en effet à « la raison », à ce qu'il y a de plus universel en chaque homme, comme l'indique Malebranche. Elle permet ainsi à chacun de pouvoir s'assurer de la vérité par le même moyen et de façon objective. C'est ce qui peut ainsi produire un accord venant renforcer notre propre certitude.

I-3 Un moyen applicable aux différents domaines de vérité

La démonstration s'applique d'abord au domaine des mathématiques, où il est en effet possible de parler de vérités universelles et immuables. Mais il semble qu'on puisse aussi étendre ce moyen d'établir la vérité à d'autres domaines. On peut prendre l'exemple de *L'Éthique* de Spinoza, qui se présente, dans la forme, comme un traité de géométrie et qui s'efforce cependant d'établir des vérités sur des questions comme celles de l'existence de Dieu ou de la morale. Auguste Comte envisageait même de pouvoir recourir à la démonstration dans le domaine politique. Ce sont autant de champs de réflexion essentiels, mais où il paraît difficile de s'entendre sur des vérités : la possibilité d'y produire des démonstrations serait donc la solution idéale.

II Les limites de la démonstration impliquent cependant l'existence d'autres moyens

II-1 La démonstration elle-même repose sur des vérités qui ne se démontrent pas

La force de la démonstration ne réside pas que dans le lien nécessaire entre chacun des éléments qui la composent. Il faut pouvoir s'assurer de la valeur de vérité de ces éléments eux-mêmes. Dans l'idéal, chacun d'entre eux devrait pouvoir faire l'objet d'une démonstration. Or c'est impossible, comme le fait remarquer Pascal : il faut admettre au fondement de la démonstration l'existence de principes eux-mêmes indémontrables, qu'on nomme les « axiomes ». Leur extrême simplicité fait qu'ils ne se déduisent pas et ne peuvent faire l'objet que de « l'intuition » : c'est leur « évidence » qui fait qu'ils s'imposent à nous comme étant vrais de façon certaine.

II-2 Nécessité de recourir à « l'expérience »

Par ailleurs, si la valeur de la démonstration tient à son caractère abstrait et formel, c'est aussi ce qui fait sa limite. En effet, une démonstration garantit des vérités immuables, à condition d'être indépendante de la réalité des faits, comme en mathématiques. Or, pour toutes les vérités qui portent sur la réalité « empirique », il est nécessaire de recourir à « l'expérience », à l'observation et au constat de faits. Si la démonstration au sens strict devait être le seul moyen de pouvoir parler de vérité « établie », alors il faudrait renoncer à parler de vérité dans toutes les sciences en dehors des mathématiques : en physique, en histoire, etc.

II-3 L'argumentation

Enfin, dans la politique, la morale ou l'esthétique, où l'homme vise aussi à des vérités, il ne semble pas possible de produire de véritables démonstrations. Ces domaines impliquent des questions qui ouvrent plutôt à une confrontation de points de vue qu'il paraît difficile de départager de façon définitive. Comme ils touchent à des questions essentielles de notre existence, il faut bien qu'on puisse en espérer des vérités. Dans ce domaine, c'est l'argumentation qui permet de départager les points de vue. Elle est le moyen d'appuyer et de justifier les idées qui sont avancées, de façon à pouvoir produire la conviction, même si celle-ci ne peut pas être aussi « mécanique » que dans une démonstration.

III Conditions qui garantissent à ces moyens leur valeur quant à la vérité

III-1 Fondement de l'évidence

S'il faut recourir à l'intuition pour certaines vérités, encore faut-il pouvoir se fier à l'évidence. N'est-ce pas le risque d'introduire de la subjectivité ? Il faut donc disposer d'un critère garantissant la valeur de l'évidence. C'est ce que Descartes propose avec le *« cogito »* : la certitude que je peux avoir de mon existence au moment où j'en ai conscience offre le modèle de l'évidence à attendre. Il faut s'assurer à chaque fois que nous sommes bien face à une idée « claire et distincte ».

III-2 La méthode expérimentale

Pour ce qui est du recours à l'expérience, il faut qu'il soit méthodique pour garantir la vérité. Chacun doit pouvoir s'assurer de la valeur des faits qui sont invoqués, ce qui suppose de définir des conditions précises d'expérimentation dans les sciences, par exemple. Une expérience scientifique doit se faire dans des conditions bien définies pour pouvoir être répétée.

III-3 La conscience des limites à l'« établissement » d'une vérité

Enfin, pour ce qui est des domaines propres à l'argumentation, la condition semble être l'effort de dialogue et de sincérité. On peut y ajouter la nécessité d'un certain recul critique, puisque, dans ces domaines, la notion de vérité « établie » est évidemment difficile à soutenir. Mais c'est une remarque qu'il faut sans doute étendre aussi aux autres domaines prétendant « établir » des vérités. Ne faut-il pas reconnaître que les bases de la démonstration, ainsi que les limites de la vérification dans les sciences expérimentales, appellent à une certaine prudence ? Le projet d'établir des vérités, par quelque moyen que ce soit, devrait donc plutôt être vu comme un idéal, imposant un constant recul critique.

SUJET 22 Série S – Antilles-Guyane – Septembre 2007

DISSERTATION

Les faits parlent-ils d'eux-mêmes ?

Corrigé

Travail préparatoire

Notions et repères

Notions : l'interprétation, la raison et le réel, la vérité, théorie et expérience, l'histoire, le langage
Repères : objectif / subjectif – médiat / immédiat – abstrait / concret

Remarques générales

Le sujet met en question une expression courante et, à travers elle, une certaine conception de la vérité. Il est important de bien rapporter la question au problème de la connaissance et en particulier de la science.

Analyse des termes du sujet

– **Les faits :** Il s'agit des données de l'expérience, de ce qui arrive ou se produit dans la réalité et que nous pouvons constater de façon concrète et objective. Les faits semblent ainsi être la base de toute connaissance, ce qui précède les théories et ce à partir de quoi elles s'élaborent. On peut cependant s'interroger : les faits sont-ils bien indépendants de toute théorie ? existent-ils par eux-mêmes ? Suffisent-ils par eux-mêmes à nous fournir de quoi comprendre

et connaître la réalité ? L'étymologie peut appeler une remarque : parler de « fait » peut suggérer l'idée de quelque chose de construit, d'élaboré. Les faits sont-ils l'œuvre de la réalité elle-même ou de celui qui se propose de connaître la réalité ? De ce point de vue, on peut faire la distinction entre un « fait brut » et un « fait scientifique », mais on peut aussi se demander si de tels faits « bruts », purs de toute théorie ou spéculation, existent.
– **Parlent-ils d'eux-mêmes :** L'expression est évidemment métaphorique. Si un fait peut « parler », c'est au sens où il pourrait à lui seul nous apporter les informations nécessaires. Il s'agirait alors d'être à son écoute, dans une attitude de pure réceptivité. À l'inverse, il serait nécessaire de le « faire parler », par le moyen d'interprétations, d'hypothèses. Le risque qui apparaît alors, c'est de lui faire dire « tout et n'importe quoi », en l'interprétant de façon arbitraire ou purement subjective.
On retrouve donc ici le problème principal de la connaissance : comment l'homme peut-il avoir une connaissance exacte et objective de la réalité, s'il ne peut pas se contenter de la constater et de l'observer ? comment pourrait-on interroger les faits et les interpréter sans, en même temps, prendre le risque de leur faire dire ce que nous attendons qu'ils disent ?

■ Problématique

D'un côté, l'objectivité et le souci de vérité semblent exiger que l'on s'en tienne le plus possible à l'observation de la réalité, au simple constat des faits. *D'un autre côté*, on peut se demander ce que peut valoir un fait considéré en lui-même, indépendamment de tout travail de la raison ou de l'esprit. Ne vaut-il pas seulement par ce qu'on essaie d'en dégager ? On peut même aller jusqu'à se demander si les faits existent bien par eux-mêmes et s'ils ne supposent pas plutôt qu'on les « construise ». Comment garantir alors la vérité, si les faits ne parlent pas d'eux-mêmes et qu'il nous revient de les « faire parler » ?

■ Plan de la dissertation

I Laisser parler les faits : un idéal de connaissance.

II Nécessité de « faire parler » les faits.

III Solutions pour conserver à la connaissance sa valeur.

CORRIGÉ COMPLET DE LA DISSERTATION

Introduction

On a tendance à accorder la plus grande valeur aux faits. Comme données de l'expérience, ils sont la base de toute connaissance et ce qui nous permet de nous assurer de la vérité, face à tout ce qui pourrait relever de l'imagination ou de la spéculation. Dans l'idéal, la connaissance devrait donc s'en tenir autant que possible aux faits et seulement aux faits. Cependant, pour que cela soit possible, il faudrait que l'on puisse dire que « les faits parlent d'eux-mêmes », autrement dit : qu'il soit suffisant de les constater pour en apprendre quelque chose. Or on peut se demander s'ils ne valent pas plutôt comme une base de raisonnement et d'hypothèses : il faudrait en ce sens les « faire parler », tirer d'eux ce qu'ils ne disent pas déjà de façon évidente. La notion de « fait » elle-même mérite d'ailleurs qu'on l'examine : existe-t-il des faits déjà donnés par eux-mêmes ? n'est-ce pas aussi à l'homme de savoir les élaborer ? Nous verrons ainsi, dans un premier temps, en quoi les faits semblent par eux-mêmes fournir la connaissance que nous pouvons attendre de la réalité. Nous nous demanderons ensuite si cette idée ne repose pas sur une fausse idée de l'expérience, pensée comme simple activité passive de constatation. Ne serait-il pas nécessaire alors de savoir « faire parler » les faits ? Il restera, dans cette mesure, à examiner en quoi cela ne porte pas atteinte à la connaissance et à l'objectivité qu'on en attend.

I Laisser parler les faits : un idéal de connaissance

I-1 Les faits, source et garantie de connaissance

Tout l'effort de connaissance de l'homme a pour fin la vérité, que l'on peut définir comme la conformité entre nos idées, notre discours et la réalité. De ce point de vue, la source essentielle de la connaissance, ce sont les données de l'expérience, les faits. On appelle « expérience » la connaissance de la réalité que nous pouvons avoir au moyen de nos sens, qui nous informent sur les différents aspects de la réalité. Pour construire une connaissance qui soit la plus juste et la plus certaine, il faudrait collecter tous les faits de la façon la plus neutre possible. C'est ce qui permettrait de fonder la connaissance sur une base solide, concrète. Pour reprendre une image de Claude Bernard, une des qualités de l'homme de science est de savoir se faire « photographe des phénomènes ». Dans le domaine astronomique, par exemple, il s'agit d'observer et de décrire les phénomènes, de faire un relevé précis des mouvements des astres. À partir de ces faits assemblés, des lois et des principes généraux se dégageraient alors spontanément. Tel est le principe de l'induction.

I-2 La seule difficulté : savoir « écouter » les faits

On peut d'ailleurs montrer que n'avoir pas su être suffisamment à l'écoute des faits a pu induire les hommes en erreur. Si les faits peuvent parler d'eux-mêmes, encore faut-il savoir les « écouter » de la façon la plus attentive possible. Or, comme le fait remarquer Gaston Bachelard, notre esprit n'est jamais vierge de toute idée préconçue, voire de préjugé sur la réalité. C'est ce qu'il qualifie d'« obstacle épistémologique » : un certain nombre de fausses idées qui se sont formées en nous à propos de la réalité, depuis notre enfance, et qui peuvent nous empêcher de voir les phénomènes de façon objective, scientifique. On peut aussi penser aux analyses de Thomas Kuhn, qui montre qu'il y a toujours, à chaque époque, un certain modèle théorique dominant (un « paradigme »), qui empêche d'avoir un rapport purement objectif aux faits. La théorie du mouvement inspirée de la physique d'Aristote, par exemple, reposait plus sur des présupposés théoriques que sur les leçons de l'observation. Si Galilée a pu montrer que cette théorie était à dépasser, c'est notamment en la confrontant à une certain nombre de faits avec lesquels elle n'était pas cohérente.

I-3 Un principe valable aussi pour les sciences humaines

Si ce principe de méthode vaut pour les sciences de la nature, c'est peut-être davantage encore le cas dans les sciences humaines. C'est en effet un domaine où il est plus tentant encore de faire entrer une part d'interprétation et, avec elle, de subjectivité. On s'efforce de connaître l'homme, un être que l'on peut avoir l'impression de bien connaître déjà, qui nous paraît moins étranger que le reste de la réalité. Cependant, comme l'explique Émile Durkheim, si l'on veut vraiment connaître l'homme ou les faits humains, il faut savoir adopter à leur égard exactement la même attitude que face aux autres objets de science. Il est nécessaire, comme il l'écrit, de « traiter les faits sociaux comme des choses », c'est-à-dire de les considérer de la façon la plus objective possible, avec toute la distance que l'on peut avoir face à des « choses » qui nous seraient complètement inconnues. C'est la garantie de ne pas y introduire là encore des idées préconçues. De même, en histoire, où il s'agit de « raconter ce qui s'est passé, tel que cela s'est passé » (Otto Rank), il faut savoir s'en tenir le plus strictement aux faits. Le travail de l'historien n'est pas d'interpréter l'histoire à sa façon, de prêter telle ou telle psychologie aux personnages historiques, mais davantage de s'en tenir aux documents, traces, témoignages, en vérifiant leur authenticité. C'est ce qui fait la différence, en ce sens, entre une démarche scientifique, objective, et un travail de romancier.

Transition

Dans l'idéal, la science devrait donc essentiellement consister dans l'observation la plus précise et rigoureuse des faits. Aller au-delà, c'est y introduire des éléments douteux. Cependant, ne faut-il pas reconnaître la nécessité de l'activité de l'esprit à l'égard des faits ?

II Nécessité de « faire parler les faits »

II-1 Les faits à eux seuls ne suffisent pas à faire une science

L'idée selon laquelle il suffirait de collecter des faits pour constituer une connaissance est cependant assez naïve. Il faut bien remarquer qu'il y a dans la moindre expérience toujours une certaine intervention de l'esprit. Tirer des généralités, comme dans l'induction, c'est faire une opération d'abstraction par rapport aux faits, c'est aller au-delà de ce que les faits particuliers eux-mêmes disent. De plus, il y a toujours au moins une certaine sélection des faits collectés et retenus. Collecter tous les faits, sans ordre et exhaustivement, ne peut suffire à nous donner une connaissance de la réalité. On peut reprendre l'image de Poincaré : de la même façon qu'il faut des pierres pour faire une maison, il faut des faits pour faire une science ; mais, tout comme une maison est autre chose qu'un tas de pierres, ce n'est pas seulement en accumulant des faits qu'on constitue une science. Il est toujours nécessaire qu'un travail de mise en ordre et de raisonnement intervienne pour que des faits sorte une connaissance. Il est donc nécessaire d'introduire des éléments théoriques en plus des faits eux-mêmes.

II-2 Les faits n'existent pas par eux-mêmes

Plus encore, on peut remettre en question l'idée selon laquelle les faits existeraient par eux-mêmes, comme des éléments de connaissance déjà constitués, isolés naturellement, et qu'il suffirait alors de constater. On peut remarquer qu'on parle aussi bien de « faits » que de « données » de l'expérience. Il y a pourtant là comme deux conceptions de l'expérience. Le terme de *faits*, au sens littéral, évoque l'idée de ce qui est construit, élaboré, et non pas ce qu'on se contente de constater dans une pure réceptivité. C'est pourquoi on pourrait dire, en reprenant l'expression de Poincaré, que « les faits sont faits ». Il entend par là qu'il n'y a pas de fait « brut ». C'est encore plus évident dans le domaine scientifique. Les faits sur lesquels travaillent les hommes de science sont artificiels, notamment parce qu'ils sont définis dans des conditions idéales. Ce sont des faits plus abstraits que les phénomènes qui se produisent spontanément dans la nature. L'observation d'un fait intéressant pour la science dépend aussi d'un certain cadre théorique, de certaines questions qui intéressent l'homme de science. On peut ajouter enfin que les faits scientifiques dépendent d'instruments et d'appareils de mesure, eux-mêmes renvoyant à un cadre théorique déterminé. Si on peut reprendre ici l'image du photographe, il faut alors ajouter qu'un photographe cadre toujours ses photos. Il sélectionne donc la partie de la réalité qui l'intéresse, tout comme le scientifique élabore les faits sur lesquels il travaille.

II-3 Les faits humains ne parlent pas non plus d'eux-mêmes

Enfin, cette remarque peut s'étendre aux sciences humaines. En histoire aussi il revient à l'historien de construire ses faits. Il lui revient d'abord de sélectionner parmi les faits ceux qui ont une valeur historique. Son but est de rendre compréhensibles les événements, c'est-à-dire lisibles. Cela suppose de faire autre chose qu'une « photographie » exhaustive. Si l'on prend l'exemple d'une bataille, celle-ci semble offrir une multiplicité de faits : à l'historien de faire le tri, de déterminer lesquels méritent d'être retenus. Ce dernier doit aussi partir d'une question précise, définir la période sur laquelle il travaille et l'angle sous lequel il l'aborde. C'est pourquoi, comme l'écrit l'historien Lucien Febvre, « toute l'histoire est choix ». Enfin, ce qui fait la valeur de l'histoire, ce n'est pas simplement de raconter de façon purement factuelle les événements : c'est aussi de faire apparaître leur sens, en s'efforçant de ressaisir les intentions des acteurs de l'histoire. D'où la nécessité d'aller au-delà des faits eux-mêmes, de les « faire parler » en avançant des éléments d'interprétation.

Transition

Il faut donc renoncer à l'idée selon laquelle les faits pourraient suffire à la connaissance. Connaître, c'est devoir aller au-delà des faits et même savoir construire des faits. Cela ne remet-il pas en cause cependant l'objectivité qui définit la connaissance ?

III Solutions pour garantir à la connaissance sa valeur

III-1 Le problème : quelle garantie d'objectivité ?

Il apparaît donc que l'on doive renoncer à l'idée que les faits pourraient exister par eux-mêmes comme des éléments suffisant à constituer une connaissance. C'est pourtant ce qui semblait la meilleure façon d'atteindre l'objectivité qui doit en principe caractériser la science. Le risque qui apparaît ici, c'est celui d'un arbitraire. S'il faut faire parler les faits, comment s'assurer qu'on ne leur fait pas dire ce que l'on veut entendre ? En d'autres termes : comment éviter de « dénaturer les faits », alors même qu'il est nécessaire d'introduire une part de spéculation et de subjectivité ?

III-2 La méthode expérimentale

La méthode expérimentale dans les sciences de la nature semble permettre de résoudre ce problème. Comme l'explique Claude Bernard, « entasser des observations » est une démarche stérile en science. L'intérêt de l'observation consiste à susciter la curiosité et la réflexion et faire naître dans l'esprit des hypothèses. À partir de celles-ci, le scientifique doit mettre au point des expériences pour les tester. On peut dire, en ce sens, qu'il s'agit de « faire parler » la nature, en lui posant des questions précises, orientées. Mais, comme l'écrit Claude Bernard, dès que la nature « parle », le scientifique doit l'écouter jusqu'au bout, le plus attentivement possible, même si ce qu'elle dit ne va pas dans le sens de ce qu'il attendait. Il doit donc y avoir un retour régulier aux faits et à leur observation, alternant avec des phases d'hypothèses et de conjectures. Si les faits ne parlent pas d'eux-mêmes, cela ne veut pas dire qu'ils ne disent rien : c'est bien à eux qu'il faut savoir revenir pour y confronter les élaborations théoriques.

III-3 Une certaine qualité de subjectivité

Dans le domaine de l'histoire enfin, s'il est nécessaire d'introduire une part de choix et de subjectivité, cela ne doit pas être une « subjectivité à la dérive », pour reprendre les termes de Paul Ricœur. La subjectivité requise, c'est celle qui sert le but de la connaissance, pas celle qui irait jusqu'à déformer les faits de façon arbitraire. C'est pourquoi Paul Ricœur fait la distinction entre un « moi pathétique » et un « moi de recherche ». Le premier correspond à la subjectivité prise en mauvaise part : l'interprétation des faits marquée par la haine, le ressentiment ou, à l'inverse, l'enthousiasme, la vénération. Le second correspond à ce qu'on peut attendre du bon historien : savoir faire preuve de « sympathie » pour comprendre les hommes du passé, restituer leurs intentions et leurs valeurs. Cela implique, là encore, de savoir faire un retour régulier aux faits, à ce qui peut être attesté par des traces ou des documents, pour ne pas être dans un pur arbitraire.

Conclusion

L'idée selon laquelle la connaissance pourrait consister dans une pure réceptivité de l'expérience, la simple constatation de faits, pouvait être séduisante comme garantie d'objectivité. Cependant, comme nous l'avons vu, la connaissance ne commence qu'avec le raisonnement sur les données de nos sens, insuffisantes en elles-mêmes. La science suppose même de savoir isoler et construire des faits sous une forme plus lisible que ce que la nature peut offrir spontanément. Tout cela met en valeur la nécessité de penser la démarche de connaissance comme une activité de l'esprit, organisant, construisant des faits et s'efforçant de les « faire parler », et cela dans tous les domaines. Et si cela ne va pas à l'encontre de l'exigence d'objectivité, c'est parce que cette démarche s'accompagne du souci régulier de revenir aux faits, notamment par le moyen de l'expérience.

SUJET 23 Série S – France métropolitaine – Juin 2006

DISSERTATION

L'expérience peut-elle démontrer quelque chose ?

Corrigé

Travail préparatoire

■ Notions et repères

Notions : théorie et expérience, la raison et le réel, la démonstration, la vérité, la matière et l'esprit

Repères : formel / matériel – intuitif / discursif – objectif / subjectif – universel / général / particulier / singulier

■ Analyse des termes du sujet

– **L'expérience :** La notion d'expérience renvoie au domaine des faits, donc au réel. Elle peut être spontanée (ce qu'on observe par hasard), provoquée (tenter une expérience, expérimenter), scientifique (l'expérience du foie lavé de Claude Bernard), quotidienne (faire l'expérience d'un voyage). La difficulté que soulève cette notion tient à son lien avec la théorie : d'un côté, la théorie et l'expérience s'opposent comme deux domaines séparés (ce qui est expérimental n'est pas théorique, et inversement) mais, d'un autre côté, la théorie et l'expérience semblent inséparables.

– **Peut-elle :** Dans ce sujet, interroger la possibilité revient à interroger en même temps la légitimité. Ainsi, soutenir, par exemple, que l'expérience est incapable de démontrer quelque chose, c'est supposer que, si ce n'était pas le cas, la démonstration serait dénaturée, puisque l'expérience semble contredire le formalisme qui définit la notion de démonstration.

– **Démontrer :** Démontrer signifie « montrer à partir de ». Le sens commun pense que démontrer, c'est « montrer » ou prouver à partir de faits. Mais la définition stricte de la démonstration pose celle-ci comme n'empruntant rien à l'expérience. *Démontrer*, c'est en réalité rendre une proposition certaine par les seules voies du raisonnement, donc de façon purement formelle.

■ Problématique

Le sujet confronte *deux thèses* : celle qui définit la démonstration comme une démarche excluant tout recours à l'expérience et celle qui associe démontrer et prouver, au point de confondre démonstration et expérience. Il convient donc de se demander si la démonstration a besoin ou non de l'expérience pour s'accomplir. Le *problème* qui se pose consiste ainsi à définir le rôle que peut jouer l'expérience dans la démonstration, rôle qui ne doit en aucune façon dénaturer la démonstration.

PLAN DÉTAILLÉ DE LA DISSERTATION

I La démonstration semble exclure la notion d'expérience

I-1 Caractère formel de la démonstration et caractère matériel de l'expérience

La démonstration consiste à raisonner *a priori*, de façon purement formelle, ce qui exclut la notion même d'expérience, laquelle renvoie à la matérialité du réel, donc à un contenu. Rappelons que les seuls modèles de la démonstration sont le syllogisme aristotélicien (Tous les hommes sont mortels, or Socrate est un homme, donc Socrate est mortel) et la démonstration mathématique.

I-2 Caractère déductif de la démonstration et caractère inductif de l'expérience

Ce qui fait toute la valeur de la démonstration, c'est le caractère déductif et nécessaire de ce qu'elle démontre : ce qui est posé au départ inclut la conclusion. L'expérience, au contraire, est inductive et contingente : à partir d'une seule expérience ou de plusieurs, on induit quelque chose de général. Or il existe peut-être des exceptions, ce qui rend cette induction plutôt incertaine.

I-3 Universalité de la démonstration et singularité de l'expérience

Parler d'une démonstration par l'expérience, ce serait donc confondre deux choses bien distinctes. Démontrer n'est pas montrer. Ainsi l'expérience montre la singularité d'un fait (faire bouillir de l'eau pour montrer qu'elle bout à 100 degrés), alors que la démonstration pose la nécessité d'une loi (on déduit le changement d'état de l'eau en général à partir d'un raisonnement sur la composition et la structure de la molécule d'eau).

II Les limites de la démonstration

II-1 Caractère tautologique de la démonstration

D'un autre côté, il semble que le caractère formel de la démonstration la vide de tout contenu. En effet, ce qui est démontré, c'est un lien logique entre des propositions et non quelque chose de réel. Ainsi, démontrer que Socrate est mortel, c'est poser le contraire comme impossible puisqu'en contradiction avec les propositions précédemment posées. Dès lors, dans la démonstration, on ne fait que dire autrement ce qui a été déjà dit. La démonstration ne nous apprend donc rien sur le réel qu'on ne sache déjà.

II-2 Caractère hypothétique de la démonstration

La démonstration repose sur des hypothèses, lesquelles ne sont pas elles-mêmes démontrées. Ainsi, en mathématiques, par exemple, les définitions et les postulats sont admis. D'où la fragilité interne du système démonstratif dont les fondements paraissent pour le moins incertains. Les géométries non euclidiennes ont ainsi montré que le postulat d'Euclide sur les parallèles n'était finalement valable que dans un espace à trois dimensions.

II-3 Les possibles errements de la démonstration

Par conséquent, une démonstration livrée à elle-même et qu'aucune expérience réelle ne viendrait soutenir peut être complètement détachée du réel et peut ne reposer que sur des possibilités théoriques. Ainsi, comme le souligne le philosophe empiriste Hume, il n'est pas contradictoire en soi de poser qu'un galet peut éteindre le soleil, ou d'affirmer que le soleil ne se lèvera pas demain. Dès lors, il semble que les faits réels, non seulement ne peuvent pas être *démontrés*, mais encore doivent être *prouvés* par l'expérience.

III Le rôle nécessaire de l'expérience dans la démonstration

III-1 La démonstration doit pouvoir être appliquée au réel pour avoir valeur de vérité

Ainsi, la logique démonstrative n'est en fait qu'une condition nécessaire mais non suffisante de la vérité, laquelle suppose une adéquation entre la raison et le réel. Comme le suggère F. Bacon, « l'esprit humain a besoin de plomb plutôt que d'ailes » et, au lieu de reconstituer arbitrairement la nature (par le seul raisonnement), il faut « l'interroger et la tourmenter par des expériences ».

III-2 Le modèle de la méthode expérimentale dans les sciences

Dès lors, seul un dialogue entre théorie et expérience permet de démontrer véritablement quelque chose, c'est-à-dire de démontrer quelque chose de réel, comme une loi réellement inscrite dans les phénomènes, par exemple. Claude Bernard met ainsi en évidence les trois étapes de la méthode expérimentale : observation spontanée, formulation d'une hypothèse et vérification par l'expérience. Le raisonnement doit donc empêcher la contradiction et garantir une possibilité théorique, et l'expérience doit garantir la conformité au réel.

III-3 Les limites de l'expérience

Mais quelle est exactement la valeur démonstrative de l'expérience ? L'expérience proprement dite ne démontre pas, elle permet seulement à une démonstration théorique de se voir « confirmée » par des faits qui ne la remettent pas en question. K. Popper explique en ce sens que la science se mesure à sa « falsifiabilité », ce qui signifie qu'elle doit être capable d'inventer des expériences susceptibles de la mettre à l'épreuve. Il n'y a donc jamais de démonstration définitive, ni absolue. Dès lors, les théories scientifiques demeurent provisoires et relatives.

La démonstration

SUJET 24 Série S – France métropolitaine – Juin 2004

DISSERTATION

Faut-il chercher à tout démontrer ?

Corrigé

Travail préparatoire

■ Notions et repères

Notions : la démonstration, la vérité, la raison et le réel, la religion, la matière et l'esprit, l'interprétation

Repères : contingent / nécessaire / possible – croire / savoir – intuitif / discursif – formel / matériel – obligation / contrainte – persuader / convaincre – principe / conséquence – universel / général / particulier / singulier

■ Remarques générales

Ce sujet suppose qu'on prenne la notion de démonstration dans son sens le plus précis. Il faut également mettre en perspective toutes les façons d'établir la vérité. Par ailleurs, le verbe « chercher » ne doit pas être négligé car la question n'est pas « Faut-il tout démontrer ? ».

■ Analyse des termes du sujet

– **Faut-il... ? :** « Il faut » s'entend d'abord comme une *stricte nécessité*, une contrainte à laquelle il n'est pas possible d'échapper (« il faut respirer pour vivre »). Dans un deuxième sens, « il faut » traduit une *obligation*, c'est-à-dire un devoir au sens moral ; s'y dérober équivaudrait à commettre une faute, à mal agir (« il faut aimer son prochain »). Enfin, dans un sens affaibli et moins rigoureux, « il faut » peut prendre le sens d'un simple *conseil*, et équivaudrait donc à « il vaut mieux ». Par conséquent, on doit se demander, d'une part, si c'est une nécessité absolue de chercher à tout démontrer, au sens où l'on ne pourrait découvrir de vérité sans en passer par cette démarche et, d'autre part, si, quand bien même d'autres démarches étaient possibles, il ne faudrait pas malgré tout « chercher à tout démontrer » afin de faire pour le mieux.

– **Démontrer :** Une démonstration est une démarche purement intellectuelle, abstraite, qui consiste en un enchaînement logique et nécessaire d'idées ou de propositions, pour aboutir à une conclusion aussi certaine que nécessaire. Or il ne faut pas confondre *démontrer* et *prouver*. En effet, prouver signifie apporter une « preuve », laquelle peut consister en un recours à l'expérience, donc à un élément « empirique », tandis qu'une démonstration, dont la valeur réside dans le fait qu'elle est pure de tout ce que l'expérience peut amener de contingent, est essentiellement formelle. On peut, d'autre part, opposer à la démonstration la notion d'*évidence*, laquelle permet de saisir la vérité de façon immédiate, intuitive, tandis que la démonstration est discursive et suppose un certain nombre d'étapes. Enfin, on peut distinguer *démontrer* et *argumenter* comme deux façons de chercher à emporter l'adhésion d'autrui. Or, alors que l'argumentation peut s'adapter aux circonstances pour être plus efficace, la démonstration reste toujours identique, en raison de la nécessité de son enchaînement. Le sujet demande donc : toutes les façons d'établir la vérité et de la communiquer à autrui sont-elles aussi valables qu'une démonstration en bonne et due forme ?

– **Tout :** Cette totalité peut d'abord correspondre à l'ensemble des domaines de la connaissance, donc à l'ensemble de ce qui peut constituer une vérité. Or, du point de vue du « bon sens », « chercher à tout démontrer » paraît excessif, voire absurde. En effet, ne serait-ce pas une démarche infinie ? N'y a-t-il pas, en outre, des domaines où une démonstration serait inutile, d'autres encore où elle ne serait pas légitime ? Par ailleurs, « tout » peut aussi désigner la démonstration elle-même, la question deviendrait donc : n'y a-t-il pas des éléments qu'il ne faudrait pas chercher à démontrer, au cœur même de la démonstration ?

– **Chercher à :** On ne se demande pas s'il faut « tout démontrer », mais bien s'il faut « *chercher* » à le faire. Autrement dit, c'est sur la démonstration comme *idéal* que porte la réflexion. Ainsi, dire que tout n'est pas démontrable n'est pas une objection suffisante car on pourrait malgré tout devoir s'efforcer de rejoindre cet idéal. En effet, le fait de ne pas être complètement réalisable ne permet pas de réfuter un idéal, puisque sa valeur réside justement dans le fait qu'il représente *un horizon* et *un modèle*, vers lequel il faut tendre au maximum.

■ Problématique

La démonstration semble être un modèle de rigueur et de certitude, tant pour établir la vérité que pour la communiquer à autrui. On pourrait donc vouloir étendre ce modèle à tous les domaines de la connaissance, ou du moins essayer d'en faire un idéal que tous devraient tâcher d'atteindre. Cependant, la démonstration n'appartient-elle pas exclusivement aux mathématiques ? Ne faudrait-il pas alors lui préférer dans les autres domaines de la connaissance d'autres façons d'établir ou de communiquer la vérité ?

■ Plan de la dissertation

I On peut d'abord montrer que chercher à tout démontrer est aussi excessif qu'inutile.
II Puis on peut montrer qu'une authentique visée de connaissance doit avoir la démonstration pour idéal.
III Enfin, on peut voir dans quelles limites cet idéal doit être poursuivi.

CORRIGÉ COMPLET DE LA DISSERTATION

Introduction

La certitude caractérise les vérités que les mathématiques permettent d'établir. Or les mathématiques doivent cette certitude à leur méthode : la démonstration. Démontrer, au sens propre, c'est en effet établir la vérité d'une proposition, à partir de propositions elles-mêmes démontrées ou évidentes, selon un lien aussi nécessaire que logique. Ce type de raisonnement est un modèle de rigueur et octroie une garantie quant à la certitude, dans la mesure où tout autre résultat serait contradictoire, donc impensable. Il s'ensuit qu'il serait donc séduisant d'étendre cette méthode de raisonnement à toutes les autres sciences, de manière à garantir la même certitude à toutes nos connaissances. Or, bien qu'il semble que la démonstration soit la meilleure façon d'établir, mais aussi de communiquer la vérité, une telle démarche peut cependant sembler excessive et difficile à mettre en œuvre, voire même illégitime dans certains domaines. Dès lors, faut-il vraiment chercher à tout démontrer ?

I Tout démontrer : une démarche excessive, inutile et inefficace

I-1 Pourquoi vouloir tout démontrer ?

Certes, posséder la vérité dans toute sa certitude serait tout aussi précieux dans la vie « réelle », courante, que dans les sciences les plus rigoureuses. Cependant, si les mathématiques, domaine par excellence de la démonstration, sont aussi le domaine des vérités les plus certaines, il semble difficile d'étendre leur méthode à d'autres connaissances. En effet, les nécessités de la vie courante font que nous devons bien souvent nous contenter du vraisemblable, plutôt que de la certitude absolue que pourrait fournir une démonstration en bonne et due forme. Par ailleurs, il semble que, dans beaucoup d'occasions, il soit pleinement suffisant de s'en remettre à l'évidence, notamment à l'évidence matérielle, autrement dit à celle des faits. À quoi bon démontrer ce qui se « montre » déjà suffisamment par soi-même et qui ne demande qu'à être constaté ? Chercher à tout démontrer serait dans ce sens une démarche inutile, laborieuse et infinie, autrement dit absurde.

I-2 La démonstration ne peut se suffire à elle-même pour établir la vérité

En outre, il semble que ce qui fait la valeur de la démonstration au sens strict en fasse aussi sa limite. En effet, la certitude de la démonstration provient de ce qu'elle se meut dans l'abstraction, et vaut surtout par sa cohérence formelle. Ainsi, ce qui fait le lien entre deux éléments d'une démonstration, c'est une nécessité purement logique qui tient à la forme même du raisonnement. Le syllogisme en est donc le modèle : à partir de propositions posées au départ, les « prémisses », on aboutit à une « conclusion » qui est la conséquence nécessaire des « prémisses ». Or, dès qu'une démonstration porte sur des éléments renvoyant à la réalité, sa seule forme ne garantit plus sa vérité. Les syllogismes peuvent dès lors être formellement valides, mais matériellement faux. Ceci montre que, lorsque la démonstration porte sur des éléments réels, elle ne peut plus tirer sa vérité que d'elle-même, mais doit recourir aux données de l'expérience, faute de quoi elle se hasarderait dans des spéculations hasardeuses. Dès lors, plutôt que de chercher à tout démontrer, au risque d'aboutir à des absurdités, il vaudrait mieux se contenter d'un constat empirique. Il serait par conséquent plus légitime de laisser la démonstration aux mathématiques, et de recourir pour les autres domaines de la connaissance à des méthodes d'établissement de la vérité plus appropriées.

I-3 Efficacité discutable de la démonstration dans la communication de la vérité

Par ailleurs, on pourrait penser que par sa rigueur et par le caractère implacable de sa conclusion, la démonstration pourrait être un bon moyen de produire la conviction, non seulement pour nous-mêmes, mais aussi pour tout autre homme capable de la suivre. Ainsi, elle pourrait être un bon vecteur pour communiquer la vérité. Or, en y regardant de plus près, il ne semble pas qu'elle soit la méthode la plus efficace pour emporter l'adhésion d'autrui. En effet, une démonstration abstraite « parle » bien moins qu'une preuve matérielle, concrète. Qui plus est, suivre une démonstration demande une attention qu'il est difficile de mobiliser longtemps. Dès lors, « montrer » peut s'avérer plus utile que de démontrer. Or cela signifie que, pour convaincre quelqu'un d'une vérité quelconque, on peut recourir à une forme de raisonnement, plus personnalisable que la démonstration : l'argumentation. En effet, tandis qu'une démonstration se présentera toujours de la même façon, une argumentation pourra au contraire s'adapter en fonction des circonstances et de l'auditoire, et être ainsi plus persuasive.

Transition

La démonstration serait donc un modèle de rigueur, mais qu'il ne serait ni nécessaire ni pertinent de chercher à étendre à tous les domaines de la connaissance ou de la vie. Dès lors, ne serait-elle pas plutôt un *idéal*, que toute démarche de connaissance devrait viser ?

II Un idéal pour toutes les démarches rationnelles de connaissance

II-1 Une méthode universelle

Comme nous l'avons dit précédemment, nous sommes amenés par les nécessités pratiques de la vie courante à nous contenter bien souvent du vraisemblable. Cependant, en nous inspirant de Descartes, on peut ajouter que lorsqu'il s'agit de

« vaquer seulement à la recherche de la vérité », c'est bien la certitude la plus absolue que nous devons viser. Dans cette perspective, ramener toutes nos connaissances à la certitude que procure une démonstration mathématique doit être considéré comme un idéal. C'est d'ailleurs ce que souligne Descartes dans le *Discours de la méthode* : les mathématiques devraient être un modèle pour toutes les sciences, car il serait dommage de restreindre la certitude de leur méthode à leur seul domaine. Ce serait même manquer leur « vrai usage », et cela reviendrait à ne pas utiliser notre raison aussi bien que nous le devrions. L'intérêt essentiel des mathématiques est ainsi de représenter, avec leurs « chaînes de raisons », la démarche rationnelle par excellence, laquelle doit inspirer toute l'œuvre scientifique. D'où l'idée d'une « *mathesis universalis* », autrement dit d'une même méthode pour toutes les sciences, laquelle serait bien entendu conçue sur la base de la démonstration mathématique.

II-2 Un idéal pour toutes les sciences

Ainsi, il faudrait bien « chercher à tout démontrer », autrement dit il faudrait ramener autant que possible toutes nos connaissances au modèle de la démonstration. Or, pour que cela soit possible, il faut pouvoir penser l'unité de toutes les sciences, c'est-à-dire l'unité de leur objet d'étude, lequel n'est autre que le réel. Cela implique, d'autre part, que ce réel soit entièrement rationnel et mathématisable. Or ce principe semble justement guider l'entreprise scientifique depuis Galilée. Selon une de ses affirmations les plus célèbres, c'est en effet « en caractères mathématiques » qu'est écrit « le grand livre de la nature ». Il s'ensuit que connaître la nature revient à dégager la structure mathématique du réel par des mesures, des calculs et l'établissement de principes universels qui doivent se présenter comme des démonstrations abstraites. Or c'est justement une démonstration mathématique faite par Le Verrier qui a amené au départ à penser l'existence de la planète Neptune et à en calculer précisément la position avant même son observation. La démonstration a donc été à l'origine de cette découverte scientifique, bien qu'une confirmation par l'expérience fût ensuite nécessaire.

Or ce qui vaut à l'égard de la nature pourrait être étendu aux sciences humaines, autrement dit aux sciences qui concernent l'homme lui-même. En effet, comme le fait remarquer Spinoza dans *L'Éthique*, l'homme n'étant pas dans la nature comme « un empire dans un empire », il s'ensuit qu'il est donc légitime d'étudier et d'expliquer l'homme selon les mêmes principes et de produire notamment une éthique démontrée « de façon géométrique ». Ainsi, comme les passions « admettent des causes rigoureuses », on peut « considérer les actions et les appétits humains de même que s'il était question de lignes, de plans et de corps ». C'est également ce que Comte, un des fondateurs de la sociologie, soutient, lorsqu'il suggère qu'il faut étendre l'idéal démonstratif au plan politique, et en faire une véritable science afin de mettre un terme à toutes les errances dans ce domaine, c'est-à-dire afin de pouvoir organiser la société de façon rigoureuse et certaine. N'écrit-il pas : « Que les démonstrations paraissent, les aberrations cesseront bientôt » ?

II-3 Un idéal éthique dans la communication de la vérité

Par ailleurs, bien que chercher à tout démontrer ne soit pas la méthode la plus efficace, quand il s'agit d'emporter l'adhésion d'autrui, n'est-ce pas cependant la plus légitime ? En effet, on pourrait reprocher à l'argumentation de sombrer dans la persuasion. Or la persuasion peut être abusive et peut servir toutes les opinions, tandis que la démonstration est un moyen de produire la conviction, est indiscutable par son souci d'objectivité et de rationalité, et implique la certitude d'être mis en présence de la vérité. De plus, chercher à démontrer, c'est s'adresser à l'autre en tant qu'être raisonnable, d'égal à égal, dans la mesure où la raison est une faculté universelle. C'est donc permettre à autrui, quel qu'il soit, de se convaincre lui-même, en refaisant pour lui-même une démonstration. Ainsi, comme le fait remarquer Alain à propos de l'attitude de Socrate dans le *Ménon*, démontrer, c'est faire des efforts pour amener l'autre à la vérité par lui-même, sans chercher à l'emporter sur lui. Dès lors, la démonstration serait un véritable idéal éthique pour véhiculer la vérité.

Transition

Ainsi, il faudrait avoir pour idéal de chercher à tout démontrer dans la mesure où toutes les sciences visent une certitude que seule la démonstration rend possible. Pour autant, n'y a-t-il pas des domaines où la démonstration, même entendue comme un idéal, rencontre des limites ?

III Limites de cet idéal

III-1 Limites internes de la démonstration

La certitude de la démonstration vient non seulement de la nécessité logique qui fait le lien entre ses éléments, mais aussi de la certitude de ces éléments eux-mêmes. L'idéal serait donc de chercher à tout démontrer à l'intérieur de la démonstration elle-même. Cependant, une telle exigence conduirait à une régression à l'infini, rendant impossible la démonstration elle-même. On est donc souvent conduit à admettre certains éléments comme vrais, comme des « postulats » par exemple. Il semble aussi qu'il faille parfois recourir à des « axiomes », c'est-à-dire à des principes indémontrables. Ces principes sont en effet si simples et si évidents qu'une tentative pour les démontrer ne ferait que rendre les choses plus confuses et serait vaine, comme l'explique Pascal dans *De l'esprit géométrique*. On doit donc se rendre à leur évidence.

III-2 Limite externe de la démonstration

D'autre part, comme le suggère également Pascal, s'il ne faut pas chercher à tout démontrer, c'est que la raison n'est pas notre seule faculté de connaissance. En effet, la raison vaut dans un domaine de compétence qui est le sien, celui des raisonnements discursifs. Mais il existe des vérités qui ne peuvent se saisir que dans l'intuition. C'est ce que Pascal met en valeur en reprenant l'argument sceptique du rêve. Les sceptiques font en effet remarquer qu'il est impossible à la raison de démontrer la différence entre ce qui nous apparaît en rêve et la réalité. Pourtant, leur objecte Pascal, nous *savons* bien intuitivement faire la différence. Pascal aboutit donc non pas à une remise en cause de la raison et de toute connaissance possible, mais à la nécessité d'admettre l'existence d'une autre source de vérité pour nous, qu'il appelle « le cœur », et qui permet de « sentir » certaines vérités, dont il n'est pas possible (mais pas non plus nécessaire) de faire la démonstration. Pascal remet ainsi en cause notamment la démarche de ceux qui cherchent à démontrer l'existence de Dieu (voir Descartes, ou

L'Éthique de Spinoza) et fait également remarquer que, quand bien même une telle démonstration serait possible, elle manquerait son but qui consiste à produire la foi.

III-3 Nécessité d'admettre une autre démarche : l'interprétation

Enfin, penser que l'on puisse avoir pour idéal de tout démontrer dans le cadre des sciences humaines pose problème. En effet, leur objet d'étude, à savoir l'homme, fait qu'elles ne peuvent pas adopter la même méthode que les sciences de la nature et fait qu'elles ne peuvent prétendre à autant de certitude que les sciences de la nature. En effet, l'homme étant un être doué de liberté, il n'agit donc pas uniquement selon des causes matérielles, mais aussi par lui-même, selon des intentions. Ainsi, il semble qu'on ne puisse se contenter d'expliquer ce qui concerne l'homme par la mise en évidence de lois et de causes nécessaires. Il faut donc plutôt chercher à le *comprendre*, autrement dit à saisir les intentions qui sont à l'origine des actions et des productions humaines. Or ceci relève d'une démarche d'interprétation, laquelle se manifeste particulièrement en histoire. Il n'est donc pas question de « chercher à tout démontrer » dans ces sciences. Dès lors, l'idéal démonstratif ne peut être considéré comme la seule et authentique démarche de connaissance.

Conclusion

Ainsi, dans la mesure où toute démarche de connaissance vise à l'établissement de vérités certaines, elle doit pouvoir se rapprocher du modèle que fournit la démonstration dans le domaine mathématique. Suivre un tel idéal se justifie donc par le fait que le réel se présente comme rationnel et mathématisable. Pour autant, la mise en œuvre d'un tel idéal suppose tout de même de recourir parfois à l'expérience. Qui plus est, pour certaines connaissances, il n'est ni possible ni légitime de vouloir tout démontrer.

L'interprétation

SUJET 25 Série L – Antilles-Guyane – Juin 2004

DISSERTATION

La connaissance historique est-elle essentiellement interprétative ?

Corrigé

Travail préparatoire

Notions et repères

Notions : l'histoire, l'interprétation, autrui, la vérité, le langage
Repères : essentiel / accidentel – expliquer / comprendre – objectif / subjectif – cause / fin

Remarque générale

La difficulté du sujet tient au fait qu'il semble exclure que quelque chose « d'essentiellement interprétatif » puisse être une « connaissance », tout en invitant cependant à concevoir cette possibilité.

Analyse des termes du sujet

– **La connaissance historique :** Il s'agit de la connaissance des événements passés, telle qu'on la trouve chez les historiens. Ce sens du mot histoire est à distinguer de l'histoire réelle, effective, à savoir de l'ensemble des événements eux-mêmes tels qu'ils se sont déroulés. En ce sens, la connaissance historique est une représentation de l'histoire réelle. Or cette représentation se veut objective, c'est-à-dire conforme à la réalité. Le but de la connaissance historique est en effet de nous raconter les événements et de nous les *expliquer* (comment se sont-ils passés, quelles en sont les *causes* ?). Elle se calque donc sur le modèle scientifique et repose sur des méthodes rigoureuses qui exigent des hypothèses, des preuves et une grande rigueur démonstrative (éviter la contradiction et montrer la nécessité d'une conclusion). Cependant, l'objet qu'étudie l'histoire est très spécifique puisqu'il est constitué par des faits humains, lesquels ont été motivés, d'une part, par des raisons subjectives (des buts) et, d'autre part, par des faits qui n'existent plus. Dès lors, la méthode scientifique risque de ne pas suffire ; il faudra donc chercher du sens à ce qui n'apparaît pas objectivement, c'est-à-dire qu'il faudra interpréter, comprendre.

– **Essentiellement :** Cet adverbe renvoie au mot essentiel, qui peut vouloir dire principalement (ce qui est le plus important, ce qui vient en premier) et aussi ce qui est spécifique, donc propre à quelque chose. Le verbe « être » montre que l'on cherche à définir l'histoire. La connaissance historique vise donc l'objectivité avant tout, mais elle se heurte à la particularité de son objet, laquelle lui impose une autre démarche, plus subjective, qui consiste à rechercher du sens, et donc à interpréter. On demande donc si l'histoire ne pourrait pas atteindre son but principal, l'objectivité, tout en faisant valoir sa dimension spécifique, l'interprétation.

– **Interprétative :** La notion d'interprétation renvoie à la recherche d'un *sens* et au domaine *subjectif*. On doit en effet interpréter quelque chose lorsque son sens n'est pas donné d'emblée. Or le problème que pose l'interprétation réside justement dans le fait que l'on n'est jamais certain du sens que l'on a donné à quelque chose puisque ce sens n'apparaît pas de lui-même. Ainsi, en cherchant du sens dans la chose, nous risquons d'inventer ce sens, en projetant sur la chose ce qui n'y est pas.

■ Problématique

Le problème réside dans l'opposition entre le mot « connaissance » et l'expression « essentiellement interprétative ». On demande donc : comment quelque chose « d'essentiellement interprétatif » peut-il être une « connaissance », étant entendu que l'interprétation semble plutôt subjective et la connaissance objective ?

Or, il semble, d'un côté, que l'histoire ait principalement pour but d'être objective, et qu'elle ne puisse ni ne doive de ce fait interpréter mais doive au contraire se contenter de décrire et d'expliquer les faits en utilisant des méthodes similaires à celles des sciences exactes. D'un autre côté, il apparaît que les faits qui font l'objet même de l'histoire ne peuvent se réduire à être décrits et expliqués comme n'importe quel objet physique : les actions humaines passées doivent en effet être déchiffrées et reconstruites, et l'on doit y chercher une volonté à l'œuvre. Dès lors, l'histoire ne peut se contenter de raconter et d'expliquer, elle doit aussi se doter d'une dimension interprétative. Le *problème* est alors de savoir quelle place accorder à l'interprétation et comment la concilier avec l'exigence d'objectivité de l'histoire.

■ Plan de la dissertation

I On peut tout d'abord montrer que l'histoire exclut plutôt l'interprétation.
II On peut ensuite faire apparaître la dimension interprétative de l'histoire.
III On peut voir enfin en quoi cette dimension ne remet pas en question le souci d'objectivité de l'histoire.

CORRIGÉ COMPLET DE LA DISSERTATION

Introduction

L'histoire soulève plusieurs difficultés. Il lui faut en effet à la fois être objective, comme les autres sciences, et tenir compte cependant de la dimension essentiellement humaine et subjective des événements historiques. En outre, sa prétention à l'objectivité se heurte à l'impossibilité d'avoir un objet présent puisqu'elle porte sur le passé. La connaissance historique semble donc rechercher l'objectivité alors que l'objet qu'elle étudie rend cette objectivité sinon impossible, du moins difficile. Dès lors, l'histoire ne doit-elle pas être définie comme une connaissance essentiellement interprétative ? En effet, n'aurait-elle pas pour vocation de rechercher, d'une part, le *sens* à l'œuvre dans les événements et, d'autre part, de déchiffrer le *sens* des traces laissées par le passé ? Or cette part d'interprétation que contient l'histoire ne remet-elle pas en question son souci de vérité ? Autrement dit, si l'histoire est essentiellement interprétative, doit-elle renoncer pour autant à l'objectivité ou bien faut-il voir dans sa dimension d'interprétation un moyen de parvenir à l'objectivité ?

I La connaissance historique aurait pour but l'objectivité

I-1 L'histoire comme narration

L'histoire renvoie de prime abord à l'idée de récit et de narration. En premier lieu, l'histoire doit donc raconter. Elle se doit ainsi de relater les faits, selon l'ordre dans lequel ils se sont déroulés, et en cela l'histoire est d'abord une chronologie, un rangement de faits passés dans le temps. L'histoire a donc pour vocation le « discours » ; elle doit « dire » et transmettre, d'où sa dimension fondamentalement culturelle. Elle traduit ainsi la réalité passée en discours, lesquels seront à transmettre aux générations futures. Elle a donc pour rôle la conservation du passé sous forme de mémoire collective. D'où une fonction identitaire et intégrative : permettre à un peuple et à une société de tenir un discours sur leur propre identité. L'histoire de la Révolution française met ainsi la notion de République et les Droits de l'homme au cœur de l'identité nationale française. Dès lors, l'histoire « originale », c'est-à-dire à ses origines, est, comme le montre Hegel, le fait d'historiens qui ont surtout décrit « les actions, les événements et les situations qu'ils ont vécus ». L'histoire doit ainsi fondamentalement « raconter ce qui s'est passé, tel que cela s'est passé », comme le souligne O. Ranke.

I-2 L'histoire comme explication

L'histoire vise également à relier les événements et à dégager leurs rapports, de la façon la plus objective possible. En cela, elle dépasse la simple narration (dire ce qui s'est passé) pour devenir explication (dire comment cela s'est passé). Elle prend donc modèle sur les sciences en leur empruntant leur méthode. Le passé est ainsi étudié comme un enchaînement causal soumis au déterminisme (telle cause produit nécessairement tel effet) et on examine quelles sont les causes qui ont déterminé tel événement. Ainsi, comme le soulignait, au XIXe siècle, l'historien Fustel de Coulanges : « L'histoire est une science ; elle n'imagine pas, elle voit seulement... Elle consiste comme toute science à constater les faits, à les analyser, à les rapprocher, à en marquer le lien. » Sa méthode est donc identique à celle des sciences expérimentales (physique, chimie) et passe donc notamment par « l'observation minutieuse des textes » et par leur examen critique : critique externe, d'une part, pour vérifier les sources et l'authenticité d'un document, critique interne, d'autre part, pour interroger la portée, la valeur explicative d'un document. Ainsi, l'histoire de la Révolution passe par l'explication de ce qui l'a déterminée et par l'examen des documents de l'époque, lesquels peuvent mettre en lumière ses causes véritables : manœuvres de Louis XVI, misère des paysans, privilèges du clergé...

I-3 Le rejet de l'interprétation

Dès lors, l'histoire se doit d'exclure de sa méthode toute démarche qui relèverait de l'interprétation. En effet, aucune subjectivité ne doit intervenir ; il faut se contenter de laisser les faits parler d'eux-mêmes. Comme le suggérait Fénelon, selon qui « le bon historien n'est d'aucun lieu ni d'aucun temps », l'historien doit faire abstraction de lui-même, de sa subjectivité et de tout ce qui pourrait influencer sa lecture des documents. Comme le souligne également F. de Coulanges, « la première règle [...] est d'écarter toute idée préconçue, toute manière de pensée qui soit subjective [...]. Le meilleur historien de l'Antiquité sera celui qui aura fait le plus abstraction de soi-même, de ses idées personnelles et des idées de son temps, pour étudier l'Antiquité ». On suppose donc que les faits parlent d'eux-mêmes et que le passé se lit directement à travers les traces qu'il laisse, et qu'il n'est pas besoin de chercher un sens qui n'apparaîtrait pas de lui-même. D'où la valeur que l'on accorde aux témoignages (récits de rescapés, extraits de cahiers de doléances, etc.) au travers desquels le passé parle directement. Interpréter ces documents reviendrait donc à trahir le passé et à projeter sur ce qui n'existe plus des valeurs et des modes de pensée anachroniques.

Transition

La connaissance historique se veut donc principalement objective et l'interprétation est dès lors à exclure car elle peut introduire une dimension subjective. Cependant, le passé ne se donne pas toujours à lire directement et derrière des faits se cache peut-être quelque chose que seule la subjectivité humaine parviendrait à comprendre.

II Le recours nécessaire à l'interprétation

II-1 Les faits bruts n'existent pas

Or les faits en eux-mêmes (catastrophe, guerre, etc.) ne forment pas d'événement historique car les faits passés ne peuvent être saisis que par rapport à des questions préalables que nous posons au passé. Comme le montre en effet Dilthey : « Établir la réalité de l'élément [...] ne saurait suffire ; sur le squelette événementiel, il faut replacer et les nerfs, et la chair et la peau – l'épiderme frémissant de la vie ; c'est la complexité du réel, de l'homme qui est l'objet de l'histoire. » À ce titre, les documents ne sont donc que des « indices révélant quelque chose de la présence, de l'activité, des sentiments, de la mentalité de l'homme d'autrefois ». Il s'ensuit qu'en questionnant les éléments dont il dispose, l'historien commence déjà à interpréter. Ainsi, l'histoire de la Révolution française, par-delà le récit chronologique et explicatif des faits marquants qui se sont enchaînés, passe en fait par la connaissance de l'homme de cette époque : vie quotidienne des paysans, pouvoir de la religion, fonctionnement de la monarchie, etc. Nous interprétons donc toujours au sens où ce sont nos questions qui définissent et circonscrivent l'événement en lui-même.

II-2 L'explication nécessite une part d'interprétation

De même, dans l'explication proprement dite des faits passés, nous sommes obligés de faire des choix et des hypothèses, lesquels font nécessairement intervenir l'interprétation. En effet, même si certains documents et certains témoignages parlent d'eux-mêmes, ce qu'ils disent ne saurait suffire à rendre compte de l'enchevêtrement des causes qui ont provoqué tels ou tels événements. Ces causes peuvent en effet être plus ou moins profondes et apparentes et les témoignages eux-mêmes, tout comme d'ailleurs les documents matériels, peuvent être subjectifs ou incomplets. Pour preuve, le fait que le témoignage de l'ennemi ne soit jamais identique à celui de l'allié, et que celui des vainqueurs diffère de celui des vaincus. Nous devons donc bien effectuer un tri entre ces différents documents et, ce faisant, privilégier telle ou telle explication. Nous orientons donc notre représentation du passé et la rendons nécessairement subjective. Ainsi, selon la manière dont les historiens interprètent les faits, la Révolution française apparaît tantôt comme une révolution paysanne, tantôt comme une révolution bourgeoise et s'ancre tantôt dans un déterminisme social (inégalités), tantôt dans un déterminisme économique (crise et mauvaises récoltes), etc.

II-3 L'histoire vise également la compréhension du passé

Mais la connaissance historique doit également chercher à rendre compte des choix que les hommes ont faits au cours du passé. En effet, les faits historiques ont aussi mobilisé la conscience de leurs acteurs et de leurs auteurs. Ainsi, derrière les causes qui ont pu déterminer un fait ou un événement marquant, on trouve à l'œuvre des volontés. Or seule la démarche interprétative peut saisir cette dimension fondamentalement subjective. Il s'agit en effet de chercher la signification humaine d'un fait, donc sa raison, ou encore ce qui a pu le justifier. En cela, le travail de l'historien devient proche de la « sympathie » (ressentir avec) car il lui faut essayer de comprendre l'homme de l'intérieur afin de chercher les raisons qui ont pu motiver telle ou telle conduite. L'objet visé est donc la subjectivité même de l'homme, c'est-à-dire sa conscience, sa façon de se représenter intérieurement sa propre existence et sa propre situation.

Transition

L'histoire fait donc apparaître, à côté de sa visée objective et scientifique, une dimension interprétative qui semble inévitable et propre à son objet même, l'être humain. Or quelle place faut-il accorder à cette dimension ?

III L'interprétation ne nuit pas à la connaissance objective

III-1 L'objectivité en histoire vise la subjectivité humaine

L'objectivité que vise l'histoire doit être distinguée de celle que l'on retrouve dans les sciences, dites exactes ou expérimentales. En effet, l'objectivité historique implique certes ce que toute objectivité suppose, à savoir le résultat de ce qu'une « pensée méthodique a élaboré, mis en ordre, compris, et qu'elle peut ainsi faire comprendre », comme le montre P. Ricœur. Mais cette objectivité est cependant à comprendre comme « une nouvelle province » que l'histoire « ajoute à l'empire varié de l'objectivité », dans la mesure où cette objectivité a pour caractéristique d'être liée à une certaine subjectivité. Ainsi, la dimension interprétative de l'histoire, laquelle est liée à la singularité de son objet, l'homme, ne doit pas être comprise comme obstacle à l'objectivité car, comme l'explique P. Ricœur, il faut que nous « attendions de *l'historien* une certaine qualité de *subjectivité* (...) *impliquée* par l'objectivité attendue ». C'est dire que le souci d'objectivité exige une « bonne » subjectivité et que nous devons attendre de l'histoire une « subjectivité de l'homme », c'est-à-dire une subjectivité philosophique. L'objectivité de l'histoire doit ainsi viser une réflexion sur la subjectivité humaine.

III-2 Il faut expérimenter la réalité humaine malgré son caractère singulier

En outre, si la recherche des causes qui peuvent permettre d'expliquer les faits passés peut s'avérer très délicate, cela ne signifie pas pour autant que les hypothèses soient laissées à la libre interprétation des historiens et qu'il soit possible d'attribuer n'importe quelle cause à un événement. Comme le montre R. Aron, « nous ne pouvons pas répéter l'événement, éliminer l'incident de juillet 1914 pour laisser l'histoire suivre un autre cours, qui confirmerait ou infirmerait l'hypothèse de l'inévitabilité. Tout ce que nous pouvons faire, ce sont des expériences mentales ». Ainsi, les historiens peuvent et doivent donc supprimer mentalement telle ou telle cause et essayer de concevoir ce qu'il serait arrivé sans cette cause. Ils peuvent ainsi mentalement répéter et faire rejouer le passé à partir de données différentes afin de déterminer au moins un degré de probabilité : « Tout rapport de causalité historique est partiel et n'est que *probable*. » Cette probabilité est donc le cadre et le but de l'interprétation que nous donnons à telle ou telle donnée.

III-3 La compréhension de l'historien est fondée sur une affinité avec le passé

Enfin, la manière dont l'historien « sympathise » avec les hommes du passé pour comprendre leurs raisons et pénétrer leur subjectivité ne se fait pas n'importe comment et sa subjectivité n'est pas livrée au hasard de ses intuitions ou de ses sentiments. La subjectivité *de* l'historien est en effet toujours fondée sur son expérience et sur ses affinités avec « les valeurs de vie des hommes d'autrefois » (P. Ricœur). En ce sens, il ne sympathise pas n'importe comment avec les hommes du passé. Il « admet par hypothèse » leur valeur tout en la « suspendant » et en la « neutralisant ». C'est dire qu'il s'impose le recul nécessaire qui lui permettra de se transporter dans un autre présent. Son expérience d'historien le rend en quelque sorte semblable aux hommes du passé en ce qu'il partage avec eux, grâce à son expérience, la même humanité. Ainsi, comme le souligne Ricœur, la subjectivité de l'historien n'est pas « une subjectivité *à la dérive* ». En cherchant donc le sens de la réalité humaine passée, en interprétant à partir d'éléments ce que pouvait être la conscience passée, l'historien ne met pas n'importe quel sens dans ce qu'il interprète, il est guidé par une expérience unique.

Conclusion

L'histoire comme connaissance du passé passe donc par la narration et l'explication des faits passés, et ce avec le souci de la plus grande objectivité, comme en sciences. Cependant, les faits qui constituent l'objet de l'histoire ont tous pour cause l'homme lui-même, lequel ne peut être saisi dans son humanité qu'en interprétant les faits que le passé nous laisse. L'interprétation est donc au cœur de l'histoire. Or celle-ci ne doit pas être comprise comme un obstacle à l'objectivité, car l'objectivité en histoire suppose la subjectivité de l'historien.

SUJET 26 Sujet type

COMMENTAIRE

Expliquez le texte suivant :

« Les paranoïaques présentent dans leur attitude ce trait frappant et généralement connu, qu'ils attachent la plus grande importance aux détails les plus insignifiants, échappant généralement aux hommes normaux, qu'ils observent dans la conduite des autres ; ils interprètent ces détails et en tirent des conclusions d'une vaste portée. Le dernier paranoïaque que j'ai vu, par exemple, a conclu à l'existence d'un complot dans son entourage, car lors de son départ de la gare, des gens ont fait un certain mouvement de la main. Un autre a noté la manière dont les gens marchent dans la rue, font des moulinets avec leur canne, etc. Alors que l'homme normal admet une catégorie d'actes accidentels n'ayant pas besoin de motivation, catégorie dans laquelle il range une partie de ses propres manifestations psychiques et actes manqués, le paranoïaque refuse aux manifestations psychiques d'autrui tout élément accidentel. Tout ce qu'il observe chez les autres est significatif, donc susceptible d'interprétation. D'où lui vient cette manière de voir ? Ici, comme dans beaucoup d'autres cas analogues, il projette probablement dans la vie psychique d'autrui ce qui existe dans sa propre vie à l'état inconscient. Tant de choses se pressent dans la conscience du paranoïaque qui, chez l'homme normal et chez le névrosé, n'existent que dans l'inconscient, où leur présence est révélée par la psychanalyse ! Sur ce point, le paranoïaque a donc, dans une certaine mesure, raison : il voit quelque chose qui échappe à l'homme normal, sa vision est plus pénétrante que celle de la pensée normale ; mais ce qui enlève à sa connaissance toute valeur, c'est l'extension à d'autres de l'état de choses qui n'est réel qu'en ce qui le concerne lui-même. »

FREUD, *Psychopathologie de la vie quotidienne*,
traduction de S. Jankelevitch,

La connaissance de la doctrine de l'auteur n'est pas requise. Il faut et il suffit que l'explication rende compte, par la compréhension précise du texte, du problème dont il est question.

Corrigé

Travail préparatoire

■ Notions et repères

Notions : l'interprétation, la conscience, l'inconscient, autrui, la vérité, le langage
Repères : expliquer / comprendre – objectif / subjectif

■ Remarques générales

Une bonne explication de ce texte suppose d'en percevoir toutes les nuances, notamment dans ce qui rapproche ou éloigne psychanalyse et paranoïa (il faut d'ailleurs mettre en évidence cet apparent paradoxe). Elle suppose aussi d'en percevoir tous les enjeux, c'est-à-dire de voir que l'analyse de la paranoïa permet de réfléchir plus largement sur la théorie freudienne, ou encore sur la notion d'interprétation. Enfin, une certaine connaissance de la psychanalyse, de ses concepts (*cf.* ci-dessus) et des critiques qui ont pu lui être adressées sera utile.

■ Problème, thèse et intérêt philosophique

Une très grande partie de ce texte consiste en une analyse et une définition de la paranoïa. Cependant, son intérêt ne serait que très limité s'il ne s'agissait que de cela : pourquoi, dès lors, s'attarder sur le cas singulier d'une maladie mentale qui n'affecte qu'un nombre relatif d'individus ? Tout d'abord, parce que cela permet de réfléchir, par comparaison, sur ce qu'est un « homme normal ». Ensuite, parce que comme la paranoïa se caractérise par des « interprétations délirantes », le texte va apporter un élément de réponse au problème principal que pose la notion d'interprétation, à savoir l'interrogation suivante : qu'est-ce qui fait la légitimité, ou encore la valeur, d'une interprétation ? En effet, si interpréter consiste à rechercher un sens qui serait caché, au-delà de ce qui nous est immédiatement donné à observer, une telle démarche suppose donc que l'esprit sorte de la neutralité du constat, ce qui peut impliquer par conséquent davantage de subjectivité. Or, comme d'un autre côté, interpréter consiste à rechercher un sens dans une visée de connaissance et qu'il ne s'agit donc pas de produire une interprétation arbitraire, mais une interprétation qui fasse preuve d'une certaine objectivité, cela pose le problème de la validité de l'interprétation, laquelle semble osciller entre subjectivité et objectivité. Enfin, analyser la paranoïa a pour intérêt de permettre à Freud de nous inviter à réfléchir sur la valeur de sa propre pensée, dans la mesure où l'on peut considérer que la notion d'interprétation est au cœur de la psychanalyse. Or la thèse qu'il expose ici est assez paradoxale puisque, d'un côté, son analyse de la paranoïa le conduit à montrer la proximité de celle-ci avec la psychanalyse en ce qu'elle refuse qu'il y ait de l'« insignifiant » dans les conduites humaines ; mais que, d'un autre côté, il montre qu'elles sont à différencier dans la mesure où si le paranoïaque a raison de chercher du sens là où nous voyons de « l'accidentel », le sens qu'il y « donne » n'est cependant pas autre chose qu'une projection de son propre esprit. Dès lors, la psychanalyse ne viserait-elle pas justement à mettre à jour le « véritable » sens de ces actes « accidentels » ? Or, dans quelle mesure peut-on effectivement considérer qu'il y a du sens dans toutes les conduites humaines, y compris dans ce qui ne paraît pas relever d'une intention ? Et si ce sens doit être mis sur le compte d'une intention « inconsciente », comment être sûr de son existence et de sa vérité ?

■ Analyse des concepts principaux

– **Névrose :** Maladie psychique provenant d'un excès de refoulement.
– **Actes manqués :** Il s'agit d'actes tels que, par exemple, le « lapsus », l'oubli de noms, la perte d'objets, etc. Ces petits actes sont dits « manqués » par rapport à l'intention consciente qui est la nôtre. Mais, selon l'hypothèse freudienne, ces actes sont en fait des « réussites » dans la mesure où ils correspondent bien à une intention, mais qui relève de l'inconscient, et expriment donc une intention refoulée.
– **Actes accidentels :** On peut les définir à l'aide du texte comme un type d'actes qui ne relèvent pas d'une « motivation » : c'est ce que l'on dit faire « sans y penser », « par hasard », mais ce sont aussi les « actes manqués » (*cf.* ci-dessus).
– **L'inconscient :** Selon l'hypothèse de Freud, c'est la partie du psychisme qui échappe à la conscience du fait d'un refoulement lui-même inconscient. C'est par ses effets conscients supposés que se manifeste cependant l'inconscient, comme autant de symptômes (lapsus, rêves, troubles psychiques...).
– **La psychanalyse :** À l'origine, c'est la méthode thérapeutique élaborée par Freud pour guérir les troubles psychiques (comme la névrose). Mais on désigne aussi plus largement sous ce nom l'ensemble de la théorie freudienne de l'inconscient.

■ Plan du texte de Freud

Lignes 1 à 13 : Description de la façon de penser du paranoïaque, à l'aide d'exemples et d'une comparaison avec l'« homme normal ». Pour le paranoïaque, il y a du signifiant dans le moindre détail de la conduite des autres ; tandis que, pour tout un chacun, il y a de l'« insignifiant », car de l'« accidentel ».

Lignes 13 à 18 : Comme le signale la question oratoire, Freud en vient, à l'aide de sa théorie, à l'explication de la pensée paranoïaque : le sens caché que le paranoïaque voit dans les actes d'autrui n'est que le fruit d'une projection du contenu de son propre inconscient.

Lignes 18 à 22 : Conclusion nuancée du texte. Le paranoïaque a d'une certaine façon une vue plus lucide que l'homme normal, ce qui le rapproche de la psychanalyse ; pour autant, ce qui l'éloigne de la psychanalyse, c'est que son interprétation des actes « accidentels » d'autrui ne relève que d'une projection complètement subjective.

PLAN DÉTAILLÉ DU COMMENTAIRE

Introduction

Sachant que l'homme est un être qui donne du sens à sa conduite, il peut être tentant d'interpréter le moindre de ses gestes. Or c'est à l'occasion d'un rapprochement paradoxal avec la paranoïa que Freud affirme ici sa thèse : toutes les conduites humaines sont porteuses de sens et témoignent d'une intention, que celle-ci soit consciente ou non. Le texte commence par une description de la caractéristique principale de la paranoïa. Freud en vient ensuite à l'expliquer grâce aux concepts de la psychanalyse, ce qui le conduit à mettre en évidence la proximité de point de vue qui existe entre sa propre théorie et la paranoïa. La dernière partie du texte va toutefois s'attacher à souligner ce qui sépare psychanalyse et paranoïa, comme une interprétation légitime d'une interprétation délirante. Plusieurs éléments du texte qui ne font que l'objet d'affirmations, appelleront un examen critique. On pourra notamment se demander : qu'est-ce qui permet d'affirmer que tous les actes humains sont « signifiants » ou comment savoir si l'on donne une « bonne interprétation » de certains actes, alors même que leur sens échappe à leur auteur lui-même ?

I Partie explicative

I-1 Description de la paranoïa (lignes 1 à 13)

Le texte, qui prend pour point de départ un « trait frappant et généralement connu », commence par présenter la paranoïa : pour l'essentiel, le paranoïaque se remarque par son attention à l'« insignifiant » dans « la conduite des autres », du moins à ce qui paraît comme tel à tout homme « normal ». Il faut relever ici l'opposition entre les expressions « la plus grande importance » et « détails les plus insignifiants » (ou encore : « conclusions d'une vaste portée »). Le paranoïaque concentre ainsi son attention sur des « détails », le reste passant au second plan. Cette inversion, qui donne à « des détails insignifiants » « la plus grande importance », est la première différence qui surgit entre la paranoïa et la conduite normale. La seconde, c'est de considérer ces détails comme « signifiants », et comme appelant une interprétation, comme si quelque chose d'essentiel devait se révéler à travers eux. Le paranoïaque interprète, c'est-à-dire considère le donné brut, ce qui se donne à voir par exemple, comme pouvant renvoyer à autre chose que lui-même, et en particulier à un sens caché. Comme l'illustre Freud par deux exemples, le paranoïaque voit donc des « signes » dans les actes « les plus insignifiants » des autres individus. L'opposition entre le paranoïaque et l'homme normal est ensuite précisée par Freud grâce à la notion d'« actes accidentels ». Pour l'homme normal, en effet, tous les actes les plus banals ne paraissent pas devoir être ramenés à des « motivations », c'est-à-dire à des intentions conscientes. Et, de fait, pour qui ne croit pas à l'idée de « lapsus révélateur » (lapsus qui révèlerait au grand jour une intention inconsciente que l'on souhaitait cacher), le lapsus est un phénomène « accidentel », qui peut *s'expliquer* par le hasard ou la fatigue, mais qui n'a pas besoin d'être *compris*, c'est-à-dire considéré comme une véritable « manifestation psychique ». Il est vrai d'ailleurs qu'un certain nombre de nos gestes nous semblent faits comme « par hasard » ou sans y penser. Or c'est justement cela que le paranoïaque refuse aux actes d'autrui : pour lui, « tout ce qu'il observe chez les autres est significatif… ».

I-2 Explication par la psychanalyse de la paranoïa (lignes 13 à 18)

Le paranoïaque se caractérise donc par une certaine capacité à ramener à la conscience des éléments qui, chez l'homme normal, et plus encore, chez le « névrosé », restent refoulés. En effet, alors qu'il faut l'intermédiaire de la psychanalyse à ces derniers pour qu'une partie de ces éléments inconscients remonte jusqu'à la conscience, ce phénomène se produit naturellement chez le paranoïaque dès qu'il interprète « les détails de la conduite des autres ». Ainsi, comme l'avance Freud, le paranoïaque « projette [...] ce qui existe dans sa propre vie à l'état inconscient » sur autrui : ce qu'il croit voir consciemment chez les autres est, en réalité, le reflet de sa propre vie psychique, mais dont il n'a pas conscience. Le complot, par exemple, dont il croit être victime trouve en réalité son origine en lui-même, dans un sentiment de culpabilité inconscient.

I-3 Une conclusion nuancée (lignes 18 à 22)

À la fin du texte, Freud en vient à rapprocher le paranoïaque de la psychanalyse et il donne « raison » au paranoïaque même si ce n'est que « dans une certaine mesure » seulement. Or ce que la psychanalyse et la paranoïa ont en commun, c'est leur « vision plus pénétrante » que la vision normale et qui consiste, comme on l'a vu précédemment, à penser qu'il n'y a rien d'insignifiant dans les conduites humaines. Pour le paranoïaque et le psychanalyste, il y a donc du sens dans tout ce que l'homme fait, qu'il en ait conscience ou non. Cela implique que les moindres détails soient dignes d'intérêt et qu'ils puissent être révélateurs. Pour autant, Freud souligne que si « pénétrante » que soit la vision du paranoïaque, celle-ci manque de lucidité sur un point essentiel : ce qu'il croit deviner à travers la conduite des autres est, en réalité, un « état de choses qui n'est réel qu'en ce qui le concerne lui-même ». C'est d'ailleurs « ce qui enlève à sa connaissance toute valeur » quant à autrui, mais qui pourrait, toutefois, à la rigueur mieux le faire se connaître lui-même s'il pouvait en prendre conscience. Or on peut déduire de ces affirmations de Freud qu'*a contrario*, ce qui fait la valeur de la psychanalyse, c'est justement de permettre une connaissance complète et authentique du réel humain.

II Partie critique

Deux points, qui sont donnés pour acquis dans cet extrait de texte, peuvent faire l'objet d'une discussion.

Tout d'abord, il convient de s'interroger sur l'idée que *tout* est signifiant dans les actes psychiques, même les plus anodins en apparence. Cette idée, qui caractérise le paranoïaque, le rapproche des conclusions de la psychanalyse puisque, comme l'écrit Freud, il ne faut pas « mépriser les petits signes », car c'est dans « les petits faits » que peuvent se révéler des éléments essentiels sur notre vie intérieure. Freud, qui insiste d'ailleurs souvent sur ces manifestations discrètes de l'inconscient chez tout homme « normal », soutient l'idée d'un « déterminisme psychique ». Ainsi pourquoi, par exemple, est-ce tel mot précis qui nous vient à l'esprit lors d'un lapsus ? Ramener un tel fait à du « hasard » ne serait pas, selon Freud, une attitude scientifique et, qui plus est, l'explication par des causes resterait insuffisante. Pour expliquer *complètement* ce phénomène, il faut donc voir dans ce lapsus la révélation d'une intention inconsciente.

Or si l'on peut bien admettre qu'il y ait parfois plus dans nos actes que ce dont nous avons conscience, ne serait-il pas toutefois exagéré que de voir du sens dans le moindre de nos actes, y compris dans le fait de « jouer machinalement avec des objets ou de fredonner des mélodies », etc. *(Cinq leçons sur la psychanalyse)* ?

Par ailleurs, pour pouvoir révéler l'intention inconsciente qui a engendré un acte, la psychanalyse doit interpréter l'acte en question. Or, en tant que démarche de connaissance, elle vise toujours à de justes interprétations. Le psychanalyste cherche donc à mettre à jour des intentions inconscientes qui existent bel et bien chez autrui, là où le paranoïaque projetait arbitrairement ses propres idées. Cependant, si ces intentions sont inconscientes, celui à qui on les prête doit lui-même ne pas en avoir conscience. Il peut même refuser très énergiquement l'interprétation que l'on donne de ses actes. Le paradoxe, c'est que cela ne ferait en un sens que confirmer la justesse de l'interprétation, puisqu'un tel refus peut très bien s'interpréter, en effet, comme une *résistance* et une *censure*, c'est-à-dire comme un signe qui prouverait l'existence d'un *refoulement*. Mais, du coup, comment faire le partage entre les bonnes et les mauvaises interprétations ? Dans les cas de maladie, c'est la guérison ou la disparition des symptômes qui peuvent jouer ce rôle (l'interprétation devait être la bonne si les symptômes ont disparu). Mais, plus largement, c'est la méthode des « associations libres », où pour une bonne part, c'est le malade lui-même qui travaille à la recherche des éléments refoulés, qui sert de garantie contre les projections arbitraires de sens. Enfin, ce qui peut également distinguer le psychanalyste du paranoïaque, c'est de savoir qu'*une* interprétation n'est jamais qu'une interprétation, et que le travail d'interprétation n'est sans doute jamais achevé.

Conclusion

On reproche parfois à la psychanalyse sa volonté de chercher un sens à tout, en dépit d'un certain bon sens qui caractérise l'attitude « normale ». C'est un trait que Freud a pleinement assumé dans ce texte, quitte à montrer combien il peut être rapproché d'une attitude maladive, la paranoïa. La psychanalyse et la paranoïa s'accordent en effet à penser que quelque chose de décisif peut se lire dans ce que l'on qualifie ordinairement d'« insignifiant ». Toutefois, si Freud souligne, dans un premier temps, la distance qui sépare le paranoïaque de l'« homme normal », il insiste également, vers la fin du texte, sur la distance qui sépare le paranoïaque, enfermé dans sa subjectivité, de la psychanalyse. C'est donc dans une authentique démarche de connaissance, dont nous avons rappelé par ailleurs la légitimité, que Freud semble vouloir s'inscrire.

Le vivant

SUJET 27 Série S – Sujet type

DISSERTATION

Doit-on le respect au vivant ?

Corrigé

Travail préparatoire

■ Notions et repères

Notions : le vivant, la matière et l'esprit, la théorie et l'expérience, la morale, le devoir, le travail et la technique, la religion
Repères : cause / fin – universel / général / particulier / singulier – genre / espèce / individu – transcendant / immanent – principe / conséquence

■ Remarque générale

La difficulté de ce sujet tient à ce qu'il faut problématiser ce qui semble aller de soi : le respect dû au vivant semblant de prime abord acquis. Le problème qui se pose est donc de savoir jusqu'où ce respect est fondé ?

■ Analyse des termes du sujet

– **Doit-on :** La question du devoir est directement posée et il s'agit d'une interrogation éthique et morale. Le devoir renvoie à une obligation, à distinguer de la contrainte : c'est ce que l'on s'impose à soi-même au nom de certaines valeurs. Le devoir suppose donc la liberté, le pouvoir de faire ou de ne pas faire quelque chose.
– **Le respect :** Le respect est au fondement de la morale (Kant) et renvoie à la raison. Agir par respect, c'est agir parce qu'en moi une loi universelle me l'ordonne. Le respect de la personne humaine consiste alors à faire valoir cette

dimension universelle en s'interdisant de traiter autrui comme un moyen. Plus particulièrement, s'interdire de traiter la personne humaine comme un moyen, c'est ne pas en faire une simple chose, c'est donc tenir compte de sa liberté fondamentale. Le sujet demande ainsi si la loi morale m'ordonne de respecter « le vivant ». C'est donc l'objet même du respect qui est à interroger : il faut ainsi se demander si le respect que nous accordons à la personne humaine doit être élargi à tout le vivant.

– **Au vivant :** Le vivant doit être interrogé par rapport au problème du respect. Il faut donc savoir ce qui, d'une part, dans la spécificité du vivant justifie le respect et ce qui, d'autre part, doit être relativisé par rapport à d'autres valeurs et à d'autres objets. Or le vivant recouvre une très grande *disparité* qui va du végétal à l'être humain et dont le seul point commun est d'être une matière *animée* qui semble douée de projet, *finalisée* de l'intérieur et dont les fonctions essentielles (nutrition, autoréparation, reproduction) sont à lafois complexes et unifiées. L'ensemble du vivant inviterait donc au respect dans la mesure où l'on pourrait y voir autre chose que de la simple matière. Cependant, l'être humain semble davantage motiver notre respect que le reste du vivant (végétaux, animaux). C'est donc qu'il y a peut-être plusieurs formes de respects possibles selon la liberté et la valeur que l'on attribue à l'objet respecté.

■ Problématique

D'un côté, une thèse, très exigeante en matière de considération et d'« utilisation » du vivant, ordonne le même respect pour le vivant que pour l'être humain. Ce respect interdirait par exemple l'expérimentation animale (comme la vivisection) ou encore l'avortement. On traite et on considère alors le vivant en quelque sorte comme une *personne*. D'un autre côté, une autre thèse soutient que le vivant dans son ensemble ne doit pas être confondu avec l'être humain et que le respect dû au vivant ne doit pas être similaire à celui que la morale nous impose à l'égard de nos « semblables ».

Le problème est donc de déterminer *quelle forme doit prendre le respect dû au vivant* et sur quels critères on doit fonder ce respect particulier. On doit donc examiner la spécificité du vivant en général par rapport à la spécificité humaine, sachant que l'homme combine en lui à la fois la spécificité du vivant et la spécificité humaine.

■ Plan de la dissertation

I On peut envisager l'opinion qui réduit le vivant à de la matière et qui nie par conséquent qu'on ait le devoir de respecter le vivant.

II On peut ensuite montrer qu'on pourrait mettre sur le même plan le respect dû au vivant et le respect dû à la personne humaine.

III Enfin, on peut dégager les traits spécifiques du vivant par rapport à l'être humain en demandant quelle forme particulière doit prendre le respect à l'égard du vivant en général.

CORRIGÉ COMPLET DE LA DISSERTATION

Introduction

L'étude du vivant motive la connaissance, mais pose un certain nombre de difficultés. L'homme en effet est confronté à sa propre spécificité lorsqu'il explore celle du monde vivant car il est lui-même à la fois un être vivant et un être humain. Dès lors, comme on se doit de respecter la personne humaine, on peut se demander si ce respect ne devrait pas s'étendre à tout le vivant. Or on peut prôner, d'un côté, un respect qui serait motivé par la vie elle-même, autrement dit par la manière dont la vie se sépare de la simple matière et s'en distingue, et qui serait donc dû à toutes les formes de vie. Mais on peut considérer, d'un autre côté, que seul l'homme mérite le respect, du fait des caractéristiques qui lui sont propres. La difficulté est donc de déterminer quelle forme spécifique de respect est due au vivant et comment cette forme spécifique de respect peut tenir compte à la fois de ce que l'homme a de commun avec le vivant et de ce qu'il ne partage pas avec le vivant.

I Pourquoi ne devrait-on pas le respect au vivant ?

I-1 La conception mécaniste du vivant

Il est possible de ne pas vraiment distinguer le vivant de la matière. C'est d'ailleurs précisément ce que font les sciences lorsqu'elles comparent l'organisme vivant à une sorte de machine (mécanisme). Cette position, héritée de Descartes, consiste à séparer la matière et l'esprit en leur attribuant des qualités différentes et exclusives. Le vivant serait du côté de la matière, dans la mesure où il est étendu dans l'espace et corruptible. Le vivant serait donc soumis à des causes purement mécaniques qui ne doivent rien à l'esprit. L'organisation des « parties » serait produite par leur simple juxtaposition ou somme. Descartes compare ainsi le corps au mécanisme d'une horloge, aux rouages subtils. De plus, chaque organe, de manière isolée, pourrait également être comparé à une machine : le cœur à une pompe, les reins à un filtre, ou l'œil à un appareil optique. Dans cette conception, on ne retient pas du vivant sa « finalité », on ne regarde que son mécanisme, son fonctionnement, donc la manière dont les différentes parties sont reliées entre elles. Ainsi, on ne se demande pas quelle fin sert tel ou tel organe (pourquoi a-t-on des yeux, par exemple ?), mais on pose simplement la question de savoir comment « ça marche ».

I-2 L'absence de devoir de respect à l'égard du vivant

La question du devoir de respect à l'égard du vivant ne se pose donc pas dans cette optique puisqu'on peut le traiter comme de la matière inanimée. L'expérimentation sur le vivant ne se distingue donc pas de l'expérimentation en physique ou en chimie. Claude Bernard fonde ainsi le droit à la vivisection, d'une part, en identifiant le monde vivant et le monde matériel et, d'autre part, en posant la nécessité d'étudier le vivant sur des êtres « en vie ». Claude Bernard écrit ainsi dans son *Introduction à la médecine expérimentale* : « On n'a pu concevoir les lois de la matière brute qu'en pénétrant dans les corps ou dans les machines inertes, de même on ne pourra arriver à connaître les lois et les propriétés de la matière vivante qu'en disloquant les organismes vivants pour s'introduire dans leur milieu intérieur. » Claude Bernard parle de « dislocation », parce que l'étude du vivant suppose qu'on modifie des fonctions pour en découvrir les lois (c'est en supprimant un organe ou un nerf que l'on découvre quelle est sa fonction), d'où le recours à des techniques comme le scalpel ou le poison, qui peuvent pourtant provoquer souffrance et mort. Or, pour Claude Bernard, ces méthodes ne doivent pas être entravées : à la question de savoir si l'on peut pratiquer la vivisection sur les animaux, il répond : « Je pense qu'on a ce droit d'une manière entière et absolue. » Il justifie ce droit par les exigences de la recherche mais aussi par les progrès que l'homme peut en retirer : « Il est essentiellement moral de faire sur un animal des expériences, quoique douloureuses et dangereuses pour lui, dès qu'elles peuvent être utiles pour l'homme. »

I-3 La différence entre le vivant et l'être humain

Cependant, l'expérimentation sur le vivant s'impose des limites dès qu'il s'agit de l'être humain. Elle attribue donc à l'être humain des qualités propres qui motivent un certain respect et que le vivant en général (végétal et animal) ne partage pas. Ainsi, à la question de savoir si on a le droit de pratiquer des expériences et des vivisections sur l'homme, Claude Bernard répond que ce droit doit se limiter à tout ce qui peut « sauver la vie », « guérir » ou « procurer un avantage personnel » à celui qui en est l'objet (exemple des opérations chirurgicales). Par conséquent, même si une expérience peut « intéresser beaucoup la science », elle ne doit pas être pratiquée si elle peut nuire « à un degré quelconque » à l'homme qui la subirait. Le motif qui justifie ce respect, que l'on doit à l'être humain, mais qu'on refuse à l'animal, est que l'homme aurait quelque chose de spécifique qu'il ne tiendrait pas de la vie même : à savoir, sa conscience, et donc sa dimension spirituelle. En opposant la matière à l'esprit et en posant que la matière vivante ne pense pas, on réserve ainsi l'esprit à l'être humain, expliquant par là même que la morale nous impose de respecter l'être humain davantage que le vivant et ce pour d'autres raisons que son appartenance au monde vivant.

Transition

Une conception matérialiste du vivant peut ainsi nous conduire à soutenir que l'on n'a pas le devoir de respecter le vivant, bien que l'on doive en revanche respecter l'être humain. Cependant, si l'on attribue au vivant une dimension spirituelle, ne lui devrait-on pas dès lors le même respect qu'à l'être humain ?

II Pourquoi faudrait-il respecter le vivant ?

II-1 La conception finaliste du vivant

Selon les théories dites vitalistes, on peut concevoir le vivant comme quelque chose de finalisé car on peut voir dans son organisation et dans son évolution la réalisation d'un projet. Le vivant serait ainsi organisé par un principe vital ou « souffle », ou encore « principe de vie », comme le suggère Bichat. Le vivant reposerait donc sur une sorte de métaphysique dans la mesure où il serait transcendé par un principe. Le spiritualisme soutient également que la matière vivante est animée par une âme ou par un principe spirituel. Ainsi, pour Bergson : « Tout se passe comme si un large courant avait pénétré dans la matière. » La matière n'est donc qu'une « retombée de l'élan vital », tandis que la conscience est bel et bien « le moteur de l'évolution ». En utilisant la métaphore du sommeil, Bergson peut décrire les différents règnes du vivant : « Au cours de cette évolution, tandis que les uns (organismes) s'endormaient de plus en plus profondément, les autres se réveillaient de plus en plus complètement. » Dans le règne végétal, la conscience « s'assoupit ». Il s'ensuit que le vivant, malgré toutes ses disparités, a une certaine unité et qu'il est animé par un principe mystérieux, qu'il faut donc respecter.

II-2 Le devoir de respect envers le vivant

Le vivant ainsi conçu peut dès lors motiver le même respect que celui que nous exigeons envers l'être humain. L'expérimentation, mais aussi l'utilisation, ou même la consommation du vivant deviennent donc immorales dans la mesure où elles nous conduiraient à aller contre la finalité inscrite dans la vie elle-même. On ne doit donc pas respecter le vivant simplement pour éviter de provoquer la souffrance ou la mort, mais parce qu'il faut avoir en vue la finalité et la dimension spirituelles de la vie, lesquelles pourraient même, selon certains, être dues à une création divine. Dès lors, toute action remettant en question l'ordre du vivant doit être interdite. Le respect du vivant se transforme donc en une exigence de protection à l'égard de toute la matière animée ou encore en une exigence de « laisser faire la nature ». Ce devoir prend sa source à la fois dans une assistance à l'égard de ce que nous pouvons prendre en charge (protection de l'environnement ou de certaines espèces par exemple) mais aussi dans la limitation de cette prise en charge lorsqu'elle en vient à contrarier l'ordre existant.

II-3 La place de l'homme dans ce respect

Mais si l'on doit respecter l'ensemble du vivant, quelle place doit-on dès lors réserver à l'homme ? Le respect qui lui sera dû sera-t-il identique ou bien prendra-t-il une forme particulière ? Bergson prône pour sa part une mise en valeur de l'être humain, dans la mesure où ce dernier porte l'évolution à son sommet, en incarnant la conscience elle-même : « Parmi les êtres conscients eux-mêmes, l'homme vient occuper une place privilégiée. Entre les animaux et lui, il n'y a plus une différence de degré, mais de nature. » Dès lors, le respect que l'on doit à l'homme est à concevoir différemment de celui dû au vivant puisqu'il faut tenir compte de sa liberté spirituelle, de sa capacité à faire des choix. Ainsi, des soins faits par exemple sans le consentement de l'être humain seraient contraires au respect qu'on lui doit alors que, pour l'animal, ces soins rentreraient au contraire dans le cadre du respect qui lui est dû. Cependant, cette conception qui soutient la thèse de l'unité du vivant, lequel serait animé de bout en bout par le même principe (élan), impose dans le même temps de ne pas rompre la relation entre les différentes espèces et donc de voir que l'homme dépend en grande partie de l'ensemble du vivant. D'où la possibilité de prôner des interdictions en matière de génétique par exemple, au nom de ce qui relierait l'être humain aux autres espèces vivantes, animales mais aussi végétales.

Transition

Si l'on introduit une dimension spirituelle faisant du vivant un projet mystérieux, il s'ensuit que l'on sera dans l'obligation de respecter l'ensemble des êtres vivants. Cependant, ne serait-ce pas prôner un respect excessif qui risquerait en outre de menacer à la fois les progrès de la connaissance et du domaine technique ?

III Quelle forme donner au devoir de respect envers le vivant ?

III-1 Le vivant, entre mécanisme et vitalisme

En tenant compte à la fois du déterminisme naturel et de la finalité éventuelle du vivant, on pourrait peut-être lui trouver une forme de respect plus appropriée. Le vivant semble en effet nous montrer une spécificité que ni le mécanisme ni le vitalisme ne paraissent pouvoir saisir. Le vivant serait ainsi un objet à situer entre la physique et la métaphysique, donc entre la pure matière et le pur esprit. Kant s'efforce justement de saisir cette spécificité lorsqu'il s'arrête sur l'idée de *téléonomie*, à savoir sur le constat qu'un organisme vivant « n'est pas simplement une machine, étant donné que la machine a exclusivement une force *motrice* : il possède une force *formatrice* qu'il communique aux matières qui n'en disposent pas (il les organise) ». Cette force formatrice renvoie à la finalité ou téléonomie (*telos* : but, fin) que le vivant aurait en lui-même (*nomos* : loi).

En examinant l'évolution du vivant, on peut également mettre en lumière à la fois son caractère déterminé, lequel le rend comparable à la nature physique, et son aspect finalisé. Ainsi, comme le montre le biologiste Jacques Monod dans *Le Hasard et la Nécessité*, d'un côté, « toutes les propriétés des êtres vivants reposent sur un mécanisme fondamental de *conservation moléculaire* », ce qui signifie que le vivant se reproduit mécaniquement à l'identique et que théoriquement il ne devrait pas évoluer. Pour autant, de l'autre côté, une évolution a lieu, laquelle est due aux « imperfections mêmes du mécanisme conservateur », donc aux mutations, c'est-à-dire aux erreurs produites dans la transmission du programme génétique. La finalité qui est contenue dans le mécanisme même du vivant, sous la forme d'un « code génétique », est donc soumise au hasard des mutations et à la manière dont ces mutations engendrent mécaniquement encore de nouvelles espèces.

III-2 Le devoir de respect envers le vivant comme responsabilité

Notre devoir de respect envers le vivant n'est-il pas d'abord un devoir de connaissance, qui consisterait à mesurer les différentes conceptions possibles du vivant, leurs difficultés, ainsi que leur fécondité respective ? En effet, tant que nos connaissances sur le vivant ne permettront pas d'expliquer totalement l'origine de la vie, ne nous faudra-t-il pas tenir compte de toutes les conceptions possibles du vivant ? Or, c'est sur ce constat des limites de notre connaissance que prend appui le respect que nous devons à l'égard du vivant. Il nous engage ainsi à une forme de responsabilité (*respondere* : répondre) et nous invite à une certaine prudence en matière d'expérimentation et d'utilisation du vivant. En 1978, la Charte des droits de l'animal a ainsi proposé de mettre des limites pour régler les rapports entre l'homme et l'animal, en posant des devoirs de respect envers ce qui caractérise le vivant : sensibilité, milieu, diversité des espèces… Nous devons donc nous montrer responsables de ce sur quoi nous avons un certain pouvoir et assumer tout ce que nous faisons sur et avec le vivant. À cet égard, le débat sur les OGM montre que nous sommes conscients qu'il y a des risques à long terme bien que nous ne connaissions pas encore précisément la nature de ces risques.

III-3 Rapport entre l'homme et le vivant dans ce devoir de responsabilité

L'homme apparaît donc comme celui qui doit respecter le vivant, de façon unilatérale. Le fait d'avoir une conscience octroie en effet à l'homme un devoir qu'il doit assumer seul face au reste du vivant. L'homme doit donc concilier à la fois les droits qu'il dispose sur le vivant et ses devoirs. Ce qu'il peut d'ailleurs faire de façon pragmatique en cherchant à assurer sa survie, comme le montre l'exemple suivant : l'homme doit en effet se nourrir d'êtres vivants, mais s'il abuse de ce droit en rompant l'équilibre de la chaîne alimentaire, alors c'est sa propre vie qu'il menace. D'un point de vue plus moral, l'homme pourrait exercer son devoir de respect en y voyant indirectement l'image de sa propre moralité. Respecter le vivant, c'est en effet d'une certaine façon se renvoyer l'image du devoir que l'on a envers soi-même, à savoir du devoir d'être moral, comme le suggère Kant. Maltraiter un animal, par exemple, c'est manquer de respect envers nous-mêmes au sens où c'est se montrer indigne de notre moralité. Ainsi, respecter l'ensemble du vivant, c'est exercer sa moralité dans la mesure où ce n'est pas le vivant lui-même qui réclame le respect, mais notre propre volonté qui seule nous motive et nous pousse au respect.

Conclusion

Si l'on conçoit le vivant comme de la pure matière, il semble que l'on puisse l'utiliser et l'expérimenter comme bon nous semble, tout en s'abstenant de le respecter. Cependant, si l'on conçoit le vivant comme quelque chose de spirituel, il faut alors lui accorder un respect sans bornes, qui se confondrait presque avec le respect que l'on doit vouer à la dimension spirituelle de l'être humain. Mais, si l'on tient compte de l'aspect à la fois mécanique et finalisé du vivant, on peut trouver une forme de respect qui paraît plus adaptée à sa spécificité : respect qui nous engagerait à être responsables de ce que nous pouvons « manipuler » et qui s'appuierait sur l'exercice de notre moralité.

SUJET 28 Série L – France métropolitaine – Juin 2008

DISSERTATION

Une connaissance scientifique du vivant est-elle possible ?

Corrigé

Travail préparatoire

Notions et repères

Notions : le vivant, la raison et le réel, théorie et expérience, la matière et l'esprit, la morale, la conscience, la technique
Repères : cause / fin – genre / espèce / individu – ressemblance / analogie – universel / général / particulier / singulier

Remarque générale

Un sujet classique mais difficile, dans la mesure où son traitement suppose des éléments précis de connaissance.

Analyse des termes du sujet

– **Le vivant :** ce concept est plus précis, plus scientifique que celui de « la vie », polysémique. Le vivant offre une assez grande diversité (végétal, animal, homme), avec pourtant des traits communs : la capacité à se développer par soi-même selon une structure bien définie (auto-développement), celle de se reproduire, le fait de constituer un organisme, etc. La question est de savoir dans quelle mesure ces éléments peuvent faire l'objet d'une véritable connaissance. Ne sont-ils pas à la fois un objet de question et un obstacle à l'investigation scientifique ?
– **Une connaissance scientifique :** connaître, c'est pouvoir expliquer un phénomène ou encore posséder la vérité. Préciser « une connaissance scientifique » pourrait passer pour un « pléonasme » dans la mesure où la science paraît être le modèle de toute connaissance. « Scientifique » est souvent synonyme de « fiable », définitivement prouvé et acquis. En effet, la science se caractérise par l'utilisation de concepts rigoureux, la définition d'un objet d'étude précis et des méthodes articulant la raison et le recours systématique à l'expérience. Il faut donc se demander pourquoi une connaissance du vivant ne pourrait

pas répondre à ces critères. Mais il faut aussi prendre en compte les limites de la science en général. Sa valeur réside-t-elle dans le fait de nous assurer une connaissance absolue et indiscutable ou bien dans son effort constant de remise en question des théories ?

– **Est-elle possible :** la question peut surprendre, dans la mesure où ce qui est *possible*, c'est ce qui pourrait exister mais qui n'existe pas encore. Or, il semble bien qu'une connaissance du vivant soit plus que « possible », puisque la « biologie » existe. Il s'agit donc de réfléchir sur ce qui fait le statut scientifique de la biologie, en interrogeant les difficultés et les limites qui lui sont propres.

Problématique

D'un côté, il peut sembler que le vivant soit un objet de connaissance à la fois plus complexe que les autres et plus délicat à étudier pour des raisons éthiques. *D'un autre côté*, n'est-il pas possible de relativiser les difficultés que rencontre la biologie en raison de la nature de son objet ? Faudrait-il qu'elle puisse prétendre à une connaissance absolue et définitive pour être considérée comme scientifique ?

Plan de la dissertation

I Possibilité apparente d'une connaissance du vivant malgré sa particularité.
II Existence de limites et de difficultés particulières en biologie.
III Relativisation de ces limites et du critère de scientificité.

CORRIGÉ COMPLET DE LA DISSERTATION

Introduction

Dans l'histoire des sciences, la biologie est une des plus récentes. Ce fait s'explique sans doute par la complexité de son objet, « la vie », difficile à définir et faisant preuve de propriétés qui ont pu longtemps passer pour mystérieuses. Il faut ajouter à cela que la connaissance de la vie suppose l'étude d'êtres vivants, sensibles et capables de souffrir, ce qui semble imposer des limites morales à l'investigation. Dans quelle mesure ces difficultés et ces obstacles ne remettent-ils pas en cause le projet de la biologie, à savoir « une connaissance scientifique du vivant » ? Il y a en effet « science » dans la mesure où l'on peut travailler sur un objet précis, avec des concepts bien définis et en s'appuyant sur l'expérience. C'est ce qui semble garantir une connaissance solide et irréfutable. On pourra donc examiner, dans un premier temps, ce qui peut rendre la connaissance du vivant possible et ce qui permet de fonder la biologie. Nous nous demanderons ensuite s'il n'existe pas malgré tout des obstacles propres à la biologie, rendant problématique son statut de science. Enfin, nous verrons si ces obstacles peuvent être surmontés et s'il ne faut pas, en même temps, réexaminer ce que l'on peut attendre d'une science.

I Possibilité apparente d'une connaissance du vivant malgré sa particularité

I-1 Particularités du vivant qui semblent en faire un objet de connaissance à part

La notion de « vivant » peut déjà poser problème dans la mesure où elle recouvre une certaine diversité (les végétaux, les animaux, l'homme). On peut cependant retenir quelques propriétés communes permettant de définir spécifiquement ce qu'est un être vivant. C'est un être « animé », au sens où il est capable de mouvement, au moins comme capacité à croître et se développer selon une structure précise. Il forme un organisme, dont les parties sont à la fois distinctes et interdépendantes. Il est aussi capable de se reproduire, en transmettant à d'autres êtres sa structure. Enfin, il est soumis à la maladie et à la mort. Toutes ces propriétés semblent en faire un objet plus complexe que le reste du réel, l'inerte et l'inorganique.

I-2 La difficulté du « vitalisme »

Si le vivant est doué de propriétés spécifiques, il semble logique que sa connaissance requière elle aussi des principes spécifiques. C'est ce qui inspire le « vitalisme » : pour rendre compte du vivant, il faut introduire un principe d'explication autre que celui de la matière. Celle-ci paraît en effet se définir comme ce qui est inerte, insensible, et surtout incapable de s'agencer d'elle-même pour former une totalité aussi complexe qu'un organisme. D'où l'idée que le vivant s'explique par l'existence d'un « principe vital » qui vient animer la matière. Cette hypothèse pose problème d'un point de vue scientifique car elle repose à la fois sur un concept difficile à définir de façon satisfaisante et une réalité impossible à observer directement, dans la mesure où elle renverrait à de « l'immatériel ».

I-3 Le « mécanisme » comme possibilité d'une science du vivant

La solution vient de la théorie « mécaniste », appelée ainsi parce qu'elle propose d'expliquer le vivant uniquement par des mouvements de matière. C'est une idée que l'on doit en particulier à Descartes : s'il est possible de comparer un être vivant à une « machine », un automate créé par l'artifice de l'homme, on possède alors un modèle satisfaisant d'explication de la vie. Par suite, le vivant devient explicable par les règles générales de la matière, et au moyen de ces sciences que sont la physique et la chimie. Cette démarche rend en même temps possibles les observations, les mesures, l'expérimentation. On peut ainsi dire que c'est le « mécanisme » qui a permis à la « biologie » de se constituer en tant que science à part entière et de progresser de façon considérable dans la connaissance du vivant.

II Limites et difficultés particulières de la biologie

II-1 Des limites épistémologiques

Si ce qui fait la valeur d'une science, c'est sa capacité à s'appuyer sur les résultats de l'expérience, il semble que cela soit plus complexe lorsqu'il s'agit du vivant que du reste de la réalité. Il est difficile, par exemple, d'isoler le phénomène que l'on veut étudier lorsqu'on travaille sur un organisme dont les parties sont interdépendantes.

Intervenir sur un être vivant, c'est par ailleurs opérer une modification irréversible, ce qui limite le caractère répétable des expériences. De plus, chez les êtres vivants, les individus offrent une certaine singularité qui rend problématique la généralisation d'un individu à l'espèce ou encore à d'autres espèces. Or, la science repose sur l'induction, la capacité à tirer des conclusions générales à partir d'expériences particulières.

II-2 Des limites imposées par l'éthique

À ces limites que la pratique impose à l'investigation scientifique, il faut ajouter celles qui s'imposent pour des raisons éthiques. Même si le vivant peut être considéré en dernière analyse comme de la matière en mouvement, il reste qu'un être vivant est un être capable de sensibilité et d'une certaine souffrance. Cela semble devoir limiter, voire interdire certaines expérimentations ou manipulations, même à des fins scientifiques. Il est certes difficile de parler d'un devoir de « respect » pour un être autre que l'homme, doué de conscience et de liberté, mais on peut dire que l'homme manquerait de respect à son propre égard en infligeant à un animal certains traitements comme la vivisection.

II-3 Des questions qui touchent à la métaphysique

Enfin, si la biologie est capable d'expliquer des phénomènes qui ont pu longtemps sembler mystérieux à l'égard de la vie, comme l'apparente finalité du développement des êtres, certaines questions semblent devoir subsister. La découverte de l'ADN et de son mécanisme permet de comprendre ce qui guide le développement du vivant, et contribue à éclairer la théorie de l'évolution. Mais on peut encore s'interroger sur l'apparition de l'ADN lui-même, et plus encore sur l'origine de la vie. On touche là à des questions qui dépassent en partie le domaine propre de la science et amènent à des spéculations « métaphysiques ».

III Pour une connaissance scientifique possible, en réexaminant le critère de scientificité

III-1 Existence d'une alternative aux manipulations

Si la connaissance du vivant suppose de pouvoir étudier des phénomènes variés, une solution pour éviter certaines interventions artificielles serait l'étude des maladies. Comme le fait remarquer Auguste Comte, les maladies qui affectent les êtres vivants sont comme autant de manipulations spontanées, fournies par la nature. Cela réduit certes le champ d'investigation mais laisse certaines possibilités ouvertes, dans le respect de l'éthique. On pourrait aussi attendre des solutions de la part du progrès technique, comme la modélisation informatique qui permettrait de passer par des expérimentations virtuelles.

III-2 Une science encore jeune

Il faut rappeler que la connaissance du vivant s'est constituée comme science relativement récemment comparé aux autres sciences. Le terme « biologie », par exemple, n'apparaît qu'en 1802 sous la plume de Lamarck. On peut donc légitimement penser que les limites qui sont les siennes actuellement vont se réduire progressivement, comme cela a pu être le cas pour d'autres domaines de la science.

III-3 Une « connaissance scientifique » ne veut pas dire « absolue »

Enfin, il faut sans doute corriger l'idée courante selon laquelle une connaissance « scientifique » voudrait dire « définitive » et « absolument certaine ». La science est à juste titre considérée comme synonyme de rigueur et de précision, au sens où elle associe à un discours rationnel le recours méthodique à l'expérience. Mais, comme l'ont fait remarquer plusieurs auteurs (Karl Popper, par exemple), il serait abusif de penser que ce que la science avance est définitivement vérifié, établi une fois pour toutes. Ce qui fait la valeur de la science, c'est plutôt la conscience de ses limites et une démarche constante de remise en question. La vérité, dans cette mesure, correspond plutôt à un idéal que l'activité scientifique s'efforce de rejoindre, comme dans un mouvement en asymptote. On peut ainsi dire la même chose de la connaissance du vivant : elle ne sera peut-être jamais absolue, mais elle peut du moins s'appuyer sur des méthodes aussi rigoureuses que celles des autres sciences, avec des limites comparables.

Conclusion

Le vivant constitue donc bien un objet de connaissance particulier, rendant en apparence plus complexe une approche « scientifique ». La biologie peut cependant s'appuyer sur les résultats des autres sciences et des méthodes comparables. Les difficultés et les limites qu'elle risque de rencontrer ne l'empêchent pas de pouvoir accéder au statut de science, surtout si l'on considère que la valeur de la science est moins sa capacité à affirmer dogmatiquement des explications, que sa capacité à se soumettre en permanence à sa propre critique.

SUJET 29 Sujet type

DISSERTATION

Doit-on se résigner au matérialisme ?

Corrigé

Travail préparatoire

Notions et repères

Notions : la matière et l'esprit, la raison et le réel, la conscience, le vivant, la religion, la liberté, la morale, l'existence et le temps (série L)
Repères : croire / savoir – médiat / immédiat – obligation / contrainte – en théorie / en pratique

Remarque générale

Il est impératif de remonter jusqu'au débat philosophique sur la matière et l'esprit car il ne faudrait pas en rester à l'analyse du sens le plus « vulgaire » du « matérialisme ».

Analyse des termes du sujet

– **Le matérialisme** : On dit couramment d'une personne qu'elle est « matérialiste » lorsqu'elle semble ne s'intéresser qu'à des biens « matériels ». Il s'agirait donc d'un attachement aux « choses » que l'on peut posséder et accumuler « concrètement », et qui permettent de « matérialiser » une certaine richesse. Le matérialisme serait ainsi une façon de privilégier « l'avoir » sur « l'être ». Mais il peut désigner aussi une préférence marquée pour tout ce qui nourrit

et satisfait *le corps* plutôt que *l'esprit*. Dès lors, être « bassement matérialiste » signifie que l'on est incapable de s'élever à des préoccupations « plus hautes » et plus dignes de l'*esprit* humain.
Du point de vue philosophique, on appelle « matérialisme » la thèse selon laquelle il n'y a de réalité que matérielle. Le « matérialisme » affirme donc que tout ce qui ne peut relever ou être « réduit » à de la « matière » n'existe pas. Il s'oppose ainsi aux thèses qui affirment l'existence d'un autre principe que la matière et irréductible à elle, « l'esprit ». Le « matérialisme » s'oppose donc, d'une part, au « dualisme », pour qui le réel ne peut être expliqué qu'à l'aide des deux principes que sont la matière et l'esprit et, d'autre part, à « l'immatérialisme », ou « idéalisme », lequel soutient que c'est « l'esprit » qui, à lui seul, constitue toute la réalité.
Il existe un lien entre le sens courant du « matérialisme » et son sens philosophique dans la mesure où l'attitude « matérialiste », par l'importance qu'elle accorde à ce qui est « matériel », rejoint l'idée que c'est là tout ce qui constitue le réel. On peut alors se demander si une telle attitude ne serait pas amenée à se généraliser si la thèse « matérialiste » s'avérait l'emporter définitivement. Cette attitude pourrait être en effet la conséquence sur le plan « pratique » (celui de notre existence et de notre action) d'un débat qui se joue d'abord sur le plan théorique.
– **Se résigner :** C'est être contraint d'accepter quelque chose, parce que l'on ne peut pas faire autrement, ou encore « à contrecœur ». Employer ce terme à l'égard du « matérialisme », c'est donc supposer, d'une part, que cette thèse semble avoir pris le pas sur ses concurrentes et, d'autre part, qu'elle représente pour nous quelque chose de décevant. Il convient donc de chercher ce qui laisserait penser que le matérialisme pourrait l'emporter sur les autres thèses et en quoi il s'agirait de quelque chose de désolant.

■ Problématique

Les interrogations sur la nature du réel opposent depuis longtemps les partisans du matérialisme à ceux qui pensent qu'il existe une réalité d'un autre ordre, « l'esprit ». Or les avancées de la science semblent privilégier la thèse matérialiste. Dès lors, sommes-nous face à la nécessité de reconnaître le matérialisme comme *la* vérité sur le réel ? Par ailleurs, admettre que le matérialisme détient la vérité ne pose-t-il pas certains problèmes d'un point de vue moral ?

■ Plan de la dissertation

I Pourquoi doit-on se résigner au matérialisme ?

II Pourquoi ne doit-on pas se résigner au matérialisme ?

III Une réponse qui relève d'un choix éthique et existentiel.

CORRIGÉ COMPLET DE LA DISSERTATION

Introduction

La biologie a enlevé une bonne part de son mystère au phénomène de la vie, en montrant qu'il relève de lois physico-chimiques et non de forces spécifiques. Les neurosciences, de leur côté, ont avancé dans la connaissance du cerveau humain et font apparaître que le phénomène de la pensée se traduit, lui aussi, par des processus physiques et chimiques. Ainsi, les notions de « vie », d'« âme » ou d'« esprit » paraissent de plus en plus pouvoir être réduites à des phénomènes physiques et matériels. Il semble qu'avec le progrès des sciences, l'hypothèse matérialiste, selon laquelle il n'y a de réalité que matérielle, l'emporte donc. Or peut-on vraiment affirmer que le matérialisme détienne la vérité sur le réel ? Cette question va au-delà d'un débat théorique et engage le sens de l'existence humaine. En effet, s'il fallait renoncer à l'existence de l'« esprit », et ne s'en tenir qu'à celle de la « matière », comment pourrions-nous croire encore à l'idée d'« une âme » garante de notre libre arbitre et à celle d'une possible existence au-delà de celle du corps, ou encore à toute transcendance ?

I Pourquoi doit-on se résigner au matérialisme ?

I-1 Matérialisme et dualisme

La principale thèse sur la constitution du réel qui pourrait faire obstacle au matérialisme est le dualisme, lequel affirme l'existence d'un autre principe que la matière, l'esprit. De prime abord, le dualisme semble se prévaloir d'un pouvoir explicatif plus satisfaisant que le matérialisme, car un certain nombre de phénomènes, dont ceux de la vie et de la pensée, semblent ne pas pouvoir se réduire à de la seule « matière ». Il semble que pour rendre compte de leur spécificité, il faudrait en effet admettre l'existence d'un autre principe que la matière, et qui lui serait irréductible. Or les avancées des sciences nous incitent à abandonner, d'une part, l'idée que le vivant serait irréductible à la matière et, d'autre part, l'idée que la pensée relèverait d'un principe immatériel.

I-2 Possibilité de la réduction de « la vie » à la matière

Selon certains, le vivant tranche sur le reste du réel car la matière vivante présente une certaine capacité à l'animation et à l'auto-organisation. Cette capacité se manifeste en particulier dans les organismes, qui s'autoconstituent comme selon un plan, comme si s'adjoignait une « âme » à la matière, autrement dit un principe d'animation, ou encore un « principe vital », donc une force autre que la matière elle-même, laquelle est inerte et inorganique. Or cette idée « vitaliste » renvoie à un principe inobservable, si ce n'est par ses effets supposés, et dont il est difficile de préciser la nature, sinon par ce dont on estime la matière incapable. Enfin, comme l'indique F. Jacob dans *La Logique du vivant*, l'explication « mécaniste » ou « matérialiste » parvient, pour une bonne part à présent, à rendre compte de la finalité grâce à l'ADN et la notion de « programme ». La biologie en vient à conclure que tout le phénomène du vivant se réduit à une « même machinerie chimique », et que matière inerte et matière vivante relèvent d'une même matière (J. Monod, *Le Hasard et la Nécessité*).

I-3 Possibilité de la réduction de l'« esprit » au « corps »

Cependant, le phénomène de la « pensée », qui semble renvoyer à une « âme » ou à un « esprit », donc à de l'« immatériel », amène à penser avec Descartes qu'il puisse exister deux principes radicalement distincts. Or affirmer qu'il existe deux principes distincts pose problème : comment concevoir en effet leur union ? Comment de l'immatériel pourrait-il en effet agir sur du matériel (l'âme sur le corps), et inversement ? Il semble plus simple de s'en tenir à un monisme de la matière. Mais on ne peut le faire qu'à condition de réduire l'« esprit » à la « matière », c'est-à-dire de montrer que l'« âme » n'est qu'une partie du corps, de même nature que lui. Or, comme le rappellent Lucrèce et Spinoza, l'« âme » semble solidaire et tributaire du « corps » : n'est-ce pas la preuve qu'il s'agit d'une seule et même « substance » ? Il suffirait alors d'avancer dans la connaissance du corps pour ne plus avoir à postuler l'existence d'une « âme » immatérielle, distincte de lui. Les progrès des neurosciences ont en quelque sorte réalisé cela puisque l'étude du cerveau a permis de mettre en lumière les phénomènes physiques et matériels qui accompagnent la pensée. À la limite, on pourrait dire que le cerveau est l'« organe de la pensée » et qu'il sécrète de la pensée comme le foie de la bile. L'« esprit », immatériel, invisible, ne serait plus alors qu'une notion inutile et obsolète.

II Pourquoi ne doit-on pas se résigner au matérialisme ?

II-1 L'apparition de problèmes « affectifs » et de problèmes théoriques

Cependant, le matérialisme pose des problèmes que l'on peut qualifier d'« affectifs » au sens où il conduit à un certain « désenchantement ». Réduire le phénomène de la vie à de la matière, c'est en effet lui enlever une grande part de son mystère et de son côté sacré. Cela conduit par ailleurs à s'interroger sur la possibilité de manipulations sur le vivant, ce qui pose des problèmes éthiques. D'autre part, montrer que l'« esprit » pourrait se réduire à un organe, le cerveau, c'est aller contre l'idée d'une âme immortelle et d'une possible existence au-delà de celle de notre corps. C'est donc affirmer notre finitude, notre caractère mortel, mais aussi remettre en cause l'idée de libre arbitre. En effet, si nous sommes intégralement « matière », cela implique que comme le reste de la réalité matérielle, nous sommes soumis au strict déterminisme des lois physiques. Nos décisions « volontaires » ne seraient donc qu'une illusion de notre conscience. Enfin, l'idée d'un être transcendant, immatériel, autrement dit Dieu, n'aurait plus de sens. Ce débat n'engage donc pas que des spéculations théoriques, mais aussi des croyances existentielles.

II-2 Qu'est-ce que la « matière » ?

En outre, le matérialisme pose un certain nombre de problèmes théoriques et scientifiques qui pourraient conduire à le remettre en cause. Pour pouvoir affirmer en effet que « tout est matière », encore faudrait-il préciser en quoi consiste cette « matière ». Pour le sens commun, la matière a sur l'hypothétique « esprit » le privilège d'être concrète, palpable, visible. Elle semble ainsi constituer les choses qui nous entourent. Il suffirait donc d'en atteindre les plus petits constituants pour dire en quoi consiste fondamentalement la « matière ». C'est ce à quoi renvoie l'idée antique d'« atome », de particule « insécable », d'élément de base, à partir de quoi tout le reste est composé. Or cette représentation de la matière comme faite de « petites choses » est remise en cause par la science. En effet, comme le soulignent Einstein et Infeld dans *L'Évolution des idées en physique*, c'est en terme d'« énergie » qu'il faut penser la « matière », car elle consiste en une certaine concentration d'énergie, dans un « champ » qui représente lui-même une certaine quantité d'énergie, plus faible. Ainsi, on pourrait dire avec Poincaré que « la matière n'existe pas », ou, en tout cas, n'existe pas selon la représentation naïve du sens commun, sa nature étant bien plus problématique.

II-3 Pouvons-nous savoir si la matière existe ?

Dès lors, l'existence même de la matière comme celle des corps situés hors de nous et de notre esprit pourrait bien se révéler problématique. En effet, l'esprit ne pourrait-il pas être la seule réalité, tout ce que nous identifions comme « matière » ne consistant qu'en perceptions par ce même esprit, sans correspondre à des « choses » hors de lui ? La force de cette thèse « immatérialiste » est de retourner l'argument du sens commun, pour lequel l'évidence de la réalité de la matière tient dans ce qu'elle s'offre à la perception. L'immatérialisme montre en effet, d'une part, que ce que nous rencontrons dans l'expérience, quand nous « touchons » ou « voyons » de la matière, ne sont que des sensations ou des « idées », présentes à notre esprit et, d'autre part, que nous avons l'habitude d'attribuer la cause de ces sensations à des choses distinctes de ces sensations elles-mêmes. Or, comme le montre Berkeley, lorsque nous rêvons nous pouvons avoir les mêmes sensations sans qu'elles soient autre chose que le produit de notre propre esprit. La notion de substance matérielle distincte de l'esprit serait donc illusoire, ou du moins inutile. En outre, même si la matière existait, nous ne pourrions jamais en avoir la confirmation : n'ayant affaire dans l'expérience qu'à nos sensations, toute expérience directe de la matière nous serait à jamais impossible. Nous ne pouvons pas en effet « sortir de nous-mêmes » pour voir s'il y a bien quelque chose en dehors de nos sensations qui en est la cause. Il s'ensuit qu'il ne semble pas pleinement justifié de se résigner au matérialisme.

III Une réponse qui relève d'un choix éthique et existentiel

III-1 Une réponse « pratique » à défaut d'une réponse « théorique »

Comme nous venons de le voir, la question de la nature du réel reste ouverte. On ne saurait cependant en rester à ce constat sur un tel sujet. En effet, la question de savoir si tout n'est que matière ou s'il existe bien quelque chose comme l'« esprit » ne concerne pas seulement les scientifiques et les philosophes, mais concerne chacun d'entre nous, du fait de son importance existentielle. D'ailleurs, chaque individu y apporte une réponse, qu'il en ait conscience ou non, par sa façon de vivre et de donner sens à son existence. On ne vit pas de la même façon, en effet, si l'on ne croit qu'à ce qui est matériel, ou si l'on croit à la réalité de l'esprit. Comme chacun se voit tenu de répondre dans sa vie et par sa vie à cette question, alors même qu'elle est encore indécidable théoriquement, il s'ensuit qu'elle doit être impérativement examinée sur le plan « pratique ».

III-2 La croyance légitime à l'« esprit »

Si le matérialisme ne peut pas se présenter comme la vérité sur le réel, l'idée d'une réalité immatérielle, l'« esprit », ne renvoie donc pas forcément à une croyance illusoire. Il serait toutefois illégitime de prétendre en faire un objet de connaissance authentique, dans la mesure où une telle réalité ne peut pas être perçue par nous puisque, dans les conditions de notre expérience sensible, nous ne rencontrons que de la « matière ». La notion d'« esprit » ne peut donc faire l'objet que d'une *croyance*, mais d'une croyance *légitime*. Elle est au cœur des trois grandes idées métaphysiques auxquelles l'homme a besoin de croire, comme le rappelle Kant : l'idée d'une âme immortelle, celle du libre arbitre, et celle de l'existence de Dieu. Ce besoin de croire trouve sa légitimité dans la présence en nous de « la loi morale », donc dans la conscience que nous avons de notre devoir. En effet, cette conscience n'aurait aucun sens si nous n'étions pas libres de remplir le devoir auquel elle nous invite. C'est notamment ce qui rend légitime la croyance en l'idée d'une âme immatérielle en nous, comme racine de notre libre arbitre. Rappelons cependant qu'il ne s'agit là que de « postulats », donc d'hypothèses nécessaires d'un point de vue « pratique », mais dont on ne peut déduire aucune réfutation du matérialisme sur le plan théorique.

III-3 Le matérialisme n'est pas nécessairement synonyme de résignation

En outre, quand bien même tout le confirmerait, le matérialisme n'est pas nécessairement synonyme de « résignation » pour l'homme. En effet, contrairement à ce que présuppose le sujet en utilisant le verbe « se résigner », le matérialisme n'est pas forcément désenchantement ou nihilisme, et n'est pas forcément une « philosophie de pourceaux » qui ravalerait l'homme au rang de simple animal, sans souci de préoccupations plus dignes de lui et de son esprit. En effet, de nombreux philosophes matérialistes ne nient pas que l'homme se distingue par son esprit : ils refusent simplement de voir dans l'esprit quelque chose d'immatériel et montrent, comme le fait La Mettrie dans *L'Homme-Machine*, que ce n'est pas le caractère immatériel de l'esprit humain qui fait sa grandeur puisque, même s'il s'avérait n'être fait que de « boue », il n'en serait pas moins admirable. En outre, une philosophie matérialiste n'est pas forcément incompatible avec des préoccupations « spirituelles », comme le montre la philosophie d'Epicure, laquelle accorde une bonne place à la connaissance et à la sagesse, et considère que le contentement de « l'âme » (faite d'une matière subtile) est au moins aussi nécessaire que celui du corps pour mener une vie heureuse.

Conclusion

Ainsi, même si le réel s'avérait n'être fait que de matière, y compris notre propre « esprit », cela n'entraînerait pas pour autant notre condamnation à une existence « bassement matérielle », vide de sens. Le matérialisme peut donc être compatible avec la dignité de l'homme et les valeurs humaines.

SUJET 30 Série L – Antilles-Guyane – Juin 2004

COMMENTAIRE

Expliquez le texte suivant :

« Chacun de nous est un corps soumis aux mêmes lois que toutes les autres portions de matière. Si on le pousse, il avance ; si on le tire, il recule, si on le soulève et qu'on l'abandonne, il retombe. Mais, à côté de ces mouvements qui sont provoqués mécaniquement par une cause extérieure, il en est d'autres qui semblent venir du dedans et qui tranchent sur les précédents par leur caractère imprévu : on les appelle "volontaires". Quelle en est la cause ? C'est ce que chacun de nous désigne par les mots "je" ou "moi". Et qu'est-ce que le *moi* ? Quelque chose qui paraît, à tort ou à raison, déborder de toutes parts le corps qui y est joint, le dépasser dans l'espace aussi bien que dans le temps. Dans l'espace d'abord, car le corps de chacun de nous s'arrête aux contours précis qui le limitent, tandis que par notre faculté de percevoir, et plus particulièrement de voir, nous rayonnons bien au-delà de notre corps : nous allons jusqu'aux étoiles. Dans le temps ensuite, car le corps est matière, la matière est dans le présent, et, s'il est vrai que le passé y laisse des traces, ce ne sont des traces de passé que pour une conscience qui les aperçoit et qui interprète ce qu'elle aperçoit à la lumière de ce qu'elle se remémore : la conscience, elle, retient ce passé, l'enroule sur lui-même au fur et à mesure que le temps se déroule et prépare avec lui un avenir qu'elle contribuera à créer. »

BERGSON, *L'Énergie spirituelle.*

La connaissance de la doctrine de l'auteur n'est pas requise. Il faut et il suffit que l'explication rende compte, par la compréhension précise du texte, du problème dont il est question.

Corrigé

Travail préparatoire

■ Notions et repères

Notions : la matière et l'esprit, le vivant, le sujet, la conscience, la perception, l'existence et le temps, l'interprétation

Repères : cause / fin – transcendant / immanent – universel / général / particulier / singulier – identité / égalité / différence

Remarque générale

Ce texte n'est pas difficile en soi, mais il combine plusieurs notions et l'intention de l'auteur y est implicite : il faut comprendre qu'à travers la comparaison entre le corps et le *moi*, Bergson cherche à montrer que la conscience n'est pas matérielle.

Problème, thèse et intérêt philosophique

Le *problème* abordé par ce texte concerne la nature de la conscience. On est en effet invité à se demander de quoi sont faites nos pensées et comment elles se forment en nous. Or, lorsque nous examinons les corps matériels qui nous entourent, nous voyons bien, d'un côté, que notre propre corps est semblable aux autres corps inertes et aux autres corps vivants, mais, de l'autre, qu'il s'en distingue par la pensée et par la conscience, laquelle est généralement considérée comme le siège de la pensée. Dès lors, la conscience serait-elle matérielle tout comme le corps qui l'enveloppe ? La *thèse* que développe ici Bergson est proche de celle que soutient le sens commun. Bergson partage en effet dans une certaine mesure l'opinion du sens commun, car elle lui paraît mettre davantage en lumière la spécificité de la conscience que ne le fait la thèse matérialiste qui a cours dans les sciences. Précisons que, pour Bergson, la conscience est d'une autre nature que le corps, car elle échappe du point de vue spatial et temporel à tout ce qui limite la matière et car elle est marquée par la liberté et la création.

L'*intérêt philosophique* de ce texte consiste à nous inciter à nous interroger sur le point de vue qui fait de la conscience un prolongement matériel du corps et à nous demander comment on pourrait rendre compte de la liberté si la conscience était faite de matière.

Analyse des concepts principaux

– **Un corps** : Ce terme renvoie au corps humain (« chacun de nous »), que Bergson va analyser dans ce texte. Le corps humain est dès le début présenté comme matériel : Bergson le compare en effet à n'importe quel autre corps (« un corps ») inerte, inanimé. Cette description du corps humain comme passif et dépourvu de toute autonomie (« si on le pousse... si on le tire... »), d'une part, présuppose que la vie qui anime le corps humain ne vient pas de ce corps lui-même mais de ce que Bergson placera dans la volonté et la conscience et, d'autre part, fait que l'idée d'une matière animée ne peut guère être conçue, selon Bergson.

– **Matière** : Bergson montre que le corps est comparable à une « portion de matière ». Or la matière renvoie à ce dont les choses sont faites (par exemple, le bronze est la matière de la statue), donc à ce qui est perceptible notamment par les sens. Précisons que, bien que, depuis Descartes, on considère que le propre de la matière soit plutôt *l'étendue*, ce qui implique d'ailleurs que la matière se soumette aux lois de la physique et de la chimie (déterminisme),

Bergson va, lui, insister plus particulièrement sur le mouvement et donc sur les lois mécaniques. Il mettra ainsi en évidence le principe d'inertie qui caractérise tout corps matériel, y compris le corps humain.
– **Le moi :** Ce terme renvoie à la conscience, laquelle précisément nous fait saisir ce que nous sommes intérieurement, autrement dit notre être singulier. Or c'est justement la nature de la conscience que Bergson examine dans ce texte. Dès lors, en comparant les « mouvements » de la conscience avec ceux du corps, il va montrer, à travers leurs différences, que la conscience n'est pas matérielle. Les mouvements du corps lui sont en effet imposés de l'extérieur et ils sont limités dans l'espace et dans le temps, dans la mesure où le corps se maintient toujours dans un « ici et maintenant ». La conscience, au contraire, se caractérise par sa liberté, dans la mesure où ses mouvements sont capables de se déployer dans l'espace (notre pensée s'étend à des objets invisibles) et dans le temps (nos pensées se souviennent du passé et se projettent dans l'avenir).
– **Créer :** La création est ce qui semble définir la conscience pour Bergson. La conscience a en effet un côté « artiste » et Bergson la compare souvent à la musique, ou à une mélodie qu'on ne pourrait décomposer sans la perdre en même temps. Ainsi, ce que la conscience crée, c'est la *nouveauté*, ou encore l'*imprévisibilité*. La conscience est donc une sorte d'« élan vital » qui traverse la matière pour lui donner des formes multiples et libres qui l'arrachent à l'inertie. C'est ce qui fait dire à Bergson que la matière est une « retombée » de cet élan vital et que tout le vivant (végétaux, animaux, hommes) se hiérarchise selon le degré de conscience qui se déploie en eux, sachant, bien entendu, que c'est dans la conscience humaine que la conscience atteint son maximum de pouvoir créateur, comme en témoignent nos choix libres.

■ Plan du texte de Bergson

Lignes 1 à 3 : Mise en évidence des propriétés du corps.
Lignes 3 à 9 : Annonce des qualités propres de la conscience.
Lignes 9 à 12 : Analyse de la première caractéristique de la conscience : son rapport à l'espace.
Lignes 12 à 18 : Analyse de la seconde caractéristique de la conscience : son rapport au temps.

CORRIGÉ COMPLET DU COMMENTAIRE

Introduction

Nous nous interrogeons souvent sur la conscience, et notamment sur sa nature. Or, dans la mesure où la conscience semble être le siège de la pensée, il paraît difficile de croire qu'elle puisse être de même nature que le corps, et l'hypothèse, qui la présente comme quelque chose de matériel, ne semble pas pouvoir rendre compte de ses caractéristiques propres. Or, pour Bergson, la conscience se distingue du corps et de la matière par sa capacité à « déborder » le corps dans le temps et dans l'espace. Ainsi, tandis que le corps est limité par la matière qui le compose, la conscience peut, de son côté, dépasser ces limites ; il y a donc en elle quelque chose qui n'est pas de l'ordre de la matière et qui relève de la liberté. Pour démontrer cela, Bergson va commencer par mettre en évidence les propriétés du corps (lignes 1 à 3), puis il va annoncer les qualités propres de la conscience (lignes 3 à 9), pour enfin analyser le rapport entre la conscience et l'espace (lignes 9 à 12) puis son rapport au temps (lignes 12 à 18).

Or, poser, comme le fait Bergson, une différence de nature entre le corps et l'esprit permet certes de mettre en évidence leurs différences et de souligner notamment la liberté qui semble à l'œuvre dans la conscience, mais cela ne permet peut-être pas cependant d'expliquer le lien qui unit le corps à l'esprit. La thèse matérialiste expliquerait-elle mieux ce rapport entre l'esprit et le corps ?

I Partie explicative

I-1 Mise en évidence des qualités spécifiques du corps (lignes 1 à 3)

Bergson propose tout d'abord une définition matérialiste et mécaniste du corps en l'identifiant à tout ce qui est matériel et ainsi à tout ce qui est soumis aux lois du mouvement. Cette définition de la notion de corps par la notion de matière est assez classique. La matière est ce qui a pour propriété de s'étendre dans l'espace, de se corrompre et d'être perceptible par les sens. Elle est donc nécessairement soumise aux lois physiques, et mécaniques (lois qui portent sur le mouvement comme, par exemple, la loi d'inertie). N'importe quel corps obéira donc aux lois de la matière, et le corps humain ne fait pas exception à cela, comme le montre Bergson : si l'on regarde son aspect purement matériel, indépendamment de la vie qui l'anime, le corps humain est bien un corps comme les autres. Or, en mettant l'accent sur le fait que le mouvement peut être donné au corps de l'extérieur (« si on le pousse… si on le tire… », etc.), tout comme c'est le cas pour les corps inertes privés d'autonomie et qui sont dépendants de conditions spatio-temporelles, Bergson insinue que cet aspect matériel du corps ne se retrouvera pas justement dans les qualités de la conscience.

I-2 Annonce des caractéristiques de la conscience (lignes 3 à 9)

L'opposition suggérée par le terme « mais » annonce qu'il existe une autre forme de mouvement perceptible dans le corps humain et qui échappe aux lois mécaniques, contrairement aux mouvements corporels qui sont eux soumis au déterminisme. Il s'agit des mouvements volontaires issus de la conscience. Bergson n'étudie pas vraiment ces mouvements en eux-mêmes ; ce qui l'intéresse, c'est plutôt d'étudier la conscience (« quelle en est la cause ? ») et de la comparer aux limites qui caractérisent le corps afin de montrer qu'elle n'est pas matérielle. Bergson va ainsi expliquer, d'une part, en quoi la conscience ne se soumet pas aux lois mécaniques et, d'autre part, en quoi elle échappe aux conditions spatio-temporelles qui limitent le corps. Ainsi il va montrer, d'un côté, que la conscience est marquée par une certaine transcendance et, de l'autre, qu'elle ne se soumet pas aux limites spatio-temporelles qui caractérisent tout corps matériel parce qu'elle « déborde » justement le corps. Ainsi, c'est en remontant aux causes des mouvements volontaires que Bergson arrive à la conscience et qu'il en vient à se poser la question de sa nature : « Qu'est-ce que le *moi* ? » Le fait que le mot « moi » est en italique montre d'ailleurs que ce terme est le cœur du problème. Or la réponse que Bergson va donner à cette question annonce les deux principales caractéristiques de la conscience, à savoir son rapport à l'espace et son rapport au temps.

I-3 Première caractéristique de la conscience (lignes 9 à 12)

La première caractéristique de la conscience est donc de dépasser ce qui enferme le corps dans un « ici ». Bergson évoque la perception, et plus particulièrement la vision. Par perception, il faut entendre la sensation accompagnée de conscience. Or la perception est précisément ce qui ouvre le corps au monde extérieur. Ainsi, en ne limitant plus le corps à ses sensations internes, la conscience l'incite à interroger les objets extérieurs qui causent ses sensations. « Aller jusqu'aux étoiles » est ainsi une manière de dire que la vue accompagnée de conscience se porte sur ce qui est à l'autre bout du corps et le transporte donc bien au-delà de ce qui le maintient physiquement là où il est. C'est aussi une manière de dire que la conscience se caractérise par la liberté (le choix des objets sur lesquels elle se porte) et le désir. Ainsi, tandis que le corps se limite aux sensations immédiates liées à ses besoins directs, la conscience va plus loin en élargissant notre « vue » à ce qui ne satisfait plus directement nos besoins et en nous permettant de nous donner des fins et des buts.

I-4 Seconde caractéristique de la conscience (lignes 12 à 18)

La seconde caractéristique de la conscience est son rapport au temps, lequel diffère de celui que le corps entretient avec le temps. En effet, autant le corps matériel est enfermé dans le présent, autant la conscience montre une certaine capacité à déborder ce présent. Aussi, bien que le corps soit capable de conserver des « traces » du passé, il n'en demeure pas moins que ces traces ne sont que matérielles et qu'elles n'ont en elles-mêmes aucune signification. Tant que la conscience ne les « aperçoit » pas ou ne les « interprète » pas, elles n'ont en effet pas de sens. C'est dire que le corps peut bien conserver le passé (les souvenirs en ce sens peuvent imprégner matériellement le cerveau), mais que ce n'est pas lui qui en conserve le sens ni qui est à même de déployer ensuite ce sens dans l'avenir. Le propre de la conscience est donc « d'interpréter ce qu'elle aperçoit à la lumière de ce qu'elle se remémore », c'est-à-dire d'aller chercher les souvenirs et de les utiliser dans le présent par rapport à un but à venir. La conscience est ainsi un « pont jeté entre le passé et l'avenir », ou encore entre « mémoire et anticipation ». Le corps ne sert que de support aux souvenirs et au travail de la conscience, il ne peut donc guère faire le lien entre passé et avenir puisqu'il est limité au présent. Et c'est justement parce que la conscience est capable d'aller chercher les souvenirs et de les utiliser dans le présent par rapport à un but à venir, autrement dit c'est parce qu'elle est « projet », donc capacité d'imaginer ce qui n'existe pas encore, qu'elle « crée » l'avenir et n'est donc absolument pas matérielle.

Transition partie explicative – partie critique

Bergson développe donc ici une thèse dualiste, en distinguant nettement le corps et l'esprit. Cependant, ce dualisme explique difficilement comment le corps peut être lié à l'esprit. Or la thèse matérialiste expliquerait-elle mieux ce rapport entre l'esprit et le corps ?

II Partie critique

Ce texte exprime la thèse du sens commun, laquelle distingue deux substances qui composent la réalité : d'une part, la matière (le corps) et, d'autre part, l'esprit (la pensée, la conscience). L'avantage de cette thèse est de rendre possible la mise en valeur de la pensée humaine ainsi que la liberté qui s'exprime en elle. En effet, si la pensée échappe aux lois de la matière, elle est bien ce par quoi nous donnons à notre corps et à notre existence une autonomie, autrement dit le pouvoir de se déterminer selon ses propres pensées, c'est-à-dire selon des pensées que nous créons nous-mêmes. Ainsi, grâce à la conscience, nous pouvons faire des choix et nous nous comprenons autrement que selon notre appartenance à un monde matériel strictement déterminé et mécanique.

Or cette thèse conduit à une difficulté, laquelle consiste à se demander comment penser le rapport entre ces deux substances. En effet, comment la pensée agirait-elle sur le corps et comment le corps agirait-il sur la pensée ? Autrement dit, comment quelque chose de matériel se traduirait-il en pensée, et comment quelque chose de spirituel se traduirait-il en matière ? Quand je décide de lever mon bras, par exemple, comment ma pensée passe-t-elle dans mon corps pour lui induire le mouvement matériel voulu ? Et, inversement, comment expliquer l'influence du corps sur la pensée : pourquoi la fatigue ou la maladie modifient-elles par exemple notre conscience des choses ?

Or la science résout cette difficulté en affirmant que les pensées sont elles aussi matérielles : du coup, il n'y a pas à passer d'une nature à l'autre. Si mes pensées correspondent à des déplacements de matière, elles pourront en effet agir directement sur mon corps matériel. De même, le fait que l'on ait des pensées confuses lorsque l'on est fatigué s'expliquerait par l'existence d'une simple perturbation matérielle ou par des erreurs de connexions. On pourrait même expliquer les rêves, les actes manqués, les maladies mentales et enfin les sentiments (l'amour par exemple s'expliquerait par certaines hormones : les phéromones) par de telles erreurs de connexions. Cependant, que restera-t-il de notre liberté si tout est matériel et donc en grande partie déterminé ? Et, si tout est déterminé, comment la responsabilité serait-elle encore possible ? Et si l'homme n'est plus responsable de ses actes, comment pourrait-il encore être moral ?

Conclusion

Pour Bergson, il serait donc réducteur de vouloir ramener la conscience à de la simple matière, car la conscience est un « élan vital » qui donne à la réalité une dimension spirituelle et créatrice de nouveauté, tandis que la matière, qui seule échappe à ce courant qui traverse tout le vivant, n'est qu'une « retombée de l'élan vital », c'est-à-dire qu'une retombée de la conscience. Pour autant, il semble que les différentes conceptions possibles de la conscience laissent en suspens un certain nombre de questions, ce qui tendrait à montrer que la conscience n'est pas encore un objet de science et qu'elle reste bien au cœur de la réflexion philosophique.

SUJET 31 Série L – France métropolitaine – Juin 2004

COMMENTAIRE

Expliquez le texte suivant :

« L'origine de toutes les erreurs est, en un certain sens, la même que celle des erreurs de calcul, qui arrivent aux arithméticiens. En effet, il arrive souvent qu'à défaut d'attention ou de mémoire, nous faisons ce qu'il ne faut pas faire ou que nous omettons ce qu'il faut faire, ou bien que nous croyons avoir fait ce que nous n'avons pas fait, ou que nous avons fait ce que nous croyons n'avoir pas fait. Ainsi, il arrive que, dans le calcul (auquel correspond le raisonnement dans l'esprit), on oublie de poser certains signes nécessaires ou qu'on en mette qu'il ne faut pas ; qu'on néglige un des éléments du calcul en les rassemblant, ou qu'on opère contre la règle. Lorsque notre esprit est fatigué ou distrait, il ne fait pas suffisamment attention aux opérations qu'il est en train de faire, ou bien, par une erreur de mémoire, il accepte comme déjà prouvé ce qui s'est seulement profondément enraciné en nous par l'effet de répétitions fréquentes, ou d'un examen prolongé, ou d'un désir ardent. Le remède à nos erreurs est également le même que le remède aux erreurs de calcul : faire attention à la matière et à la forme[1], avancer lentement, répéter et varier l'opération, recourir à des vérifications et à des preuves, découper les raisonnements étendus, pour permettre à l'esprit de reprendre haleine, et vérifier chaque partie par des preuves particulières. Et puisque dans l'action on est quelquefois pressé, il est important de s'habituer à garder le sang-froid et la présence d'esprit, à l'exemple de ceux qui, même au milieu du bruit et sans calculer par écrit, savent exécuter des opérations sur des nombres très élevés. Ainsi l'esprit s'habitue à ne pas se laisser facilement distraire par les sensations externes ou par ses imaginations et ses affections propres, mais à rester maître de ce qu'il est en train de faire, à conserver sa faculté critique ou, comme on dit communément, son pouvoir de faire retour sur lui-même, de manière à pouvoir, tel un moniteur[2] étranger, se dire sans cesse à lui-même : vois ce que tu fais, pourquoi le fais-tu actuellement ? »

LEIBNIZ, *Remarques sur Descartes.*

---

1. « la matière et la forme » : le contenu et l'enchaînement du raisonnement
2. « moniteur » : quelqu'un qui avertit, conseille

La connaissance de la doctrine de l'auteur n'est pas requise. Il faut et il suffit que l'explication rende compte, par la compréhension précise du texte, du problème dont il est question.

Corrigé

Travail préparatoire

Notions et repères

Notions : la raison et le réel, la vérité, la démonstration, l'interprétation, la morale, le devoir
Repères : ressemblance / analogie – cause / fin – origine / fondement

Remarques générales

Ce texte porte sur l'origine des erreurs que nous commettons au cours de nos actions. L'erreur est donc ici à comprendre comme le fait de mal agir, autrement dit comme le fait de se tromper dans l'action. La difficulté de ce texte tient à la manière dont Leibniz applique à l'action ce qu'il considère comme caractéristique de la connaissance, à savoir les erreurs de raisonnement ou de calcul.

Problème, thèse et intérêt philosophique

Le *problème* qui est exposé dans ce texte est très précis : il s'agit de découvrir quelle est l'origine des erreurs que nous commettons dans le domaine pratique. Ces erreurs ont-elles les mêmes causes que les erreurs que nous commettons dans le domaine théorique ? Agir mal, est-ce se tromper comme on se trompe dans un calcul ou bien ces erreurs ont-elles des causes spécifiques et davantage morales comme, par exemple, celle de vouloir faire le mal ?
La *thèse* de Leibniz est d'inspiration cartésienne. Nos fautes ne sont, selon lui, que des erreurs de jugement. Mal faire, ce n'est que se tromper, autrement dit mal juger. Aucune origine morale n'est suggérée par l'auteur pour expliquer nos mauvaises actions ni même une éventuelle mauvaise intention.
L'*intérêt philosophique* de ce texte réside dans son examen des origines des actions mauvaises et du rapport que l'homme peut entretenir avec le mal : agit-on mal par méconnaissance du bien ou par une volonté de faire le mal ?

Analyse des concepts principaux

– **L'origine :** C'est l'ensemble des causes responsables de nos erreurs.
– **Calcul :** Ce mot est ici synonyme de raisonnement, c'est-à-dire d'un ensemble de propositions ou de jugements (*ratio* : calcul). Leibniz compare dans ce texte le domaine de l'action (faire, agir bien) avec le domaine de la connaissance (penser juste, penser vrai). Il présuppose donc ici que l'action est autant conduite par le raisonnement que par la connaissance elle-même. Agir, c'est ainsi s'efforcer de faire selon ce que l'on pense. Si le jugement se trompe, l'action devient donc elle aussi une erreur.

– **Attention et mémoire :** Ces termes sont empruntés à Descartes pour qui les deux principales causes de l'erreur sont le défaut d'attention (précipitation) et la prévention. Leibniz remplace ici l'idée de précipitation par celle de mémoire. Le manque d'attention consiste à ne pas avoir suffisamment l'esprit tendu vers son objet (objet à connaître, ou ici action à faire). La prévention ou le défaut de mémoire consiste à avoir l'esprit « prévenu », c'est-à-dire à avoir en soi des préjugés non vérifiés. Leibniz va chercher ici à montrer le mécanisme de l'erreur en analysant avec précision ces deux défauts majeurs.
– **Faire :** Dans ce texte, le fait de « mal agir » est examiné et envisagé sans aucune connotation morale. « Mal agir », c'est donc simplement « rater » une action comme on raterait un calcul en obtenant un résultat faux. Ce que Leibniz présuppose donc ici, c'est une volonté de bien faire.

■ Plan du texte de Leibniz

• **Lignes 1 et 2 :** Thèse qui pose que l'origine de l'erreur dans le domaine de l'action est la même que celle de l'erreur qui a lieu dans le domaine de la connaissance.
• **Lignes 2 à 12 :** Comparaison entre les erreurs pratiques et les erreurs de raisonnement pour montrer que ce sont les mêmes.
  – **Lignes 2 à 5 :** Analyse des erreurs qui touchent à l'action.
  – **Lignes 5 à 12 :** Comparaison avec les erreurs qui touchent au raisonnement.
• **Lignes 12 à 23 :** Mise en évidence des remèdes à nos erreurs en comparant encore les deux domaines, pratique et théorique.
  – **Lignes 12 à 16 :** Analyse des remèdes qui concernent le domaine de la connaissance.
  – **Lignes 16 à 23 :** Application de ces remèdes au domaine de l'action.

CORRIGÉ COMPLET DU COMMENTAIRE

Introduction

De prime abord, les domaines théorique et pratique ne semblent pas obéir aux mêmes règles. En effet, une erreur théorique ne paraît pas comparable à une erreur d'ordre pratique. Cependant, nos actions ne sont-elles pas des sortes de jugements et, en tant que tels, ne devraient-elles pas obéir aux mêmes règles qu'eux ? Pour Leibniz, les erreurs que nous commettons dans le domaine pratique ont les mêmes origines que nos erreurs de raisonnement. Dès lors, mal agir n'est qu'une manière au fond de mal juger. Il s'ensuit que les remèdes à nos erreurs d'ordre pratique seront identiques à ceux que nous utilisons pour vaincre nos erreurs théoriques. Aussi suffirait-il, pour bien agir, d'avoir un peu de méthode. Pour démontrer ces affirmations, Leibniz va procéder en trois étapes : tout d'abord, il pose que l'origine de nos erreurs dans le domaine de l'action est identique à celle de nos raisonnements (lignes 1-2). Il compare ensuite ces deux genres d'erreurs et montre que ce sont au fond les mêmes (lignes 2-12). Enfin, il compare les remèdes qui permettent de vaincre et d'éviter ces deux formes d'erreurs et montre que ces remèdes sont également identiques. Pour autant, on pourra se demander si agir mal ne serait pas aussi parfois mal agir, c'est-à-dire agir de façon immorale.

I Partie explicative

I-1 Identification des différents types d'erreurs (lignes 1 et 2)

Leibniz présente d'emblée l'origine de « toutes les erreurs » comme devant être ramenée à l'origine de nos erreurs de raisonnement. Cette généralisation signifie que l'on peut envisager que l'origine de toutes nos erreurs théoriques est la même, et, qui plus est, que cette origine est également commune à toutes les autres formes d'erreurs. Or, comme le montre assez rapidement la suite du texte, les formes d'erreurs qui intéressent ici Leibniz sont surtout celles qui consistent à se tromper dans ses actions. Leibniz va alors procéder par analogie, comme le suggère le fait qu'il précise « en un certain sens ». En effet, comme il le souligne, ce qui va lui servir de modèle pour interroger l'origine des erreurs, c'est le domaine du calcul, à savoir l'arithmétique. C'est donc aux mathématiques qu'il emprunte son analyse pour montrer que lorsqu'on agit mal, cela ressemble à un mathématicien qui se tromperait dans ses calculs et qui arriverait ainsi à un mauvais résultat. Cette affirmation va donner lieu à une sorte d'analyse comparative des erreurs qui touchent, d'une part, nos actions et, d'autre part, nos raisonnements.

I-2 Comparaison entre les différents types d'erreurs (lignes 2 à 12)

Leibniz va comparer à présent les erreurs qui ont lieu dans le domaine de l'action avec celles qui ont lieu dans le domaine du raisonnement mathématique pour montrer que ce sont les mêmes.

– *Lignes 2 à 5 :* Il commence par examiner les erreurs pratiques et explique que « agir mal », c'est se tromper dans le résultat de l'action. Il souligne alors que les deux origines possibles des erreurs qui ont lieu dans le domaine de l'action sont « le défaut d'attention ou de mémoire », reprenant ainsi la thèse de Descartes. Précisons que le défaut d'attention consiste à ne pas avoir l'esprit suffisamment tendu vers son objet et donc à rater son but et que le défaut de mémoire consiste à ne pas se souvenir ou à mal se souvenir des actions à faire ou faites, ou, plus largement encore, si l'on suit Descartes, à accepter comme certain ce qui ne l'est pas. Leibniz envisage à partir de là plusieurs cas possibles d'erreurs et, dans chaque cas, c'est le résultat qu'il met en cause. Tout d'abord, « faire ce qu'il ne faut pas faire », c'est bien se tromper d'action et d'objet, en n'étant pas suffisamment attentif. Une telle erreur peut consister, par exemple, en une maladresse, en une parole de trop, en un geste déplacé, etc. Leibniz envisage ici un type d'action dans lequel il y a bien eu une action, mais pas la bonne. De même, « omettre ce qu'il faut faire », c'est rater encore son but à cause, cette fois, d'un défaut de mémoire, qui fait que nous ne nous rappelons pas que nous avons à faire quelque chose. Enfin, « croire avoir fait ce que nous n'avons pas fait » ou « avoir fait ce que nous croyons ne pas avoir fait » sont encore des erreurs causées par un défaut de mémoire, dans la mesure où nos souvenirs nous présentent ici comme certain ce qui ne l'est pourtant pas.

– *Lignes 5 à 12 :* Leibniz compare ensuite les erreurs qu'il vient de décrire avec celles qui ont lieu dans le domaine théorique, et plus particulièrement dans le domaine mathématique. Il détaille, tout d'abord, les différentes sortes d'erreurs qui peuvent se produire, comme il l'a fait pour les erreurs pratiques. Il expose les possibles erreurs de raisonnement : signes (mathématiques) que l'on oublie ou que l'on ajoute (oublier, par exemple, un signe « moins » pour un nombre négatif), éléments oubliés « en les rassemblant » (oublier, par exemple, un nombre en refaisant une addition), ou encore « opérer contre la règle » (être, par exemple, en contradiction logique avec une étape du raisonnement). Leibniz montre que ces erreurs sont là encore imputables à un manque d'attention ou de mémoire, et qu'elles se produisent surtout lorsque notre esprit est « fatigué ou distrait ». Précisons que l'inattention dans le domaine mathématique consiste à ne pas avoir l'esprit suffisamment dirigé sur ses opérations et donc à se tromper. Il est donc possible là aussi, tout comme dans nos erreurs pratiques, de mal se souvenir et de croire certain un raisonnement qui, en fait, ne l'est pas. Le défaut de mémoire que décrit ici Leibniz est le défaut de « prévention » que Descartes avait analysé : c'est croire avoir prouvé ce qui n'est que de l'ordre du préjugé. Leibniz montre donc ici que nous utilisons dans nos raisonnements des mécanismes de pensée non fondés mais que nous croyons fondés parce que nous avons l'habitude de les utiliser, ou bien parce que nous les avons simplement examinés et les croyons du coup vérifiés, ou encore parce que nous désirons les voir prouvés.

Ainsi Leibniz montre que ce qui provoque les erreurs de raisonnement est exactement du même ordre que ce qui fait que nous agissons mal.

I-3 Analyse des remèdes à nos erreurs (lignes 12 à 23)

Leibniz utilise encore le procédé de l'analogie pour montrer que ce qui peut remédier aux erreurs de raisonnement peut aussi servir pour vaincre et faire disparaître les erreurs que nous commettons quand nous agissons.

– *Lignes 12 à 16 :* Leibniz part des remèdes que l'on peut utiliser dans le domaine mathématique et met en évidence l'utilité de ce qui, chez Descartes, s'appelle la méthode. Cette méthode, qui, d'ailleurs, suppose plusieurs règles, consiste en fait à avoir en vue toutes les étapes du raisonnement et à ne permettre ni défaut d'attention, ni défaut de mémoire, en utilisant tout ce qui peut garantir l'attention et la mémoire, à savoir la lenteur, la vérification et le découpage en parties. L'ordre et le dénombrement que l'on trouvait dans la méthode cartésienne sont repris ici par Leibniz sous une forme précise qui lui permet d'insister sur la façon d'éviter les erreurs : il s'agit de ne rien laisser au hasard et de recompter le plus possible.

– *Lignes 16 à 23 :* Leibniz montre que dans le domaine de l'action, il est possible, pour ne pas agir mal, de procéder avec la même rigueur et la même méthode que dans le domaine théorique. Cela permettra notamment d'éviter tout manque d'attention et tout défaut de mémoire. Il explique par ailleurs que si le domaine de l'action est propice aux erreurs, c'est bien parce que nous n'avons pas toujours le temps nécessaire pour être attentif, nos actions étant souvent teintées d'urgence (« pressé »). Ainsi, agir, ce serait comme raisonner « dans le bruit et sans calculer par écrit… sur des nombres très élevés ». En cela, l'action est à comprendre comme un raisonnement difficile où il faudrait redoubler de méthode de façon à bien rester attentif et à conserver une mémoire vigilante (« sang-froid et présence d'esprit »). Le remède est donc l'habitude et Leibniz insiste sur ce point, en reprenant une conception stoïcienne selon laquelle il est possible de vaincre des passions en s'entraînant à leur résister (faire l'inverse de ce à quoi elles nous poussent), comme dans un véritable entraînement physique. Ainsi, dans l'action, il faut donner à son esprit des règles qui, à force, s'imprimeront en lui et deviendront automatiques. Leibniz suggère que cette méthode, qui est d'ailleurs à pratiquer régulièrement, consiste à s'interroger soi-même dans un mouvement réflexif : il faut ainsi se demander : « que fais-tu ? pourquoi fais-tu cela ? » car cela permet de vérifier l'attention et la mémoire nécessaires à l'action que l'on est en train de faire.

Transition partie explicative – partie critique

Leibniz a donc pu envisager des remèdes théoriques applicables à l'action, comme si nos actions n'étaient que des raisonnements difficiles. Il a montré que l'attention et la mémoire garantissent le raisonnement juste et l'action réussie, et que les remèdes, qui nous permettront de vaincre nos erreurs, relèvent de la méthode. Cependant, n'existe-t-il pas des façons de mal agir dont les origines seraient plus morales que théoriques ? La volonté ne serait-elle pas aussi source d'erreurs ?

II Partie critique

Ce texte, bien que s'inspirant de la méthode cartésienne, remet en question en revanche l'idée de Descartes selon laquelle l'erreur tiendrait davantage à l'usage de la volonté qu'à celui de l'entendement. Précisons que, par entendement, il faut comprendre la faculté de penser et par volonté la faculté d'assentiment, la faculté de dire oui ou non à ce que me présente mon entendement. Pour Descartes, en effet, lorsque je me trompe, c'est parce que je fais un mauvais usage de ma volonté en donnant mon assentiment à une idée non « claire et distincte ». Selon Descartes, par exemple, ce n'est pas l'idée de chimère qui, en elle-même, est fausse, c'est le jugement qui pose que la chimère existe qui est faux. Ainsi, c'est parce que ma volonté donne son accord à l'idée de chimère que je me trompe.

Selon Leibniz, au contraire, la volonté n'intervient pas dans l'erreur, ce qu'il prouve en démontrant dans ce texte que, même dans le domaine de l'action, où l'on pourrait justement attribuer l'erreur à la volonté, l'origine reste à chercher dans l'esprit lui-même, et notamment dans son inattention et son défaut de mémoire. Ainsi mal agir, ce n'est que mal raisonner et agir selon un raisonnement faux. Ce n'est pas vouloir agir selon ce raisonnement. Par exemple, si je crois avoir fait tel travail alors que je ne l'ai pas fait, c'est simplement parce que ma mémoire se trompe, mais ce n'est pas parce que ma volonté donne son accord à l'idée que j'ai fait mon travail.

En ce sens, il n'y a pas de volonté maligne (cherchant à faire le mal) pour Leibniz. Précisons cependant qu'il n'y a pas non plus de volonté maligne, à proprement parler, chez Descartes. En effet, même si la volonté est, pour Descartes, source d'erreurs, c'est simplement parce qu'elle donne son accord à une idée qui n'a pas été réexaminée. En réexaminant cette idée, elle pourrait très bien ne plus lui donner son accord. Il n'y a donc pas de mauvaise intention. Si j'agis mal, c'est parce que j'ai simplement combiné ma volonté avec une idée mal réfléchie. Du coup, le remède à ces erreurs réside, selon Descartes, dans le fait de toujours être attentif au raisonnement, de façon que ma volonté s'applique uniquement à des raisonnements corrects.

Pour Leibniz, en revanche, comme la volonté n'intervient même pas dans l'erreur et qu'agir mal, c'est rater un calcul, il suffit, tel un mathématicien voulant trouver le bon résultat, pour bien agir de bien calculer.

On pourrait cependant objecter à ces deux thèses qu'il est possible que la volonté intervienne de façon plus directe. En effet, il arrive que bien que notre raisonnement soit juste (attentif et justifié), nous manquions de volonté pour faire ce que, pourtant, nous avons jugé comme devant être fait. Il se peut ainsi que notre volonté de bien agir soit contrariée par des désirs égoïstes, ou encore, que notre volonté soit pervertie et souhaite le mal pour le mal en toute connaissance de cause, comme c'est le cas de Raskolnikov dans *Crime et Châtiment*.

Conclusion

Ainsi, nos actions ratées peuvent n'être que des calculs ratés pourtant appuyés par une réelle volonté de bien faire. En ce sens, agir mal n'est pas une *faute* morale, ce n'est qu'une *erreur* de raisonnement, due à un manque d'attention ou de mémoire. On pourrait donc supposer qu'un homme suffisamment attentif sera toujours capable d'agir bien. Pour autant, la volonté n'appuie-t-elle pas parfois un raisonnement faux au lieu de le rejeter ? Qui plus est, n'existe-t-il pas parfois chez l'homme une volonté de mal agir ou un manque de volonté de bien agir ? Nos erreurs ne seraient-elles pas dès lors des fautes ?

La politique

SUJET 32 Série S – France métropolitaine – Juin 2009

COMMENTAIRE

Expliquez le texte suivant :

« Les affaires générales d'un pays n'occupent que les principaux citoyens. Ceux-là ne se rassemblent que de loin en loin dans les mêmes lieux ; et, comme il arrive souvent qu'ensuite ils se perdent de vue, il ne s'établit pas entre eux de liens durables. Mais quand il s'agit de faire régler les affaires particulières d'un canton par les hommes qui l'habitent, les mêmes individus sont toujours en contact, et ils sont en quelque sorte forcés de se connaître et de se complaire.

On tire difficilement un homme de lui-même pour l'intéresser à la destinée de tout l'État, parce qu'il comprend mal l'influence que la destinée de l'État peut exercer sur son sort. Mais faut-il faire passer un chemin au bout de son domaine, il verra d'un premier coup d'œil qu'il se rencontre un rapport entre cette petite affaire publique et ses plus grandes affaires privées, et il découvrira, sans qu'on le lui montre, le lien étroit qui unit ici l'intérêt particulier à l'intérêt général.

C'est donc en chargeant les citoyens de l'administration des petites affaires, bien plus qu'en leur livrant le gouvernement des grandes, qu'on les intéresse au bien public et qu'on leur fait voir le besoin qu'ils ont sans cesse les uns des autres pour le produire.

On peut, par une action d'éclat, captiver tout à coup la faveur d'un peuple ; mais, pour gagner l'amour et le respect de la population qui vous entoure, il faut une longue succession de petits services rendus, de bons offices obscurs, une habitude constante de bienveillance et une réputation bien établie de désintéressement.

Les libertés locales, qui font qu'un grand nombre de citoyens mettent du prix à l'affection de leurs voisins et de leurs proches, ramènent donc sans cesse les hommes les uns vers les autres, en dépit des instincts qui les séparent, et les forcent à s'entraider. »

TOCQUEVILLE, *De la démocratie en Amérique.*

La connaissance de la doctrine de l'auteur n'est pas requise. Il faut et il suffit que l'explication rende compte, par la compréhension précise du texte, du problème dont il est question.

Corrigé

Travail préparatoire

Notions et repères

Notions : la politique, la société, l'État, la justice et le droit
Repères : universel / général / particulier / singulier – médiat / immédiat – abstrait / concret

Remarques générales

En raison du découpage en courts paragraphes, la structure du texte peut paraître difficile à dégager : il faut essayer de repérer ce qui fait l'unité et la logique du raisonnement. Il faut, par ailleurs, remarquer que le raisonnement s'appuie sur une série d'oppositions et de distinctions, dont l'auteur s'attache en même temps à montrer qu'elles doivent être liées entre elles.

Problème, thèse et intérêt philosophique

Alexis de Tocqueville s'intéresse ici à ce qui représente sans doute un des problèmes majeurs de la politique. En effet, ce qui donne son sens à l'action politique, c'est le fait que les hommes vivent ensemble au sein de sociétés fondées sur le principe du souci de l'intérêt général. De ce point de vue, la politique semble devoir s'incarner par excellence dans l'État, institution dont le rôle est de garantir l'ordre et la bonne cohésion de la société. Mais, d'un autre côté, ce qui intéresse et anime réellement les hommes, ce sont leurs intérêts individuels, immédiats et pour cela bien plus sensibles. L'État leur apparaît pour cette raison souvent comme une abstraction. Comment résoudre alors cette apparente contradiction ? Ou encore : comment faire pour « intéresser » les hommes au « bien public » ? Cette question pose en même temps celle du lien social : comment faire prendre conscience aux hommes qu'ils sont liés les uns aux autres ? La solution proposée par l'auteur dans ce passage consiste à amener les citoyens à s'investir dans la vie politique dans ce qu'elle a de plus local et direct. C'est ce qui implique en même temps de distinguer deux niveaux de décisions politiques, entre les questions qui regardent l'État et celles qui peuvent et doivent être laissées à des initiatives locales. La force de l'idée de l'auteur réside dans le fait de trouver un élément de solution dans ce qui est la cause même du problème, à savoir la difficulté pour les hommes de voir plus loin que leur intérêt individuel. Est-ce cependant vraiment un moyen propre à amener les hommes à s'intéresser à la vie politique dans ce qu'elle a de plus essentiel ? Cette solution ne pourrait-elle pas aussi bien avoir pour effet d'entretenir le caractère « intéressé » (au mauvais sens du terme) des hommes et, en même temps, de contribuer à une conception très réduite de la politique ?

■ Analyse des concepts principaux

– **Affaires générales / affaires particulières... affaire publique / affaires privées... la destinée de tout l'État / son sort [le sort de l'homme]... intérêt particulier / intérêt général... administration des petites affaires / gouvernement des grandes... les libertés locales :** on retrouve tout au long du texte cette série d'oppositions entre les questions qui regardent la société dans son ensemble, et donc l'État, et celles qui portent uniquement sur des affaires locales, voire particulières. La politique, dans ce qu'elle a de plus essentiel, semble plutôt se jouer au niveau de l'État, justement, à travers la considération de « l'intérêt général », auquel tous les intérêts particuliers doivent se subordonner. D'un autre côté, comme le rappelle l'auteur dans son texte, l'essence de la politique implique que les questions qui relèvent de l'intérêt particulier sont nécessairement liées à celles qui relèvent de l'intérêt général. C'est en mettant en valeur cette liaison et en s'appuyant sur elle qu'il est possible, selon Tocqueville, d'amener les hommes au vrai sens de la vie politique.

– **Les principaux citoyens** : il s'agit des « représentants » du peuple, comme les députés dans une démocratie « indirecte », dont le rôle est de discuter et de voter les lois. Leur existence, sans doute nécessaire, pose en même temps au moins deux difficultés suggérées par l'auteur : d'une part, ces hommes ne se sentent pas forcément liés entre eux, n'ayant que peu l'occasion de se connaître ; d'autre part, cela entretient aux yeux des « simples citoyens » l'idée que la politique est l'affaire de certains hommes seulement.

– **Liens durables... l'affection de leurs voisins et de leurs proches... des instincts qui les [les hommes] séparent :** pour l'auteur, il ne semble pas que les hommes soient sociables par nature, mais plutôt soucieux chacun de leur intérêt particulier. Leur faire prendre conscience qu'ils ont tout intérêt à vivre ensemble et les amener à ressentir même des liens d'affection entre eux devient donc un des enjeux majeurs de la politique. La difficulté est d'autant plus grande que la vie politique se joue à des échelles allant en s'élargissant.

– **La faveur d'un peuple / l'amour et le respect de la population :** l'auteur fait allusion ici à ce qui fait la légitimité du personnel politique, à ce qui fait que les hommes reconnaissent leur autorité et la valeur de leurs décisions. Cela correspond en même temps à ce qui est susceptible de faire prendre conscience aux hommes de l'intérêt de la vie politique. Il faut bien remarquer ici l'opposition entre la « faveur », qui correspond à un intérêt aussi fragile que ponctuel, et « l'amour et le respect », qui désignent des sentiments plus durables et solides et qui ne peuvent donc reposer que sur des causes profondes. D'où l'opposition aussi entre une mesure exceptionnelle et spectaculaire (« une action d'éclat ») et une série d'actions bien plus modestes (la résolution de problèmes locaux, comme dans l'exemple du texte) mais plus propres finalement à marquer les esprits.

■ Plan du texte de Tocqueville

Lignes 1 à 12 : Double constat, par lequel l'auteur pose implicitement le problème : comment intéresser les hommes à la vie politique ?
Lignes 13 à 16 : Déduction de la solution à partir des remarques précédentes : il faut confier aux citoyens les affaires locales plutôt que celles qui concernent directement l'État.
Lignes 17 à 24 : Mise en valeur des avantages que présente cette solution.

CORRIGÉ COMPLET DU COMMENTAIRE

Introduction

La tendance historique semble aller vers le développement de régimes démocratiques, permettant à tous les hommes de participer également à la vie politique, c'est-à-dire aux décisions concernant la vie de l'État. D'un autre côté, on peut constater paradoxalement un certain manque d'intérêt de la part des hommes, justement, à propos de la vie politique, comme si ce qui touchait l'État n'était qu'une chose lointaine pour eux. Le risque encouru est d'enlever tout son sens au principe même de la démocratie et de voir les individus se replier sur leurs existences privées. Comment faire en sorte alors que les citoyens se sentent concernés par la vie politique et par tout ce qui se rapporte à l'État ? Tocqueville apporte ici un élément de solution, en proposant de favoriser un niveau de décisions politiques sur un plan local. Il commence tout d'abord par constater l'origine du problème *(lignes 1 à 12)*, puis il en déduit sa thèse *(lignes 13 à 16)*, dont il souligne, pour finir, les avantages *(lignes 17 à 24)*. On pourra cependant s'interroger sur les effets réels de la solution proposée : ne risque-t-elle pas seulement d'entretenir la difficulté naturelle des hommes à s'intéresser à autre chose que leurs intérêts immédiats ?

I Partie explicative

I-1 Mise en évidence d'une difficulté majeure de la politique : le manque d'intérêt des hommes pour les affaires publiques (lignes 1 à 12)

Tocqueville commence par un constat de fait : une absence d'intérêt de la part des hommes pour la politique dans ce qu'elle a pourtant de plus essentiel.

Il constate d'abord un décalage entre les décisions qui concernent l'État dans son ensemble et celles qui n'ont qu'un enjeu local. Le vote des lois, par exemple, ne donne lieu qu'à des assemblées occasionnelles, puisqu'il n'y a lieu de faire une loi que sur des questions très générales. Les décisions sont alors entre les mains de représentants du peuple (« les principaux citoyens »), c'est-à-dire de quelques hommes seulement. Ces affaires peuvent donc paraître très lointaines aux yeux de la majorité de la population. Par ailleurs, l'auteur fait remarquer que ces représentants eux-mêmes ne peuvent pas ressentir entre eux de « liens durables », puisqu'ils ne sont réunis que de façon très ponctuelle et un peu artificielle. Ce qu'il faut comprendre implicitement, c'est qu'il leur est, pour cette raison, plus difficile de s'entendre ou de se sentir portés par les mêmes intérêts. Au contraire, les petites affaires locales, comme celles d'un « canton », obligent les hommes à se rencontrer beaucoup plus fréquemment et sont plus propres à leur faire sentir la nécessité de s'entendre ensemble *(l. 1 à 6)*.

Tocqueville y ajoute un second constat : les hommes ne peuvent pas être intéressés directement par la vie politique dans ce qu'elle a de plus essentiel, à savoir les grandes décisions qui se jouent à l'échelle de l'État. Ce à quoi les hommes sont sensibles, ce sont bien plutôt leurs tracas particuliers et immédiats, comme le suggère l'exemple du chemin. Mais, comme le fait remarquer l'auteur, c'est en même temps l'occasion pour chaque homme de prendre conscience du « lien étroit qui unit ici l'intérêt particulier à l'intérêt général » : toute question, même très locale, de propriété rejoint la question générale du droit et de la législation (*l. 7 à 12*).

Tous ces éléments posent donc implicitement le problème suivant : comment faire prendre conscience aux hommes de l'importance de la politique et les intéresser à la vie de l'État ?

I-2 Déduction d'une solution : encourager la vie politique au niveau local (lignes 13 à 16)

C'est justement dans les remarques précédentes que l'auteur trouve la solution à ce problème. Il propose en effet de « charg[er] les citoyens de l'administration des petites affaires » plutôt que du « gouvernement des grandes ». Il faudrait ainsi « décentraliser » autant que possible la vie politique, en confiant tout ce qui peut l'être à des initiatives locales. C'est la façon la plus efficace d'amener les hommes à s'intéresser « au bien public », dans la mesure où, en ce cas, le lien entre leurs intérêts privés et leurs intérêts particuliers est moins lointain. Cette organisation semble aussi plus à même de créer un véritable lien durable entre les hommes, fondé sur la conscience de partager les mêmes intérêts.

I-3 Avantages de cette solution (lignes 17 à 24)

Premièrement, pour que les hommes s'intéressent à la vie politique, il faut qu'ils reconnaissent la légitimité de ceux qui la font : ils doivent éprouver pour eux de la confiance et même une forme de reconnaissance. Or, il n'y a rien de plus efficace pour cela que de résoudre les questions qui préoccupent les hommes de la façon la plus immédiate et quotidienne. D'où l'idée que c'est par « une longue succession de petits services rendus » que l'on peut réellement « gagner l'amour et le respect de la population ». L'auteur y oppose une autre façon d'attirer l'intérêt et la reconnaissance du peuple : « une action d'éclat ». Il peut s'agir, par exemple, de la création d'une loi très attendue ou d'une décision gouvernementale exceptionnelle, qui peut certes marquer les esprits, mais de façon finalement ponctuelle et superficielle *(l. 17 à 20)*.

Deuxièmement, c'est le moyen le plus efficace pour lutter contre « les instincts qui [...] séparent [les hommes] », à savoir leur égoïsme et leur individualisme. Développer la vie politique au niveau local, c'est donner aux hommes l'occasion d'apprécier de façon plus sensible le service qu'ils peuvent se rendre les uns aux autres. C'est donc en jouant sur ce qui rend les hommes « insociables » que l'on peut parvenir à créer le lien social nécessaire à la vie politique *(l. 21 à 24)*.

II Partie critique

L'idée de l'auteur est donc d'encourager la vie politique locale, c'est-à-dire les affaires auxquelles les hommes peuvent s'intéresser le plus spontanément, parce qu'elles les touchent de près. Tocqueville pense que, par ce moyen, les hommes en viendront à apprécier l'existence et le rôle de l'État – qui est souvent pour eux une abstraction – sous la forme d'institutions plus proches d'eux. On peut cependant en douter et se demander si cela n'aurait pas tout simplement comme effet d'entretenir les hommes dans leur travers « individualiste ». En effet, à force de se consacrer à des questions d'ordre seulement local, les hommes risquent d'avoir encore plus de difficulté à ressentir leur appartenance à une « destinée » commune : celle de l'État dans son ensemble. D'autre part, cela risque de donner aux hommes une vision un peu réductrice de la politique, comme si celle-ci visait essentiellement à régler les affaires particulières de chacun ou les petits différends locaux. Ce problème est d'autant plus vif que l'on va de plus en plus vers des régimes démocratiques et, en même temps, vers des ensembles de décisions de plus en plus grands. Dans *Le Contrat social*, Rousseau pointait déjà une difficulté semblable. Il soulignait qu'une des conditions nécessaires pour qu'une démocratie fonctionne bien était que l'État reste d'une échelle modeste.

Conclusion

Pour faire sentir aux hommes l'importance et la valeur de l'État, Tocqueville propose donc de rapprocher en quelque sorte celui-ci autant que possible des citoyens. Pour cela, il faudrait favoriser l'existence d'un niveau local de décisions, qui serait de nature plus propre à rendre les hommes sensibles à la vie politique. Cette proposition est d'autant plus intéressante que la tendance historique voit le développement des régimes démocratiques, impliquant l'investissement de chacun. Il reste qu'on peut se demander si une telle solution ne pourrait pas avoir l'effet contraire de celui escompté, à savoir replier les hommes sur leurs affaires les plus immédiates.

SUJET 33 Série ES – France métropolitaine – Juin 2006

COMMENTAIRE

Expliquez le texte suivant :

« On serait tenté d'expliquer toute l'organisation sociale par le besoin de manger et de se vêtir, l'Économique dominant et expliquant alors tout le reste ; seulement il est probable que le besoin d'organisation est antérieur au besoin de manger. On connaît des peuplades heureuses qui n'ont point besoin de vêtements et cueillent leur nourriture en étendant la main ; or elles ont des rois, des prêtres, des institutions, des lois, une police ; j'en conclus que l'homme est citoyen par nature.

J'en conclus autre chose, c'est que l'Économique n'est pas le premier des besoins. Le sommeil est bien plus tyrannique que la faim. On conçoit un état où l'homme se nourrirait sans peine ; mais rien ne le dispensera de dormir, si fort et si audacieux qu'il soit, il sera sans perceptions, et par conséquent sans défense, pendant le tiers de sa vie à peu près. Il est donc probable que ses premières inquiétudes lui vinrent de ce besoin-là ; il organisa le sommeil et la veille : les uns montèrent la garde pendant que les autres dormaient ; telle fut la première esquisse de la cité. La cité fut militaire avant d'être économique. Je crois que la Société est fille de la peur, et non pas de la faim. Bien mieux, je dirais que le premier effet de la faim a dû être de disperser les hommes plutôt que de les rassembler, tous allant chercher leur nourriture justement dans les régions les moins explorées. Seulement, tandis que le désir les dispersait, la peur les rassemblait. Le matin, ils sentaient la faim et devenaient anarchistes. Mais le soir ils sentaient la fatigue et la peur, et ils aimaient les lois. »

ALAIN, *Propos sur les pouvoirs*.

La connaissance de la doctrine de l'auteur n'est pas requise. Il faut et il suffit que l'explication rende compte, par la compréhension précise du texte, du problème dont il est question.

Corrigé

Travail préparatoire

Notions et repères

Notions : la société, l'État, la politique, le droit, les échanges, autrui, le travail et la technique
Repères : origine / fondement

Problème, thèse et intérêt philosophique

Alain réfléchit ici sur la question de la sociabilité humaine, donc sur ce qui est à l'origine du besoin humain de vivre en société dans des groupes organisés. Il cherche ainsi à déterminer de quelle façon et pour quelle raison l'homme est sorti de « l'état de nature ». Il s'interroge également sur la nature du besoin qui structure toute société humaine. Or, pour Alain, il apparaît que c'est la nécessité d'assurer la sécurité de leur vie pendant leur sommeil qui pousse les hommes à coexister et à s'organiser. L'organisation sociale est donc, selon lui, « militaire » avant d'être « économique ». Alain écarte ainsi la thèse classique selon laquelle l'origine de la société correspondrait à la nécessité pour les hommes d'organiser leur travail et leurs échanges. C'est donc « la peur », bien plus que « la faim », qui rassemble les hommes. L'origine de notre sociabilité n'apparaît ainsi que sous la forme d'une contrainte, et non d'une tendance spontanée. Or ne peut-on penser cette sociabilité sur un mode plus positif ? Et ne pourrait-on pas considérer, avec Aristote par exemple, que l'homme est un « animal politique », voué par nature à la vie en société par sa capacité à parler et à penser le juste et l'injuste ?

Analyse des concepts principaux

– **L'Économique :** Au sens étymologique, il s'agit de la gestion (*nomos*, loi, règle) des affaires qui concernent le « foyer », la maison (*oikos*) et, par extension, la Cité. Comme le suggère le texte, il s'agit essentiellement de l'organisation de la production et des échanges des biens de consommation (nourriture, vêtements). Or on fait souvent remonter l'origine de l'organisation sociale au besoin pour les hommes de mettre en commun leur travail et de se répartir les tâches nécessaires à la satisfaction de leurs besoins matériels. Mais c'est justement cette idée qu'Alain réfute ici : selon lui, c'est plutôt la nécessité d'une organisation « militaire » qui donne aux sociétés humaines leur origine.

– **La société – L'organisation sociale :** Une société n'est pas une simple juxtaposition d'individus : c'est un ensemble *organisé* d'individus. Or ce qu'Alain cherche à déterminer, c'est quel besoin, d'une part, amène les hommes à vivre ensemble et, d'autre part, structure fondamentalement toute société humaine.

– **Anarchistes :** L'anarchie désigne une théorie politique caractérisée par le rejet de l'État comme autorité imposée d'en haut aux individus. Cependant, quand Alain qualifie les hommes d'« anarchistes », il ne fait référence qu'à leur tendance naturelle à rejeter l'autorité et à préférer leur indépendance. Ainsi, Alain montre qu'il y a en l'homme deux tendances opposées : l'une, issue du besoin, qui le conduit à vivre en société (en devant se soumettre à des lois et à une autorité) ; l'autre qui le conduit à conserver son indépendance.
– **Les lois :** Il s'agit des règles nécessaires pour permettre la coexistence des hommes au sein d'une société. Elles garantissent à chacun une sphère de liberté sous la forme de ses droits, mais supposent en contrepartie une limite à la liberté de chacun. Elles apparaissent donc aux hommes à la fois comme une entrave à leur liberté, mais aussi comme la condition de leur sécurité dans la mesure où elles sont nécessaires à toute société.

PLAN DÉTAILLÉ DU COMMENTAIRE

– *Lignes 1 à 7 :* Alain commence par évoquer la thèse qu'il souhaite réfuter : l'organisation sociale trouverait son origine dans la nécessité de satisfaire des besoins élémentaires qui relèvent de « l'Économique » (manger, se vêtir). Cette thèse renvoie à la division du travail, laquelle permet d'assurer plus efficacement la satisfaction des besoins et produit en même temps une organisation sociale : chacun pouvant se spécialiser dans une tâche, peut ensuite échanger le résultat de son travail avec les autres. Or, pour Alain, les besoins liés au travail ne suffisent pas pour rendre compte de l'existence d'une organisation sociale. Selon lui, il faut chercher un besoin plus « antérieur » encore. Alain déduit la nécessité de chercher ce besoin de l'existence de sociétés organisées là où les nécessités liées à « l'Économique » semblent ne pas exister. Il fait alors allusion aux « peuples primitifs » au sein desquels la nécessité du travail semble aussi réduite que leurs besoins et où il existe pourtant bien une organisation sociale, puisqu'ils sont dotés d'« institutions » et de « chefs », etc. Alain déduit de cette analyse des peuples primitifs l'existence d'un besoin d'organisation distinct de celui qui est lié au travail. Il en conclut que « l'homme est citoyen par nature » : donc, que partout où il y a des hommes, il y a société et organisation, même là où la nécessité d'organiser le travail n'apparaît pas (on peut voir ici une allusion à la célèbre formule d'Aristote, « l'homme est un animal politique ».)

– *Lignes 8 à 16 :* Alain poursuit son raisonnement en essayant de découvrir un besoin plus universel que le travail et qui serait susceptible de rendre compte de l'existence de toute forme d'organisation sociale. Il s'agit donc de trouver un besoin plus « tyrannique » encore que celui de travailler, autrement dit de trouver un besoin qu'aucun homme ne puisse ne pas rencontrer. Or, selon Alain, ce besoin n'est autre que le besoin de dormir et de se reposer. En effet, tandis qu'un homme pourrait très bien se passer de travailler pour vivre, à l'inverse, personne ne peut échapper à la nécessité de dormir. Alain fait alors remarquer que ce besoin de dormir représente en même temps pour l'homme un facteur de vulnérabilité : le sommeil a donc pour corollaire la « peur ».

Dès lors, ce serait le besoin de garantir la sécurité durant le sommeil qui donnerait la « première esquisse de la cité » à travers une répartition des tours de garde. D'où l'idée d'une organisation avant tout « militaire », liée à la sécurité et à la défense des individus.

– *Lignes 16 à 21 :* Alain termine ce texte en apportant un nouvel argument contre l'idée d'une organisation trouvant son origine dans la nécessité d'organiser la nourriture. Pour ce faire, il va opposer « la faim » à « la peur » et il va montrer que la première est un facteur de dispersion plutôt que d'association. Or, comme le souligne Rousseau, qui défend la même idée à propos de « l'état de nature » dans le *Second Discours*, il est vrai que l'instinct pousse chacun à chercher sa subsistance de son côté et de la façon la plus immédiate, sans penser à collaborer avec les autres. Chacun trouve d'ailleurs plus facilement sa nourriture là où les autres ne peuvent pas la lui disputer. En revanche, comme le met en évidence Alain, « la peur » ou le besoin de sécurité joue nécessairement comme un facteur d'association : la sécurité suppose, en effet, de pouvoir compter sur la présence des autres. L'existence de ces deux besoins amène donc Alain à conclure à l'existence d'une double tendance en l'homme, qui n'est pas sans rappeler ce que Kant appelait « insociable sociabilité ». Ainsi il y a, d'une part, en l'homme un désir d'indépendance qui fait de lui un « anarchiste » et, d'autre part, un besoin de coexister avec ses semblables et de s'organiser pour cela par la mise en place de lois.

SUJET 34 Série ES – Pondichéry – Avril 2009

COMMENTAIRE

Expliquez le texte suivant :

« Si richement doués que nous soyons, il nous manque toujours quelque chose, et les meilleurs d'entre nous ont le sentiment de leur insuffisance. C'est pourquoi nous cherchons chez nos amis les qualités qui nous font défaut, parce qu'en nous unissant à eux nous participons en quelque manière à leur nature, et que nous nous sentons alors moins incomplets. Il se forme ainsi de petites associations d'amis où chacun a son rôle conforme à son caractère, où il y a un véritable échange de services. L'un protège, l'autre console ; celui-ci conseille, celui-là exécute, et c'est ce partage des fonctions, ou, pour employer l'expression consacrée, cette division du travail qui détermine ces relations d'amitié.

Nous sommes ainsi conduits à considérer la division du travail sous un nouvel aspect. Dans ce cas, en effet, les services économiques qu'elle peut rendre sont peu de chose à côté de l'effet moral qu'elle produit, et sa véritable fonction est de créer entre deux ou plusieurs personnes un sentiment de solidarité. De quelque manière que ce résultat soit obtenu, c'est elle qui suscite ces sociétés d'amis, et elle les marque de son empreinte. »

DURKHEIM, *De la division du travail social.*

La connaissance de la doctrine de l'auteur n'est pas requise. Il faut et il suffit que l'explication rende compte, par la compréhension précise du texte, du problème dont il est question.

Corrigé

Travail préparatoire

Notions et repères

Notions : le travail et la technique, les échanges, autrui, la morale
Repères : identité / égalité / différence

Remarques générales

La principale difficulté de ce texte réside dans son sujet, qui porte sur un aspect précis du travail et de la société, appliqué à la notion d'« amitié ». Le lecteur se demande dès lors s'il s'agit d'un texte sur l'amitié ou d'un texte sur le travail. Ce questionnement est ce qui permet par ailleurs d'affiner l'explication.

Problème, thèse et intérêt philosophique

Le problème posé est celui du rôle de l'échange dans le domaine de l'amitié. En d'autres termes, l'amitié engage-t-elle les mêmes rapports que ceux rencontrés plus largement dans la société par le biais du travail ou bien entraîne-t-elle un autre type de relation ? À cette question, Durkheim répond que l'on peut justement concevoir l'amitié comme une société réglée elle aussi par la division du travail et par l'échange. Il insiste sur le caractère moral de cet échange plus que sur son aspect économique, matériel. Pour autant, on peut se demander si l'amitié ne doit pas, pour être authentique, reposer sur d'autres rapports que des rapports d'échanges. N'est-ce pas le désintérêt, le don qui doivent plutôt caractériser une relation entre amis ?

Analyse des concepts principaux

– **Insuffisance... font défaut... incomplets :** Durkheim montre que ce qui fonde la société et le travail, et par conséquent la relation d'amitié, c'est la différence entre les individus, laquelle crée un sentiment de manque et de besoin. Parce que nous sommes différents les uns des autres, nos qualités ne seront pas réparties à l'identique et certains n'auront pas les qualités que d'autres posséderont. Pour autant, notre égalité de personne fait que nous aurons d'autres qualités à partager, permettant ainsi à chacun de ne pas souffrir de ce qu'il n'a pas.
– **Associations d'amis... échange de services... partage des fonctions... division du travail... services économiques... sociétés d'amis :** Durkheim montre la possibilité de concevoir la relation d'amitié sur le même mode que le lien social, en lui appliquant l'idée d'« échanges », et plus précisément la notion de « division du travail ». Pour Durkheim, une amitié fonctionne de la même manière qu'une société, c'est-à-dire en reposant sur des échanges de services.

– **Effet moral... sentiment de solidarité** : Durkheim montre toutefois la spécificité de l'échange amical, qui engage davantage des liens moraux que des liens matériels. Les amis ne sont pas tant reliés entre eux par un sentiment d'utilité réciproque que par un sentiment de solidarité.

■ Plan du texte de Durkheim

Lignes 1 à 9 : Mise en évidence de la division du travail présente dans une relation telle que l'amitié.
Lignes 10 à 15 : Caractère et effet moraux de cette division du travail dans l'amitié.

CORRIGÉ COMPLET DU COMMENTAIRE

Introduction

L'amitié semble reposer sur une relation de réciprocité entre deux personnes. À la différence de l'amour qui est marqué par une dimension essentiellement sentimentale, l'amitié met en jeu d'autres éléments dans une relation plus diversifiée, où l'échange équilibré et réciproque semble prédominer. N'est-il pas alors possible de penser que ce qui serait au fondement de l'amitié serait du même ordre que ce qui serait au fondement de la société, à savoir la division du travail ? Ne s'agit-il pas pour les amis, comme pour les membres d'une société, de concourir au bien-être de l'autre en lui apportant ce qu'il n'a pas ? Mais n'est-ce pas alors remettre en question la dimension morale censée présider à la relation d'amitié ? Comment un échange d'intérêts et de services peut-il prétendre à une vocation morale, censée être désintéressée ? Pour Durkheim, le principe qui anime la relation d'amitié est certes le même que celui qui régit la société : il s'agit, pour les amis, de s'apporter mutuellement ce dont chacun a besoin. Mais cela dépasse de loin une simple fonction économique, puisque la division du travail produit, dans l'amitié, un « effet moral » que Durkheim appelle « la solidarité » : il s'agit, pour chaque ami, de se sentir relié aux autres. Durkheim commence par mettre en évidence la division du travail qui est présente dans une relation telle que l'amitié *(lignes 1 à 9)*, puis il montre les effets moraux de cette division *(lignes 10 à 15)*. Pourtant, même si cet effet moral est indéniable, ne peut-on envisager une autre forme d'amitié, reposant sur d'autres liens ?

I Partie explicative

I-1 Mise en évidence de la division du travail présente dans l'amitié (lignes 1 à 9)

– *Lignes 1 à 5 :* Durkheim montre, dans un premier temps, que la relation d'amitié est structurée, comme la société en général, par la division du travail ou encore les échanges de services. Il part en effet de l'imperfection qui caractérise un homme et qui décide la vie en société pour montrer qu'elle se retrouve aussi au fondement de la relation amicale, les amis ayant besoin les uns des autres. En ce sens, l'amitié n'échappe pas à ce manque fondamental qui détermine le besoin d'union des hommes. Durkheim montre ainsi que l'homme ne se suffit pas à lui-même (« il nous manque toujours quelque chose ») et qu'il a également conscience de ce qui lui manque (« sentiment de leur insuffisance »). Ceci pousse l'homme à rechercher ailleurs qu'en lui-même de quoi combler ses manques : chez une autre personne, proche, faisant partie d'abord de ce qui constitue les amis. L'amitié devient une sorte de conséquence (« C'est pourquoi ») de l'imperfection des individus, lesquels cherchent à compenser cette imperfection en s'unissant à d'autres qui n'auront pas cette imperfection. Durkheim montre en ce sens que l'individu incomplet, imparfait, trouve chez ses amis une manière de participer « en quelque manière à leur nature », c'est-à-dire de recevoir d'eux ce qu'ils ont de plus et de meilleur que lui.

– *Lignes 5 à 7 :* Mais Durkheim montre qu'il ne s'agit pas d'un don mais d'un échange, chaque personne étant incomplète, y compris les amis. Eux aussi cherchent de quoi combler leurs manques – d'où l'idée de Durkheim qu'il « se forme ainsi de petites associations d'amis » caractérisées par de véritables « échange[s] de services ». En posant « l'un […], l'autre […] ; celui-ci […], celui-là […] », Durkheim suggère un échange réciproque entre deux amis mais aussi, plus largement, un ensemble de réciprocités permettant, par exemple, à un ami de donner à un autre tout en recevant d'un troisième ce qui lui manque (et pas forcément de celui à qui il a donné quelque chose).

– *Lignes 7 à 9 :* Durkheim associe alors cet échange de services à un « partage des fonctions » et plus largement à la notion de « division du travail », fondement de la vie en société. En effet, les services qu'il évoque pour décrire l'échange amical (protection, consolation…) sont avant tout des services utiles à la vie et à l'action, permettant aux hommes de satisfaire efficacement leurs besoins. Or tel est bien le rôle de la division du travail que de permettre à chacun de produire quelque chose en échange d'autre chose.

I-2 Caractère et effets moraux de cette division du travail dans l'amitié (lignes 10 à 15)

– *Lignes 10 à 14 :* Durkheim évoque cependant cette division du travail « sous un nouvel aspect », pour souligner ce qui distingue la division du travail dans l'amitié de la division du travail en général. Bien que l'échange amical reste marqué par l'idée de « service » et de « fonction », Durkheim insiste sur « l'effet moral » de l'échange amical (« sentiment de solidarité »). Ainsi les amis, selon l'auteur, ne se considèrent pas tant comme des personnes utiles l'une à l'autre que comme des personnes unies par des intérêts communs qu'elles auraient à cœur de défendre ensemble. L'idée de Durkheim est que l'échange amical ne laisse pas les individus séparés les uns des autres, dans un état où chacun ne penserait qu'à *se servir* de l'autre. Au contraire, l'échange amical créerait des liens permettant à chacun de défendre les intérêts des autres comme ses propres intérêts. L'homme sortirait de l'amitié grandi et meilleur moralement, plus altruiste.

– *Lignes 14-15 :* La fin du texte insiste sur l'idée que c'est grâce à la division du travail que l'amitié existe et que ce « résultat » moral est atteint. La division du travail a donc une valeur fondamentale dans l'existence humaine, bien au-delà de sa fonction sociale et matérielle.

Transition

Ainsi, pour Durkheim, la division du travail, qui préside au lien social, se retrouve dans d'autres formes d'associations telles que l'amitié : des amis entretiennent les mêmes rapports que ceux que l'on observe dans une société de travailleurs où chacun exerce, par rapport à l'autre, une activité différente et complémentaire. Mais est-ce là le propre de toute amitié que de reposer ainsi sur le besoin que chacun aurait de l'autre ?

II Partie critique

On peut certes comparer l'amitié à une microsociété, basée sur les mêmes règles d'organisation et sur le même lien social, fondé sur la différence. Des amis seraient ensemble pour s'aider mutuellement et apporter aux autres ce dont ils auraient besoin. Seuls des êtres différents seraient donc amis, pour se compléter et compenser leurs insuffisances. Mais faut-il nécessairement être différents pour être amis et peut-on appeler « morale » une relation ainsi fondée sur le besoin ? Il semble possible de supposer une amitié plus fondamentale et plus morale reposant sur la similitude et le plaisir désintéressé d'être ensemble. Le véritable ami n'est peut-être pas un être dont on aurait besoin et dont on attendrait un service, mais tout simplement un être avec lequel nous aurions plaisir à être ou que nous aurions plaisir à voir, pour partager des affinités, des points communs.

Conclusion

Il semble donc y avoir un rapport possible entre la société des hommes et les associations d'amis, comme le montre Durkheim pour qui ces deux liens reposent sur la différence entre les individus, la complémentarité et l'échange de services. Les amis et les hommes seraient ensemble pour les mêmes raisons et les mêmes intérêts, chacun étant ainsi relié aux autres par un sentiment de solidarité qui ferait toute la valeur de cette relation. Toutefois, on peut s'interroger sur une autre forme possible d'amitié, plus essentielle et plus morale peut-être, fondée sur la ressemblance et le sentiment désintéressé. Il ne s'agirait plus d'être avec l'autre par besoin et pour combler un manque, mais par affinité et par plaisir. À ce titre, le lien social qui unit les hommes d'une société peut, lui aussi, être repensé et pourquoi pas re-fondé sur un sentiment d'ordre moral, plus désintéressé.

SUJET 35 Série S – France métropolitaine – Juin 2007

COMMENTAIRE

Expliquez le texte suivant :

« La validité des règles de justice, telles qu'elles prévalent entre les individus, n'est pas entièrement suspendue entre les sociétés politiques. Tous les princes se targuent de prendre en considération le droit des autres princes, et certains, cela ne fait pas de doute, sans hypocrisie. Des alliances et des traités sont conclus tous les jours entre États indépendants, et ils ne seraient qu'autant de parchemin gaspillé, si l'on ne constatait, à l'expérience, qu'ils ont quelque influence et autorité. Mais ici réside la différence entre les royaumes et les individus. La nature humaine ne peut en aucune façon subsister sans l'association des individus, et cette association ne pourrait exister si l'on ne respectait pas les lois d'équité et de justice. Désordre, confusion, la guerre de tous contre tous sont les nécessaires conséquences d'une telle conduite licencieuse. Mais les nations peuvent subsister sans relations. Elles peuvent même subsister, dans une certaine mesure, dans une guerre générale. L'observance de la justice, bien qu'utiles entre elles, n'est pas garantie par une nécessité si forte qu'entre les individus, et l'*obligation morale* est en proportion de l'*utilité*. Tous les politiques admettent, ainsi que la plupart des philosophes, que des raisons d'État peuvent, en cas d'urgences particulières, dispenser de suivre les règles de justice et invalider tout traité ou alliance, si les respecter strictement était considérablement préjudiciable à l'une ou l'autre des parties contractantes. Mais rien de moins que la plus extrême nécessité, reconnaît-on, ne peut justifier que les individus violent une promesse ou envahissent les propriétés des autres. »

HUME, *Enquête sur les principes de la morale*.

La connaissance de la doctrine de l'auteur n'est pas requise. Il faut et il suffit que l'explication rende compte, par la compréhension précise du texte, du problème dont il est question.

Corrigé

Travail préparatoire

■ Notions et repères

Notions : la morale, le devoir, la politique, la justice et le droit, la société, l'État
Repères : absolu / relatif – obligation / contrainte – légal / légitime

■ Remarques générales

Ce texte est assez difficile, notamment en raison des nuances que l'auteur apporte à sa thèse. La difficulté consiste aussi, comme souvent, à dépasser le niveau de la simple paraphrase. Il ne faut pas seulement reprendre les affirmations de l'auteur mais y apporter à la fois des éléments de compréhension et un certain recul critique.

■ Problème, thèse et intérêt philosophique

Les États entre eux sont-ils soumis à la même obligation morale que les individus dans leurs rapports entre eux ? La morale semble en effet poser que le devoir de chacun est de respecter ses engagements à l'égard d'autrui, sous la forme de ses promesses, mais aussi de ce « contrat » qui lie les individus entre eux dans une société : les lois. On pourrait donc par extension poser le même devoir à l'égard des États entre eux, sous la forme de traités et alliances. *Hume soutient cependant dans ce texte qu'il peut être juste, recevable moralement, qu'un État aille contre ses engagements à l'égard d'un autre État, parce que ce qui fait le fond de l'obligation morale n'est pas aussi fort entre des États qu'entre des individus.* En effet, tout le texte est bâti à la fois sur cette comparaison et cette distinction : si les États, à l'image des individus, sont amenés à établir des rapports de droit entre eux, c'est plus une affaire d'*utilité* ou d'avantage – alors que pour les individus il s'agit d'une question de véritable *nécessité*. C'est ce qui peut amener à soulever l'objection suivante : cette vision un peu pragmatique de l'obligation morale (car fondée sur l'utilité) n'est-elle pas justement le contraire de la morale ou du moins un arrangement discutable avec la notion de « devoir » ? Ne conduit-elle pas par nature à des abus ou encore, d'un point de vue plus pratique, à rendre de peu de crédit tout traité ou alliance ?

■ Analyse des concepts principaux

– **Validité des règles de justice… observance de la justice :** la notion de « justice » est à prendre ici dans un sens large. Il faut comprendre ici qu'il est question non seulement de *la valeur d'obligation des lois*, mais aussi des *traités*, et même des *règles morales*. Dans quelle mesure sommes-nous censé les « observer »,

c'est-à-dire les respecter comme des *devoirs* ? Valent-ils comme des absolus ou y a-t-il des circonstances qui leur retirent leur « validité », de sorte qu'on pourrait estimer *légitimement* qu'ils perdent leur valeur d'engagement moral ?
– **Obligation / nécessité / utilité** : trois concepts à bien distinguer et à souligner dans l'explication. L'obligation correspond à la notion de « devoir moral » : c'est ce que l'on *doit* faire, car la morale l'exige – mais c'est aussi ce que l'on pourrait ne pas faire (la morale suppose notre liberté). C'est ce qui fait la différence avec la notion de « nécessité » : c'est ce que l'on *doit* faire ; mais sous la forme cette fois d'une contrainte : c'est ce que l'on *ne* peut *pas* ne pas faire (pas de place au choix et à la liberté ici). La nécessité renvoie en ce sens à la notion de « besoin ». L'utile, enfin, est ce qu'il *vaut mieux* faire : c'est ce qui représente un avantage ou un intérêt, plutôt qu'une nécessité. Ce sont donc des notions distinctes, mais que le texte brouille un peu puisque *pour Hume c'est la notion d'« utilité » qui donne son fondement à l'obligation morale*. La notion de « devoir » est donc « en proportion » de l'utilité, voire de la nécessité (comme forme ultime de l'utilité en quelque sorte).
– **Raisons d'État** : on désigne par cette expression des motifs qui pourraient justifier *pour l'État* de contrevenir à la morale ordinaire ou à l'éthique, au nom d'un intérêt supérieur (la conservation de l'État, le souci de l'intérêt général). Il y aurait donc un décalage possible entre la morale ordinaire et les exigences de la responsabilité politique, amenant à repenser la notion de « devoir », de ce qu'il est « juste » de faire. C'est un principe qui pose évidemment problème : comment déterminer la limite entre une infraction *légitime* à la morale ordinaire et un abus ?

■ Plan du texte de Hume

Lignes 1 à 7 : Analogie entre l'obligation morale qui lie les États entre eux et celle qui lie les citoyens au sein d'un État, annonçant une différence de degrés.
Lignes 7 à 15 : Cette obligation morale repose sur l'utilité, qui correspond, pour les citoyens, à une question de stricte nécessité.
Lignes 15 à 21 : Le même principe d'utilité est ce qui donne le droit, en revanche, aux États d'avoir un rapport plus souple à leurs engagements entre eux.

CORRIGÉ COMPLET DU COMMENTAIRE

Introduction

C'est un sujet courant de plainte que de voir combien, dans le domaine politique, la morale se trouve souvent bafouée ou du moins accommodée. Il n'est pas rare, par exemple, de voir que des États passent entre eux des accords et des traités qu'ils ne respectent pas toujours ou seulement dans la mesure où ils y trouvent leur intérêt. On peut le regretter ou s'en scandaliser au nom de la morale. Mais on peut aussi se demander s'il est envisageable d'exiger des États le même rapport à la morale que de simples particuliers. Les responsabilités engagées en politique ne supposent-elles pas un rapport différent à l'obligation morale ? Dans ce texte, Hume soutient l'idée que les États n'ont à respecter leurs engagements les uns à l'égard des autres que dans la mesure où cela ne met pas en cause leur intérêt. Il s'appuie pour cela sur l'idée que la morale se fonde sur le principe d'utilité. Dans une première partie, il annonce l'idée d'une différence entre l'obligation morale courante et celle qui vaut pour les États. Il montre ensuite que le respect de la morale est pour les citoyens d'un État une absolue nécessité entre eux, raison pour laquelle ils ne peuvent s'y soustraire. Enfin, dans une dernière partie, il montre que le même principe autorise les États cette fois à se dégager de leurs promesses dans certaines circonstances. Ceci nous amène cependant à nous demander s'il n'y a pas alors une confusion entre le fait et le droit, entre ce qui se passe et ce qui devrait être. La morale ne suppose-t-elle pas que l'on respecte ses devoirs sans considération d'intérêt ou d'utilité ?

I Partie explicative

I-1 Analogie entre l'obligation morale qui lie les individus et celle qui lie les États (lignes 1 à 7)

Le texte commence par ce qui va être tout le fil conducteur de la réflexion de l'auteur : une comparaison entre les individus et les États quant à leur obligation de respecter les engagements qu'ils passent entre eux. En effet, de même que les rapports entre les individus au sein d'un État sont réglés par des lois et des devoirs, de même les rapports entre États reposent sur ces « contrats » que sont les traités ou les alliances. Cependant Hume affirme déjà une différence de ce point de vue, qui annonce sa thèse. Écrire que la « validité des règles de justice… n'est pas entièrement suspendue (= « *annulée* ») entre les sociétés politiques », c'est une façon de dire que les États ne sont pas tenus *au même degré d'obligation* que les individus. Pourtant, comme le fait remarquer Hume, la possibilité même de conclure des traités ou des alliances entre des nations a pour condition que ces ententes aient valeur d'engagement et qu'elles soient suivies d'effets. S'il s'avérait dans les faits (« à l'expérience ») que les États ou leurs dirigeants ne se sentaient pas engagés par ce qu'ils signent, ces démarches seraient inutiles (du « parchemin gaspillé »). Ainsi, c'est même dans l'intérêt des « princes » de respecter leurs engagements à l'égard des autres s'ils veulent continuer à passer des alliances.

I-2 Le fondement de l'obligation : le principe d'utilité, voire de nécessité est ce qui lie les individus entre eux (lignes 7 à 15)

Hume fait apparaître alors la raison de la différence entre ce qui lie les individus entre eux au respect des lois et règles et les États entre eux. Pour les individus, le respect des lois et de la morale est une *nécessité*. C'est à cette seule condition qu'est possible la vie en société, et celle-ci est une *nécessité* pour la survie des individus. On retrouve la description que fait Hobbes de « l'état de nature » : laissés à leur indépendance, les individus sont une menace les uns pour les autres. Plutôt que d'être le moment de la plus grande liberté, l'absence de lois aboutit à « la guerre de tous contre tous ». Il faut donc que les hommes s'associent, en se soumettant à des lois communes.

C'est le « contrat social », par lequel chacun s'engage à respecter « les lois d'équité et de justice », définissant et garantissant pour chacun des droits (exemple du droit de propriété).

En revanche, on ne retrouve pas la même nécessité de s'associer pour les sociétés. Elles forment une unité suffisante pour assurer leur subsistance de façon autarcique. Hume ne veut pas dire qu'il n'y a pas intérêt pour elles à s'entendre et à s'associer : il ne s'agit simplement pas d'un *besoin*. L'auteur va même jusqu'à dire qu'*à la limite*, elles peuvent se maintenir dans ce qui pourrait être entre elles l'équivalent d'un « état de nature » entre les individus, « une guerre générale ».

D'où cette conclusion : si les individus sont absolument liés aux lois et aux règles morales nécessaires à la vie en société, les nations ne sont engagées entre elles que par un lien d'utilité ou d'*intérêt*, bien moins contraignant. Ce qu'il faut souligner ici, c'est que pour Hume la notion de « devoir » (« obligation morale »), pour les individus comme pour les nations, *est fondée et soumise à la notion d'« intérêt » ou d'« utilité »*. Ce qui est *juste* et ce que l'on *doit* faire, c'est ce qui va dans le sens de la plus grande *utilité*. Conséquence : la notion d'« obligation morale » n'est pas un absolu, mais se pense par degrés (« en proportion de l'utilité »). C'est pourquoi il y a une différence entre l'obligation pour l'individu de respecter les lois de son pays et celle pour les pays de respecter les traités : comme entre une véritable nécessité et ce qui est simplement plus avantageux.

I-3 Le principe d'utilité rend légitime pour les États de se dégager de leurs obligations (lignes 15 à 21)

Hume en arrive alors à préciser ce qui rend légitime pour un État de ne pas respecter ses engagements à l'égard des autres. Il avance l'idée de « raison d'État » : on invoque ce principe pour justifier une action contraire à la morale ordinaire, mais faite dans le souci d'un intérêt supérieur, la conservation de l'État, et le souci de l'intérêt général. Ainsi, c'est l'intérêt national qui prime sur les relations internationales, de sorte que, si cet intérêt semble mis en danger, il dégage un État du respect des traités passés avec d'autres. Pour appuyer son idée, Hume invoque l'autorité de « tous les hommes politiques » et de « la plupart des philosophes ». S'il invoque les premiers, c'est en tant qu'hommes d'expérience, connaissant la réalité de la politique et pouvant juger des principes qui y sont efficaces. Quant aux « philosophes », on peut penser à l'exemple de Machiavel (*Le Prince*, chap. XVIII) pour qui, quand on raisonne sur la politique, il vaut mieux énoncer des idées à valeur pratique, efficaces, plutôt que des principes éthiques plus absolus mais risquant d'être ruineux. Il faut en outre relever que Hume entoure de beaucoup de conditions cette idée d'une légitimité des nations à aller contre leurs engagements : il parle de « cas d'urgences particulières » ou de conséquence « considérablement préjudiciable ». Il ne s'agit pas d'en faire un principe courant (qui se détruirait lui-même d'ailleurs, discréditant toute démarche d'alliance) ni de légitimer toute conduite immorale, simplement intéressée.

Enfin, il termine son raisonnement, soulignant une dernière fois la différence entre les individus et les États, mais en apportant aussi une dernière nuance. Écrire qu'il ne faut « rien de moins que la plus extrême nécessité » pour reconnaître le droit pour un individu d'enfreindre la loi, c'est en effet à la fois souligner la nécessité impérieuse pour les individus de respecter les lois – mais c'est en même temps admettre une exception possible. Ce qu'évoque Hume, c'est par exemple le « vol par nécessité » : lorsque la survie d'un individu est en cause, on peut lui reconnaître le droit d'enfreindre le droit de propriété pour pouvoir se nourrir. L'auteur pourrait alors sembler se contredire : il avait fait du respect des lois pour les individus une question de nécessité, comme ce qui rend la société possible. En réalité, il y a bien une cohérence dans tout son raisonnement. Le fondement de l'association des individus et celui de leur obligation face aux lois, c'est leur droit à pouvoir assurer leur vie. Si celle-ci se trouve mise en danger (« la plus extrême nécessité »), alors on peut reconnaître à un individu le droit d'enfreindre la loi ou la morale (exemple de la promesse). On voit bien ainsi que pour Hume l'obligation morale est une affaire de degrés « d'utilité », allant du simple intérêt à « la nécessité la plus extrême ».

II Partie critique

Comme l'a bien rappelé Hume, si les États passent entre eux des engagements sous la forme de traités, c'est bien pour des raisons d'intérêt ou d'utilité. Cependant, peut-on pour autant en conclure que ces traités n'ont de valeur que dans la mesure où ils restent avantageux pour les États ? Cela ne revient-il pas à ôter toute valeur morale à la promesse faite en signant le traité ? En effet, selon un point de vue plus absolu, la notion de « devoir » ou d'« obligation morale » semble tirer sa valeur du fait qu'elle ne dépend pas de l'intérêt. Un devoir doit être accompli ou respecté de façon inconditionnelle. Où serait d'ailleurs le mérite à faire son devoir, à respecter ses engagements, si cela ne devait se faire que dans la mesure où cet acte reste avantageux pour nous ? On pourrait ainsi reprocher à l'auteur de confondre ce qui se passe dans les faits avec ce qui doit être, ce qui est juste.

D'un autre côté, il faut bien reconnaître que le domaine politique engage une responsabilité plus grande qu'à l'échelle individuelle. Pour un simple individu, faire son devoir, même si cela va à l'encontre de ses intérêts, n'a pas les mêmes conséquences que pour tout un État. De ce fait, on peut être amené à reconnaître à un État la possibilité d'avoir un rapport moins strict à ses promesses à l'égard des autres. Sa finalité reste bien, en effet, le salut de ses citoyens. À ce titre, on peut cependant ajouter que ce salut dépend aussi des relations entre les États et corriger une des affirmations de l'auteur : un État pourrait-il bien se maintenir et assurer son rôle dans une situation de conflits avec les autres États ? cela ne l'oblige-t-il pas à passer avec eux des alliances et à véritablement les respecter ?

Conclusion

Un État aurait donc le droit, selon Hume, de ne pas toujours respecter ses engagements internationaux, puisqu'il n'y est lié qu'à mesure de ce qui lui est utile. En revanche, le même principe d'utilité, comme fondement de l'obligation morale, fait que les individus se doivent de respecter les lois et leurs promesses de façon stricte. On peut cependant ajouter que la valeur morale des obligations que l'on respecte vient de ce qu'on le fait par devoir, plutôt que par simple utilité. D'autre part, on pourrait dire que les relations entre les États devraient tendre, elles aussi, vers un plus grand respect de leurs obligations morales, s'ils doivent permettre aux individus de vivre en paix et en sécurité.

SUJET 36 Série ES – Liban – Juin 2007

DISSERTATION

La recherche de l'égalité peut-elle être injuste ?

Corrigé

Travail préparatoire

Notions et repères

Notions : la justice et le droit, la politique, l'État, la société, les échanges
Repères : idéal / réel – identité / égalité / différence – légal / légitime – en fait / en droit – essentiel / accidentel – contingent / nécessaire / possible

Remarques générales

Ce sujet est assez difficile et demande un travail précis sur les notions de « justice », de « droit », d'« égalité » et d'« équité ». Attention à ne pas simplement énumérer des exemples en guise de réponse !

Analyse des termes du sujet

– **Injuste :** Est juste ce qui est conforme au droit, injuste ce qui va à son encontre. Mais la notion de « droit » peut désigner deux choses distinctes : soit les lois particulières instituées par les hommes (= le droit « positif »), soit une norme absolue de justice (= le droit « naturel »). On retrouve ici la question du *fondement* du droit : sur quoi peut-on s'appuyer pour déterminer ce qui est juste et injuste ? s'agit-il seulement d'une question de convention entre certains hommes ? le sentiment d'injustice que nous pouvons éprouver à l'égard de certains faits ou même de certaines lois n'amène-t-il pas à faire l'hypothèse d'une norme naturelle de justice ?
– **Égalité :** Cette notion semble être le principe même de la justice – d'où le paradoxe apparent de la question. La justice ne suppose-t-elle pas de considérer tous les hommes comme égaux, c'est-à-dire pouvant revendiquer les mêmes droits, et comme soumis aux mêmes lois ? On peut cependant faire la distinction entre une égalité « en droit », posée comme principe, et une égalité effective, matérielle (par exemple, posséder les mêmes biens). Il faut faire la distinction aussi entre une stricte *égalité* et le principe d'*équité* : ce dernier peut sembler plus juste, dans la mesure où il tient compte des cas particuliers.

– **La recherche de :** On peut l'entendre ici soit comme volonté de réaliser concrètement l'égalité entre les hommes, dans les faits, soit comme simple idéal, c'est-à-dire un principe guidant l'action et la réflexion, représentant plutôt un « horizon ».
– **Peut-elle :** La question se pose d'abord en terme de *possibilité* au point de vue logique ou théorique : « Est-il *possible* que les notions de "justice" et d'"égalité" puissent entrer en contradiction ? » La question se pose alors aussi en terme de *légitimité* : « Dans quelle mesure a-t-on le droit de vouloir ou de réclamer l'égalité ? À quelles conditions s'agit-il d'une revendication fondée ? »

■ Problématique

Les notions d'« égalité » et de « justice » semblent être à première vue presque des synonymes. Ne pourrait-il pas y avoir cependant des inégalités qui soient justes ? Jusqu'où l'idée d'égalité est-elle bien légitime, une revendication possible, au même titre qu'un droit ? Ne va-t-elle pas à l'encontre d'inégalités qu'il serait juste de respecter et de garantir ? À la notion d'« égalité », ne faut-il pas préférer celle d'« équité » pour définir ce qui est juste ?

■ Plan de la dissertation

I La recherche de l'égalité, principe même de la justice.
II La recherche de l'égalité comme principe contraire à la justice.
III La justice est une visée d'équité plus que de stricte égalité.

CORRIGÉ COMPLET DE LA DISSERTATION

Introduction

Les sociétés humaines sont caractérisées par le fait que les individus y vivent selon des rapports de droit, garantis par des lois. Si ces lois existent, semble-t-il, c'est pour rompre avec un « état de nature » réglé par « la loi du plus fort ». Elles témoignent donc de la volonté des hommes de vivre dans un monde juste, entre égaux. C'est ce que semble aussi confirmer l'Histoire, marquée par la revendication constante de davantage d'égalité entre les hommes. On peut cependant se demander sur quoi se fonde cette correspondance entre les notions de « justice » et d'« égalité ». D'un certain point de vue, on peut considérer les hommes comme des « semblables » et égaux à ce titre. La justice voudrait donc que cette égalité soit respectée et garantie. Mais il est évident qu'il y a aussi des différences d'un individu à l'autre. Ne serait-il pas injuste, dans ces conditions, de vouloir une égalité pour tous ? Cela ne reviendrait-il pas à commettre une injustice, en allant contre l'ordre naturel des choses ? Le problème consiste donc à déterminer dans quelle mesure l'égalité peut être une revendication juste, c'est-à-dire légitime. Dans un premier temps, nous examinerons en quoi la recherche de l'égalité semble être le principe même de la justice et de l'action juste. Nous nous demanderons ensuite s'il n'y aurait pas de justes inégalités, en réinterrogeant le fondement de la notion de « justice ». Enfin, nous essaierons de déterminer à quelles conditions la recherche de l'égalité reste juste, en introduisant la notion d'« équité ».

I La recherche de l'égalité, principe même de la justice

I-1 L'égalité naturelle des hommes comme fondement de la justice

Les notions de « juste » et d'« injuste » ne seraient que très relatives si on ne pouvait pas les rapporter à un fondement universel, susceptible de faire l'accord de tous les hommes. D'où l'enjeu de l'établissement d'une *Déclaration universelle des droits de l'homme* : définir sur une base légitime les droits que chaque homme peut revendiquer, indépendamment de ce que peuvent dire les codes de lois particuliers institués par chaque pays. Cette déclaration, qui entend définir les droits « naturels et inaliénables » de l'homme, trouve son fondement dans l'idée de *nature humaine.* C'est à partir de ce qui définit l'homme, universellement, que l'on peut établir ses droits. De ce point de vue, toutes les différences entre les individus, qu'elles soient sociales, culturelles, physiques ou intellectuelles, sont à considérer comme inessentielles. Ainsi, comme le déclare le célèbre premier article de la *Déclaration* de 1789, on peut affirmer que « les hommes naissent et demeurent libres et égaux en droits ». Chaque homme doit se voir reconnaître la même dignité, celle d'une « personne », un être doué de conscience et de raison, pouvant agir par sa propre liberté. Chacun peut, par suite, revendiquer que lui soient reconnus les mêmes droits, c'est-à-dire la même liberté, que pour tous les autres. De la même façon, chacun doit vouloir que tous les autres hommes puissent bénéficier des mêmes droits qu'il revendique pour lui-même. Par conséquent, la justice, consistant à attribuer à chacun ce qui lui revient, repose fondamentalement sur l'idée d'une égalité « naturelle » entre les hommes.

I-2 La réalisation de l'égalité comme réalisation de la justice

Ce principe d'égalité resterait cependant trop abstrait s'il ne s'accompagnait pas d'une volonté de réaliser une égalité concrète entre les hommes. C'est ce qui semble guider l'action politique et lui donner du sens : aller vers un monde plus juste, où les hommes bénéficient réellement des mêmes droits, et pas seulement dans les discours. Au plan politique, cela signifie pour chacun d'être un citoyen au même titre que les autres, disposant, par exemple, du même droit à faire entendre sa voix par le vote. Mais plus concrètement encore, pour que les hommes disposent effectivement de la même liberté, c'est-à-dire des mêmes droits, il faudrait corriger aussi l'influence des inégalités sociales et économiques. Si les hommes ne disposent pas des mêmes biens ou des mêmes revenus, alors ils ne bénéficient pas non plus exactement des mêmes droits. Par exemple, si l'éducation devait dépendre des revenus de chacun, on aurait beau reconnaître à chaque homme le droit d'être éduqué, certains ne pourraient pas en bénéficier. C'est ce qui amène à repenser la notion de « droits de l'homme », en tenant compte du fait que l'homme s'inscrit nécessairement dans une réalité sociale et économique non négligeable. Cela implique aussi un rôle accru de la part de l'État : veiller à ce que chacun bénéficie concrètement du même accès à l'éducation, à la santé, au travail, etc. La recherche de l'égalité, sous la forme la plus concrète et effective, est donc ce qui semble nous conduire vers un monde plus juste, où les hommes ne sont pas seulement égaux *en droit* mais aussi *dans les faits*.

I-3 La recherche de l'égalité, principe du système judiciaire

Enfin, dans le domaine judiciaire, où il s'agit de « rendre la justice », c'est encore l'égalité qui semble visée. Les symboles représentant la justice en témoignent. Si l'on dit que la justice est « aveugle », c'est au sens où tous les hommes doivent être égaux face à la loi. Ils doivent être soumis aux mêmes lois et de la même façon. Un jugement juste doit, de ce point de vue, être impartial et ne peut l'être que si on applique la loi de la même façon pour tous, sans faire de distinction entre les individus. Par ailleurs, si on associe la justice à l'image de la balance, c'est parce que « rendre la justice » consiste à rétablir en quelque sorte un équilibre rompu par le crime commis. Un châtiment juste est celui qui est égal, semble-t-il, à la faute commise. Ainsi, la vengeance se différencie de la justice, dans la mesure où il n'y a pas de mesure objective dans la vengeance, qui demeure une affaire de sentiment personnel. Or celui qui subit la vengeance peut à son tour se sentir victime d'une injustice et vouloir se venger. Dans ce cas, l'institution judiciaire a pour rôle de mettre fin à ce cycle en donnant satisfaction à chaque partie. C'est donc bien là encore dans la recherche de l'égalité que semble consister la justice.

Transition

Si l'on considère que les hommes sont fondamentalement égaux par nature, la justice consiste bien à faire en sorte que cette égalité soit assurée et respectée. Cependant, cette idée de la justice ne repose-t-elle pas sur une vision très abstraite des choses ? La justice ne consisterait-elle pas plutôt à respecter les différences et les inégalités entre les individus ?

II La recherche de l'égalité comme principe contraire à la justice

II-1 La recherche de l'égalité, injustice à l'égard de la nature

À mieux y regarder, la référence à « la nature » comme norme de droit et de justice est problématique. En effet, on peut aussi entendre par là « l'ordre naturel des choses », abstraction faite de toute intervention humaine. De ce point de vue, les lois instituées par les hommes peuvent apparaître comme la volonté d'aller à l'encontre des lois de la nature. La loi « naturelle », c'est en réalité celle « du plus fort ». Alors que la justice humaine pose que tous les individus doivent être égaux, dans la nature chacun est livré à lui-même, selon sa force et ses aptitudes, physiques ou intellectuelles. C'est ce qui amène Calliclès, un des personnages du *Gorgias* de Platon, à soutenir l'idée que les lois instituées par les hommes n'ont pas pour véritable fin de garantir la justice. Selon lui, sous couvert de viser l'intérêt commun, les lois sont en réalité une façon pour les plus faibles de brider les plus forts, c'est-à-dire les hommes d'une nature plus « réussie ». Vouloir l'égalité, ce serait ainsi aller à l'encontre des inégalités naturelles et de la justice, si celle-ci se définit par rapport à la nature.

II-2 L'égalisation sociale, entrave à la liberté de chacun

Les inégalités d'aptitudes entre les hommes ont aussi pour conséquence celles de leur mérite. Ainsi, il pourrait sembler juste que ceux qui sont le mieux dotés par la nature ou qui produisent le plus d'efforts, par exemple, soient récompensés à la mesure de leurs efforts. De ce point de vue, la volonté d'égaliser les conditions entre les hommes reviendrait là encore à commettre une injustice. Serait-il juste que l'État soit chargé de garantir à chacun ce dont on peut penser qu'il devrait se procurer par lui-même, par son propre mérite ? Cela pourrait faire naître un sentiment d'injustice, l'impression que certains travaillent plus que d'autres, sans en retirer le bénéfice pour eux-mêmes. Il semblerait alors plus juste que l'État se tienne à un rôle minimal à l'égard de la société, en laissant le plus possible les individus à leur libre initiative, pour se procurer par eux-mêmes ce à quoi ils ont droit.

II-3 La recherche de l'égalité ne suffit pas à rendre justice

Enfin, si, dans le domaine judiciaire, la peine était strictement égale au délit ou au crime commis, on pourrait avoir l'impression là encore d'une injustice. Pour qu'une peine soit juste, il faudrait qu'elle apparaisse bien symboliquement comme une volonté de punir ou de châtier. Cela semble impliquer que le criminel subisse (au moins) un mal plus grand que sa victime. Il ne faudrait évidemment pas que cela puisse se confondre avec de la vengeance, un désir arbitraire de faire souffrir. Il convient, pour cela, de déterminer par la loi des sanctions fixes, bien définies, mais permettant symboliquement de marquer que l'on punit un crime.

Transition

Ainsi, la notion de « justice » impliquerait de savoir reconnaître le bien-fondé de certaines inégalités. Cela ne veut pas dire pour autant que toute inégalité est juste. On est alors amené à se demander *à quelles conditions* la volonté d'égalité peut être légitime.

III Une visée d'équité plus que de stricte égalité

III-1 Des inégalités à corriger

Si toutes les inégalités entre les hommes avaient une origine naturelle, elles pourraient être fondées et respectées comme étant justes selon l'ordre des choses. Cependant, comme le fait remarquer Rousseau dans le *Second Discours* (ou *Discours sur l'origine et les fondements de l'inégalité parmi les hommes*), c'est surtout avec la société qu'apparaissent les inégalités entre les hommes. Si l'on se réfère à « l'état de nature », les différences entre les hommes sont plutôt négligeables, comme le fait remarquer l'auteur, car de peu de conséquences. C'est avec l'apparition de la propriété et de la société que les inégalités vont se creuser entre les plus « riches » et les plus « pauvres ». Or la propriété ne s'est sans doute pas constituée toujours sur une base légitime, selon le mérite réel de chacun. Ce constat amène à penser que les inégalités actuelles ne sont elles-mêmes pas toutes légitimes. Il serait alors juste que l'État les corrige au moins dans une certaine mesure, en garantissant à chacun des droits fondamentaux : ceux dont l'exercice ne devrait pas dépendre du hasard de notre naissance. Il s'agit, par exemple, du droit à l'éducation, à la santé ou au logement. L'idée n'est pas d'égaliser les conditions pour tous les hommes (en donnant à tous le même logement), mais de faire en sorte que chacun puisse au moins avoir un accès égal au minimum nécessaire.

III-2 Des inégalités légitimes, limite de la recherche de l'égalité

Une fois garantie cette égalité fondamentale, il semble possible d'assurer un ordre social qui soit juste tout en intégrant des inégalités. Il ne s'agit pas de faire en sorte que tous les hommes soient strictement à égalité, tant dans leurs droits que dans les faits, mais plutôt de créer au moins une « égalité des chances », pour permettre ensuite au réel mérite de chacun de s'exprimer. C'est dans cette mesure plutôt en terme d'*équité* que d'*égalité* à proprement parler que se pense la justice. Pour revenir à l'exemple de l'éducation, si elle doit être accessible à tous les hommes, sa finalité est aussi de permettre ensuite à chacun de pouvoir valoriser ses qualités et aptitudes particulières et d'en avoir la récompense. On peut s'inspirer ici de l'idée exposée par John Rawls dans la *Théorie de la justice* : si une société implique nécessairement des inégalités, elles sont justes et acceptables dans la mesure où elles servent l'intérêt et l'utilité de tous et sont ouvertes à tous, au moins en principe.

III-3 Domaine judiciaire : la recherche de l'équité

Le principe de la justice, comme nous l'avons vu, est que tous les hommes doivent être égaux face à la loi. Mais le caractère général des lois, qui fait leur valeur, est aussi ce qui peut amener parfois à des injustices, si on les appliquait « à la lettre », sans prendre en compte les situations particulières. Comme le fait remarquer Aristote dans *Éthique à Nicomaque*, il revient alors au juge de comprendre et de respecter « l'esprit » de la loi, l'intention dans laquelle elle a été rédigée. Il ne s'agit pas de faire entorse au principe d'égalité de chacun face à la loi. Au contraire, il faut s'efforcer de le garantir, là où le caractère trop général de la loi pourrait le remettre en cause. Par ailleurs, une peine serait juste si elle était proportionnelle au délit commis, plutôt que strictement égale ou supérieure. C'est là encore ce que commande le principe d'équité.

Conclusion

Il y a donc bien un rapport étroit entre les notions de « justice » et d'« égalité » : le principe de la justice suppose de considérer tous les hommes égaux en dignité et en droits. Cela ne veut pas dire pour autant qu'il serait juste d'égaliser concrètement tous les hommes et de revenir sur toutes les inégalités. De la même façon, ce n'est pas une stricte égalité qui permet de rendre la justice de façon légitime. Il paraît préférable de rechercher l'équité, qui, contrairement à l'égalité, tient compte des particularités de chacun.

SUJET 37 Série L – France métropolitaine – Juin 2006

COMMENTAIRE

Expliquez le texte suivant :

« Celui qui se nourrit des glands qu'il a ramassés sous un chêne, ou des pommes qu'il a cueillies aux arbres d'un bois, se les est certainement appropriés. Personne ne peut nier que ces aliments soient à lui. Je demande donc : Quand est-ce que ces choses commencent à être à lui ? Lorsqu'il les a digérées, ou lorsqu'il les a mangées, ou lorsqu'il les a fait bouillir, ou lorsqu'il les a rapportées chez lui, ou lorsqu'il les a ramassées ? Il est clair que si le fait, qui vient le premier, de les avoir cueillies ne les a pas rendues siennes, rien d'autre ne le pourrait. Ce travail a établi une distinction entre ces choses et ce qui est commun ; il leur a ajouté quelque chose de plus que ce que la nature, la mère commune de tous, y a mis ; et par là, ils sont devenus sa propriété privée.

Quelqu'un dira-t-il qu'il n'avait aucun droit sur ces glands et sur ces pommes qu'il s'est appropriés de la sorte, parce qu'il n'avait pas le consentement de toute l'humanité pour les faire siens ? était-ce un vol de prendre ainsi pour soi ce qui appartenait à tous en commun ? si un consentement de ce genre avait été nécessaire, les hommes seraient morts de faim en dépit de l'abondance des choses [...]. Nous voyons que sur les terres communes, qui le demeurent par convention, c'est le fait de prendre une partie de ce qui est commun, et de l'arracher à l'état où le laisse la nature qui est au commencement de la propriété, sans laquelle ces terres communes ne servent à rien. Et le fait qu'on se saisisse de ceci ou de cela ne dépend pas du consentement explicite de tous. Ainsi l'herbe que mon cheval a mangée, la tourbe qu'a coupée mon serviteur et le minerai que j'ai déterré, dans tous les lieux où j'y ai un droit commun avec d'autres, deviennent ma propriété, sans que soit nécessaire la cession ou le consentement de qui que ce soit. Le travail, qui était le mien, d'arracher ces choses de l'état de possessions communes où elles étaient, y a fixé ma propriété. »

LOCKE, *Second traité du gouvernement civil*.

La connaissance de la doctrine de l'auteur n'est pas requise. Il faut et il suffit que l'explication rende compte, par la compréhension précise du texte, du problème dont il est question.

Corrigé

Travail préparatoire

■ Notions et repères

Notions : la justice et le droit, le travail et la technique, la liberté, la culture
Repères : en fait / en droit – légal / légitime – médiat / immédiat – origine / fondement

■ Problème, thèse et intérêt philosophique

Locke pose ici le problème du fondement de la propriété : à partir de quand et selon quel principe puis-je revendiquer que quelque chose m'appartienne, sans que les autres puissent venir me disputer ce droit ? Pour mener cette réflexion, il faut spéculer sur « l'état de nature », moment qui précède la société et les lois, et notamment la fixation de la propriété. Le problème est donc le suivant : comment passe-t-on *légitimement* d'une situation où tout appartient *en commun* à l'ensemble des hommes, à la propriété *privée* ? Pour Locke, c'est le travail qui permet à chacun de s'approprier les biens qu'offre la nature, car le travail fait sortir ces biens de leur état naturel, état où ils appartiennent en commun à tous. Il est à remarquer que Locke s'oppose explicitement à l'idée qu'il faudrait attendre l'accord des autres hommes pour parler de propriété. On pourrait, en ce sens, voir, chez Locke, un droit « naturel » de propriété, fondé sur le travail de chacun. Pour autant, si chacun peut revendiquer comme sien ce qu'il a marqué de son travail, on peut se demander, comme le souligne Rousseau dans le *Second Discours*, quel droit chaque individu a de marquer cette chose de son travail. Or cette question mérite d'être posée car la propriété pose le problème des inégalités : en effet, ces dernières sont-elles légitimes car fondées sur le travail, ou sont-elles injustes et, dans ce cas, ne faudrait-il pas concevoir un principe de répartition plus juste des biens de la nature, comme le propose Rousseau ?

■ Analyse des concepts principaux

– **Appropriation, propriété (privée) :** Littéralement, s'approprier quelque chose, c'est le faire « sien ». Or il faut distinguer la simple possession (qui n'est qu'un fait) de la propriété (qui est un droit). Ce dont je suis le propriétaire, c'est ce que je peux revendiquer comme mien de façon *légitime*. C'est ce sur quoi j'ai un *droit*, et donc ce qu'autrui doit reconnaître et respecter (à moins de commettre un *vol*). Dès lors, toute la question est de savoir sur quoi fonder ce droit. Comment faire pour que chacun se voie bien attribuer ce qui lui revient et ce à quoi il a droit ? Cela doit-il passer par une convention, une entente entre les hommes ou existerait-il, au contraire, un principe naturel d'appropriation ?

– **Travail :** Le travail se définit ici comme le fait de faire sortir une chose de son état naturel. C'est donc une transformation de la nature qui a pour objectif la satisfaction des besoins vitaux, mais qui vaut aussi comme une appropriation de la nature. Selon Locke, dans le produit du travail de chacun, il y a une part de sa « personne », qui représente la propriété fondamentale de chacun. La médiation du travail est ainsi ce qui transmet cette propriété à tout ce que chacun transforme par son travail.

– **Consentement :** Consentir, c'est donner son accord ou son approbation. Or le texte s'attache à montrer qu'un « consentement » n'est pas nécessaire ni même pensable pour justifier l'appropriation des choses par chacun. En effet, selon Locke, le travail de chacun suffit à assurer la légitimité de ce qu'il revendique comme sien face aux autres.

PLAN DÉTAILLÉ DU COMMENTAIRE

– *Lignes 1 à 7 :* Locke commence par énoncer le problème : à partir de quand quelqu'un peut-il être considéré comme propriétaire de quelque chose ? L'auteur part d'un exemple élémentaire : le simple fait de se nourrir, qui suppose bien une forme d'appropriation, puisqu'il y a consommation. Or cette appropriation apparaît bien comme légitime car elle correspond à une nécessité vitale : chacun ayant en effet le droit d'assurer sa conservation. Il faut remarquer que Locke fait ici référence à « l'état de nature », puisqu'il cite l'exemple d'un homme se nourrissant de « glands ». Précisons que l'état de nature est ce moment hypothétique qui précède la société, ainsi que toute forme de culture, et en particulier l'institution des lois. Locke se demande donc de quel droit chacun peut se saisir de quelque chose et le revendiquer comme sien, dans une situation où tout est en quelque sorte « à tout le monde ».

– *Lignes 7 à 10 :* Locke introduit sa thèse. C'est par le travail que les choses sortent de leur état naturel, état dans lequel elles n'appartiennent à personne en particulier. C'est donc dans le travail que se fonde le droit de propriété. Par travail, il faut entendre de façon générale le fait de transformer la nature, lequel peut se ramener au simple fait de cueillir quelque chose (surtout dans « l'état de nature »). On peut remarquer que la « nature » est ici qualifiée de « mère commune », ce qui suggère l'idée d'une nature providentielle, offrant aux hommes de quoi pourvoir à leurs besoins, par la médiation du travail cependant.

– *Lignes 11 à 16 :* L'auteur envisage une objection possible à sa thèse. Comme, au départ, tout appartient en commun à l'ensemble de l'humanité, ne faudrait-il pas en passer par une sorte d'accord entre tous les hommes pour fonder une appropriation légitime ? En effet, prendre quelque chose pour soi alors que tout est, au départ, « à tout le monde », ne serait-ce pas une forme de vol ? Et ne serait-ce pas comme prendre ce qui ne nous appartient pas, ou du moins pas à titre « privé » ? Or Locke écarte cette objection par une simple remarque de bon sens. Si le besoin de s'approprier les biens de la nature s'enracine, au départ, dans la nécessité et dans l'urgence de satisfaire ses besoins vitaux, réclamer un tel accord est impensable, voire même absurde : il n'est pas nécessaire d'attendre un tel « consentement » ; le travail que l'on ajoute à une chose suffit à ôter aux autres le droit de nous la disputer. Et ceci est encore plus vrai dans une situation où il y a « abondance de choses », comme c'est le cas dans l'état de nature, où les hommes sont censés être encore peu nombreux.

– *Lignes 16 à 25 :* Locke réaffirme sa thèse en l'appuyant cette fois sur un argument renvoyant à une situation contemporaine (« Nous voyons que… »). À présent, il ne réfléchit plus sur la situation hypothétique de l'état de nature, mais sur son équivalent contemporain : les « terres communes, qui le demeurent par convention ». Nous sommes désormais dans une situation où tout a été réparti entre les hommes : ce qui est à présent « en commun » ne peut l'être que par convention. Il faut remarquer que les exemples montrent que la propriété peut se transmettre : si le travail de « mon serviteur » m'appartient, alors le produit de son travail m'appartient (« la tourbe qu'il a coupée »). Autre élément à souligner : l'idée que des terres qui ne seraient pas marquées par le travail, donc qu'on ne chercherait pas à s'approprier en un sens, « ne servent à rien ». Ce qui montre que, pour Locke, la nature est offerte, en commun, aux hommes pour qu'ils en tirent profit par leur travail, et que c'est, pour une grande partie, le travail que nous ajoutons aux choses de la nature qui fait leur valeur.

L'État

SUJET 38 Série S – France métropolitaine – Juin 2008

COMMENTAIRE

Expliquez le texte suivant :

« Si la morale ne considère que l'action juste ou injuste, si tout son rôle est de tracer nettement, à quiconque a résolu de ne pas faire d'injustice, les bornes où se doit contenir son activité, il en est tout autrement de la théorie de l'État. La science de l'État, la science de la législation n'a en vue que la victime de l'injustice ; quant à l'auteur, elle n'en aurait cure, s'il n'était le corrélatif forcé de la victime ; l'acte injuste, pour elle, n'est que l'adversaire à l'encontre de qui elle déploie ses efforts ; c'est à ce titre qu'il devient son objectif. Si l'on pouvait concevoir une injustice commise qui n'eût pas pour corrélatif une injustice soufferte, l'État n'aurait logiquement pas à l'interdire. Aux yeux de la morale, l'objet à considérer, c'est la volonté, l'intention ; il n'y a pour elle que cela de réel ; selon elle, la volonté bien déterminée de commettre l'injustice, fût-elle arrêtée et mise à néant, si elle ne l'est que par une puissance extérieure, équivaut entièrement à l'injustice consommée ; celui qui l'a conçue, la morale le condamne du haut de son tribunal comme un être injuste. Au contraire, l'État n'a nullement à se soucier de la volonté, ni de l'intention en elle-même ; il n'a affaire qu'au fait (soit accompli, soit tenté), et il le considère chez l'autre terme de la corrélation, chez la victime ; pour lui donc il n'y a de réel que le fait, l'événement. Si parfois il s'enquiert de l'intention, du but, c'est uniquement pour expliquer la signification du fait. Aussi l'État ne nous interdit pas de nourrir contre un homme des projets incessants d'assassinat, d'empoisonnement, pourvu que la peur du glaive et de la roue nous retienne non moins incessamment et tout à fait sûrement de passer à l'exécution. L'État n'a pas non plus la folle prétention de détruire le penchant des gens à l'injustice, ni les pensées malfaisantes ; il se borne à placer, à côté de chaque tentation possible, propre à nous entraîner vers l'injustice, un motif plus fort encore, propre à nous en détourner ; et ce second motif, c'est un châtiment inévitable. »

SCHOPENHAUER, *Le Monde comme volonté et comme représentation.*

La connaissance de la doctrine de l'auteur n'est pas requise. Il faut et il suffit que l'explication rende compte, par la compréhension précise du texte, du problème dont il est question.

Corrigé

Travail préparatoire

■ Notions et repères

Notions : la morale, le devoir, la conscience, la politique, l'État, la justice et le droit, la société
Repères : légal / légitime – en acte / en puissance – obligation / contrainte – objectif / subjectif

■ Remarques générales

Le texte repose sur une série d'oppositions et de distinctions auxquelles il faut être très attentif. Cela vous permettra d'éviter des contresens possibles et de bien restituer l'unité du raisonnement de l'auteur ainsi que ses nuances.

■ Problème, thèse et intérêt philosophique

Schopenhauer réfléchit ici sur la notion de justice, et plus précisément sur la différence entre la façon dont la morale et l'État la conçoivent. C'est une façon en même temps de réfléchir sur ce que doit être le rôle de l'État. Pour l'auteur, l'État doit considérer comme « juste » toute conduite qui ne nuit pas à autrui, et son rôle doit se borner à empêcher que des actes nuisibles soient commis au moyen de la crainte du châtiment. L'État ne doit donc pas avoir la même exigence en matière de justice que la morale, puisque cela reviendrait à exiger que les individus soient justes dans leurs intentions elles-mêmes, et pas seulement dans leurs actes. On peut cependant se demander si l'on ne doit pas aussi attendre de l'État qu'il rende les citoyens « meilleurs » d'un point de vue moral. Se borner à empêcher les individus de se nuire les uns les autres par la crainte, n'est-ce pas laisser le problème entier ? D'un autre côté, la volonté de « moraliser » les individus n'irait-elle pas à l'encontre de l'essentiel respect de la liberté ? Ne ferait-elle pas courir le risque d'un État « totalitaire » ?

■ Analyse des concepts principaux

– **La morale** : la morale est ce qui définit comment *bien* agir, selon des valeurs de bien, de mal, de juste et d'injuste. C'est aussi le rôle du droit, à travers les lois, mais à cette différence près que, comme le rappelle le texte, il suffit en droit qu'une action soit conforme à ce qui est légal pour qu'elle soit juste ; alors que, du point de vue de la morale, il faut considérer aussi la valeur de l'intention. Une action n'est ainsi véritablement morale que si elle correspond à une *obligation* que l'on s'impose à soi-même, à la différence de ce que l'on ne fait que sous la *contrainte*.

– **L'État, la « théorie de l'État », la « science de l'État » :** on peut définir l'État comme un ensemble d'institutions venant encadrer la société, pour en résoudre les conflits et permettre aux hommes de vivre les uns avec les autres. Le premier rôle de l'État est donc d'assurer la sécurité des individus, en limitant réciproquement la liberté de chacun. L'État doit en même temps instaurer des rapports de droit entre les individus, en garantissant à chacun l'espace de liberté qui lui revient. C'est à lui que revient aussi de « rendre la justice », pour réparer les dommages dont les individus peuvent être victimes. Si l'auteur parle dans le texte de « science » ou de « théorie de l'État », c'est dans la mesure où il réfléchit sur les principes qui doivent définir le rôle mais aussi les limites de l'État. C'est ce qu'il appelle aussi « la science de la législation », dans la mesure où le rôle principal de l'État est d'établir et de faire respecter des lois.
– **Justice / injustice :** de façon générale, la justice est une qualité, celle d'un être ou d'une action, dans la mesure où il y a conformité avec ce qui doit être ou ce qui est permis. Le texte montre qu'il peut y avoir, à partir de là, deux conceptions de ce qui est juste, selon que l'on se place du point de vue de l'État ou de la morale. L'auteur semble pourtant bien présupposer que l'État doit s'appuyer sur les mêmes principes que ceux de la morale pour définir les lois – là où il y a une différence, c'est que l'État ne peut exiger des individus que leur obéissance aux lois, non qu'ils le fassent par pur respect de la justice. En revanche, pour être « juste » d'un point de vue moral, il ne suffit pas d'obéir aux lois, mêmes justes ; il faut encore que cette obéissance ne soit ni l'effet de la crainte, ni celui de l'intérêt.

■ Plan du texte de Schopenhauer

Lignes 1 à 9 : Annonce d'une distinction entre le principe de la morale et celui de l'État : c'est seulement l'existence de la « victime » qui fonde la notion d'injustice du point de vue de l'État et qui donne sens à son intervention.
Lignes 9 à 19 : Approfondissement de la distinction entre ce qui est juste du point de vue de la morale et ce qui est juste du point de vue de l'État, autour de l'opposition entre l'intention et le fait.
Lignes 19 à 26 : Conséquence logique de ce qui précède : déduction des limites du rôle de l'État en matière de morale et de justice.

CORRIGÉ COMPLET DU COMMENTAIRE

Introduction

La finalité principale de l'État et des lois est de permettre aux hommes de vivre ensemble sans avoir à craindre les uns des autres. Il s'agit d'une question de sécurité mais aussi de morale : veiller à ce que règne la justice entre les individus. Mais, sur ce plan, jusqu'où peuvent et doivent aller les ambitions de l'État ? Doit-il faire en sorte que les hommes deviennent eux-mêmes effectivement justes, en prenant ainsi le problème à la racine ? Ne doit-on pas plutôt attendre simplement de lui qu'il sanctionne les injustices commises et empêche, par ce moyen, d'autres crimes d'être commis ? Pour le philosophe allemand Schopenhauer, l'État n'a pas à se préoccuper de la qualité morale des hommes. Son rôle doit se limiter à empêcher que des crimes ou des délits soient commis, par le seul moyen de la peur du châtiment. L'auteur arrive à cette idée en montrant, dans un premier temps, que la notion d'« injustice » n'a de sens pour l'État que s'il y a dommage pour autrui. À partir de cette distinction, il montre que l'État prend en compte essentiellement des faits, là où la morale fonde plutôt son jugement sur les intentions, quels que soient les faits. C'est ce qui amène Schopenhauer à sa thèse en conclusion. Cependant, cela ne condamne-t-il pas l'État à un rôle uniquement répressif ? Ne reviendrait-il pas aussi à l'État d'éduquer moralement les individus, ce qui pourrait s'avérer plus efficace ?

I Partie explicative

I-1 Première distinction entre l'État et la morale du point de vue de la justice : pour l'État, c'est l'existence d'une victime qui définit l'injustice (lignes 1 à 9)

– *Lignes 1 à 9 :* Schopenhauer annonce d'emblée une distinction entre la morale et l'État. Le rôle de la morale consiste à définir comment bien agir, en indiquant à chacun quelles doivent être les limites à respecter dans ses actions. La morale s'adresse donc essentiellement à celui qui se propose d'agir, à l'auteur de l'action. À l'inverse, comme le soutient le philosophe allemand Arthur Schopenhauer, le principe de l'intervention de l'État tient au fait qu'il y ait une « victime ». L'auteur de l'action condamnable, celui qu'il s'agit de punir, n'intéresse ainsi l'État que de façon indirecte. Ce qu'il faut comprendre par là, c'est que l'intervention de l'État n'a pas pour but premier de punir les criminels : si l'État le fait, c'est uniquement parce que c'est le moyen de réparer les préjudices subis ou de protéger d'éventuelles victimes. Il faut bien relever que, de ce point de vue, l'auteur va contre l'opinion courante. On pense en effet, souvent, que les lois sont directement conçues à l'intention de ceux qui voudraient commettre des injustices. Ce qui nous le fait croire, c'est que le criminel est « le corrélatif forcé de la victime », autrement dit : que l'un ne peut pas se penser logiquement sans l'autre. Mais, comme le soutient l'auteur, dans l'hypothèse où un acte « injuste » pourrait être commis sans que cela fasse de victime, donc de dommage, « l'État n'aurait logiquement pas à l'interdire ». Du point de vue de l'État, il ne peut donc y avoir d'« injustice » que dans la mesure où il y a « une victime ».

I-2 Seconde distinction : *l'intention* est essentielle pour définir l'injustice au sens moral, alors que pour l'État c'est *le fait* (lignes 9 à 19)

– *Lignes 9 à 19 :* C'est ce qui amène l'auteur à approfondir la distinction entre la conception morale de la justice et celle de l'État. Pour la morale, il n'est pas nécessaire que quelqu'un commette réellement un acte injuste et fasse ainsi une victime, pour que l'on puisse parler d'« injustice ». En effet, du point de vue moral, ce qui importe, « c'est la volonté, l'intention ». L'auteur dit même qu'il n'y a « que cela de réel » pour la morale, signifiant par là que c'est l'élément essentiel, et même le seul, qui doit entrer en ligne de compte pour juger de la valeur morale de la conduite de quelqu'un.

Ainsi, quelqu'un qui a l'intention de mal agir, et qui est pourtant empêché de passer à l'action, reste condamnable aux yeux de la morale. En revanche, du point de vue de l'État, rien ne peut lui être reproché si aucun « fait » ne vient attester objectivement de sa volonté de mal agir. Il y a donc bien une opposition nette entre ce que l'État et la morale considèrent chacun comme « réel » en matière d'injustice : l'un, des faits ; l'autre, des intentions seulement. L'auteur apporte cependant une nuance sur ce point, qui rejoint finalement sa thèse : il arrive bien à l'État de s'intéresser aux intentions lorsqu'il s'agit de juger un crime ou un délit, mais, en ce cas, « c'est uniquement pour expliquer la signification du fait ». Autrement dit : « l'intention » n'entre en ligne de compte que dans la mesure où elle sert à mieux préciser la nature du « fait » qui est jugé. Un homicide, par exemple, n'est pas le même fait selon qu'il est commis de façon préméditée, spontanée ou encore involontaire.

I-3 Conséquence sur le rôle de l'État : empêcher les actes injustes et non changer les mentalités (lignes 19 à 26)

– *Lignes 19 à 26 :* L'auteur en déduit logiquement les limites de l'intervention de l'État en matière de morale et de justice. Ce que l'État doit empêcher, c'est que les intentions criminelles soient suivies d'actes ou d'effets, mais pas qu'elles existent chez des individus. Schopenhauer écrit même que l'État « ne nous interdit pas de nourrir contre un homme des projets incessants d'assassinat », autrement dit : qu'il y ait en nous une volonté meurtrière bien plus que passagère, tant que la peur du châtiment nous retient de passer à l'acte. Le rôle de l'État n'est donc pas d'essayer de changer les individus, de les ramener à de meilleures intentions. L'auteur parle même, à ce propos, de ce qui serait une « folle prétention », sans doute parce qu'il considère qu'il s'agit là d'une tâche impossible à réaliser. L'État doit donc se borner à ce qu'il a les moyens de faire : éviter que les individus se nuisent les uns les autres en jouant sur la crainte de châtiments suffisamment forts pour être dissuasifs face à la tentation de commettre des injustices.

Transition

Ainsi, pour Schopenhauer, si l'État doit faire régner la justice, c'est seulement au sens où il doit faire suffisamment peur à ceux qui seraient tentés de nuire à autrui. Mais n'y a-t-il pas là « justice » qu'en apparence ? Ne reviendrait-il pas à l'État d'aller plus loin, en rendant les individus effectivement justes, jusque dans leurs intentions ?

II Partie critique

Le rôle principal de l'État est d'éviter que les individus se nuisent les uns les autres, autrement dit : que certains soient les victimes des exactions des autres. Pour cela, l'État institue des lois qui doivent être dissuasives, notamment par les sanctions promises. On pourrait même être tenté de penser que l'État a tout intérêt, pour jouer son rôle de la façon la plus efficace, à promettre des sanctions aussi terribles que possible (comme dans les exemples du texte).

Cependant, on peut constater dans les faits que l'existence de sanctions même très redoutables n'a jamais vraiment empêché des crimes d'être commis. On peut prendre l'exemple de la peine de mort : dans les pays où elle a été abolie, on ne constate en général pas de modification significative de la criminalité par rapport à l'époque où elle était en vigueur.

Par ailleurs, se contenter de punir systématiquement les crimes commis, c'est en quelque sorte ne jamais résoudre vraiment le problème. Il vaudrait mieux tenter de « prendre le mal à la racine ». Il faudrait alors faire en sorte que les individus deviennent effectivement justes, vertueux, jusque dans leurs intentions. On arrive cependant à deux difficultés : est-il possible, réellement, d'agir sur les intentions des gens en leur faisant perdre l'envie de nuire à autrui ? n'y a-t-il pas là le risque d'aller contre l'essentielle liberté de conscience, comme à certaines heures de l'histoire où l'on avait mis en place des systèmes de « rééducation » pour neutraliser des opposants ? On peut aussi penser au film *Orange mécanique* de Stanley Kubrick, inspiré du roman d'Anthony Burgess. On y voit un État qui a l'ambition d'assurer la sécurité des personnes tout en « vidant les prisons ». Pour y parvenir, est mis au point un programme de conditionnement contraignant les individus à refouler leurs envies de mal agir dès qu'elles surgissent en eux. Or, ce conditionnement ayant supprimé en même temps la valeur morale de leurs actes, ces individus ne sont « justes » que par incapacité à pouvoir faire le mal. Il semble donc qu'on ne puisse pas résoudre le problème des injustices, sans en même temps devoir respecter la liberté des individus, c'est-à-dire leur capacité à pouvoir aussi mal agir.

L'État pourrait en revanche jouer sur ce qui peut aussi être la cause des crimes et des délits, à savoir les inégalités sociales. C'est peut-être en assurant plus de justice de ce point de vue que l'on pourrait réduire en partie le problème.

Conclusion

Pour Schopenhauer, l'État n'a pas à avoir la même exigence que la morale en matière de justice. Il ne doit intervenir que lorsque des actes injustes sont effectivement commis, pour en punir l'auteur, de façon à dissuader les auteurs potentiels d'autres crimes. On peut penser qu'il faudrait aller plus loin pour offrir plus de sécurité encore aux individus, mais cela ne doit pas pour autant jouer contre la liberté de chacun, que l'État doit aussi préserver. On peut imaginer, en revanche, qu'en offrant aux individus de meilleures conditions de vie, ou plus de justice sociale, l'État pourrait agir plus efficacement que par la seule répression.

SUJET 39 Série L – France métropolitaine – Juin 2004

DISSERTATION

Doit-on tout attendre de l'État ?

Corrigé

Travail préparatoire

■ Notions et repères

Notions : la politique, la société, l'État, la justice et le droit, la morale, le devoir, la liberté, le bonheur.

Repères : légal / légitime – obligation / contrainte – contingent / nécessaire / possible

■ Remarques générales

Ce sujet est centré sur l'expression « tout attendre » qui semble excessive et qui peut donc faire l'objet d'une réflexion critique. En même temps, on peut noter l'opposition soulignée entre les termes « on » et « l'État », et on peut souligner qu'il semblerait que soit posée la **question du rapport que l'individu doit entretenir avec le pouvoir et ses décisions** : d'un côté, l'État est censé apporter un certain nombre de garanties mais, de l'autre côté, l'individu est aussi censé jouer un rôle actif dans la société.

■ Analyse des termes du sujet

– **Doit-on :** Le verbe « devoir » renvoie au domaine de la morale, et plus particulièrement à l'idée de devoir. Il ne faut pas confondre « doit-on » avec l'expression « faut-il » qui renvoie plus à l'idée de nécessité. Dans ce sujet, on demande si la morale (recherche du bien) exige que l'on attende tout de l'État. On recherche donc ici un certain modèle de l'État et du rapport qu'il doit entretenir avec l'individu social.

– **On :** À distinguer de l'homme ou de « nous » ; « on » renvoie à l'individu ou à une collectivité capable de s'organiser (société civile).

– **Tout :** Ici ce terme est fort, comme dans d'autres sujets tels que « Peut-on tout dire ? », « Faut-il chercher à tout démontrer ? ». La réalité interrogée porte sur le « on », ce qui signifie que l'on demande si la totalité de notre existence doit dépendre de l'État. Par ailleurs, et pour mieux cerner la notion de « tout », on peut l'opposer, de manière classique, à la notion de « partie » : dès lors, le sujet demanderait si l'État doit gérer la totalité de la vie individuelle ou bien une partie seulement.

– **Attendre** : Ce verbe évoque une certaine passivité, renforcée par le terme « tout ». Tout attendre de quelqu'un ou de quelque chose, c'est « s'en remettre à » lui ou à elle de sorte qu'on y perd toute son autonomie et tout son pouvoir de décision. Tout attendre de l'État reviendrait donc à laisser l'État mettre en place et contrôler nos conditions d'existence (et donc aussi notre bonheur individuel) sans que l'on contribue soi-même à quoi que ce soit. Le sujet semble par conséquent demander quel doit être le degré de prise en charge de l'individu par l'État et donc quelles doivent être les limites de cette prise en charge.
– **L'État** : Ce terme est synonyme de pouvoir et de gouvernement, et représente une autorité distincte du groupe social lui-même. L'État renvoie donc à ce qui dirige la société en proposant des lois et en veillant à leur application. Mais l'État est également ce qui offre aux individus le respect de leurs droits fondamentaux. Cependant, on peut concevoir l'État soit comme ce qui rend possible la vie en commun (l'État incarnerait la justice et la liberté civile), soit comme ce qui, au contraire, menace l'individu en le privant de sa liberté.

■ Problématique

On est ici confronté à l'opposition classique qui existe entre les différentes conceptions de l'État. Si, d'un côté, l'opinion suggère que, sans État, la vie de la société serait compromise (l'homme serait livré à lui-même et à ses instincts agressifs), de l'autre côté, on conçoit difficilement que l'État soit la seule source possible de nos conditions d'existence et de notre bonheur.
Le problème est donc de déterminer le rôle exact et la place légitime de l'État dans sa contribution à l'épanouissement de l'individu : que doit-on lui laisser prendre en charge ? Quelle place accorder par ailleurs à l'individu et à la société ?

■ Plan de la dissertation

I Ce qui justifierait que l'on attende tout de l'État.
II Critique de ce modèle et possibilité d'une société sans État.
III Qu'attendre de l'État et de la contribution des individus ?

PLAN DÉTAILLÉ DE LA DISSERTATION

Introduction

Il apparaît clairement que l'individu en société a besoin du droit (des lois) pour régler ses rapports avec ses semblables. En ce sens, l'État se présente comme une condition nécessaire sans laquelle les hommes se livreraient une guerre sans fin et meurtrière. La survie même de chacun des individus au sein de la société dépendrait donc de l'existence ou non de l'État, ce qui confère à celui-ci un rôle fondamental dans la prise en charge de l'existence de tout un chacun. L'État est ainsi ce qui rend possible la coexistence entre les hommes. Du coup, les hommes ont tendance à attendre de l'État la mise en place de tout ce qui assurerait plus largement leur bonheur en leur garantissant le maximum de droits (droits socio-économiques). Cependant, personne ne peut s'en remettre totalement à l'État, dans la mesure où c'est à chaque individu qu'il incombe de prendre certaines décisions, de définir ses attentes et de construire son propre bonheur.

On peut alors se demander si l'on doit tout attendre de l'État, c'est-à-dire si notre devoir d'individu nous impose de remettre toute notre existence entre les mains de celui-ci, ou si, au contraire, une telle attitude ne serait pas passive et dangereuse. Le problème consiste alors à déterminer la place que l'on doit accorder à l'État dans le contrôle qu'il pourrait avoir sur notre existence : dès lors, que doit-on attendre de lui et que doit-on attendre des individus ?

I Ce qui justifierait que l'on attende tout de l'État

Si elle n'était pas capable d'établir des lois et de les faire respecter, la société humaine ne serait pas viable. L'État acquiert de ce fait un statut et un rôle déterminant dans la prise en charge de la vie sociale.

I-1 Conception négative de la nature humaine

La nature humaine peut être conçue comme fondamentalement mauvaise : les instincts égoïstes et meurtriers des hommes et leur tendance à nuire à autrui (Hobbes, Freud) semblent le démontrer. Un état de nature dans lequel rien ne réglerait les relations entre les hommes ne pourrait donc qu'être invivable.

I-2 Nécessité de l'État

L'État devient alors la condition nécessaire de la survie des individus. En établissant des lois qui favorisent la coexistence entre les individus et le respect des droits fondamentaux (liberté, sécurité, propriété), l'État permet aux hommes de vivre en bonne entente et de ne pas se nuire mutuellement. Cette nécessité fait que nous devons à l'État « notre paix et notre défense » (Hobbes).

I-3 L'État devient central par rapport à l'individu

L'individu ne pouvant rien décider par lui-même sinon de façon égoïste, la société civile ne peut dès lors se concevoir que comme un vaste conflit d'intérêts que l'État se devrait d'encadrer pour limiter au maximum les inégalités. Cette incapacité fondamentale des individus à s'organiser en vue d'un bonheur commun rendrait donc légitime une forme d'État-providence devant offrir à l'individu passif tout ce dont il a besoin pour vivre dignement et heureux : logement, travail, santé, éducation…

II Critique de ce modèle et possibilité d'une société sans État

Cependant, on peut concevoir plus positivement la nature humaine et affirmer que l'homme est capable de s'imposer certaines règles morales, lesquelles permettent justement de critiquer un État injuste. Dans ce cas, ce serait surtout de l'individu que l'on doit tout attendre.

II-1 Conception positive de la nature humaine

Il est possible de croire à une moralité naturelle de l'homme (Rousseau) et de soutenir que l'individu est capable de régler lui-même ses rapports avec ses semblables et donc d'assurer un bonheur commun sans passer par des institutions politiques.

II-2 Critique de l'État dont on devrait tout attendre

Tout attendre de l'État reviendrait donc à perdre sa liberté et à se soumettre passivement à une autorité qui ne vise que son propre pouvoir. Un État dont les individus attendraient tout rendrait, par conséquent, possible une forme de totalitarisme ou « ressemblerait à la puissance paternelle » cherchant à maintenir les hommes « dans l'enfance » (Tocqueville) en leur faisant perdre l'usage de leur volonté. On retrouverait ainsi derrière l'État-providence une forme de « despotisme doux ».

II-3 Le modèle d'une société sans État

Le modèle d'une société sans État devient donc le modèle idéal : la position anarchiste défend ainsi l'idée que la réalisation de l'individu ne peut se faire qu'en dehors de l'État, à savoir dans une communauté autonome. Le modèle communiste de Marx pose également que l'État n'est qu'un instrument d'oppression destiné à disparaître.

III Qu'attendre de l'État et de la contribution des individus ?

Pourtant, la réalité humaine est telle que l'État semble être, malgré tout, nécessaire pour soutenir notre fragile moralité : les hommes auraient ainsi besoin de lois pour garantir leur entente pacifique et poser les conditions de possibilité de leur bonheur. Mais jusqu'où alors devraient-ils compter sur l'État et que demander aux individus eux-mêmes ?

III-1 Une nature humaine contradictoire

Une conception réaliste de l'homme le présente comme étant à la fois capable de justice (de par sa nature raisonnable) et capable d'injustice (de par sa nature sensible) (Kant). Pour trouver son bonheur dans la société, l'individu doit donc à la fois compter sur lui-même (sa liberté et son autonomie) et sur l'État.

III-2 Le rôle de l'État

Le rôle de l'État devient donc plus limité : l'individu ne doit en attendre que ce qu'il n'arriverait pas à se procurer par sa propre autonomie : à savoir l'ordre social, mais aussi l'exercice de certains droits qui ne dépendent pas seulement de l'individu. Ainsi, l'État ne fait que contribuer au bonheur des individus.

III-3 Le rôle de l'individu

Mais il revient à l'individu de prendre en charge les sphères de son existence privée et de ne pas laisser l'État décider à sa place dans ce domaine. De même, on est en droit d'attendre de l'individu certains devoirs en échange des droits que l'État lui assure : il doit notamment participer à la vie politique et se conduire en véritable citoyen.

Conclusion

Si l'État se révèle nécessaire pour conditionner la vie et le bonheur des individus, cela ne veut pas dire que l'on doive, pour autant, s'en remettre totalement à lui. Ce que l'on doit attendre activement de l'État, c'est donc qu'il remplisse le rôle que l'individu lui assigne : à savoir qu'il rende possible notre bonheur en défendant nos droits fondamentaux. Ce que l'on doit espérer de l'individu, c'est qu'il contribue à ce rôle qu'il donne à l'État et qu'il prenne en charge ce qui relève uniquement de la sphère privée : qu'il construise donc notamment son propre bonheur à partir des conditions qui lui sont données.

La liberté

SUJET 40 Série L – France métropolitaine – Juin 2008

COMMENTAIRE

Expliquez le texte suivant :

« Puisque la liberté exige que la réussite ne découle pas de la décision comme une conséquence, il faut que la réalisation puisse à chaque instant ne pas être, pour des raisons indépendantes du projet même et de sa précision ; ces raisons forment *l'extériorité* par rapport à tout projet et la liberté est la perpétuelle invention des moyens de tourner ces difficultés extérieures, mais il est bien entendu que la réussite doit être seulement *possible*, c'est-à-dire qu'il n'y a action que si les difficultés extérieures peuvent toujours être si élevées ou si neuves que l'invention humaine ne puisse pas les surmonter. Ainsi est-il toujours entendu *à la fois* que l'entreprise humaine a réussi à cause de la libre décision et de la libre inventivité qui a surmonté les obstacles et *à la fois* qu'elle a réussi parce que ce sont ces obstacles-là et non d'autres plus grands qui lui ont été imposés. Toute entreprise humaine réussit par hasard et en même temps réussit par l'initiative humaine. Si le tireur n'avait pas eu le soleil dans l'œil il m'atteignait, je manquais ma mission de reconnaissance. Il s'en est donc fallu d'un rayon de soleil, de la vitesse d'un nuage, etc. Mais, en même temps, mes précautions étaient prises pour éliminer tous les dangers prévisibles. En un mot les possibles se réalisent *dans la probabilité*. La liberté se meut dans la sphère du probable, entre la totale ignorance et la certitude ; et le probable vient au monde par l'homme. »

SARTRE, *Cahiers pour une morale.*

La connaissance de la doctrine de l'auteur n'est pas requise. Il faut et il suffit que l'explication rende compte, par la compréhension précise du texte, du problème dont il est question.

Corrigé

Travail préparatoire

■ Notions et repères

Notions : la liberté, la raison, la vérité
Repères : contingent / nécessaire / possible – essentiel / accidentel – principe / conséquence – ressemblance / analogie

■ Remarques générales

Il s'agit d'un texte d'une grande difficulté car il interroge de façon très pointue la notion de liberté. Le raisonnement de Sartre est extrêmement resserré autour d'une idée très précise, ce qui rend la structure logique difficile à démêler dans sa progression.

■ Problème, thèse et intérêt philosophique

Le problème consiste à déterminer comment la liberté est possible lorsque nous prenons une décision censée aboutir à la réussite d'un projet. Car, alors, l'acte semble déterminé par sa réussite, ce qui remet en question sa liberté. En même temps, nous ne pouvons pas non plus affirmer être libre si nous ratons un projet. Où situer alors l'espace de liberté de notre action ? La thèse de Sartre consiste à délimiter très précisément cet espace de liberté, entre l'absence totale de certitude et l'assurance de réussir, dans ce qu'il appelle la *probabilité*. Il faut à la fois montrer sa capacité à surmonter des obstacles et garantir qu'on ne pouvait être tout à fait certain de les surmonter.

■ Analyse des concepts principaux

– **Décision :** la décision ici est ce qui détermine un projet, dont le but est la réussite. Sartre analyse la liberté dans ce qui, au fond, la prépare, la conditionne. En posant ainsi les moyens de garantir la liberté d'une action au moment où elle est « décidée », l'analyse de Sartre permet que l'on s'attache à agir librement, avant même d'agir. La liberté de notre action est en effet dessinée dans son projet même autant que dans sa réalisation.
– **Extériorité :** l'extériorité désigne ici les conditions qui sont étrangères au projet lui-même et qui menacent sa réussite. Ce sont en quelque sorte les chances que l'on a de rater le projet entrepris, et c'est pourquoi Sartre parle de « difficultés ». Pour qu'il y ait liberté, il faut, selon Sartre, que ces difficultés ne puissent pas être définies à l'avance comme totalement surmontables ou insurmontables. Il faut que l'on ne puisse pas savoir si l'on va ou non surmonter ces difficultés tout en s'attachant à les surmonter.
– **Possible :** la possibilité est donc une condition de la liberté, mais qui doit ici être comprise de deux manières, l'une consistant pour nous à permettre au

projet de se réaliser et l'autre dans la possibilité, pour le projet, de *ne pas se réaliser* (contingence). *Possible* ici s'oppose à *certain*. La liberté consiste alors pour Sartre à passer du possible au probable, c'est-à-dire à réduire les obstacles qui menacent sa réalisation, sans pour autant arriver à la certitude de réussir.
– **À la fois :** Sartre montre que la liberté revient à réussir une action à partir de deux possibilités, l'une consistant à rendre le projet possible par nos efforts et l'autre consistant dans la capacité du projet à réussir aussi grâce au hasard, celui-ci permettant d'éliminer les obstacles qui auraient pu le faire échouer.
– **Probabilité :** la probabilité est ce qui ici définit l'espace de liberté dans lequel nous devons inscrire nos actions. Il faut, pour être libre, que nous rendions notre réussite probable, c'est-à-dire ni tout à fait certaine (notre acte serait déterminé à réussir à l'avance), ni tout à fait incertaine (elle reposerait trop sur le hasard).

■ Plan du texte de Sartre

Lignes 1 à 8 : Mise en évidence de la liberté consistant à réussir une action à partir de sa possibilité et de sa contingence.
Lignes 8 à 16 : Résumé des deux composantes de la liberté se réduisant à deux formes de réussite, l'une venant de nous, l'autre venant du hasard.
Lignes 16 à 19 : Rapport entre ces possibilités et notion de probabilité.

CORRIGÉ COMPLET DU COMMENTAIRE

Introduction

On situe habituellement la liberté dans le fait de ne subir aucune contrainte venant empêcher nos actions. En ce sens, la liberté devient la possibilité de décider une action en la menant à bien par notre seule volonté et en étant capable de la réussir. Mais l'on pourrait objecter que si notre action repose uniquement sur une telle certitude de réussite, alors elle est tellement déterminée qu'elle n'est pas vraiment libre. Pour autant, on ne peut pas non plus situer la liberté dans le fait de pouvoir rater une action, ce qui n'aurait pas de sens. Le problème se pose alors de savoir où situer exactement notre espace de liberté, entre la certitude de réussir et la possibilité d'échouer. Telle est au fond la démarche de Sartre pour qui la liberté est à concevoir en termes de probabilité : il faut à la fois montrer sa capacité à surmonter tout ce qui pourrait empêcher notre action et montrer que l'on n'était pas tout à fait certain de réussir. Pour cela, Sartre commence par montrer le lien entre la liberté, la possibilité et la contingence (lignes 1 à 8), puis il résume les deux composantes de la liberté (lignes 8 à 16) et enfin il rapporte ceci à la notion de « probabilité » (lignes 16 à 19).

Pour autant, comment mesurer une telle probabilité ? Et ne doit-on pas inclure dans la liberté une dimension morale s'évaluant autrement qu'en termes d'efficacité ?

I Partie explicative

I-1 La liberté comme réussite (lignes 1 à 8)

– *Lignes 1 à 8 :* Sartre part de l'idée assez précise selon laquelle la liberté s'oppose au déterminisme. En effet, pour qu'une action soit libre, il faut qu'elle ne soit pas prise dans un mécanisme causal la réduisant à découler simplement d'une cause antérieure. D'où le lien que Sartre établit entre la liberté et la contingence (« puisse [...] ne pas être »). Pour qu'une action soit libre, il faut qu'elle se réalise en ayant pu ne pas se réaliser ; il faut que sa véritable cause ne soit pas simplement notre volonté mais aussi nos efforts maintenus tout au long de sa réalisation. Il faut donc que s'exercent sur notre action des « raisons indépendantes du projet même », c'est-à-dire des circonstances extérieures à notre prévision et qui à tout moment peuvent empêcher notre action de se réaliser. En ce sens, notre liberté se mesure par rapport à une somme d'obstacles (« difficultés ») qui menacent la réalisation de ce que nous avons décidé d'entreprendre. Trouver (« invention ») des « moyens de tourner ces difficultés » revient à exercer notre pouvoir sur l'action à tous les moments de sa réalisation et pas seulement au moment où on la décide, et donc à affirmer notre liberté. Cependant (« mais »), Sartre précise bien que les obstacles à notre action doivent être suffisamment élevés pour que nous ne soyons jamais tout à fait sûr de réussir. Il faut en fait la *possibilité d'obstacles insurmontables pour notre volonté*. D'où l'idée que notre action doit être possible au sens de « contingente » : elle doit « pouvoir » être mais au sens de « pouvoir être ou ne pas être ».

I-2 Résumé des deux composantes de la liberté (lignes 8 à 16)

– *Lignes 8 à 16 :* Sartre peut résumer (« Ainsi ») cette idée à deux conditions sur lesquelles la liberté doit reposer. Pour qu'une action soit libre, il faut la réussir en la rendant possible de deux manières. D'où l'expression « à la fois [...] à la fois », pour signaler que notre action doit reposer sur la présence de deux conditions réunies simultanément. Ainsi il faut que notre action soit rendue possible, d'une part, par notre volonté et nos efforts, notre capacité à créer des moyens de surmonter tout ce qui viendrait menacer sa réalisation, et il faut, d'autre part, que cette action réussisse « par hasard », c'est-à-dire par la possibilité pour elle de *ne pas rencontrer* des obstacles plus forts que notre volonté. D'où l'exemple du soldat devant accomplir une mission de reconnaissance. Sa liberté se situe dans sa capacité à anticiper et surmonter tous les « dangers prévisibles » mais, en même temps, dans le fait que soient surmontés les obstacles qui peuvent venir faire échouer sa mission, qui rendent celle-ci contingente et sur lesquels il n'aurait aucun pouvoir (soleil ou non dans l'œil du tireur d'en face, nuage qui passe ou qui ne passe pas...). Si l'action réussit, c'est donc aussi parce que ces obstacles ont été levés par hasard, sans que le soldat y ait été pour quelque chose. Ici, le soldat en mission de reconnaissance aurait pu être repéré par un tireur ; cette possibilité était inscrite dès le départ dans sa mission, et il ne peut tout prévoir pour éviter ce tireur ; il lui faut donc compter sur l'aide du hasard (qu'un nuage soit passé et que ce tireur ait eu le soleil dans l'œil).

I-3 Rapport entre ces possibilités et la notion de « probabilité » (lignes 16 à 19)

– *Lignes 16 à 19 :* Sartre peut donc résumer « en un mot » ce qui précède par la notion de « probabilité », laquelle exprime la part d'initiative que l'homme conserve sur son action et qui lui donne des chances de réussir grâce à ses efforts. C'est cette prise que l'homme a sur ses actions qui lui permet de réduire au maximum l'incertitude de réussir (« totale ignorance »), c'est-à-dire la part de hasard, sans pour autant la faire disparaître. C'est ce qui rend son action probable, et donc libre selon Sartre.

Ainsi « le probable vient au monde par l'homme », au sens où c'est bien l'homme qui crée cet espace de liberté par la manière dont sa volonté cherche à s'approprier le réel. Il s'agit pour l'homme de soumettre la contingence du réel à sa volonté, pour le faire advenir par lui, pour le reprendre à son compte dans la maîtrise qu'il peut en avoir.

Transition

Sartre montre ainsi la liberté comme étant une manière d'affirmer notre existence dans le monde en faisant de celui-ci une sorte de monde probable (non plus totalement incertain ni non plus tout à fait prévisible). Mais ne peut-on donner une autre dimension à la liberté, plus morale ?

II Partie critique

L'analyse sartrienne a en effet le mérite de rendre bien exigeante la définition de la liberté. En effet, il ne s'agit pas de faire ce que bon nous semble et de s'affirmer ainsi libre, mais de se rendre maître de soi-même et de la réalité extérieure, pour mesurer l'efficacité d'une volonté et d'un projet, en calculant au maximum ses chances de réussite. L'expression « mettre toutes les chances de son côté » pourrait résumer cette liberté. En ce sens, le skipper qui entame sa course en voilier autour du monde affirme sa liberté en essayant de rendre sa victoire probable, en calculant pour cela sa trajectoire, mais aussi les vents et la solidité de son bateau ainsi que l'avancée des concurrents, et en réactualisant sans cesse ses calculs au fur et à mesure de son parcours. Sa victoire serait alors l'affirmation de cette maîtrise quasi parfaite de tout ce qui aurait pu l'empêcher.

Pour autant, n'est-ce pas faire reposer aussi la liberté sur le hasard et sur la chance en nous faisant négliger la part morale qu'elle doit avoir également ? En ce sens, la liberté se mesure non pas seulement à son efficacité probable (mettre toutes les chances de son côté), mais aussi aux efforts qu'elle met en jeu pour agir « bien », c'est-à-dire à la capacité de se déterminer par une noble cause et uniquement par elle. Telle est la conception kantienne du devoir qui met en avant l'idée que la liberté se mesure à la manière dont un homme se détermine à agir par sa seule volonté. Or, pour Kant, cette autonomie de la volonté ne se réalise que dans l'action morale ; et alors peu importe qu'elle réussisse ou non, l'intention seule servant de critère pour mesurer son degré de liberté.

Conclusion

Il apparaît donc que la liberté peut être située dans un espace très précis et très exigeant, ce qui permettrait d'éviter de croire à une liberté facile pouvant se révéler illusoire. En plaçant la liberté dans la probabilité de réussir une action, Sartre fait donc d'elle une manière de maîtriser au maximum le réel dans ce qu'il a de contingent et d'incertain, tout en conservant dans cette maîtrise une part possible d'échec. Il s'agit d'une liberté « existentielle », consistant à affirmer son existence dans le monde en se le réappropriant au maximum. Pour autant, il semble que la liberté ait aussi une dimension morale à souligner, qui se mesure davantage dans l'exercice de la volonté et dans l'intention bonne que dans sa capacité à réussir.

SUJET 41 Série L – France métropolitaine – Juin 2007

COMMENTAIRE

Expliquez le texte suivant :

« En menant une existence relâchée, les hommes sont personnellement responsables d'être devenus eux-mêmes relâchés, ou d'être devenus injustes ou intempérants, dans le premier cas par leur mauvaise conduite, dans le second en passant leur vie à boire ou à commettre des excès analogues : en effet, c'est par l'exercice des actions particulières qu'ils acquièrent un caractère du même genre qu'elles. On peut s'en rendre compte en observant ceux qui s'entraînent en vue d'une compétition ou d'une activité quelconque : tout leur temps se passe en exercices. Aussi, se refuser à reconnaître que c'est à l'exercice de telles actions particulières que sont dues les dispositions de notre caractère est-il le fait d'un esprit singulièrement étroit. En outre, il est absurde de supposer que l'homme qui commet des actes d'injustice ou d'intempérance ne veuille pas être injuste ou intempérant ; et si, sans avoir l'ignorance pour excuse, on accomplit des actions qui auront pour conséquence de nous rendre injuste, c'est volontairement qu'on sera injuste. Il ne s'ensuit pas cependant qu'un simple souhait suffira pour cesser d'être injuste et pour être juste, pas plus que ce n'est ainsi que le malade peut recouvrer la santé, quoi qu'il puisse arriver qu'il soit malade volontairement en menant une vie intempérante et en désobéissant à ses médecins : c'est au début qu'il lui était alors possible de ne pas être malade, mais une fois qu'il s'est laissé aller, cela ne lui est plus possible, de même que si vous avez lâché une pierre vous n'êtes plus capable de la rattraper. Pourtant il dépendait de vous de la jeter ou de la lancer, car le principe de votre acte était en vous. Ainsi en est-il pour l'homme injuste ou intempérant : au début il leur est possible de ne pas devenir tels, et c'est ce qui fait qu'ils le sont volontairement ; et maintenant qu'ils le sont devenus, il ne leur est plus possible de ne pas l'être. »

ARISTOTE, *Éthique à Nicomaque*.

La connaissance de la doctrine de l'auteur n'est pas requise. Il faut et il suffit que l'explication rende compte, par la compréhension précise du texte, du problème dont il est question.

Corrigé

Travail préparatoire

Notions et repères

Notions : la morale, le devoir, la liberté
Repères : principe / conséquence – contingent / nécessaire / possible – essentiel / accidentel – universel / général / particulier / singulier – genre / espèce / individu – croire / savoir

Remarques générales

La difficulté principale du texte tient à sa longueur et à la manière dont Aristote progresse dans son argumentation. On peut confondre facilement plusieurs arguments qui, en fait, sont distincts.

Problème, thèse et intérêt philosophique

Le texte est centré sur la notion de « responsabilité » et répond au problème de savoir jusqu'où nous sommes responsable d'être juste ou injuste. Est-ce de notre faute si nous sommes « mauvais » et jusqu'à quel point sommes-nous responsable ? Aristote défend la thèse selon laquelle nous sommes responsable de notre caractère (notamment mauvais), parce qu'au fond nous choisissons ce que nous sommes par nos actions et la répétition de celles-ci. Mais, plus encore, nous sommes responsable de ne pas pouvoir devenir bon après être devenu mauvais, même si nous le voulons : la responsabilité est à comprendre comme un processus irréversible. Ainsi, en « devenant » mauvais, nous faisons de nous un « être » mauvais, incapable de devenir bon.
L'intérêt du texte est de se demander si effectivement l'acquisition d'un caractère mauvais est irréversible : comment expliquer que l'on *devienne* mauvais sans pouvoir jamais *devenir* ou *redevenir* bon ensuite ?

Analyse des concepts principaux

– **Injustes ou intempérants… caractère** : le texte porte en fait sur la morale, même si Aristote s'intéresse plus généralement aux traits de caractère (« dispositions de notre caractère »). Ses exemples en effet renvoient surtout à la morale. Ainsi, l'injustice consiste à commettre le mal, l'intempérance consiste en un excès de plaisirs (désirs non maîtrisés). De cette manière, en interrogeant ce que nous sommes (ce qui nous caractérise), Aristote s'interroge plus précisément sur ce qui nous rend mauvais, immoral et sur notre responsabilité dans le fait d'être mauvais.

– **Exercice des actions particulières… ne veuille pas… volontairement :** on peut croire qu'Aristote centre son raisonnement sur l'idée que c'est par *l'habitude* (disposition, manière d'être) de faire telle ou telle chose que l'on *devient* ce que l'on est. Pour Aristote en effet, les « vertus » ne sont pas données par la nature mais s'acquièrent par la pratique, par l'habitude. Mais derrière cet argument, il y a l'idée que les actions que nous faisons de manière répétée (entraînement, exercices) cachent une *volonté* d'agir ainsi, donc une *liberté*, donc des actions dont nous sommes *responsable*.

– **Possible de ne pas être malade… plus possible… plus capable… leur était possible… ne leur est plus possible… :** plus encore, le texte montre le poids de notre responsabilité qui va jusqu'à nous empêcher de nous corriger. Non seulement en agissant de manière mauvaise (de façon *contingente*), nous devenons mauvais par notre faute, mais ce devenir est à comprendre comme irréversible au point qu'en *devenant* mauvais nous nous condamnons à *l'être nécessairement*. Au fond, ce que notre propre volonté fait, elle ne peut plus le défaire – ce qui nous rend doublement responsable. Car si nous pouvions *changer* en devenant ou en redevenant bon, cela nous ôterait en quelque sorte le poids de devoir assumer ce que nous sommes devenu. Or c'est bien ce à quoi nous engagent nos actions mauvaises.

■ Plan du texte d'Aristote

Lignes 1 à 8 : Mise en évidence du rôle de l'habitude dans la formation du caractère de l'homme injuste.
Lignes 8 à 14 : Conséquences sur la manière dont l'homme injuste est responsable de son injustice.
Lignes 14 à 21 : Mise en évidence du caractère irréversible de ce processus.
Lignes 21 à 24 : Application de ce principe à l'homme injuste.

CORRIGÉ COMPLET DU COMMENTAIRE

Introduction

Le mal et l'injustice que l'on constate dans les actions humaines nous font réfléchir sur la manière dont les hommes deviennent mauvais ou injustes. On se demande si cette injustice est le fait d'un caractère injuste avec lequel on naîtrait et dont on ne pourrait se défaire ou bien si c'est par notre propre faute que l'on devient mauvais, injuste. Pour Aristote, il faut aller encore plus loin en posant que l'homme injuste est doublement responsable de son injustice. En effet, en affirmant que c'est par la pratique répétée d'actions injustes que l'on devient injuste, Aristote montre également que ce processus est irréversible et qu'en devenant injuste on s'empêche de pouvoir ne plus l'être un jour, car notre volonté ne peut en quelque sorte défaire ce qu'elle a créé. Aristote montre tout d'abord que c'est par nos propres actions répétées que se forme notre caractère (l. 1 à 8). Puis il en déduit notamment le fait que, nos actions reposant sur notre volonté, nous sommes donc responsable de ce que nous sommes devenu (l. 8 à 14). En montrant enfin le caractère irréversible de ce processus (l. 14 à 21), Aristote ne peut que souligner la responsabilité de l'homme devenu à la fois injuste et incapable de redevenir juste.

Cependant, nous pouvons nous interroger sur ce caractère quasi irréparable du mal accompli volontairement. L'homme est-il à ce point incapable de changer ?

I Partie explicative

I-1 C'est en prenant l'habitude d'agir injustement que l'on devient injuste (l. 1 à 8)

Aristote commence par remettre en question l'idée que notre caractère serait en quelque sorte inné, donné par la nature. Il montre au contraire que nous en sommes responsable par notre « conduite », notre « vie ». Il rattache ceci à nos « actions particulières » et à leur « exercice » en montrant par là que c'est par la pratique répétée de nos actions, par nos habitudes, que nous devenons ce que nous sommes. On passe ainsi du particulier à quelque chose de plus général, qu'Aristote nomme « genre » et qui définit justement notre caractère, ce qui nous caractérise de façon générale. Tout se passe donc comme si la répétition du particulier finissait par engendrer un « caractère » plus général et plus essentiel. L'idée fameuse selon laquelle « c'est en forgeant que l'on devient forgeron » est ici appliquée à la morale : c'est en pratiquant la justice que l'on devient un être juste et en pratiquant l'injustice que l'on devient un être injuste. D'où l'insistance sur la notion d'« exercice » et l'exemple de la compétition qui suggèrent l'image d'un corps que l'on modèle à force de répéter les mêmes gestes.

I-2 Conséquences de cette idée sur notre responsabilité (l. 8 à 14)

Aristote tire deux conséquences de cet argument (« Aussi [...]. En outre [...] »). Il montre d'abord que ces actions particulières doivent être reconnues comme la cause de notre caractère, c'est-à-dire qu'il nous faut admettre (« reconnaître ») leur influence et leur efficacité. Il ne faut pas croire qu'en agissant de manière répétée, cela n'a aucune incidence sur notre être. Ensuite, il faut logiquement admettre (« est absurde de supposer ») que, lorsqu'on agit de manière répétée, qu'on prend l'habitude de telle ou telle action, cela est nécessairement l'effet de notre volonté. Ne pas l'admettre serait contradictoire avec ce qui définit une action habituelle. Si nous ne « faisions pas exprès » en effet, nous agirions ponctuellement de telle ou telle manière mais pas de manière répétée. Ou alors il faut, comme le suggère l'auteur, « avoir l'ignorance pour excuse », c'est-à-dire ne pas savoir que ce que l'on fait est « mal », c'est-à-dire, au fond, croire agir bien. Seule l'ignorance pourrait alors nous décharger de la responsabilité de devenir mauvais à force d'agir mal, car, en réalité, nous croirions agir bien (c'est l'explication platonicienne du « Nul n'est méchant volontairement » de Socrate).

I-3 Autre conséquence : il est impossible de changer le caractère que nous avons formé (l. 14 à 21)

Le texte souligne ensuite une opposition logique (« cependant »), Aristote voulant montrer que l'argument qu'il vient de soutenir n'est valable que dans un seul sens. Autant notre volonté est la cause de l'acquisition de notre caractère, autant cette volonté est inefficace dès qu'il s'agit de vouloir changer. L'acquisition de notre caractère est donc un processus irréversible qu'Aristote compare à la *maladie*. Autant dans un sens la causalité est libre (nous choisissons d'être malade par nos actions répétées), autant dans l'autre sens il y a déterminisme, puisque nous restons nécessairement ce que nous sommes devenu (une fois la maladie installée, nous ne pouvons plus nous en défaire). Seul le « début » du processus est sous le signe de la liberté (du possible, c'est-à-dire du choix). En prenant enfin l'exemple de la *pierre* qui, une fois lâchée, ne peut plus être rattrapée, Aristote montre le paradoxe qui caractérise l'acquisition du caractère : quoique n'étant pas donné par la nature (mais par une acquisition volontaire), une fois acquis, il est soumis à la nécessité de la nature (la pierre obéit à la loi naturelle du mouvement). En posant que « le principe de votre acte était en vous », l'auteur reprend l'idée que c'est au « début » de l'acquisition des vices que notre liberté agit comme cause.

I-4 Application à l'homme injuste (l. 22 à 24)

Aristote ne peut qu'appliquer aux vices ce qu'il vient de défendre pour la maladie et pour la pierre, tout en exposant sa thèse : nous sommes au final doublement responsable si notre caractère est mauvais, car, d'une part, nous le sommes devenu par notre volonté (s'employant à répéter les mêmes actions) et, d'autre part, en le devenant, nous nous sommes empêché nous-même de pouvoir un jour nous corriger. Si notre volonté est capable de nous empêcher de devenir mauvais, elle devient incapable, une fois mauvais, de nous faire devenir ou redevenir bon.

Partie critique

Cependant, nous ne pouvons que nous demander si l'homme est à ce point incapable de changer, malgré les habitudes qu'il aura prises. Certes nos actions répétées et volontaires décident en partie et de façon déterminante ce que nous sommes et serons : mais ne reste-t-il pas une place pour la liberté ? Ne pouvons-nous appliquer toute notre volonté et tous nos efforts à l'inversion d'un processus, même le plus établi ? Ainsi, ce qui fait d'un être son caractère exceptionnel, c'est peut-être son aptitude à changer, à s'amender, comme le suggère la figure héroïque de Jean Valjean dans *Les Misérables* de Victor Hugo. Dans son cas, l'ignorance ne l'a pas incité au mal (le vol de Mgr Myriel qui l'avait pourtant hébergé) et c'est par sa propre volonté qu'il a réussi sa conversion (la générosité de Mgr Myriel et le vol du petit ramoneur lui ouvrent les yeux sur la nécessité de faire le bien). Aristote fait donc bien de marquer à quel point nos actions s'enracinent en nous et deviennent « déterminantes », car cela nous invite à la prudence et à la responsabilité. Mais l'on peut croire aussi à un possible désengagement envers ce qui aura pu nous conduire et nous constituer, si l'on veut croire à une forme de liberté.

Conclusion

Convenons donc que le mal n'est pas une fatalité ou encore le fait d'un caractère mal né, mais bien plutôt le fruit d'une volonté s'exerçant au mal, au point de ne plus pouvoir s'employer à autre chose, notamment à opérer un retour en arrière. Mais convenons aussi que l'exception est possible et que les caractères exceptionnels sont précisément ceux qui sont capables d'un tel renversement, par une sorte de conversion de la volonté.

Le devoir

SUJET 42 Série ES – France métropolitaine – Juin 2004

COMMENTAIRE

Expliquez le texte suivant :

« Il y a une vérité dont la connaissance me semble fort utile : qui est que, bien que chacun de nous soit une personne séparée des autres, et dont, par conséquent, les intérêts sont en quelque façon distincts de ceux du reste du monde, on doit toutefois penser qu'on ne saurait subsister seul, et qu'on est, en effet, l'une des parties de l'univers, et plus particulièrement encore l'une des parties de cette terre, l'une des parties de cet État, l'une des parties de cette société, l'une des parties de cette famille à laquelle on est joint par sa demeure, par son serment, par sa naissance. Et il faut toujours préférer les intérêts du tout, dont on est partie, à ceux de sa personne en particulier ; toutefois avec mesure et discrétion[1], car on aurait tort de s'exposer à un grand mal, pour procurer seulement un petit bien à ses parents ou à son pays ; et si un homme vaut plus, lui seul, que tout le reste de sa ville, il n'aurait pas raison de se vouloir perdre pour la sauver. Mais si on rapportait tout à soi-même, on ne craindrait pas de nuire beaucoup aux autres hommes, lorsqu'on croirait en retirer quelque petite commodité, et on n'aurait aucune vraie amitié, ni aucune fidélité, ni généralement aucune vertu ; au lieu qu'en se considérant comme une partie du public, on prend plaisir à faire du bien à tout le monde, et même on ne craint pas d'exposer sa vie pour le service d'autrui, lorsque l'occasion s'en présente ; voire on voudrait perdre son âme, s'il se pouvait, pour sauver les autres. »

DESCARTES, *Lettre à Élisabeth.*

1. ici : discernement

La connaissance de la doctrine de l'auteur n'est pas requise. Il faut et il suffit que l'explication rende compte, par la compréhension précise du texte, du problème dont il est question.

Corrigé

Travail préparatoire

■ Notions et repères

Notions : la société, l'État, la morale, le devoir, autrui
Repères : universel / général / particulier / singulier – origine / fondement

■ Remarques générales

Ce texte peut paraître difficile car on ne repère pas immédiatement la thèse de l'auteur ni les notions directement en jeu. On peut croire que c'est un texte sur la société, sur l'État, sur le rapport à autrui. Ce n'est qu'en repérant la structure logique du texte marquée par « on doit... », « il faut... », que l'on peut saisir pleinement la dimension et la portée morale de ce texte.

■ Analyse des concepts principaux

– **Connaissance fort utile :** Même si Descartes utilise le mot « vérité » au tout début, ce texte ne correspond pas du tout à une théorie de la connaissance. Descartes s'intéresse plutôt ici aux principes moraux qui permettent aux hommes de vivre en société tout en préservant leurs intérêts.
– **Préférer les intérêts du tout :** Il s'agit ici pour Descartes de montrer que la morale repose sur la conscience d'appartenir à un tout et que celui-ci prend la forme de la société et de l'État et plus encore de l'univers. En ce sens, la morale ne repose pas sur la conscience que chacun isolément aurait du bien et du juste. Plus généralement, ce passage peut être compris à partir de la philosophie stoïcienne qui a influencé Descartes. Pour les stoïciens, en effet, la morale repose avant tout sur l'idée que l'homme appartient à un tout (la nature) et sur l'idée que tous les hommes sont dotés de la même faculté : la raison. La société et l'État, qui ne sont que l'expression de l'ordre naturel et de la raison humaine, peuvent donc fonder la morale. L'homme pris isolément (séparé du tout) ne peut servir par conséquent de fondement à la morale.
– **Tout rattacher à soi-même :** Cette expression renvoie justement à ce que pourrait donner une morale toute personnelle définie à partir des intérêts de chacun. Il manquerait à cette morale la dimension universelle de la raison et le sentiment d'appartenir à un tout dont nous sommes issus et qui a donc plus de valeur que nous.
– **Cependant avec mesure et discrétion :** Descartes montre ici les limites de la morale qu'il entend fonder sur la confiance accordée à l'homme pris comme tout : ce tout peut ne pas être éclairé par la raison universelle et il faut donc s'assurer de la valeur du tout auquel on obéit.

■ Plan du texte de Descartes

Lignes 1 à 8 : Descartes expose le principe de sa morale, qui est d'avoir en vue notre appartenance et notre dépendance à l'égard d'un ensemble.
Lignes 8 à 19 : Descartes s'attache ensuite à montrer la portée morale de cette considération sur nos actions.

CORRIGÉ COMPLET DU COMMENTAIRE

Introduction

Le problème que pose la morale concerne avant tout, semble-t-il, son fondement. On se demande souvent en effet comment fonder nos bonnes actions, comment les motiver et sur quelles raisons s'appuyer pour bien agir. On peut certes croire à la possibilité de bien agir par pur devoir, c'est-à-dire parce qu'on doit le faire et indépendamment de tout intérêt égoïste. Cependant, on peut également ne pas croire à cette possibilité et affirmer, au contraire, que l'action bonne doit s'appuyer sur la considération concrète de certains intérêts qui seuls pourraient la motiver. Aussi doit-on se demander : sur quel genre d'intérêts faut-il alors s'appuyer, sachant que si l'on s'appuie sur des intérêts purement personnels notre action n'aura plus rien de moral ? Descartes s'attache à répondre à cette question en montrant que la considération d'intérêts personnels rend effectivement l'action immorale, et qu'il faut donc avoir en vue les intérêts du tout dont on fait partie et dont on dépend. Ce n'est qu'à cette condition et que si le tout est digne de raison, qu'en agissant pour le tout, on donne à nos actions une signification et une portée morales. C'est donc en croyant à notre appartenance à quelque chose qui dépasse l'individu (univers, société, famille) que l'on peut élever nos actions à la moralité en devenant capable d'agir pour ce tout au lieu de simplement agir pour soi-même.

Cependant, s'agit-il là d'une action authentiquement morale ? En effet, le fait qu'une action soit motivée par des intérêts (ici ce sont ceux du tout mais qui englobent en réalité les nôtres) ne lui enlève-t-il pas son caractère purement moral ?

Le texte progresse en deux parties : tout d'abord, Descartes expose le principe de sa morale, qui est d'avoir en vue notre appartenance et notre dépendance à l'égard d'un ensemble (lignes 1 à 8). Descartes s'attache ensuite à montrer la portée morale de cette considération sur nos actions (lignes 8 à 14).

I Partie explicative

I-1 Le principe de la morale selon Descartes (lignes 1 à 8)

– *Ligne 1 :* Descartes montre d'emblée que son projet concerne la morale et non la vérité. Il utilise certes le terme de connaissance, mais il s'agit ici de la connaissance du bien et du mal, donc de ce que l'on doit faire. En même temps, Descartes suggère que sa morale se veut « utile », c'est-à-dire pratique, tournée vers l'action. Il ne s'agit donc pas simplement de penser ce qui est bien (donc de concevoir une morale théorique et abstraite), il s'agit de trouver les fondements concrets d'une action bonne. La question à laquelle le texte répond est donc : comment trouver des raisons capables de nous faire agir bien ? Plus encore, le mot utile renvoie à la recherche d'un principe qui nous permettrait de savoir immédiatement et en toute occasion ce que l'on doit faire.

– *Lignes 2 à 4 :* Descartes montre quel genre de considération doit être dépassé, à savoir la considération d'être un individu ayant ses propres intérêts à satisfaire. La conjonction « bien que » suggère que cela est un fait (nous sommes tous des individus séparés et différents des autres), mais que ce fait ne saurait fonder nos actions pour les rendre droites, comme Descartes l'expliquera aux lignes 13-14.

– *Lignes 4 à 13 :* Descartes met donc ensuite en évidence le principe qui doit servir de fondement à la morale : la pensée que l'on est membre d'un tout. C'est une idée empruntée au stoïcisme, qui est à comprendre en deux sens : d'une part, le membre est « pris » dans ce tout, sans lequel il ne saurait vivre et, d'autre part, il n'est qu'un « morceau » de ce tout, ayant un rôle particulier et précis à jouer. Ce tout peut être également compris à des degrés différents, comme le fait Descartes ici. Le tout, c'est d'abord l'univers, qui déborde le cadre simplement humain et réduit l'homme à n'être qu'une infime partie d'un ordre qui le dépasse et sur lequel il ne peut pas agir (ce qui renvoie à l'idée de destin). La terre renvoie à un autre tout, plus réduit, n'étant lui-même qu'une partie de l'univers. L'usage ici de démonstratifs (cette, cet...) montre à quel point le tout peut être conçu largement, chaque tout n'étant qu'un tout particulier par rapport à un tout plus large ou n'étant qu'une partie par rapport à d'autres parties. La société et l'État ensuite, puis la famille, renforcent l'idée que l'homme n'est qu'une toute petite partie, prise dans des « tout » qui ne sont eux-mêmes que des parties de « tout » plus larges. Réduire ainsi l'homme à une dimension infime, c'est donc relativiser la notion d'intérêt particulier qui, la plupart du temps, motive nos actions, pour lui substituer un intérêt plus large, qui engloberait du même coup la notion d'intérêt particulier. En effet, agir suppose que l'on se donne une raison, un but, et donc que l'on se demande « pourquoi ? ». Savoir se situer et relativiser sa place dans l'échelle des buts possibles est donc une manière de savoir pourquoi, au juste, on agit. En même temps, il ne s'agit pas pour Descartes de donner à nos actions une envergure universelle (se dire par exemple, à chaque fois que l'on agit, que c'est pour l'univers). La prise en considération de la famille montre que la morale cartésienne revêt un caractère concret et efficace. Se savoir membre d'une société ou d'une famille, c'est savoir tout simplement ce qui est le plus important, ce qui a le plus de valeur, et qui doit donc motiver nos actions.

Ainsi, selon Descartes, la morale doit d'abord se fonder sur la mise en évidence de la relativité de notre place en tant qu'individu, ce qui doit nous détourner par là même de toute action centrée sur nous-mêmes et égoïste.

I-2 L'avantage consistant à préférer les intérêts du tout (lignes 8 à 19)

Descartes met ensuite en avant les intérêts du tout qui pourront motiver nos actions en les rendant morales. Cela revient à dire qu'avant d'agir, on doit se demander quel intérêt notre action va apporter au tout dont nous faisons partie : terre, État, société ou encore famille. Il montre d'abord jusqu'où doit aller cette considération du tout, puis, en montrant les désavantages de l'action entreprise pour soi-même, il montre les avantages de l'action faite en vue du tout.

– *Lignes 8 à 13 :* Descartes concède que le tout ne saurait motiver toutes nos actions, et que nous devons calculer exactement en quoi consistent réellement les intérêts en jeu. La notion d'intérêt renvoie en effet à quelque chose d'objectivement mesurable. On peut donc éliminer de ces intérêts collectifs tout ce qui ne répond pas à certaines exigences de la raison (« mesure et discrétion »), comme agir pour un moindre bien (se ruiner pour un proche qui n'en a pas besoin, par exemple) ou encore agir pour un groupe qui n'en vaut pas la peine (risquer sa vie pour une ville qui défend des valeurs racistes par exemple). C'est donc à la raison que revient le rôle de mesurer l'importance réelle des intérêts du tout. On peut souligner que ces intérêts peuvent être relatifs et insuffisants pour fonder une action morale.

– *Lignes 13 à 19 :* Descartes montre, par opposition, que si l'on ne tient compte que de ses propres intérêts individuels et particuliers, notre action ne pourra qu'être immorale, c'est-à-dire égoïste et nuisible à autrui. On nuira alors beaucoup pour obtenir peu et l'on n'obtiendra ni vraie amitié, ni fidélité, ni vertu. Les exemples cités par Descartes montrent que l'action faite pour soi-même est incapable de nous faire agir pour autrui, et qu'elle nous pousse même à lui faire du mal (nos intérêts en effet divergent la plupart du temps), à en faire un ennemi ou à l'utiliser, à lui mentir ou à le trahir, etc.

Descartes montre ensuite, qu'en revanche, en se souciant du bien commun (en faisant, par exemple, plaisir à tout le monde, ou en exposant sa vie, ou encore en perdant son âme), nos actions acquièrent une valeur morale. Ici ce sont les autres, comme membres du tout, qui deviennent le but de nos actions et nous perdons de vue nos intérêts particuliers pour nous consacrer et nous dévouer aux autres, à la défense de leurs intérêts, jusqu'à sacrifier notre propre vie. La considération d'un bien plus large qui déborde le nôtre nous fait en effet relativiser notre individualité et nous rend capable de viser un but plus important au regard de l'humanité prise dans son ensemble et de l'univers. Si je dois, par exemple, sauver ma famille tout entière ou un nombre important de vies utiles, le fait de me sentir simple membre de quelque chose de plus important que moi me donnera le courage de sacrifier ma propre vie pour permettre de sauver celle des autres. Sinon je ne pense qu'à me sauver moi et je laisse mourir tous les autres.

Ainsi, il y a deux choses à prendre en compte par rapport à la considération du tout auquel j'appartiens, pays, société ou famille : d'une part, l'importance de ses intérêts (sont-ils plus importants que les miens) et ensuite l'immoralité à laquelle me conduirait l'oubli de mon appartenance à ce tout (à quelle faute me conduirait mon égoïsme). Alors seulement je peux élever mes actions au rang du devoir.

Transition partie explicative – partie critique

La morale de Descartes s'appuie donc sur une conception toute relative de la place de l'homme dans l'univers, permettant ainsi de relativiser la notion d'intérêt individuel : lequel est bien peu de chose au regard de l'intérêt collectif. En même temps, elle met la notion d'intérêt au centre de la réflexion puisque c'est bien la mesure de l'intérêt collectif qui doit servir de motivation à mes actions. Or ne pourrait-on pas concevoir la morale de façon plus « désintéressée » et n'est-ce pas dans le désintéressement que doit se trouver le vrai et le seul fondement d'une morale authentique ?

II Partie critique

La morale de Descartes s'inspire, dans ce texte, du stoïcisme et l'on ne peut par conséquent l'associer à une conception utilitariste qui ferait du devoir un acte fondamentalement égoïste permettant de se satisfaire en agissant pour les autres. Ici, ce que défend Descartes relève bien d'une forme épurée de devoir reposant sur l'idée que nous ne sommes pas seuls et que c'est cela même qui rend possible une action morale. Descartes cherche donc à fonder la morale sur l'idée stoïcienne selon laquelle nous sommes membres d'un tout et que ce tout est plus important que l'individu que nous sommes. Cependant, il met au centre de cette idée la notion d'intérêt et on peut se demander dans quelle mesure l'intérêt peut fonder la morale.

D'un côté, il est certes possible de ne pas croire à une action qui serait détachée de tout intérêt et l'on pourrait même avancer que le bien, finalement, serait une somme d'intérêts satisfaits. Descartes, lorsqu'il examine les intérêts de l'ensemble, ne mentionne-t-il pas, par exemple, la vie des individus, leur santé, leur sécurité, leur bien-être ? Être ainsi capable de mesurer les intérêts d'une communauté et agir en vue de satisfaire ces intérêts avant les nôtres, ce pourrait être le propre de l'action morale, du devoir et de la vertu. On peut d'ailleurs considérer que certaines grandes actions héroïques de l'histoire s'appuient sur cette conception : les révolutionnaires ou les résistants ont, par exemple, sacrifié leur vie pour faire triompher des valeurs telles que la liberté et ont donc contribué à l'intérêt commun au mépris de toute considération pour leur personne. En ce sens, leur action était bien morale.

Pour autant, d'un autre côté, on peut se demander s'il ne serait pas possible de concevoir une action morale qui serait détachée de tout intérêt et si le vrai devoir ne devrait pas justement être « désintéressé ». En ce sens, faire son devoir pourrait consister à ne rien faire qui soit vraiment utile. Pourquoi, par exemple, s'attacher à ne pas mentir, sachant que le mensonge est souvent très utile ? Le secret d'État, par exemple, n'est-il pas une forme de mensonge autorisé au nom de l'intérêt général ? Est-il pour autant moral ? C'est en ce sens que la morale kantienne, très exigeante, peut paraître à la fois plus idéaliste et en même temps plus authentique. Pour Kant, ce qui distingue justement l'action morale des autres actions, c'est son caractère désintéressé, au sens où le motif de l'action morale ne doit pas du tout être emprunté à la notion d'intérêt. Par exemple, je ne dois pas mentir parce que ce serait autoriser tout le monde à mentir et contredire par là même la fonction du langage. Il n'y a pas ici de prise en compte de la notion d'intérêt (si je prenais en compte l'intérêt général, alors je donnerais plutôt un fondement moral au mensonge). Ce qui motive mon action relève davantage du sens que de l'intérêt : dire la vérité n'aurait plus de sens si tout le monde mentait.

Conclusion

Nous pouvons donc chercher avec Descartes à fonder l'action morale en nous demandant ce qui, au juste, la rendrait possible et efficace. La question : « Que dois-je me dire avant d'agir pour que mon action soit morale ? » est à ce titre une question centrale lorsqu'on envisage la possibilité même de la morale. On peut ainsi mettre en avant la notion d'intérêt général et se dire que l'on fait partie d'un ensemble, d'un tout, dont la valeur peut élever nos actions. En ce sens, la morale de Descartes se veut pratique et efficace. Cependant, ne pourrait-on chercher pour la morale des fondements plus élevés et qui seraient capables de ne plus rien emprunter à la notion d'intérêt ? Agir bien, ce ne serait plus dès lors agir pour un intérêt collectif, mais ce serait agir comme ceci ou comme cela simplement parce que sinon quelque chose perdrait de son sens. Ainsi on ne devrait pas mentir parce que la vérité doit rester une valeur fondamentale et non parce que cela est très utile pour l'ensemble des hommes.

SUJET 43 Série L – France métropolitaine – Juin 2006

DISSERTATION

N'avons-nous de devoirs qu'envers autrui ?

Corrigé

Travail préparatoire

Notions et repères

Notions : la morale, le devoir, le bonheur, le sujet, la conscience, autrui, la liberté
Repères : obligation / contrainte

Analyse des termes du sujet

– **Ne... que :** Il convient de bien relever la formulation restrictive de ce sujet car elle oriente la réflexion en nous invitant à répondre par la négative. Dès lors, il faut se demander envers « qui » ou « quoi d'autre » nous pourrions avoir des devoirs. On doit aussi se demander si nous n'aurions plus de devoirs, si autrui n'existait pas.
– **Devoirs :** Le devoir, c'est ce qui se présente à nous comme ce que nous *devons* faire, non pas tant par nécessité ou contrainte, mais parce que notre conscience nous l'indique. Le devoir est donc ce qu'il faut faire pour *bien* agir, ou pour agir de façon *juste*. La notion de devoir semble ainsi s'opposer à celle de *liberté* dans la mesure où le devoir apparaît comme une *obligation*. Cependant, d'un autre côté, la notion de devoir semble également supposer cette même liberté puisque ce que je fais *par devoir*, je dois l'accomplir comme une obligation que je m'impose à moi-même, donc suivant un choix délibéré (sans quoi cette action perdrait toute sa valeur morale).
– **Autrui :** Autrui, c'est à la fois quelqu'un « d'autre », donc un individu distinct de moi, mais également « mon semblable », puisque je partage avec lui la dignité d'être une « personne ». Il s'ensuit qu'autrui est – et doit être – un sujet de respect pour moi. En ce sens, je dois limiter ma liberté pour rendre la sienne possible. Or le devoir renvoie-t-il forcément à un autre être humain ? N'avons-nous pas également des devoirs envers d'autres êtres vivants, ou encore envers la nature ? Et n'avons-nous pas aussi des devoirs envers nous-mêmes (comme celui de « se respecter », par exemple) ?
– **Nous :** Ce pronom peut renvoyer à chacun d'entre nous en tant qu'individu, mais aussi à l'humanité dans son ensemble.

■ Problématique

À première vue, il semblerait que la notion de devoir corresponde à l'obligation pour chacun d'entre nous de se limiter dans sa liberté. Dès lors, seule l'existence d'autrui pourrait donner son sens à la notion de devoir, dans la mesure où autrui est celui que je dois absolument respecter puisqu'il est une personne au même titre que moi. Or est-ce à dire qu'en l'absence d'autrui nous serions plus libres, car dégagés de toute obligation morale ? Est-ce à dire que la morale n'a de sens que par la présence d'autrui ? Notre caractère de « personne » ne suppose-t-il pas aussi que chacun d'entre nous ait aussi des devoirs envers lui-même ? Par ailleurs, n'aurions-nous pas également des devoirs envers les autres êtres vivants, ou envers la nature, et ce quand bien même ces derniers ne seraient pas des « personnes » ?

PLAN DÉTAILLÉ DE LA DISSERTATION

I Que nous n'avons de devoirs qu'envers « autrui »

I-1 Ce qui nous donne des devoirs envers autrui : son caractère de « personne »

Le devoir, comme obligation, se pose comme une restriction que je dois mettre à ma liberté. Ce qui m'y oblige, c'est la reconnaissance en l'autre d'une « personne », à savoir d'un être capable comme moi de se donner ses propres fins, grâce à sa conscience et à sa raison. Ainsi, ce que je dois respecter dans l'autre, c'est sa liberté, et je dois la respecter au même titre que la mienne. J'ai donc des devoirs envers « autrui », parce qu'il est une « personne ».

I-2 Nous n'avons pas de devoirs envers les animaux ou la nature

Dès lors, il semble impossible que nous ayons des devoirs envers des êtres vivants qui ne seraient pas humains. Les animaux ou la nature n'étant pas des « personnes » à proprement parler, il nous est en effet impossible d'avoir des devoirs envers eux. D'ailleurs, la notion de respect n'a de sens que si elle implique une certaine réciprocité (celui que je respecte, c'est celui dont je peux attendre, en principe, le même respect) ; or nous ne pouvons attendre une telle réciprocité des animaux ou des végétaux, ce qui confirme le fait que nous ne puissions avoir des devoirs envers eux.

I-3 On ne peut parler de devoirs envers soi-même

Enfin, si je dois limiter ma liberté uniquement par égard à autrui, il s'ensuit que, pour le reste, je peux exercer ma liberté autant que je le souhaite. Ainsi, tant que cela ne nuit pas aux autres, je suis libre de faire tout ce que bon me semble. Dès lors, j'ai le droit de disposer de ma propre vie comme je l'entends, jusqu'au droit d'y mettre fin.

II Que nous avons des devoirs envers nous-mêmes

II-1 Il existe des devoirs envers soi-même, au nom de notre « personne »

Cependant, la même raison qui m'oblige à respecter autrui ne me donne-t-elle pas également des devoirs envers moi-même ? En effet, dans la mesure où je suis une *personne*, ne dois-je pas *me* respecter *moi-même* ? De fait, je ne peux pas me vendre ni aliéner ma liberté. Qui plus est, si j'ai le sentiment de devoir empêcher autrui de se suicider, je ne peux sans contradiction m'octroyer le droit de disposer de ma propre vie et m'autoriser à y mettre fin. Enfin, bien que les animaux ne puissent guère être reconnus comme des « personnes », ils ne sont pas pour autant des « choses » dont je pourrais disposer sans restriction : dès lors, je dois, au nom du respect que je me dois à moi-même, m'abstenir de les traiter cruellement.

II-2 La notion de devoir trouve son plein sens dans nos intentions

Qui plus est, comme le souligne Kant, l'exigence morale suppose que l'on n'agisse pas simplement « conformément au devoir », mais aussi « par devoir ». C'est donc en se fondant sur nos intentions que l'on peut véritablement juger de la valeur morale de nos actes. Or s'il peut suffire, vis-à-vis d'autrui, que je respecte simplement les devoirs que j'ai envers lui, je me dois en revanche, dans la mesure où je suis une personne, d'être moral *dans mes intentions*. J'ai, en ce sens, un devoir de sincérité à l'égard de moi-même et de mes intentions.

II-3 La recherche du bonheur peut se présenter comme un devoir pour nous

Le bonheur semble être ce que nous recherchons spontanément. Mais le véritable bonheur suppose que l'on sache renoncer aux plaisirs immédiats et à ce qui est simplement agréable à court terme. La quête du véritable bonheur implique donc que l'on impose des limites à ses propres désirs. On peut même faire de cette recherche du véritable bonheur un devoir, au moins indirect comme l'écrit Kant, puisqu'il est susceptible de nous mettre dans les meilleures conditions pour remplir nos devoirs à l'égard d'autrui.

III Plus largement, l'humanité est l'horizon de nos devoirs

III-1 Respecter autrui et « se respecter », c'est respecter « l'humanité » en soi

Ne pas se respecter soi-même, ce n'est pas seulement faire tort à sa propre personne, mais c'est faire tort, à travers elle, à l'humanité tout entière. De même, ne pas respecter autrui, c'est ne pas respecter l'humanité, dans la mesure où chaque individu la représente. Ainsi, nous avons des devoirs envers autrui et envers nous-mêmes car nous portons en nous l'humanité et que nous nous devons de la respecter et de l'accroître. Il s'ensuit que chaque homme a le devoir de contribuer au progrès moral de l'humanité, en s'efforçant d'agir conformément aux exigences de la notion de personne.

III-2 Qu'il faut respecter en soi l'œuvre de l'humanité passée

Chacun a aussi le devoir de cultiver et de développer ses talents et ses facultés, par respect pour les générations passées et futures. En effet, comme l'écrit Comte, « les vivants sont gouvernés par les morts ». Ainsi, nous sommes redevables à nos ancêtres des progrès qu'ils ont réalisés et qui ont contribué à faire de nous ce que nous sommes. Réciproquement, il nous incombe d'œuvrer à notre tour dans le même sens pour le développement des générations futures.

III-3 Qu'il existe un devoir envers la nature au nom de l'humanité à venir

Enfin, bien que l'on ne puisse pas véritablement parler d'un devoir de « respect » envers la nature, nous pouvons tout de même considérer que nous n'avons pas le droit de la piller, ni de la détruire. En effet, nous n'avons pas le droit de la piller, tout d'abord parce que nous sommes des personnes et que nous nous devons un certain respect à cet égard, mais aussi par égard aux générations à venir, qui ont, elles aussi, le droit de bénéficier de ce bien commun. Ainsi, cette conscience particulière qui oblige l'homme à se penser comme une personne mais aussi comme un membre de l'humanité, semble bel et bien lui donner un devoir de responsabilité collective à l'égard de la nature et des autres êtres vivants.

Le bonheur

SUJET 44 Série ES – France métropolitaine – Juin 2006

DISSERTATION

Faut-il préférer le bonheur à la vérité ?

Corrigé

Travail préparatoire

Notions et repères :

Notions : le bonheur, la morale, la vérité, la raison et le réel, la conscience, le désir, la religion

Repères : croire / savoir

Remarques générales

Sujet classique. Bien relever qu'il part d'un présupposé : l'idée d'une incompatibilité entre le bonheur et la vérité. Elle n'est pas forcément systématique, mais le cas peut se présenter et cela suffit pour que la question se pose. C'est un présupposé qu'il est nécessaire de mettre en question. La formulation de la question oriente aussi la réponse : on sent que, moralement, c'est la vérité que l'homme devrait préférer à toute chose.

Analyse des termes du sujet

– **Le bonheur :** il s'agit d'un état de satisfaction complète (la plénitude) et durable. De ce point de vue, il ne faut pas réduire le bonheur à un simple plaisir ou à un moment de joie. On peut d'ailleurs voir dans le bonheur plutôt un idéal, celui que tout homme vise en principe dans son existence. Faut-il pour autant aller jusqu'à lui donner la priorité même face à la vérité ? D'un autre côté, est-il possible d'atteindre le bonheur lorsqu'on est dans l'ignorance, l'illusion, ou encore la mauvaise foi ? L'exigence de vérité ne serait-elle pas la condition du bonheur véritable ?

– **La vérité :** par *vérité*, il faut entendre la connaissance de la réalité, donc de « ce qui est ». La vérité se définit en effet comme l'adéquation entre mes idées (ou mon discours) et la réalité. Attention à ne pas en faire simplement le contraire du mensonge et à ne pas réduire la réflexion à un possible droit de mentir. Il faut aussi penser à « l'ignorance », « l'illusion », « l'erreur », ou encore « la fiction »... Ce sont autant de notions que l'on peut opposer à la vérité et qu'il faudrait lui « préférer », si elles s'avèrent nécessaires au bonheur et que celui-ci s'avère préférable à la vérité. On doit donc se demander, d'une part, si la connaissance de la vérité n'entre pas en conflit avec ce que nous préférerions croire vrai et, d'autre part, s'il n'existerait pas un droit de mentir au nom du bonheur d'autrui.

– **Préférer :** la notion de « préférence » semble renvoyer à une inclination spontanée, immédiate, « naturelle ». Elle semble reposer sur le sentiment et, tout comme le désir, ne pas pouvoir être « commandée ». Cependant on nous demande ici de déterminer ce qui est « préférable » entre le bonheur ou la vérité, donc lequel des deux mérite notre priorité. La nécessité de justifier cette préférence nous oblige à réfléchir à la finalité de notre existence : s'agit-il de la recherche du bonheur, ou bien de la vérité, ou encore d'une dignité morale ? Enfin on peut se demander si l'idée même de « préférence » ne serait pas à remettre en cause : le bonheur ne passe-t-il pas nécessairement par la vérité ?

– **Faut-il :** le verbe *falloir* peut avoir trois nuances de sens. Il renvoie d'abord à une nécessité, logique ou vitale (un besoin) : c'est ce qu'on ne peut pas ne pas faire. Il peut correspondre aussi à un *devoir* au sens moral (il est possible de ne pas le faire, mais ce n'est pas *bien* agir). Enfin, il peut s'agir d'un simple conseil, ou encore de ce qu'il est préférable de faire : « il vaut mieux... », « il est plus indiqué de... ». Ce sont ces deux derniers sens qui sont les plus pertinents, car l'idée de « nécessité » s'oppose à celle de « préférence ».

■ Problématique

D'un côté, la recherche du bonheur peut apparaître comme ce qui anime et oriente notre existence. Le bonheur serait ainsi ce bien complet que vise tout homme. Pour autant, l'idéal de satisfaction que suppose le bonheur est-il à la mesure de ce que permet la réalité ? Et, si tel n'est pas le cas, ne faut-il pas alors subordonner au bonheur la connaissance et la recherche de la vérité ? D'un autre côté, l'exigence de vérité ne représente-t-elle pas une finalité plus digne pour notre existence ? Enfin, y a-t-il vraiment un sens à préférer le bonheur à la vérité, s'il apparaît que le bonheur véritable ne saurait s'obtenir au prix de l'ignorance ou de l'illusion ?

■ Plan de la dissertation

I Le bonheur semble devoir être préféré à la vérité.
II La vérité est cependant plus digne de notre humanité.
III Il n'y a pas à choisir : le bonheur implique la vérité.

PLAN DÉTAILLÉ DE LA DISSERTATION

I Le bonheur semble devoir être préféré à la vérité

I-1 Le bonheur comme « bien suprême »

Comme le fait remarquer Aristote dans *Éthique à Nicomaque*, le bonheur est la fin ultime de toutes nos actions. Toutes les choses que nous faisons ou désirons sont à chaque fois des moyens visant au bonheur. Lui seul peut être défini comme une « fin en soi » : on ne désire pas le bonheur comme un moyen pour obtenir autre chose que lui-même. Il apparaît donc comme le « bien suprême », ce à l'égard de quoi tout le reste semble être subordonné. C'est aussi ce qui semble donner sens à notre existence, au point de devoir lui préférer tout le reste.

I-2 La vérité doit donc être subordonnée au bonheur

On peut donc considérer que la recherche et la connaissance de la vérité lui sont subordonnées. En effet, la recherche de la vérité semble difficile, voire vaine, comme le suggèrent les arguments des philosophes « sceptiques ». Notre existence étant assez courte, il paraît préférable de la vouer à un idéal plus accessible. Or, comme le montre Épicure, le bonheur est facile à se procurer si l'on sait écouter ce que la nature nous indique. Il peut ainsi être l'œuvre d'une vie humaine, alors que la recherche de la vérité semble devoir renvoyer à l'œuvre de plusieurs générations. D'ailleurs, pour Épicure, la vérité vaut surtout par sa capacité à produire l'« ataraxie » ou paix de l'âme.

I-3 D'un point de vue moral aussi, il semble juste de privilégier le bonheur

Enfin, bien qu'il soit en principe « mal » de mentir (surtout pour assurer ses propres intérêts ou son bonheur au détriment des autres), n'est-ce pas bien agir que de chercher à préserver quelqu'un d'une vérité dont on sait qu'elle le ferait souffrir ou aurait des conséquences nuisibles ? Par souci du bonheur d'autrui, et non pour une fin égoïste, il peut sembler légitime de dissimuler la vérité. Il y aurait ainsi des exceptions à penser au devoir ordinaire de sincérité.

II La vérité est cependant plus digne de notre humanité

II-1 Remise en cause du bonheur conçu comme « bien suprême »

Comme le fait remarquer Kant dans les *Fondements de la métaphysique des mœurs*, la recherche du bonheur est, en un sens, ce à quoi tendent tous les êtres vivants. Il ne s'agit pas d'une fin propre à l'homme, car la nature pousse tout animal à rechercher la satisfaction sous la forme de son instinct. On peut même penser que la nature rend plus facile la tâche aux animaux de ce point de vue : avec des besoins limités et bien définis, ils n'ont pas à se demander ce qui pourrait les rendre « heureux ». Chez l'homme, en revanche, la conscience et la capacité à raisonner dont nous a dotés la nature semblent compliquer les choses. À moins qu'elles ne soient le signe que l'existence de l'homme a une autre finalité que la simple recherche du bonheur.

II-2 L'homme se doit de préférer la recherche de la vérité

On peut penser que la présence de la raison en l'homme lui donne comme finalité l'accroissement des connaissances. De plus, le propre de l'existence humaine est de pouvoir se penser dans une histoire, au cours de laquelle chaque génération peut apporter sa contribution à la recherche de la vérité. De ce point de vue, il semble préjudiciable de privilégier le bonheur face à la vérité. Comme le montre Sigmund Freud, le progrès de la vérité et des sciences en particulier a dû souvent se heurter aux illusions auxquelles l'homme tient parce qu'elles lui sont plus agréables que la vérité. Mais ces illusions doivent être dépassées, de la même façon que l'humanité doit aller vers plus de maturité.

II-3 Le bonheur ne peut valoir comme principe moral face à la vérité

Enfin, l'existence humaine a sans doute aussi une finalité morale : mener une vie en toutes circonstances conforme au bien. C'est même, selon Kant, la finalité qui correspond le mieux à notre raison. Cette dernière n'est pas en mesure de déterminer clairement comment obtenir le bonheur, pas plus pour nous que pour autrui. Ainsi, si nous nous demandons s'il vaut mieux dire ou cacher la vérité pour rendre quelqu'un heureux, nous entrons dans des calculs très particuliers et incertains. En revanche, si nous interrogeons notre raison seulement sur ce que nous devons faire, en toute circonstance, la réponse est claire. Nous devons toujours agir selon une règle dont nous pouvons « vouloir en même temps qu'elle devienne une loi universelle ». Tel est « l'impératif catégorique » kantien. De ce point de vue, l'idée d'un « droit de mentir » est contradictoire : nous ne pouvons vouloir le mensonge qu'à titre d'exception. Ce n'est donc pas la question du bonheur qui doit être prise en compte pour savoir comment bien agir avec autrui, mais seulement celle de savoir quel est notre devoir. À ce titre, c'est toujours et seulement notre sincérité qu'autrui peut exiger de nous, non son bonheur.

III Il n'y a pas à choisir : le bonheur implique la vérité

III-1 Le vrai bonheur n'est possible que dans la vérité

Si le bonheur implique une satisfaction complète et durable, il semble ne pouvoir se penser que dans un rapport lucide à la réalité, donc dans une pleine connaissance de celle-ci. Dès lors, le bonheur et la vérité ne devraient-ils pas toujours aller de pair ? C'est ce que montre Descartes dans une de ses lettres à la Princesse Élisabeth : il vaut mieux toujours connaître la vérité plutôt que de chercher le bonheur dans l'illusion. Nous n'obtenons sinon qu'une satisfaction superficielle et le sentiment d'une « amertume » intérieure, celle de se mentir à soi-même. Nous risquons aussi de nous mettre à la merci de désillusions plus désagréables encore.

III-2 La recherche de la vérité ne signifie pas « renoncer au bonheur »

Les progrès de la science obligent l'homme à renoncer à des illusions, dont on pourrait croire qu'elles lui sont nécessaires pour se protéger d'idées angoissantes. Mais, comme l'écrit Freud dans *L'Avenir d'une illusion*, ce besoin ne vaut que pour des hommes que l'on a habitués à dépendre de celles-ci. Comme l'enfant qui devient adulte, l'humanité doit pouvoir mener une existence heureuse à mesure du progrès de ses connaissances. On peut ajouter avec Marx que les illusions, et en particulier les idées religieuses, ne peuvent offrir à l'homme qu'une apparence de bonheur. Il faut donc savoir les critiquer et les dépasser pour accéder à un bonheur authentique.

III-3 Au plan moral, la vérité est ce qui nous rend digne du bonheur

Enfin, si le bonheur signifie une satisfaction complète pour l'homme, il implique aussi le sentiment d'être digne de celui-ci. Le bonheur est étymologiquement placé sous le signe de la chance, de la « bonne fortune ». Pourtant, ce qui fait son prix pour nous, c'est le sentiment de l'avoir mérité et qu'il est à proportion dc nos efforts pour être juste et vertueux. Comme le reconnaît Kant, rien ne nous assure que nous serons heureux parce que nous avons bien agi. Mais nous pouvons légitimement nous sentir digne de l'être quand, par exemple, nous avons maintenu la vérité, alors qu'il est très tentant de mentir.

SUJETS CORRIGÉS DU BAC 2010 ET DU BAC 2011

SUJET 45 Série L – France métropolitaine – Juin 2010

COMMENTAIRE

Expliquez le texte suivant :

« Parce que les actes humains pour lesquels on établit des lois consistent en des cas singuliers et contingents, variables à l'infini, il a toujours été impossible d'instituer une règle légale qui ne serait jamais en défaut. Mais les législateurs, attentifs à ce qui se produit le plus souvent, ont établi des lois en ce sens. Cependant, en certains cas, les observer va contre l'égalité de la justice, et contre le bien commun, visés par la loi. Ainsi, la loi statue que les dépôts doivent être rendus, parce que cela est juste dans la plupart des cas. Il arrive pourtant parfois que ce soit dangereux, par exemple si un fou a mis une épée en dépôt et la réclame pendant une crise, ou encore si quelqu'un réclame une somme qui lui permettra de combattre sa patrie. En ces cas et d'autres semblables, le mal serait de suivre la loi établie ; le bien est, en négligeant la lettre de la loi, d'obéir aux exigences de la justice et du bien public. C'est à cela que sert l'équité. Aussi est-il clair que l'équité est une vertu.

L'équité ne se détourne pas purement et simplement de ce qui est juste, mais de la justice déterminée par la loi. Et même, quand il le faut, elle ne s'oppose pas à la sévérité qui est fidèle à l'exigence de la loi ; ce qui est condamnable, c'est de suivre la loi à la lettre quand il ne le faut pas. Aussi est-il dit dans le Code[1] : "Il n'y a pas de doute qu'on pèche contre la loi si, en s'attachant à sa lettre, on contredit la volonté du législateur."

1. Il s'agit du Code publié par Justinien en 529 : il contient la plus grande somme connue de droit romain antique.

Il juge de la loi celui qui dit qu'elle est mal faite. Mais celui qui dit que dans tel cas il ne faut pas suivre la loi à la lettre, ne juge pas de la loi, mais d'un cas déterminé qui se présente. »

THOMAS D'AQUIN, *Somme théologique.*

La connaissance de la doctrine de l'auteur n'est pas requise. Il faut et il suffit que l'explication rende compte, par la compréhension précise du texte, du problème dont il est question.

Corrigé

Travail préparatoire

■ Notions et repères

Notions : la justice et le droit, la politique, la morale, l'interprétation
Repères : légal / légitime – universel / général / particulier / singulier

■ Remarques générales

Le texte est assez pointu car il aborde la justice à travers la notion d'« équité ». Celle-ci est posée ici comme une manière de corriger la loi lorsqu'elle se montrerait injuste en étant appliquée « à la lettre ». Pour autant, il faut comprendre que l'équité n'est pas conçue par Thomas d'Aquin comme une justice individuelle qui oublierait totalement la loi. Elle doit, au contraire, rester fidèle à « l'esprit » de la loi, c'est-à-dire à son exigence de justice et d'égalité, au service du bien commun.

■ Problème, thèse et intérêt philosophique

Ce texte traite du rapport entre la loi et la justice. L'auteur demande comment se comporter face à une loi qui se montrerait injuste dans certains cas : doit-on tout simplement ne pas la respecter ? La thèse énoncée pose que l'équité est une manière de se montrer juste là où la loi serait injuste dans son application stricte. Cette attitude ne consiste pas à abandonner « l'esprit » de la loi, qui vise la justice et le respect du bien commun, mais à en abandonner « la lettre », c'est-à-dire l'application générale stricte. L'intérêt du texte est de nous inviter à réfléchir sur la difficulté d'adapter la loi et de la corriger sans pour autant en perdre la finalité, à savoir : l'égalité et la justice.

■ Analyse des concepts principaux

– Lois... cas singuliers et contingents, variables à l'infini... règle légale... législateurs... le plus souvent : Thomas d'Aquin interroge l'efficacité de la loi, telle qu'elle a été faite et telle qu'elle doit être appliquée comme règle générale. Il montre que la principale difficulté de la loi tient à son incapacité à embrasser tous les cas possibles, lesquels sont parfois uniques ou bien impossibles à prévoir. La loi doit alors être conçue pour valoir dans la plupart des cas, à défaut de tous.

– En certains cas... contre l'égalité de la justice, et contre le bien commun : Thomas d'Aquin s'attache aux cas particuliers pour lesquels le respect de la loi se révélerait injuste et contraire au respect de l'intérêt général.

– Le mal serait de suivre la loi établie ; le bien est... négligeant la lettre de la loi... l'équité : Thomas d'Aquin montre que l'équité est une manière vertueuse de corriger cette injustice de la loi, en ne la respectant pas « à la lettre », c'est-à-dire dans son application stricte et générale.

– Juste... justice déterminée par la loi... fidèle à l'exigence de la loi... volonté du législateur : Thomas d'Aquin montre en quoi l'équité n'est pas contraire à la justice ni à la loi. L'équité se veut en effet fidèle à « l'esprit » de la loi, c'est-à-dire à sa finalité (le bien commun) et à sa rigueur. Elle se veut donc juste comme l'exige la loi.

– Juge de la loi... ne juge pas de la loi : Thomas d'Aquin s'attache finalement à distinguer plusieurs façons de s'opposer à la loi, soit en la critiquant en elle-même, en tant que fondamentalement imparfaite, soit, comme le fait l'équité, en ne la critiquant que sur certaines applications particulières.

■ Plan du texte de Thomas d'Aquin

Lignes 1 à 13 : L'équité comme remède à l'injustice inévitable de la loi dans son application stricte.

Lignes 14 à 19 : L'équité comme respect de l'esprit de la loi.

Lignes 20 à 22 : Distinction entre deux manières de critiquer la loi et rapport avec l'équité.

PLAN DÉTAILLÉ DU COMMENTAIRE

– *Lignes 1 à 13 :* Thomas d'Aquin commence par justifier l'imperfection des lois, qui, du fait qu'elles ne peuvent pas prendre en compte toutes les situations humaines, ne concernent que des cas généraux. En effet, les hommes, dans leurs actions, font valoir leurs différences et leur liberté. C'est pourquoi leurs actes sont *« singuliers et contingents, variables à l'infini »*. La loi, comme règle statuant sur ce qui est bien et mal, juste et injuste, ne peut donc envisager toutes les possibilités et doit s'en tenir *« à ce qui se produit le plus souvent »*, c'est-à-dire à ce que font les hommes en général. Par exemple, la loi interdit le meurtre et le vol, sans pour autant pouvoir prévoir toutes les variétés de crimes et de vols possibles. Thomas d'Aquin suggère que la loi fonctionne dans la plupart des cas qu'elle prévoit et souligne en quel sens les *« législateurs »* se montrent *« attentifs »* : ils ne font pas des lois à l'emporte-pièce, grossièrement, mais en essayant au maximum d'observer la manière d'agir des hommes en général (l. 1 à 4).

Pour autant, certains actes échappent à la justice visée par la loi, en étant en quelque sorte des exceptions à la règle : leur appliquer ce que la loi exige dans sa généralité se révélerait être injuste. Thomas d'Aquin prend deux exemples pour illustrer cette injustice possible : rendre une arme qui appartient à un fou ou une somme d'argent à un ennemi. En effet, rendre à quelqu'un ce qui lui appartient est juste en soi et en général, mais cette justice (définie par la propriété individuelle) peut se révéler une menace pour l'intérêt commun : le fou peut tuer quelqu'un et l'ennemi utiliser son argent pour *« combattre sa patrie »* (l. 5 à 10).

Dans ce cas, le bien s'impose clairement : il ne faut pas appliquer la loi afin de faire valoir le respect de l'intérêt commun. L'équité se présente ainsi comme une autre forme de justice, consistant à *« néglig*[er] *la lettre de la loi »*, c'est-à-dire à ne pas appliquer la loi telle qu'elle est écrite. C'est une « vertu » car elle a la qualité et la capacité de corriger la loi dans son imperfection, là où certains cas lui échappent. C'est une vertu aussi au sens où elle exige une distinction difficile à établir entre ce qui est juste en général et ce qui est injuste en particulier (l. 10 à 13).

– *Lignes 14 à 19 :* Thomas d'Aquin s'attache ensuite à montrer en quel sens l'équité est une forme de justice, qui, tout en pouvant apparaître injuste au regard de la loi, se montre toutefois respectueuse de celle-ci. En effet, l'équité ne s'oppose qu'à *« la justice déterminée par la loi »*, c'est-à-dire à la manière dont la loi a établi, dans sa généralité, ce qui était juste (conforme au bien commun). Elle ne s'oppose donc pas à ce qui est juste en soi et à ce que vise la loi, c'est-à-dire à son intention, qui est le respect du bien commun. C'est pourquoi Thomas d'Aquin souligne à quel point l'équité peut se montrer compatible avec la *« sévérité »* (la rigueur), laquelle est au fondement des lois. C'est dire que l'équité n'est pas une manière « laxiste » d'assouplir la loi : dans le cas du fou réclamant son épée, l'équité se montrerait inflexible en ne la lui rendant pas. Thomas d'Aquin montre ainsi que l'équité ne s'oppose pas à la loi en elle-même, à son exigence de justice commune, mais seulement à ce qu'elle « dit » (dans ses textes) et à ce qui, dans sa *« lettre »*, se révélerait injuste. D'où la référence au Code de Justinien, qui pose clairement que c'est en respectant trop la loi à la lettre que l'on risque de se montrer injuste. Dans ce cas, seul importe de respecter *« la volonté du législateur »*. En ce sens, l'équité se montre respectueuse de la loi, puisqu'elle reste fidèle à son esprit.

– *Lignes 20 à 22 :* Thomas d'Aquin peut ainsi affirmer que l'équité n'est pas une manière de critiquer la loi en elle-même, en la jugeant *« mal faite »*, c'est-à-dire fondamentalement imparfaite. L'équité est une manière de dire *« que dans tel cas il ne faut pas suivre la loi à la lettre »* : on ne condamne pas la loi en général, mais on constate et corrige « une » imperfection rencontrée de fait, qui ne remet pas en question la loi en elle-même.

SUJET 46 Série S – France métropolitaine – Juin 2010

DISSERTATION

Dépend-il de nous d'être heureux ?

Corrigé

Travail préparatoire

Notions et repères

Notions : le bonheur, le désir, la conscience, la liberté, le devoir, la société, l'État
Repères : contingent / nécessaire / possible – croire / savoir – objectif / subjectif – universel / général / particulier / singulier

Remarques générales

Le sujet est classique et d'un abord facile. Mais il faut éviter de tomber dans les exemples et les lieux communs, sous prétexte qu'il s'agit d'une notion comme « le bonheur ». L'approche doit rester philosophique et il faut donc s'attacher à rester dans l'abstraction : il ne s'agit pas de décrire concrètement le bonheur au quotidien, mais d'interroger le bonheur humain en général, en tant que concept.

Analyse des termes du sujet

– **Dépend-il de nous :** le verbe *dépendre* interroge notre capacité à causer notre bonheur, à en être responsable, directement ou indirectement. Une chose qui dépend de nous est en effet soit notre œuvre directe (nous en sommes l'auteur), soit le résultat indirect de notre action (nous en sommes alors l'« acteur », nous agissons sur elle). Ici, la question posée revient à se demander si nous sommes heureux de notre fait (grâce à nos actions, notre volonté, nos pensées, nos efforts) ou bien si le bonheur est déterminé par des causes extérieures, étrangères, indépendantes de notre volonté.

– **Être heureux :** le sujet porte sur l'état de bonheur, le fait d'avoir atteint (ou non) un stade de plénitude, complet et durable. Le bonheur, en ce sens, représente un idéal, exigeant par son caractère absolu et stable. Le présupposé du sujet est qu'il serait difficile de prétendre être la cause de notre bonheur, compte tenu de son caractère idéal et de nos limites humaines.

Problématique

La question nous fait réfléchir sur le bonheur en tant que but de l'existence et sur notre capacité à être heureux, à nous « installer » dans le bonheur. Il peut sembler évident que « notre » bonheur dépend de « nous », d'un point de vue logique mais aussi humain et moral : en effet, nous avons apparemment les moyens de viser et d'atteindre ce que nous nous fixons comme but principal et essentiel, et il serait peut-être facile (lâche) de ne pas se dire responsable de ce qui nous arrive. Mais il peut sembler également idéaliste, voire prétentieux de se considérer comme les seuls auteurs de ce bien suprême, dont le caractère idéal et parfait semble défier nos moyens, faibles et bornés. Le problème consiste alors à déterminer jusqu'où exactement nous avons une prise sur le bonheur et comment distinguer ce qui est en notre pouvoir et ce qui ne l'est pas : se pourrait-il que nous puissions mettre en notre pouvoir ce qui, au premier abord, semble ne pas dépendre de nous ?

Plan de la dissertation

I Apparemment, nous avons les moyens de nous rendre heureux.
II Mais ces moyens peuvent se révéler illusoires.
III Possibilité de surmonter toutefois ce qui semble faire obstacle à la maîtrise de notre bonheur.

PLAN DÉTAILLÉ DE LA DISSERTATION

I Nous avons, semble-t-il, les moyens de nous rendre heureux

I-1 Le bonheur comme « Souverain Bien »

Le bonheur apparaît comme le but principal de l'existence humaine, ce vers quoi toutes nos actions convergent (Aristote). Ne pas vouloir être heureux semble donc impossible, et quand bien même nous chercherions à ne pas l'être, cette quête elle-même viserait encore le bonheur. Celui-ci se définit comme un état de satisfaction complète et durable et, en tant que tel, il est le bien par excellence, le but de toute action et de tout désir. La conception hédoniste et matérialiste d'Épicure fait du plaisir (comme absence de trouble et de douleur) le principe de la vie heureuse : tout homme, jeune ou vieux, vise cet état de tranquillité (ataraxie). Sa recherche semble donc enracinée dans le principe même de l'existence et il dépendrait au moins de nous de rechercher le bonheur, au sens où nous le recherchons tous, du plus profond de nous-mêmes.

I-2 Le rôle de la conscience

À la différence de l'animal (qui lui aussi vise un certain plaisir, mais limité à la satisfaction de ses besoins vitaux), l'homme dispose d'une conscience le rendant capable de se représenter à lui-même ce qu'il est et ce qu'il désire pour être satisfait.

En cela, il semble dépendre de lui, de sa conscience, de choisir ce qui lui convient le mieux pour être heureux : savoir ce que l'on est, ce que l'on aime et ce que l'on pense permet, en effet, d'atteindre plus efficacement (plus adéquatement) le bien visé qui nous correspond.

I-3 Le rôle de la liberté

De même, l'homme semble doué de liberté, c'est-à-dire capable de se déterminer lui-même à agir, sans contrainte extérieure, par le seul usage de sa volonté (c'est ainsi que Descartes définit le « libre arbitre »). Il peut donc s'attribuer ses états heureux, les poser comme « siens », c'est-à-dire comme étant le résultat de ses actions, son œuvre propre. Là encore, il semble bien dépendre de nous d'être heureux, puisque ce que nous sommes et faisons vient de l'usage de notre liberté. Notre qualité d'agent libre semble rendre impossible le fait d'être « contraint » à être heureux.

II Mais ces moyens peuvent se révéler illusoires

II-1 Le bonheur semble reposer en fait sur le hasard

Le bonheur, de par son étymologie (« bon augure »), suggère un lien avec le hasard, la chance (« fortune »). Dans ce sens, il ne dépendrait pas de nous d'être heureux ou malheureux, mais du cours des choses et des événements. Certains seraient « nés sous une bonne étoile », tandis que d'autres seraient « frappés » par le malheur, indépendamment donc de leurs efforts pour l'éviter ou le conjurer. Courir après le bonheur ne signifierait alors rien d'autre que de s'évertuer à chercher un bien fuyant et peut-être hors de portée. Notre condition mortelle et finie semble suggérer un tel sort, une telle incapacité à être heureux, bien soulignée par des philosophes comme Montaigne et Pascal, conscients de la vanité des choses et de l'homme.

II-2 Notre conscience est limitée

Par ailleurs, même si nous refusons d'accorder à la chance et au hasard autant d'importance ou si notre ciel se montre clément, sommes-nous à ce point conscient de ce qui serait susceptible de nous rendre heureux et sommes-nous capable d'apprécier ce qui nous comble ? La mise en évidence de l'inconscient par Freud remet en question l'idée d'une conscience fiable et clairvoyante : nous aurions au plus profond de nous des désirs inconscients, refoulés, et donc insatisfaits, source de frustration et générateurs de maladies (les névroses). Il ne nous appartiendrait pas de libérer ces désirs pour les satisfaire, puisqu'ils seraient inconnus de nous-même. D'une autre façon, Schopenhauer souligne à quel point notre conscience se montre incapable de saisir et d'apprécier les états positifs, tels que la satisfaction ou le bonheur : nous sentons la douleur, mais non l'absence de douleur. Ici ne dépend pas de nous d'être heureux puisque, même si nous le sommes, nous ne pouvons l'apprécier pleinement.

II-3 Notre liberté est limitée

Enfin, on peut douter de la réalité et de l'efficacité de notre liberté. Pouvons-nous en effet nous « croire » les auteurs de certaines actions, alors même qu'elles seraient déterminées par des facteurs extérieurs à notre volonté ? Spinoza insiste ainsi sur le déterminisme de nos désirs, en montrant à quel point nous prenons pour un *« décret de l'esprit »*, pour un acte de volonté, ce qui en fait s'enracine dans nos désirs, dans notre corps. En posant que le bonheur dépend de nous, nous serions victime d'une illusion, d'une confusion entre volonté et désir, car, selon Spinoza, nous sommes poussé au désir par notre corps qui cherche à se maintenir dans l'existence. De même, en s'affirmant matérialiste, Marx montre à quel point nos actions sont déterminées par la réalité matérielle (économique). Notre conscience serait elle-même le produit de notre existence sociale. Par conséquent, notre bonheur serait une illusion de liberté : en croyant nous rendre heureux, nous ne verrions pas à quel point ce bonheur serait en fait le produit de facteurs économiques. Nous serions, en ce sens, déterminé à être plus ou moins heureux et à être heureux de telle ou telle façon (le bonheur du bourgeois lui serait imposé par ses conditions matérielles d'existence).

III Possibilité d'agir sur les facteurs qui semblent déterminer notre bonheur

III-1 Il est possible de limiter nos désirs et d'accepter l'ordre des choses

Si le bonheur dépend plus du hasard que de nos efforts, il semble tout de même possible d'agir sur ce cours inévitable des choses, afin de le faire « nôtre ». Les sagesses antiques sont autant de remèdes aux maux inévitables de l'existence humaine, qui nous aident à nous rendre maître de tout ce qui apparemment n'est pas de notre fait. Ainsi, il devient possible de ne pas désirer ce qui est susceptible de rester inaccessible ou hasardeux, comme le montre Épicure. En se limitant à ne satisfaire que des désirs *« naturels et nécessaires »*, c'est-à-dire des besoins, nous pouvons les maîtriser car la nature nous donne de quoi les satisfaire. En pensant que la mort n'est rien ou nous disant qu'une douleur peut être suivie de plaisir, nous apprenons à ne pas souffrir du destin et faisons alors en sorte que le bonheur dépende de nous. Accepter que certaines choses ne dépendent pas de nous, comme le prônent les stoïciens, revient ainsi à faire que ces choses dépendent de nous (au sens où nous admettons le fait qu'elles ne dépendent pas de nous et que nous ne nous en rendons pas esclave).

III-2 Nous pouvons éclairer notre conscience et renforcer notre liberté

De même, si notre conscience s'avère limitée, il n'empêche que nous pouvons agir sur elle en la rendant plus objective : la rencontre avec autrui, la psychanalyse sont des manières de permettre à l'homme de renforcer sa connaissance de lui-même. Il peut ainsi s'affranchir du déterminisme psychologique qui l'empêche de maîtriser et d'atteindre un bonheur véritable et authentique. Il peut avoir accès à ses désirs inconscients. Parallèlement, les sciences humaines s'emploient à dénouer les mécanismes sociaux, économiques, historiques et politiques qui rendent le bonheur humain déterminé par autre chose que la volonté individuelle. Elles permettent de comprendre ce qui menace notre accès au bonheur et nous donnent ainsi les moyens d'agir sur ces facteurs en les déjouant. L'action politique est, par exemple, un moyen d'agir sur les conditions matérielles de notre bonheur.

III-3 Relativiser le bonheur sans y renoncer

Ces moyens sont autant de manières de nous rendre maître de notre propre bonheur, notamment en le rendant plus accessible et davantage choisi. Pour cela, il faut mettre le bonheur à notre portée en se limitant à désirer ce que nous pourrons toujours obtenir quelle que soit notre chance, mais aussi nous efforcer d'en être l'auteur en n'acceptant pas un bonheur imposé par des circonstances ou des mécanismes. Il ne s'agit donc pas de remplacer le bonheur par un état médiocre, consistant à se contenter de peu, et de devenir passif et indifférent aux événements (comme le suggère Sartre à propos des « *salauds* »), mais d'atteindre un bonheur stable, méritant et authentique. De même, en travaillant à modérer ses désirs, on ne vise pas simplement à se contenter de peu : on cherche, au contraire, un idéal difficile à atteindre et l'on assume pleinement le fait d'être libre et engagé dans l'existence. Être maître de son bonheur, c'est pouvoir à la fois se dire heureux et affirmer être soi-même le responsable d'un état atteint avec peine.

SUJET 47 Série ES – France métropolitaine – Juin 2010

DISSERTATION

Le rôle de l'historien est-il de juger ?

Corrigé

Travail préparatoire

Notions et repères

Notions : l'histoire, la raison et le réel, l'interprétation, la morale, la culture, la vérité, le devoir
Repères : contingent / nécessaire / possible – expliquer / comprendre – objectif / subjectif

Remarques générales

Le sujet est assez technique car il demande de confronter des notions abordées dans des chapitres différents et interroge leur combinaison possible. La notion de « jugement » renvoie aussi bien au domaine de la connaissance (la raison et le réel) qu'au domaine moral. L'histoire renvoie à la culture. Il faut donc faire un travail de synthèse par rapport aux connaissances acquises et tenter une autre approche.

Analyse des termes du sujet

– **Le rôle :** la question posée est celle de la fonction de l'historien et de son utilité. À travers le déterminant « *Le* », le sujet implique de chercher le rôle principal ou essentiel de l'historien. Indirectement, on demande également ce que l'historien « doit » faire en tant qu'historien. Il est interrogé dans sa fonction utilitaire mais aussi dans sa vocation morale, dans ce que sa connaissance doit apporter à l'homme et à la culture.
– **L'historien :** le sujet porte sur le travail de l'historien, et non pas sur la philosophie de l'histoire. Il faut donc avoir en vue l'histoire comme science humaine, dans sa démarche de narration, d'explication et de compréhension du passé.
– **Juger :** cette notion de « jugement » est ce qui est censé faire problème lorsqu'on s'interroge sur le rôle de l'historien. Juger, c'est en effet à première

vue porter un regard critique sur une chose, en faisant valoir son propre point de vue, subjectif, personnel (comme lorsqu'on juge une personne ou un acte condamnable). Mais juger, c'est aussi, au sens strict, « l'acte de penser » (« *Penser, c'est juger* », affirme Kant), c'est-à-dire le fait d'affirmer que quelque chose est ceci ou cela (« Le ciel est bleu » est ainsi un jugement). Le sujet proposé demande donc si le jugement peut définir et qualifier le travail intellectuel de l'historien.

■ Problématique

La question posée soulève le problème que représente l'histoire comme science humaine. Vouloir en effet connaître le passé humain suppose que l'on soit objectif, à la manière d'un scientifique, et en même temps subjectif, pour être ouvert à la dimension humaine (donc libre) de l'objet étudié. Dans cette démarche, le jugement doit-il être proscrit pour se contenter de décrire impartialement et objectivement le passé ? Ou bien faut-il justement juger pour saisir de ce passé sa dimension fondamentalement humaine ?

■ Plan de la dissertation

I Pour être objectif, l'historien ne semble pas devoir juger le passé mais le décrire tel qu'il s'est produit.
II Mais l'historien doit bien juger des événements passés pour pouvoir les raconter, les expliquer et les comprendre.
III Limites à poser toutefois au jugement de l'historien.

PLAN DÉTAILLÉ DE LA DISSERTATION

I L'historien semble devoir s'interdire de juger le passé

I-1 L'historien doit viser l'objectivité

Le rôle principal de l'historien semble correspondre à un travail de narration et de transmission du passé. Il s'agit pour lui de décrire les événements passés importants ayant marqué l'évolution des sociétés humaines, en cherchant à retranscrire la réalité effective. Il vise donc à connaître le passé dans son objectivité. L'histoire, prise en ce sens, doit répondre aux mêmes exigences que la science, à savoir la connaissance vraie, l'adéquation (stricte conformité) avec le réel.

I-2 L'historien doit être impartial

L'historien devrait donc s'interdire tout jugement, tout parti pris qui pourrait lui faire déformer subjectivement le passé. Ainsi, son rôle n'est pas de juger que tel événement est plus important ou intéressant que tel autre, mais de prendre en compte tous les événements du passé et donc de ne porter aucun jugement sur eux. Son discours n'est pas de dire « ce que » les événements sont, en les jugeant « comme » tels ou tels, mais simplement de dire ces événements, de les raconter en posant leur réalité, en affirmant qu'ils ont effectivement eu lieu.

I-3 L'historien ne doit pas juger en bien ou en mal le passé

De même, l'historien ne doit pas porter de jugement moral sur le passé, en prenant parti pour tel ou tel événement, tel ou tel homme, ou telle ou telle nation. En ce sens, le bon historien *« n'est d'aucun temps ni d'aucun lieu »*, comme le pose Fénelon. Il doit faire abstraction de son point de vue, de ses valeurs, de sa culture. Il ne doit pas dire ce qu'il pense des événements, s'il les juge bons ou mauvais sur le plan moral. Ainsi, l'historien allemand doit pouvoir établir l'histoire du nazisme comme l'historien français, avec la même neutralité.

II Mais l'historien doit bien juger pour pouvoir raconter, expliquer et comprendre le passé

II-1 Raconter le passé suppose que l'on juge que tel événement est historique

Le travail de narration qu'accomplit l'historien repose pourtant sur une démarche de jugement, car il faut bien exercer sa pensée pour juger que tel événement « rentre » dans l'histoire, c'est-à-dire acquiert une dimension historique. Son jugement prend ici la valeur d'un tri à effectuer sur le passé pour déterminer l'importance historique des événements : tout ce qui arrive n'est, en effet, pas nécessairement « historique ». Le jugement de l'historien est donc sollicité pour faire cette sélection. Comme le souligne Lucien Febvre, *« toute l'histoire est choix »*.

II-2 Expliquer le passé suppose que l'on recherche et juge les causes des événements

Le travail de l'historien consiste aussi à expliquer des événements, c'est-à-dire à établir les causes objectives qui les ont produits (causes de la Révolution française, de la Première Guerre mondiale…). Ce travail suppose là aussi un tri des documents, afin de déterminer le mécanisme complexe ayant déterminé l'événement interrogé. Il faut également distinguer différents types de causes, immédiates et superficielles, ou bien plus profondes et ancrées dans le temps. Ici, le rôle de l'historien consiste bien à exercer un jugement et, qui plus est, un jugement critique.

II-3 Comprendre le passé suppose que l'on interroge les raisons et le sens des événements

Enfin, l'historien se doit de comprendre les raisons subjectives des événements, c'est-à-dire ce qui a pu être ressenti par les hommes du passé, du point de vue de leur conscience. Il faut se montrer capable de saisir des intentions, des motivations intérieures, et donc se mettre en quelque sorte à la place des hommes du passé. Or, là encore, l'historien doit faire appel à son jugement, dans sa dimension subjective, en tant que capacité à saisir une autre subjectivité. Il ne s'agit plus d'expliquer des mécanismes déterminés (ce qui a causé une révolution) mais de comprendre aussi les volontés et les libertés à l'œuvre dans l'histoire humaine. L'historien a pour objet d'étude l'être humain, donc des consciences, et non pas simplement, comme en physique ou en chimie, des phénomènes matériels dépourvus de liberté, n'obéissant qu'à des causes mécaniques.

III Limites à poser toutefois au jugement de l'historien

III-1 L'objectivité doit rester le but principal de l'historien

Même si l'historien se doit de faire intervenir son jugement pour effectuer son travail de narration, d'explication et de compréhension du passé, il ne doit pas pour autant se laisser aller à des choix arbitraires et personnels. Son jugement consiste ici à penser, à réfléchir, à examiner et à trier. Il s'agit d'un jugement critique, mais à comprendre au sens du mot grec *krinein* (« trier, séparer ») et non pas comme un jugement de valeur. Le jugement de l'historien ne consiste pas à préférer ni à approuver ou condamner des actions ou des hommes, mais à les étudier, à les analyser.

III-2 Viser une bonne subjectivité

De même, si la subjectivité semble être une condition inséparable du travail de l'historien, il ne s'agit pas de n'importe quelle subjectivité. Son jugement ne doit pas viser une sympathie naïve marquée par des sentiments et des affinités, mais bien plutôt une intersubjectivité (Paul Ricœur), c'est-à-dire une communication des consciences, et ce malgré une différence de temps et de lieu, d'époque et de culture. Comme le soulève l'historien Marc Bloch, il est difficile de se représenter ce que peuvent éprouver un peuple au moment d'une défaite ou bien encore les soldats d'une armée encerclée, mais c'est cela qu'il faut viser. Ici, le jugement de l'historien prend la valeur d'une subjectivité se voulant, là encore, objective.

III-3 Le rôle de l'historien est de nous permettre de juger à notre tour

Enfin, même si le rôle de l'historien n'est pas de juger moralement (en bien ou en mal) les événements et les hommes du passé, il doit nous donner toutefois, à travers sa description objective de la réalité, des moyens d'exercer notre propre jugement moral. Il peut s'agir d'un jugement de bon sens (se montrer horrifié par les guerres et les génocides), mais aussi d'un jugement plus général et philosophique portant sur l'histoire humaine dans son ensemble. Grâce aux historiens, nous pouvons chercher à donner un sens à l'histoire, non seulement à « notre » histoire (l'histoire de notre société), mais aussi à l'évolution des hommes en général. Nous apprenons à affiner notre pensée, à ne pas juger grossièrement de manière manichéenne, mais à prendre en compte la complexité de la réalité humaine.

SUJET 48 Série L – France métropolitaine – Juin 2011

DISSERTATION

L'homme est-il condamné à se faire des illusions sur lui-même ?

Corrigé

Travail préparatoire

Notions et repères

Notions : le sujet, la conscience, l'inconscient, le désir, la liberté, la vérité
Repères : croire / savoir – objectif / subjectif – universel / général / particulier / singulier

Remarques générales

Le sujet est assez classique mais suffisamment large pour être rattaché à plusieurs notions du programme. Sa difficulté tient notamment à ce qu'il déborde le thème de « la connaissance de soi personnelle et subjective » pour également interroger la connaissance philosophique que l'homme a de lui-même.

Analyse des termes du sujet

– **L'homme :** la question porte sur l'homme en général et pas seulement sur le sujet pris individuellement. Il faut, certes, se demander si chacun d'entre nous peut se connaître psychologiquement, mais aussi si l'homme est capable d'acquérir une connaissance philosophique de lui-même.
– **Est-il condamné :** le mot « *condamné* » est ici assez fort pour suggérer qu'il y aurait peut-être des obstacles infranchissables empêchant l'homme de se connaître et l'enfermant dans une connaissance illusoire de lui-même. Cela reviendrait à contester la possibilité même pour l'homme de se connaître, et ce malgré tous ses efforts. À l'inverse, poser que l'homme n'est pas condamné à se faire des illusions sur lui-même, c'est envisager des moyens permettant d'atteindre une connaissance (psychologique et philosophique) objective pouvant prétendre à la vérité. Ce serait reconnaître à l'homme la capacité de se représenter à lui-même ce qu'il est réellement.
– **Se faire des illusions sur lui-même :** cette expression centre la question sur les thèmes de « la vérité » et de « la connaissance ». Il s'agit de savoir à quelle

objectivité l'homme peut prétendre lorsqu'il cherche à se connaître lui-même et quelles seraient les différentes illusions entravant cette objectivité. L'illusion est à comprendre comme une manière de s'éloigner de la vérité sous l'effet d'un désir, et l'on doit alors se demander quels désirs influencent la représentation que l'homme a de lui-même.

■ Problématique

Il semblerait que la connaissance que l'homme pourrait avoir de lui-même soit facile, transparente et objective, du fait qu'il est un être doué de conscience. Celle-ci, en effet, fait de lui un sujet caractérisé par la possibilité de se connaître. Mais cette connaissance de soi par soi n'est-elle pas menacée par le fait même d'être subjective, au sens où elle engage un rapport de sujet à sujet, sans recul ni distance ? Comment l'homme ne pourrait-il pas se laisser influencer dans la représentation qu'il chercherait à avoir de lui-même ? Peut-on alors croire à une objectivité possible, capable de surmonter cette subjectivité de fait, ou bien cette subjectivité est-elle sans aucun remède, livrant l'homme à une connaissance illusoire de lui-même ?

■ Plan de la dissertation

I L'homme, de par sa conscience, semble capable d'avoir une connaissance objective de lui-même.
II Mais cette connaissance s'avère être menacée par plusieurs formes d'illusions.
III En quoi toutefois ces illusions peuvent-elles être surmontées ?

PLAN DÉTAILLÉ DE LA DISSERTATION

I L'homme, de par sa conscience, semble capable de se connaître objectivement

I-1 L'homme peut être certain de sa propre existence

L'homme se distingue des autres êtres de la nature par sa conscience, laquelle lui offre la possibilité de se voir intérieurement et de se questionner sur lui-même, sur ce qu'il est. À ce titre, comme le suggère Descartes, la conscience semble faire de l'homme un sujet transparent à lui-même, capable de coïncider avec lui-même. La conscience de soi se présente comme le modèle de la vérité, permettant notamment au sujet de savoir qu'il existe. Le fameux « Je pense, donc je suis » est, en ce sens, une manière de poser qu'une vérité absolument certaine est possible : celle de ma propre existence (quand bien même tout le reste serait faux). Le fait même de penser, d'avoir conscience, me garantit que j'existe : impossible de penser que j'existe sans que j'existe vraiment. Cette vérité psychologique peut être élargie à une connaissance philosophique : il est impossible pour l'homme de se faire des illusions sur le fait même d'exister.

I-2 L'homme peut se définir par la pensée

De la même manière, la conscience de soi élève l'homme au rang d'être pensant ou de ce que Descartes appelle « une substance pensante » : l'homme est un être dont la nature même est de penser. Il devient dès lors impossible de se faire des illusions sur le fait même de penser. Pour Descartes, en effet, penser, c'est avoir conscience de penser. L'homme qui pense est du même coup conscient et certain de penser.

I-3 L'homme peut savoir qui il est

Une autre certitude apparemment dégagée de toute illusion se fait jour : celle concernant notre propre identité. La conscience que l'homme a de lui-même lui permet, en effet, de savoir « qui » il est, en le distinguant des autres. Être conscient, c'est, pour l'homme, pouvoir répondre à la question « Qui es-tu ? » et répondre : « Je suis moi », c'est-à-dire un être marqué par une identité. Cette identité est ce qui fait de l'homme un être unique (singulier), un (il est une seule personne) et permanent (il dure dans le temps, il reste lui jusqu'à sa mort). Impossible, par conséquent, de se faire des illusions sur son identité, sur le fait d'être soi et pas un autre. L'homme ne peut, semble-t-il, croire qu'il n'est pas lui par le simple fait que sa conscience lui indique clairement qui il est.

II Cependant, certaines illusions menacent cette connaissance que l'homme peut avoir de lui-même

II-1 L'illusion de la conscience

Une des illusions que l'homme pourrait se faire sur lui-même serait en quelque sorte produite directement par sa conscience, qui lui ferait croire qu'il serait capable de tout savoir sur lui-même. Il s'agit bien d'une illusion, générée par un désir de toute-puissance (se croire totalement transparent à soi-même et maître de soi). Comme le suggère Freud, le fait même de se savoir conscient induit l'homme à croire que cette conscience l'informe parfaitement et en totalité sur lui-même. Or, Freud montre que la conscience est justement capable de refuser de voir certains aspects propres au sujet lui-même, lesquels sont refoulés au point de devenir inconscients et, de ce fait, inaccessibles à la conscience. Ici, la théorie freudienne de « l'inconscient » montre non seulement que chaque individu se fait des illusions sur lui-même (il croit se connaître personnellement et intérieurement), mais aussi que l'homme en général est dans une forme d'illusion (il croit pouvoir se définir comme sujet souverain, caractérisé seulement par la conscience). Par ailleurs, la mauvaise foi dont l'homme est souvent capable suggère également la possibilité d'un mensonge à soi-même : la coquette décrite par Sartre et qui fait semblant d'être vertueuse se fait des illusions sur une vertu qu'elle n'a qu'en apparence.

II-2 L'illusion de la liberté

De même, l'homme peut se croire libre parce que conscient de lui-même et de ses actes, alors qu'en réalité il ne l'est pas. Selon Spinoza, en effet, l'homme a l'illusion d'être à l'origine de ce qu'il fait, alors qu'il est déterminé par ses désirs : l'homme croit agir par sa seule volonté et par son esprit, alors qu'il obéit à un désir et plus largement à son corps. Pour illustrer cette illusion, Spinoza prend l'exemple de l'homme ivre qui a l'illusion de parler librement, alors que c'est son corps ivre qui le détermine à parler. Ici, l'illusion que l'homme se fait d'être libre devrait donc être remplacée par le constat que l'homme n'a pas de pouvoir sur ses désirs.

II-3 L'illusion d'être un Moi

Enfin, l'idée d'être un Moi unique, un et permanent peut être remise en question, au point d'être également considérée comme une illusion que se ferait l'homme sur lui-même. Quoi de plus rassurant, en effet, que de croire à un Moi qui serait capable de nous définir ! Pour Hume, ce Moi est une simple idée, au sens où rien ne nous permet jamais de le saisir dans ce qu'il aurait de stable et de substantiel : nous ne saisissons, en effet, de nous-même que des états variés et variables (sensations diffuses telles que le froid ou le chaud, le plaisir ou la peine...). La réalité serait plutôt que notre identité se réduirait à l'ensemble fragile et fluctuant de ces états perceptibles.

III En quoi ces illusions peuvent-elles toutefois être surmontées ?

III-1 Rôle possible de la psychanalyse et de la philosophie

Le remède à l'illusion d'une conscience toute-puissante serait précisément de prendre acte de l'existence d'un inconscient et de chercher à savoir jusqu'où l'homme peut le prendre en charge et le connaître. En invitant l'homme à l'introspection et à la psychanalyse, Freud enjoint non seulement chaque sujet, mais aussi l'homme en général à constater qu'il se fait des illusions sur ce qu'il croit être. Il invite également à une meilleure connaissance de soi et de l'homme en suggérant la possibilité d'avoir accès à cet inconscient qui nous est obscur. La psychanalyse, en ce sens, prend la valeur d'une démarche philosophique permettant à l'homme de réfléchir sur lui-même et sur les limites de la conscience. Plus généralement et plus originairement avec Socrate, la philosophie est une manière de faire réfléchir l'homme sur les illusions qu'il se fait : l'injonction socratique « Connais-toi toi-même » suggère, en ce sens, que l'homme peut atteindre une forme de sagesse lui permettant de savoir ce qu'il sait et ce qu'il ne sait pas sur lui-même.

III-2 Mieux se connaître en agissant sur le monde extérieur

De même, l'homme peut remédier aux illusions qu'il se fait sur lui-même par l'action. Comme le montre Hegel, la conscience de soi s'acquiert de deux manières : l'une théorique, consistant à se connaître par la réflexion et la pensée, et l'autre pratique, consistant à se connaître à travers ce que l'on fait. Cette connaissance de soi pratique peut être une manière de se découvrir tel qu'on ne se connaissait pas : par exemple, à travers des actes qui nous révèlent à nous-même.

III-3 Mieux se connaître grâce à autrui

Enfin, si certaines illusions persistent, autrui peut également être un moyen de se voir plus objectivement et de mettre fin à ces illusions. Sartre montre en quel sens la honte peut nous faire sortir de la mauvaise foi : en me reconnaissant tel que j'apparais à autrui, je me vois tel que je suis et non plus tel que je croyais être. Autrui joue ainsi le rôle de « médiateur entre moi et moi-même », me faisant sortir de l'illusion selon laquelle je pourrais m'apparaître tel que je ne suis pas : en face de l'autre, impossible de se mentir à soi-même en affirmant que « je ne suis pas ce que je suis ».

SUJET 49 Série L – France métropolitaine – Juin 2011

COMMENTAIRE

Expliquez le texte suivant :

« Nous disons bonnes les vertus d'un homme, non pas à cause des résultats qu'elles peuvent avoir pour lui, mais à cause des résultats qu'elles peuvent avoir pour nous et pour la société : dans l'éloge de la vertu on n'a jamais été bien "désintéressé", on n'a jamais été bien "altruiste" ! On aurait remarqué, sans cela, que les vertus (comme l'application, l'obéissance, la chasteté, la piété, la justice) sont généralement nuisibles à celui qui les possède, parce que ce sont des instincts qui règnent en lui trop violemment, trop avidement, et ne veulent à aucun prix se laisser contrebalancer raisonnablement par les autres. Quand on possède une vertu, une vraie vertu, une vertu complète (non une petite tendance à l'avoir), on est *victime* de cette vertu ! Et c'est précisément pourquoi le voisin en fait la louange ! On loue l'homme zélé bien que son zèle gâte sa vue, qu'il use la spontanéité et la fraîcheur de son esprit ; on vante, on plaint le jeune homme qui s'est "tué à la tâche" parce qu'on pense : "Pour l'ensemble social, perdre la meilleure unité n'est encore qu'un petit sacrifice ! Il est fâcheux que ce sacrifice soit nécessaire ! Mais il serait plus fâcheux que l'individu pensât différemment, qu'il attachât plus d'importance à se conserver et à se développer qu'à travailler au service de tous !" On ne plaint donc pas ce jeune homme à cause de lui-même, mais parce que sa mort a fait perdre à la société un *instrument* soumis, sans égards pour lui-même, bref un "brave homme", comme on dit. »

NIETZSCHE, *Le Gai Savoir*.

La connaissance de la doctrine de l'auteur n'est pas requise. Il faut et il suffit que l'explication rende compte, par la compréhension précise du texte, du problème dont il est question.

Corrigé

Travail préparatoire

■ Notions et repères

Notions : le devoir, la liberté, la morale, la société, l'État
Repères : universel / général / particulier / singulier

■ Remarques générales

Le texte est assez difficile et pointu. Il traite non pas tant de la morale que de notre éloge de la morale et interroge les fondements de cet éloge. La difficulté tient à ce que le texte combine, dans un même discours, le point de vue (critique) de l'auteur et le point de vue de l'opinion. Il est ainsi particulièrement délicat de savoir à qui le « *nous* » et le « *on* » exprimés renvoient.

■ Problème, thèse et intérêt philosophique

Le problème dont traite le texte est celui des fondements (justifiés ou non) de notre éloge de la morale et du devoir. Nietzsche demande si l'on vante l'action morale pour elle-même ou bien pour d'autres raisons, plus douteuses. En effet, l'action bonne semble devoir être valorisée par rapport au mérite de l'auteur de l'action, par rapport à ce qu'elle lui apporte en termes de bien. Or, pour Nietzsche, notre éloge de la morale repose sur des fondements plus égoïstes et plus intéressés : nous n'apprécions les bonnes actions de l'homme de bien que parce qu'elles profitent à nous-même et à la société. Il n'y a donc rien de moral dans notre éloge de la morale. L'intérêt du texte est de nous permettre de nous interroger sur la possibilité même de défendre la bonté, la vertu pour elles-mêmes.

■ Analyse des concepts principaux

– **Vertus :** Nietzsche utilise le mot « *vertus* » pour désigner l'ensemble des qualités morales d'un homme (dont il donne des exemples : l'application, l'obéissance, la chasteté, etc.). Ce terme a l'intérêt d'avoir une connotation positive, au sens où l'on ne peut apparemment que valoriser la vertu, laquelle semble être bonne en elle-même. Pourtant la question posée par Nietzsche est de savoir pourquoi nous apprécions la vertu, c'est-à-dire pour quelles raisons nous la trouvons bonne : trouvons-nous bonne la vertu parce qu'elle le serait pour l'homme vertueux ou bien pour nous-même ? Plus largement, Nietzsche demande ce que la vertu a de moral !
– **Nuisibles… instincts… trop violemment, trop avidement…** ***victime*** **:** Nietzsche montre en quel sens la vertu n'est justement pas bonne pour l'homme vertueux

lui-même. La vertu est comparée, en cela, à un instinct violent et avide, c'est-à-dire non pas à quelque chose de maîtrisé qui serait issu de la volonté, mais à quelque chose de plus primitif, enraciné dans des forces excessives et exclusives : l'homme vertueux serait, en quelque sorte, un homme emporté par sa vertu au point de ne plus vouloir autre chose qu'être vertueux (allusion à la « bonne volonté » chez Kant, laquelle ne veut que vouloir). La vertu prend ainsi le sens et la valeur d'une passion destructrice privant l'homme de tout discernement. Ce qu'il faut comprendre par le mot « *victime* », c'est que la vertu fait perdre à l'homme vertueux la capacité de penser à lui et de viser sa propre satisfaction, son propre bonheur. Il subit sa vertu qui se retourne contre lui-même.

– **Ensemble social... se conserver... se développer... travailler au service de tous...** ***instrument*** **soumis :** Nietzsche compare la vertu à une forme de sacrifice que fait l'homme vertueux pour la société. Ce que ce dernier n'accomplit pas pour lui-même (pour sa propre conservation et son développement personnel), il le fait pour la société. Par exemple, un homme appliqué est, en réalité, un homme qui met tout en œuvre pour bien faire son travail ; mais son application sert celui pour qui il travaille. Plus largement, toutes les vertus sont des manières de viser le bien du groupe social au détriment de son propre bien. Ce que veut montrer l'auteur, c'est que la vertu n'est appréciée que pour ce qu'elle apporte aux autres (qui en font précisément l'éloge pour cette raison) ; de même, la disparition d'un homme vertueux n'est regrettée que parce qu'elle fait perdre à la société un de ses meilleurs serviteurs, un de ses moyens (instruments) de développement.

■ Plan du texte de Nietzsche

Lignes 1 à 4 : Énoncé de la thèse affirmant que nous ne vantons la vertu d'un homme que pour ce qu'elle nous apporte à nous-même.

Lignes 4 à 10 : Argument montrant que la vertu ne peut pas être vantée pour elle-même tant elle nuit à celui qui la possède.

Lignes 10 à 19 : Argument montrant ce qu'apporte, au contraire, la vertu à la société tout entière.

PLAN DÉTAILLÉ DU COMMENTAIRE

– *Lignes 1 à 4 :* Nietzsche commence par énoncer sa thèse sur les raisons douteuses qui nous font apprécier les qualités morales d'un individu. Nous n'apprécions pas ces qualités pour elles-mêmes par rapport à ce qu'elles apportent de bien et de bon à l'individu vertueux, mais par rapport aux avantages qu'elles nous apportent. Par ce « nous », Nietzsche désigne non pas tant lui-même que ceux qui vantent la vertu pour de mauvaises raisons. Ce « nous » se veut critique et polémique : en s'incluant lui-même dans ce qu'il semble condamner, Nietzsche montre du même coup à quel point ce sont tous les hommes qui vantent la morale pour des raisons immorales ! D'où la sorte de contradiction qu'il met en avant lorsqu'il pose que l'on n'est ni « désintéressé » ni « altruiste » dans cette démarche. En effet, nous ne devrions valoriser la vertu que pour elle-même et par rapport à l'homme vertueux : la vertu devrait être comprise comme étant le bien en lui-même, à savoir ce qui serait susceptible de faire de l'homme un homme de bien. Elle devrait être estimée pour ce qu'elle apporte de bon et de bien à son auteur : nous ne devrions la vanter qu'au travers d'une démarche désintéressée et altruiste, c'est-à-dire en ne regardant que ce qu'elle apporte à l'autre, à l'homme vertueux. Mais, en suggérant que la vertu n'est appréciée que pour ce qu'elle « nous » apporte, Nietzsche semble inverser le rapport : nous ne pensons pas du tout à l'individu vertueux lorsque nous vantons sa vertu ! Nous pensons, au contraire, à nous et à ce que la vertu de cet homme a de bon pour nous ! D'où l'idée que notre démarche est intéressée et égoïste (et donc immorale) : la vertu ne nous plairait que parce qu'elle servirait nos propres intérêts.

– *Lignes 4 à 10 :* Nietzsche s'attache alors à montrer en quoi serait impossible l'autre façon de concevoir les choses, à savoir celle qui consisterait à apprécier la vertu d'un homme pour ce qu'elle lui apporte. Il fait une sorte de raisonnement par l'absurde (« On aurait remarqué, sans cela ») en imaginant cette autre possibilité et en la poussant jusqu'à la contradiction : si l'on voulait, en effet, mesurer les conséquences positives de la vertu sur l'homme vertueux, on ne le pourrait pas, puisque l'on ne trouverait que des désavantages. En posant que les vertus sont « nuisibles » à l'homme vertueux et qu'elles font de lui une « victime » de la vertu, Nietzsche suggère que la qualité morale d'un homme le fait renoncer à lui-même, à sa propre satisfaction. En effet, à travers le devoir qu'il éprouve de faire telle ou telle chose (Nietzsche prend les exemples de l'application, de l'obéissance, de la chasteté, de la piété et de la justice), l'homme vertueux ne veut plus qu'une seule chose : faire son devoir (Nietzsche fait certainement allusion à Kant, pour qui le devoir doit être fait pour lui-même et dans une volonté « bonne », ne voulant que vouloir !). Les devoirs prennent ainsi la forme d'« instincts […] trop violemment et trop avidement » présents en l'homme vertueux, ce qui suggère que les vertus seraient plus fortes et plus destructrices que tous les autres instincts. D'où l'idée que l'homme vertueux est « victime » (en italique dans le texte) de sa vertu lorsque celle-ci est une vertu « vraie » et « complète » ; en effet, une telle vertu correspond à un devoir fait uniquement « par devoir » et capable de balayer toute autre considération (d'ordre personnel et intéressé) : celui qui sacrifie sa vie pour sauver sa patrie, par exemple, doit faire triompher sa vertu patriotique sur son goût naturel pour la vie ; il lui faut, pour triompher de l'instinct de conservation, une force de même nature (donc instinctive elle aussi), quoique nuisible pour lui-même !

– *Lignes 10 à 19 :* En faisant allusion au « voisin » de l'homme vertueux qui fait la louange de ce dernier, on voit à quel point la vertu profite aux autres et à la société tout entière (thèse annoncée au début du texte). Le voisin de l'homme vertueux ne peut que se réjouir d'avoir pour voisin un homme autant consacré à son devoir (« zélé »), car il a à côté de lui un homme altruiste et désintéressé, tout entier dévoué aux autres. Il peut en espérer beaucoup et ne se désolera pas qu'il « gâte sa vue » ou « use la spontanéité et la fraîcheur de son esprit » : ce n'est pas cela que regarde celui qui vante la vertu, mais seulement ce qu'elle a de bon pour lui. Ici, Nietzsche suggère à quel point l'homme qui loue la vertu est immoral : il ne pense qu'à lui et est indifférent au sort tragique de l'homme vertueux ; il ne se désole pas des effets nuisibles de la vertu sur l'homme vertueux, tant il profite de sa vertu (« spontanéité » et « fraîcheur » sont des termes faisant allusion à la jeunesse et à la vie perdues, ainsi qu'à un esprit qui se verrait détourné de l'existence).

D'où la possibilité, pour Nietzsche, d'imaginer le raisonnement de celui qui vante les mérites de l'homme vertueux, d'imaginer ce qu'il « pense » (d'où les guillemets dans le texte). En prenant l'exemple d'un jeune homme qui se serait « tué à la tâche », c'est-à-dire qui serait mort à force d'être vertueux, Nietzsche montre le caractère peu scrupuleux et intéressé du raisonnement de celui qui vanterait ou plaindrait ce jeune homme. S'il se désole de sa mort (« plaint [...] ce jeune homme »), c'est parce qu'il se désole pour lui-même et pour la société de la perte d'un élément profitable, rentable. En même temps, il ne se désole que relativement peu de cette perte et se montre capable de « vanter » le mérite de ce jeune homme : il se dit qu'il aurait été pire pour la société que ce jeune homme ne soit pas vertueux et ne pense qu'à lui-même. Il estime donc qu'il vaut mieux prendre le risque que la vertu entraîne la mort de certains plutôt que de ne pas encourager la vertu. La vertu ne tuant qu'un petit nombre d'individus, c'est un « petit sacrifice [...] nécessaire » pour le bon fonctionnement de la société. Si chacun ne pensait qu'à lui-même, la société ne serait pas viable. Elle exige, en effet, que ses individus soient capables de se consacrer aux autres par le travail (« travailler au service de tous »). D'où la conclusion de Nietzsche sur la vraie raison de nos plaintes et de nos éloges : ils sont liés au besoin qu'a la société d'avoir des « *instrument*[s] soumis » et de chercher ces instruments parmi les hommes vertueux. Le mot « instrument » renvoie à l'idée de « moyen », au sens où l'homme vertueux (dévoué aux autres) se retrouve paradoxalement n'être qu'un moyen utilisé par les autres pour servir leurs intérêts. En évoquant, au final, la notion de « brave homme », Nietzsche invite à une certaine réflexion mêlée d'ironie et de pitié : le brave homme mérite qu'on le plaigne, pour s'être fait en quelque sorte avoir, mais il mérite aussi qu'on se moque de lui pour sa bêtise. Plus largement, la vertu peut être comprise comme le produit d'hommes immoraux soucieux de tenir les autres à leur merci – et il faut alors se demander si l'on peut croire encore à un bienfait possible de la morale sur l'individu lui-même.

SUJET 50 Série ES – Pondichéry – Avril 2011

DISSERTATION

Suis-je responsable de ce que je suis ?

Corrigé

Travail préparatoire

■ Notions et repères

Notions : la conscience, l'inconscient, la liberté, la morale, la culture
Repères : en acte / en puissance – essentiel / accidentel – expliquer / comprendre

■ Remarques générales

La difficulté du sujet tient à ce qu'il ne porte pas explicitement sur une notion du programme. Le mot « responsable » suggère qu'il est ici question de morale et donc du rapport à l'action ; mais l'expression « ce que je suis » renvoie à une dimension plus large : celle de l'individu, du sujet lui-même dans ce qu'il est et non pas simplement dans ce qu'il fait.

■ Analyse des termes du sujet

– **Suis-je responsable :** l'utilisation de la 1re personne du singulier (« je ») invite à réfléchir sur une responsabilité d'abord personnelle, propre à chaque sujet. Le rapport interrogé est, en premier lieu, celui qui s'établit entre moi et moi-même. La responsabilité (du latin *respondere*) désigne le fait de « répondre » de quelque chose, de le prendre en charge et de l'assumer, en disant : « *C'est moi* qui en suis l'auteur ou sinon l'acteur » ; lorsqu'on demande, en effet : « *Qui* est le responsable de cet acte ? », on cherche celui ou ceux qui l'ont fait, qu'ils en soient les auteurs conscients et volontaires ou qu'ils y aient simplement participé.
– **De ce que je suis :** ici, la responsabilité interrogée porte non pas sur les actions entreprises par un sujet, mais plus largement sur ce qu'il est. On demande si l'on est l'auteur ou l'acteur de ce que l'on est, au point de devoir l'assumer, comme si l'on avait choisi d'être tel ou tel ou comme si l'on y avait contribué. Par « ce que je suis », il faut entendre tout ce qui caractérise un sujet : ses qualités physiques (son corps, son apparence) mais aussi ses qualités intellectuelles et morales (à savoir ses goûts, ses sentiments, ses pensées, ses valeurs).

Problématique

La question de la responsabilité porte, en principe, sur ce dont on est l'auteur ou l'acteur. Il semblerait que l'on ne soit responsable que de ce que l'on fait, puisque l'action suppose bel et bien un auteur ou un acteur. Mais ne peut-on pas aussi poser la question de la responsabilité par rapport à ce que l'on est, en demandant si ce que l'on est vient de soi ou, au contraire, si cela dépend d'autre chose dont on ne pourrait répondre. Décidons-nous de tout ce qui nous caractérise, y prenons-nous part, ou bien ce que nous sommes est-il déterminé par des facteurs qui nous échappent entièrement au point de nous déresponsabiliser ?

Plan de la dissertation

I Je suis apparemment responsable de ce que je suis, parce que conscient et libre.

II Mais ce que je suis est également déterminé par des facteurs dont je ne suis pas responsable.

III En quoi toutefois ma responsabilité envers moi-même reste-t-elle entière ?

PLAN DÉTAILLÉ DE LA DISSERTATION

I Je suis apparemment responsable de ce que je suis, parce que conscient et libre

I-1 Je suis un être capable de me représenter à moi-même ce que je suis

L'homme que je suis, en tant que sujet ou personne, est marqué par le fait d'être conscient de lui-même. Il a ce que Hegel nomme « une double existence », au sens où non seulement il existe comme tous les autres êtres de la nature, mais où, de plus, il a conscience d'exister. Cette possibilité de se représenter ce qu'il est montre que l'homme a la possibilité de se voir intérieurement, d'avoir une vie intérieure et d'exister ainsi « pour lui-même ». Ainsi, il se connaît : il sait qui il est (un être un et unique) et ce qu'il est (quelles sont ses qualités physiques, intellectuelles et morales). Il est donc responsable de ce qu'il est, au sens où il est capable de répondre de tout ce qui émane de lui. L'enfant qui commence à se reconnaître dans un miroir devient, à ce titre, capable petit à petit de dire : « C'est moi » et donc d'être responsable de lui-même ; il sait que ce qu'il dit, ou possède, ou fait peut lui être attribué et qu'il a à le prendre en charge.

I-2 Je suis également conscient de ce que je veux être

Cette conscience que le sujet a de lui-même fait de lui un être libre, capable de choisir son existence et de décider de ce qu'il veut être. En effet, en sachant qui l'on est et ce que l'on est, on peut aussi modifier son être, à la différence des autres êtres de la nature qui sont ce qu'ils sont, sans en avoir conscience ni pouvoir rien y changer.

En posant que l'homme est « condamné à être libre », Sartre montre que l'homme a à se choisir sans cesse et qu'il ne peut invoquer une quelconque nature humaine lui imposant d'être ce qu'il est.

I-3 Conséquence : j'ai à assumer tout ce que je suis

Par conséquent, être responsable de ce que l'on est revient à reconnaître que c'est à nous que nous devons d'être ce que nous sommes : ce que nous sommes vient de notre volonté et est le résultat d'un choix. Nous ne sommes pas simplement ce que nous sommes, mais aussi ce que nous avons décidé d'être. Il devient impossible de se décharger de soi en disant, à propos de ce qui viendrait de soi (pensée, sentiment…) : « Ce n'est pas moi. »

II Cependant, certains aspects de nous-même semblent échapper à notre responsabilité

II-1 Notre conscience est limitée par l'existence d'un inconscient

Même si chacun de nous est conscient de ce qu'il est et en devient responsable, il apparaît que l'on n'est pas conscient de tout ce que l'on est et que, par conséquent, l'on ne se reconnaisse pas dans certains éléments qui pourtant font partie de notre être. En montrant l'existence d'un inconscient psychique, à savoir des désirs et des pensées inconscients, Freud remet en question l'idée selon laquelle le sujet humain serait souverain, maître de lui-même. Il existe en nous des aspects que nous ne pouvons pas assumer comme faisant partie de nous puisque nous en ignorons l'existence.

II-2 Notre liberté est également limitée par une forme de déterminisme

À cela s'ajoute que la liberté que l'on a de choisir ce que l'on veut être est également freinée par des facteurs qui nous déterminent à être ce que nous sommes. Impossible, par exemple, de décider de notre propre naissance, de certains traits héréditaires de notre caractère et de notre physique : en ce sens, je ne suis pas responsable de la forme ni de la couleur de mes yeux, de mon émotivité, des maladies héréditaires que je porte en moi. Plus largement, tout ce que l'on m'a transmis par l'éducation et dont je ne me souviens pas (par exemple, les valeurs inculquées par mon milieu social) fait partie de moi sans que je m'en sente responsable.

II-3 Conséquence : je ne suis pas responsable de tout ce que je suis

Par conséquent, il semblerait que certains aspects de moi-même ne me soient pas imputables, au sens où je n'en serais ni l'auteur ni même l'acteur : je n'aurais aucunement pris part à leur formation ni à leur présence en moi. Ils seraient le fait de causes extérieures, imputables à la nature ou au hasard.

III En quoi la responsabilité que j'ai envers moi-même reste-t-elle entière ?

III-1 Possibilité et devoir de prendre conscience de son inconscient

Même s'il existe en nous une part dont nous n'avons pas conscience et que nous refoulons parce qu'elle est déplaisante, nous nous devons de la connaître pour rester un sujet conscient et maître de lui-même. C'est à cette responsabilité que nous invite la psychanalyse. En nous conviant à « rentrer en nous-même », Freud nous assigne un devoir d'introspection nous mettant en demeure de nous connaître profondément pour ne pas devenir malade de ce que nous refoulons et pour rester responsable des actes et paroles qui émanent de nous.

III-2 Le devoir de prendre en charge ce que l'on est et qui pourtant ne vient pas de nous

De même, bien que certains aspects de notre être soient imputables à la nature, au hasard ou à notre éducation plus qu'à notre propre volonté, nous nous devons de les assumer également comme faisant partie de nous. L'éducation et la culture, en ce sens, sont aussi un travail d'appropriation : nous apprenons à faire nôtres notre corps et nos qualités (naturelles et acquises). Cette appropriation culmine dans le fait de devenir responsable de tout ce qui nous constitue en tant que sujet individuel. Par là même, nous devenons capable d'être membre d'une communauté politique, engagé dans des rapports avec les autres, obligé de répondre de nous à chaque fois que nous sommes confronté aux autres (notamment par les paroles et actions qui nous expriment).

III-3 Conséquence : une responsabilité entière envers soi-même

Ainsi, chacun est entièrement responsable de tout ce qu'il est, quand bien même tout ce qu'il est ne vient pas entièrement de lui. En posant que l'homme est responsable de tout, y compris de ses passions, Sartre montre que notre être est entièrement à notre charge : même si nous ne choisissons pas d'être ce que nous sommes, nous choisissons notre manière de l'être. Le malade qui n'a pas choisi d'être malade reste entièrement responsable de sa manière d'être malade (il choisit d'être, par exemple, un malade serein ou angoissé). C'est à ce titre que l'on est donc responsable de ce que l'on est.

SUJET 51 Série ES – Pondichéry – Avril 2011

COMMENTAIRE

Expliquez le texte suivant :

« Quelle est la fonction primitive du langage ? C'est d'établir une communication en vue d'une coopération. Le langage transmet des ordres ou des avertissements. Il prescrit ou il décrit. Dans le premier cas, c'est l'appel à l'action immédiate ; dans le second, c'est le signalement de la chose ou de quelqu'une de ses propriétés, en vue de l'action future. Mais, dans un cas comme dans l'autre, la fonction du langage est industrielle, commerciale, militaire, toujours sociale. Les choses que le langage décrit ont été découpées dans le réel par la perception humaine en vue du travail humain. Les propriétés qu'il signale sont les appels de la chose à une activité humaine. Le mot sera donc le même, comme nous le disions, quand la démarche suggérée sera la même, et notre esprit attribuera à des choses diverses la même propriété, se les représentera de la même manière, les groupera enfin sous la même idée, partout où la suggestion du même parti à tirer, de la même action à faire, suscitera le même mot. Telles sont les origines du mot et de l'idée. L'un et l'autre ont sans doute évolué. Ils ne sont plus aussi grossièrement utilitaires. Ils restent utilitaires cependant. »

BERGSON, *La Pensée et le Mouvant.*

La connaissance de la doctrine de l'auteur n'est pas requise. Il faut et il suffit que l'explication rende compte, par la compréhension précise du texte, du problème dont il est question.

Corrigé

Travail préparatoire

Notions et repères

Notions : le langage, la raison et le réel, le travail, la société, la perception
Repères : universel / général / particulier / singulier – origine / fondement – cause / fin – abstrait / concret

■ Remarques générales

Un sujet assez classique. Pour bien cerner l'intérêt du texte, il est important de voir que la question centrale n'est pas celle de l'origine du langage en elle-même, mais davantage celle des rapports du langage, de la pensée et du réel. Il faut, par ailleurs, être très attentif au lien que l'auteur établit entre les différentes notions et à la progression logique des idées.

■ Problème, thèse et intérêt philosophique

Le problème posé ici est de savoir si le langage nous permet de nous faire une juste représentation du réel. Plus précisément encore, nous permet-il de décrire fidèlement le réel et de bien réfléchir sur lui ? Bergson explique que le langage a une essence fondamentalement utilitaire et sociale, en raison de son origine. C'est ce qui en fait un bon outil *pour l'action* sur le réel, mais c'est ce qui le rend en même temps impropre à une connaissance ou une description du réel *dans sa vérité*. On peut alors se demander s'il s'agit d'une difficulté indépassable. Y a-t-il un moyen pour l'homme de penser et de connaître le réel sans en passer par le langage ? (Voir le thème de « l'intuition » chez Bergson.) La solution ne pourrait-elle pas venir d'un autre rapport au langage, comme dans la poésie, qui ne soit pas utilitaire ? On peut aussi confronter la thèse de Bergson à celle que soutient Rousseau dans l'*Essai sur l'origine des langues* (posthume, 1781). Pour celui-ci, la « fonction primitive » du langage serait plutôt poétique car l'origine des langues s'expliquerait davantage par le désir des hommes d'exprimer leurs passions que par celui de communiquer leurs besoins.

■ Analyse des concepts principaux

– **Le langage :** il s'agit de la capacité humaine à inventer et utiliser des « signes », plus particulièrement des « mots », pour communiquer et s'exprimer. Bergson retient ici seulement la fonction de communication. En effet, l'expression désigne l'extériorisation de pensées et d'idées singulières – ce que ne permet pas le langage, selon son analyse. On désigne aussi comme un « langage » un certain système de signes (une « langue », par exemple).
– **La fonction primitive... les origines :** la « fonction » d'une chose, c'est son utilité ou la finalité pour laquelle elle a été créée. Bergson cherche ici celle qui serait « primitive » pour le langage, c'est-à-dire celle qui serait la première dans le temps et qui en expliquerait l'apparition. Si la question de cette origine est importante pour lui, c'est qu'elle a une conséquence irrémédiable sur l'essence même du langage.
– **Communication :** de façon générale, c'est échanger des idées ou des informations avec autrui. Littéralement, il s'agit de « rendre commun », ce qui est à la fois la visée essentielle du langage mais aussi l'un de ses travers (comme perte de la diversité et de la singularité du réel).

– **Coopération** : c'est l'accomplissement d'une tâche en commun (du latin *operare*, qui a donné « œuvrer » en français, et *cum*, « avec »). À l'échelle d'une société, ce terme peut désigner l'organisation et la division du travail.
– **Action... travail** : le « travail » désigne ici toute forme d'action liée aux besoins vitaux et, plus largement, aux intérêts pratiques de l'homme. Il s'agit principalement de la transformation de la nature dans un sens utile pour l'homme.
– **Le réel** : c'est l'ensemble de ce qui est ou existe. Le problème pour l'homme est de savoir en quoi consiste ce « réel » ou encore comment s'en faire une juste représentation.
– **Chose... mot... idée** : une « chose » est un élément constitutif du réel, considéré dans son existence concrète et singulière. Une « idée » est, en revanche, une abstraction par rapport au réel, formée par généralisation à partir d'un certain nombre d'éléments particuliers relativement semblables (par exemple, l'idée d'« arbre » en général). L'idée semble aller toujours de pair avec un « mot » qui la désigne. En effet, un mot est toujours composé de 2 éléments : un « signifiant » (un certain son ou une certaine trace graphique) et un « signifié » (l'idée associée à ce son ou cette trace).

■ Plan du texte de Bergson

Lignes 1 à 6 : La fonction originelle du langage : un outil social pour le travail humain.
Lignes 7 à 13 : Origine des mots et des idées.
Lignes 13 à 15 : Énoncé de la thèse : le caractère irrémédiablement utilitaire du langage et de la pensée.

CORRIGÉ COMPLET DU COMMENTAIRE

Introduction

Nous faisons spontanément confiance aux mots, et plus particulièrement à leur capacité à nous permettre de parler du réel et de réfléchir sur lui. Pourtant, les langues ont été inventées et instituées par l'homme, et, à ce titre, nous devrions nous interroger sur leur valeur et leur fiabilité. Nous permettent-elles bien de penser le réel dans sa vérité ? Pour répondre à ce problème, Bergson propose de mettre au jour l'origine des mots et, avec elle, celle de nos idées. Sa thèse est que cette origine est fondamentalement utilitaire et qu'elle marque définitivement le langage dans son essence. Pour arriver à cette conclusion, Bergson expose d'abord ce qui est, pour lui, la fonction la plus originelle du langage. Il en montre ensuite la conséquence sur la genèse des mots et des idées. Il termine son analyse par une concession, prenant en compte l'évolution du langage au cours du temps, mais pour mieux réaffirmer sa thèse. Toutefois, n'est-il pas possible d'imaginer une autre origine au langage, qui déterminerait alors son essence de façon différente ? Ou encore n'y a-t-il pas des moyens de remédier au caractère utilitaire et imparfait du langage ?

I Partie explicative

I-1 La fonction originelle du langage : un outil social pour le travail humain (lignes 1 à 6)

Bergson commence par poser la question de la « fonction primitive du langage ». Il cherche ainsi à mettre au jour la fonction la plus ancienne du langage : celle qui permet de rendre compte de son apparition. Le véritable intérêt de cette question n'est pas historique, mais plutôt de faire apparaître quelque chose d'essentiel, qui touche à la nature profonde du langage et qui pourrait demeurer par-delà des évolutions possibles (*cf.* la fin du texte). Pour Bergson, la finalité première du langage est la mise en commun d'idées (« une communication »), dans une visée bien précise : le travail en commun des hommes (« une coopération »). Le langage a ainsi originellement une vocation sociale et utilitaire. Bergson insiste sur cette idée en affirmant que les deux fonctions principales du langage (« prescrire » et « décrire ») sont inséparables logiquement d'une action et donc d'un intérêt pratique. L'homme n'aurait, en effet, aucune raison de communiquer si ce n'était pour s'entendre avec ses semblables et organiser avec eux la satisfaction de ses besoins. Bergson résume d'ailleurs les principaux éléments qui constituent une société et qui rendent le langage nécessaire : l'« industrie » (la production de biens selon une répartition du travail), le « commerce » (l'échange de ces biens selon des accords), l'« armée » (pour la défense de la société et sa sécurité).

I-2 Origine des mots et des idées (lignes 7 à 13)

Bergson approfondit son raisonnement en reconstituant, à partir de ce principe, l'origine des mots et, avec elle, celle des idées. Dans un premier temps, l'existence de mots suppose de déterminer quelles sont les « choses » à désigner dans la réalité. Or, l'origine sociale et utilitaire du langage a pour conséquence une représentation du réel réduite aux besoins de l'activité humaine. C'est pourquoi une langue n'est pas un reflet fidèle du réel, mais plutôt une certaine façon de « découper » le réel en fonction de nos intérêts, de ce qui « appelle » notre action. On peut d'ailleurs le confirmer en comparant les différentes langues entre elles : la langue arabe est, par exemple, très riche en mots au sujet du chameau en raison de l'importance de cet animal dans les sociétés arabes. Dans un deuxième temps, il faut pouvoir regrouper un certain nombre de choses entre elles, sous un « même mot », c'est-à-dire aussi sous une « même idée ». C'est ce qui conduit à un processus de généralisation à partir de la diversité qui compose le réel. Des choses singulières et uniques se voient ramenées à une même idée générale, et à un même mot, non en fonction de ce qu'elles sont en elles-mêmes, mais en fonction de l'usage que l'homme peut en faire. Pour bien le comprendre, il faudrait imaginer une langue « primitive », comportant encore peu de mots et rassemblant grossièrement sous un même mot tout ce qui se mange, par exemple. Par suite, le langage ne peut nous permettre d'exprimer qu'un rapport réduit au réel : une vision simplifiée et généralisée des choses selon leur seul intérêt pratique.

I-3 Le caractère irrémédiablement utilitaire du langage et de la pensée (lignes 13 à 15)

Bergson fait ici une concession : le langage et, avec lui, la pensée « ont sans doute évolué » depuis leurs « origines ». D'abord, parce que les intérêts de l'homme à l'égard du réel se sont élargis et diversifiés bien au-delà de ses besoins. C'est ce qui a engendré l'invention régulière de nouveaux mots, permettant de penser la réalité de façon plus subtile et détaillée. L'homme s'est aussi efforcé de faire du langage un usage moins « primitif » et même non utilitaire, comme dans la poésie ou la littérature. Mais, pour Bergson, ces « évolutions » restent très relatives dans la mesure où elles ne changent rien à la nature profonde du langage. C'est pourquoi il conclut que le mot et l'idée « restent utilitaires cependant ». Il suggère ainsi implicitement de sortir du langage pour avoir un autre rapport au réel. Il faut, pour cela, rompre avec nos méthodes habituelles de réflexion, ne plus passer par la médiation des mots et essayer de « coïncider » directement avec les choses dans ce qu'elles ont de profondément unique. C'est ce que Bergson appelle « l'intuition ».

II Partie critique

Nous avons montré que, pour Bergson, le problème du langage vient de son origine, fondamentalement utilitaire. Il est, en effet, assez vraisemblable que les hommes aient inventé les mots pour pouvoir se communiquer leurs besoins et travailler ensemble à les satisfaire. Pourtant, dans son *Essai sur l'origine des langues*, Rousseau fait observer que les besoins vitaux des hommes peuvent se communiquer plus naturellement et même plus clairement par les gestes, plutôt que par la voix. Par conséquent, ce ne sont pas ces besoins qui peuvent être à l'origine de l'invention des langues. Si l'homme a éprouvé le besoin d'inventer des mots, c'est pour exprimer des choses bien plus nuancées et délicates, comme les « passions » (des sentiments comme l'amour, la tristesse, etc.). Rousseau soutient donc que les mots, dans leur « fonction primitive » (pour reprendre l'expression de Bergson), sont plutôt « poétiques ». Ils ne sont donc pas « utilitaires » par essence.

Conclusion

Ainsi, nous avons vu que, pour Bergson, le langage était irrémédiablement utilitaire en raison de son origine. Par suite, son usage nous rend incapables de penser le réel autrement que dans un rapport réducteur, intéressé et schématique. C'est ce qui appelle un autre exercice de la pensée, libéré des mots : l'intuition. Toutefois, nous avons montré qu'il est possible d'imaginer une autre origine et une autre essence au langage. Cela le placerait du côté de l'art et d'un rapport désintéressé au réel, plutôt que du côté du travail et de l'utilité sociale.

SUJET 52 Série S – France métropolitaine – Juin 2011

DISSERTATION

Peut-on avoir raison contre les faits ?

Corrigé

Travail préparatoire

Notions et repères

Notions : la raison et le réel, théorie et expérience, la vérité, la morale, le devoir, la politique
Repères : en fait / en droit – en théorie / en pratique – idéal / réel – contingent / nécessaire / possible

Remarques générales

Ce sujet demande de la subtilité, en particulier parce qu'il invite à faire le lien entre plusieurs parties du programme. Il requiert, en outre, une bonne maîtrise de quelques éléments d'épistémologie (philosophie des sciences).

Analyse des termes du sujet

– **Avoir raison :** c'est penser ou affirmer que quelque chose est vrai, la « vérité ». Celle-ci consiste dans un accord entre ce que nous pensons ou affirmons et la réalité. Il y a donc, en principe, un rapport nécessaire entre le fait d'avoir raison et ce qui peut être constaté dans les faits. On parle d'ailleurs de « vérités de fait » en ce cas. On les distingue des « vérités de raison », qui sont, elles, indépendantes des faits et qui reposent uniquement sur un accord de notre esprit avec lui-même, selon les règles de la logique (comme en mathématiques). Il apparaît aussi que notre faculté de réflexion (« la raison ») possède en elle-même un critère pour s'assurer de la vérité, sous la forme de la cohérence logique. Ne serait-il donc pas possible d'« avoir raison » indépendamment des faits, voire contre les faits ? On peut, par ailleurs, distinguer deux domaines d'exercice de la raison, dans lesquels on est susceptible d'« avoir raison » : le domaine « théorique » (du grec theoria, « la contemplation »), qui correspond à la simple connaissance de ce qui est, et le domaine « pratique » (du grec *praxis*, « l'action »), qui cherche à définir les principes d'une action « bonne ».
– **Les faits :** un « fait » est, en principe, un élément de la réalité, en tant qu'il est constaté de façon objective et neutre, sans aucune interprétation. C'est ce que l'expérience nous donne spontanément à observer et qu'il suffirait de

savoir recueillir passivement pour connaître la réalité. Pour la même raison, les faits semblent s'imposer comme le critère ultime pour juger de la vérité et de la valeur de nos idées et de nos discours. Le bon usage de la raison consisterait ainsi à savoir se soumettre aux faits et à s'incliner devant eux. La notion de « fait » est cependant discutable : les faits représentent-ils un donné fiable et objectif ? n'appartient-il pas plutôt à la raison elle-même de les critiquer et de les établir ? et, dans le domaine de l'action, ne sont-ils pas ce dont nous devons savoir faire abstraction au nom des exigences morales que nous présente la raison ?

– **Peut-on :** le verbe *pouvoir* renvoie soit à la simple possibilité, soit à la légitimité. Ici, les deux sens sont liés. Se demander s'il est possible d'« avoir raison contre les faits », c'est nécessairement se demander en même temps s'il peut être fondé et justifié de considérer que notre raison puisse être en désaccord avec les faits, tout en étant dans le vrai. La réflexion doit donc, d'une part, chercher ce qui peut remettre en cause l'apparente autorité des faits en matière de vérité et, d'autre part, ce qui peut établir celle de la raison.

■ Problématique

Les faits sont, en principe, la pierre de touche ultime pour mesurer la valeur de toutes les idées que produit notre raison, aussi bien quand il s'agit de connaître la réalité que quand il s'agit de savoir comment bien agir. C'est donc en étant d'accord avec eux que l'on peut trouver l'assurance d'« avoir raison ». D'un autre côté, est-il juste d'accorder aux faits une telle autorité en matière de vérité ? Ne doivent-ils pas leur existence à la raison elle-même ? Par suite, le rôle de la raison n'est-il pas de savoir être dans un rapport critique aux faits ? N'est-il pas possible, dans cette mesure, d'« avoir raison contre les faits » ? Mais alors, quelle garantie pouvons-nous encore obtenir d'« avoir raison », si les faits ne représentent plus une garantie incontestable pour cela ?

■ Plan de la dissertation

I On ne peut avoir raison qu'en accord avec les faits.
II Pour avoir raison, il faut savoir aller contre les faits.
III Limites de la prétention de l'homme à « avoir raison ».

PLAN DÉTAILLÉ DE LA DISSERTATION

I On ne peut avoir raison qu'en accord avec les faits

I-1 Les faits, autorité ultime en matière de vérité

Comme le soutiennent les philosophes « empiristes » (du grec *empeiria*, « l'expérience »), toutes nos idées semblent provenir de « l'expérience », c'est-à-dire des faits qui ont pu être constatés dans la réalité. Par suite, ces faits constituent la base de tous nos raisonnements. On voit donc mal comment on pourrait « avoir raison » contre eux. C'est davantage en faisant l'effort de revenir régulièrement à eux, pour y confronter nos spéculations, que l'on peut trouver la garantie d'être dans le vrai.

I-2 Le recours à l'expérimentation, garantie de vérité en sciences

La science en donne l'exemple par excellence. Le scientifique doit élaborer des hypothèses pour rendre compte des faits observés. Cette démarche suppose d'aller, par le raisonnement, au-delà de ce qui est immédiatement observable. Toutefois, ce n'est qu'en soumettant ces hypothèses au contrôle des faits par l'expérimentation qu'il peut s'assurer de leur vérité. De la même façon, seul le recours à l'expérience, sous la forme d'une « expérience cruciale », permet de départager des théories opposées et qui paraissent pourtant aussi valables les unes que les autres « sur le papier ». Le scientifique doit donc savoir être régulièrement « à l'écoute des faits » pour prétendre avoir raison.

I-3 L'accord avec les faits, garantie de principes d'action utiles car applicables

Dans le domaine pratique, l'accord avec les faits semble aussi être le moyen de déterminer quels sont les meilleurs principes à suivre ou encore quelle est la fin que nous devons viser dans nos actions. En négligeant ou en ignorant les faits, on risque de soutenir des principes vains, inapplicables et utopiques. Machiavel critique, pour cette raison, tous les philosophes qui ont raisonné sur la politique dans l'idéal et entend proposer, au contraire, des principes efficaces, garantis par l'expérience. Il soutient qu'il faut prendre les hommes tels qu'ils sont et qu'il est donc légitime, pour un « prince », de mentir ou d'user de violence. L'idée contraire est peut-être belle, mais elle est sans valeur tant elle apparaît discréditée par les faits.

II Pour « avoir raison », il faut savoir aller « contre les faits »

II-1 Remise en cause de l'autorité des faits

Le rôle de la raison, comme faculté critique, est de permettre à l'homme de prendre une distance avec ce qui se donne à lui dans l'expérience. En effet, on peut montrer que celle-ci ne nous présente le réel que sous un aspect trompeur ou réducteur (nos sens sont limités, susceptibles d'illusions, etc.). À ce titre, l'homme ne doit pas se soumettre aux faits, comme s'ils étaient une donnée indiscutable et indépassable, mais, au contraire, savoir les remettre en question par la réflexion. En ce sens, il est possible et légitime d'« avoir raison contre les faits ».

II-2 La science comme élaboration critique des faits

Il faut voir qu'en sciences il n'existe pas de « fait brut », existant par soi-même et qu'il suffirait de constater. C'est ce que souligne Henri Poincaré quand il écrit que « les faits sont faits ». Il revient au scientifique de constituer les faits par le travail de la raison. Cela suppose de sélectionner dans le réel certains éléments, voire de choisir de les considérer sous un certain aspect. Par exemple, d'après l'expérience commune, c'est un fait que le Soleil « se lève » à l'est et « se couche » à l'ouest. D'un point de vue scientifique cependant, c'est une mauvaise façon de voir les choses : le fait est plutôt que c'est la Terre qui tourne autour du Soleil. C'est d'ailleurs la remise en cause régulière de ce qui se donne à l'homme comme des « faits » qui permet le progrès de la science, voire de véritables révolutions scientifiques.

II-3 La moralité comme exigence de contredire les faits

Dans le domaine moral, il est discutable de déterminer nos principes d'action en fonction des faits. Comme l'écrit Kant, une telle conception représente « la mort de la moralité » (*Sur le lieu commun : il se peut que ce soit juste en théorie, mais en pratique cela ne vaut rien*, 1793). Cela revient, en effet, à oublier la différence entre « ce qui est » et « ce qui doit être », différence qui donne tout son sens à la notion de « devoir ». Par exemple, s'autoriser à mentir sous prétexte qu'être toujours sincère est une maxime inapplicable dans la réalité, c'est entretenir un état de fait que l'on devrait au contraire s'efforcer de changer. La conscience du devoir en l'homme est, en ce sens, comme un appel à donner tort aux faits, du moins à ne pas tenir compte d'eux pour bien agir.

III Limites de la prétention de l'homme à « avoir raison »

III-1 Remise en cause de la possibilité d'« avoir raison »

La valeur des faits doit donc être relativisée. Ne perdons-nous pas alors, en même temps, le moyen de nous assurer de la valeur de nos idées et de nos principes ? Il semble, en ce sens, que l'homme doive renoncer à l'idée de pouvoir « avoir raison » de façon absolue et définitive.

III-2 La recherche de la vérité ne peut être qu'un idéal

Dans le domaine scientifique, il faut ainsi accepter que la recherche de la vérité représente seulement un idéal, un horizon à viser mais impossible à atteindre en lui-même. Le scientifique ne doit pas tant chercher à prouver qu'il « a raison » qu'à faire l'effort constamment de soumettre ses hypothèses aux faits et ces faits eux-mêmes à la critique.

III-3 La moralité implique l'espoir légitime d'« avoir raison »

Dans le domaine moral, le souci d'accomplir son devoir doit pouvoir s'accompagner de la conviction que cela a du sens. Plus précisément, il faut pouvoir penser qu'en agissant bien nous travaillons à quelque chose de réalisable : le progrès de l'humanité dans son ensemble. Or, il est difficile d'en trouver avec certitude la preuve dans les faits, tout autant que la preuve du contraire d'ailleurs. On peut évoquer autant de faits montrant que l'homme progresse moralement que de faits témoignant de l'inverse. Il reste que cette idée d'un « progrès constant de l'humanité » est une supposition nécessaire pour donner du sens à la moralité. C'est pourquoi elle représente au moins un espoir légitime selon Kant, à défaut de pouvoir être une certitude.

SUJET 53 Série S – France métropolitaine – Juin 2011

COMMENTAIRE

Expliquez le texte suivant :

« Chaque degré de bonne fortune qui nous élève dans le monde nous éloigne davantage de la vérité, parce qu'on appréhende plus de blesser ceux dont l'affection est plus utile et l'aversion plus dangereuse. Un prince sera la fable de toute l'Europe, et lui seul n'en saura rien. Je ne m'en étonne pas : dire la vérité est utile à celui à qui on la dit, mais désavantageux à ceux qui la disent, parce qu'ils se font haïr. Or, ceux qui vivent avec les princes aiment mieux leurs intérêts que celui du prince qu'ils servent ; et ainsi, ils n'ont garde de lui procurer un avantage en se nuisant à eux-mêmes.

Ce malheur est sans doute plus grand et plus ordinaire dans les grandes fortunes ; mais les moindres n'en sont pas exemptes, parce qu'il y a toujours quelque intérêt à se faire aimer des hommes. Ainsi la vie humaine n'est qu'une illusion perpétuelle ; on ne fait que s'entre-tromper et s'entre-flatter. Personne ne parle de nous en notre présence comme il en parle en notre absence. L'union qui est entre les hommes n'est fondée que sur cette mutuelle tromperie ; et peu d'amitiés subsisteraient, si chacun savait ce que son ami dit de lui lorsqu'il n'y est pas, quoiqu'il en parle alors sincèrement et sans passion.

L'homme n'est donc que déguisement, que mensonge et hypocrisie, et en soi-même et à l'égard des autres. Il ne veut donc pas qu'on lui dise la vérité. Il évite de la dire aux autres ; et toutes ces dispositions, si éloignées de la justice et de la raison, ont une racine naturelle dans son cœur. »

PASCAL, *Pensées*.

La connaissance de la doctrine de l'auteur n'est pas requise. Il faut et il suffit que l'explication rende compte, par la compréhension précise du texte, du problème dont il est question.

Corrigé

Travail préparatoire

■ Notions et repères

Notions : la vérité, le sujet, autrui, la société, la politique, la morale, le bonheur
Repères : croire / savoir

■ Remarques générales

Ce texte est assez facile à comprendre et pourrait, pour cette raison, prêter à la paraphrase. Par ailleurs, les thèmes de « la vie sociale » et du « mensonge » conduisent vite à dire des banalités. Pour éviter ces écueils, il faut être particulièrement attentif, dans l'explication, au détail des idées et à leur progression.

■ Problème, thèse et intérêt philosophique

Pascal réfléchit, ici, sur la place que peut avoir la vérité dans les rapports entre les hommes. Une véritable vie commune semble ne pouvoir exister qu'à la condition d'un rapport de confiance réciproque entre les hommes. La société devrait donc être fondée sur la vérité ou, du moins, sur la sincérité. Au contraire, Pascal montre que la nature humaine fait que les relations entre les hommes sont condamnées à reposer sur l'illusion et le mensonge. N'est-ce pas ce qui devrait engendrer une méfiance généralisée entre les hommes, détruisant par là tout lien social ? Comment se fait-il que la société puisse se maintenir sur une telle base ? Enfin, est-ce un mal vraiment irrémédiable que décrit ici Pascal ?

■ Analyse des concepts principaux

– **Bonne fortune :** le mot « fortune » n'est pas à entendre, ici, au sens financier ou, du moins, pas seulement ni directement. La fortune désigne la chance, les hasards de la vie qui peuvent nous être favorables ou défavorables. Par suite, la fortune est ce qui nous donne l'occasion d'occuper des places plus ou moins avantageuses dans la société (« les [plus] grandes fortunes » sont ainsi les meilleures situations sociales, celles des « privilégiés », et « les moindres [fortunes] » désignent les plus modestes).
– **Le monde :** il s'agit de la société et, plus particulièrement, des membres les plus favorisés de la société (la « haute société »).
– **La vérité :** de façon générale, c'est la connaissance de ce qui est, la conformité de notre pensée ou de notre discours avec la réalité. Dans le texte, la notion de « vérité » renvoie essentiellement à la question de la connaissance de soi, c'est-à-dire la vérité sur qui nous sommes et, plus précisément, sur nos défauts.

En effet, il faut remarquer que Pascal parle uniquement, ici, de la vérité en tant qu'elle est « blessante » ou, du moins, désagréable. C'est ce qui implique de faire le lien avec le thème de « l'amour-propre », l'estime exagérée que chaque homme a pour lui-même, le poussant à se cacher ses vices et ses défauts.
– **Les princes :** d'après l'étymologie latine (*princeps*, « le premier, le plus important »), il s'agit des gouvernants, des personnages qui sont à la tête de l'État (pas seulement les rois et les princes, mais plus généralement tous les hommes politiques). Pascal désigne ainsi toute personne occupant un poste à responsabilités, disposant d'un certain pouvoir dont elle peut éventuellement faire bénéficier ses subordonnés.
– **Utile... dangereuse... désavantageux... avantage... se nuisant à eux-mêmes... intérêt :** en insistant sur ces concepts, Pascal souligne que ce qui guide l'homme dans ses actions, c'est avant tout le souci de son propre intérêt. Le souci de la vérité ou de la sincérité est donc subordonné à l'avantage que l'homme peut en retirer. Plus généralement, l'homme privilégie ce qui lui semble pouvoir favoriser son bonheur plutôt que le respect de ce que la morale exige de lui.
– **Amitiés :** il s'agit, en principe, d'une estime réciproque, fondée sur la sincérité et une juste connaissance d'autrui. Pascal exclut l'existence d'une telle amitié. Dans les faits, il ne peut y avoir, selon lui, qu'une hypocrisie réciproque, où chacun dissimule ce qu'il pense vraiment de l'autre.
– **Sincèrement et sans passion :** c'est-à-dire en toute objectivité (pas sous le coup de la colère, par exemple, qui peut parfois nous faire dire des choses que l'on ne pense pas, ni pour éventuellement faire plaisir à quelqu'un qui n'aime pas celui dont nous sommes l'ami).
– **Déguisement... mensonge... hypocrisie :** le terme « déguisement » est à prendre dans un sens moral ou psychologique (« déguiser » ses pensées ou ses sentiments). Le mensonge consiste à essayer de faire croire à quelqu'un le contraire de ce que l'on pense être vrai. L'étymologie grecque d'*hypocrisie* renvoie, à l'origine, aux mimiques de l'acteur de théâtre. Être hypocrite, c'est, en ce sens, « jouer un rôle », dissimuler sa véritable personne sous un « personnage ». Pour Pascal, ces trois termes résument la comédie que représente la vie sociale, où chacun s'applique à cacher à autrui ses véritables pensées à son sujet.
– **La justice... la raison :** le terme « justice » ne renvoie pas, ici, au domaine juridique (les lois instituées par les hommes) ou judiciaire. Il s'agit de la vertu morale de justice, c'est-à-dire de ce qui doit être ou de ce qu'il est juste de faire pour bien agir. La « raison » désigne la faculté qui indique à l'homme comment se conduire de façon sage, « raisonnable ». Ces deux notions représentent donc la manière dont les hommes devraient se comporter pour mener une existence digne de la faculté de penser qu'il y a en eux.
– **Une racine naturelle dans son cœur :** le « cœur » désigne la partie la plus intime et la plus profonde de notre être. C'est le siège de tous les sentiments qui nous animent et, en particulier, de l'amour-propre. En affirmant que « le malheur », qui pervertit les relations humaines, y trouve sa « racine naturelle », Pascal semble indiquer qu'il s'agit d'une fatalité, d'un mal irrémédiable, car

lié à la nature profonde de l'homme. (Pour ne pas commettre de contresens ici, il ne faut pas établir le lien avec la valorisation que fait Pascal, par ailleurs, du « cœur » comme sentiment nous permettant de sentir certaines vérités inaccessibles à la raison.)

■ Plan du texte de Pascal

Lignes 1 à 8 : Mise en évidence d'une sorte de « loi » : plus on occupe une place avantageuse dans la société et plus il faut renoncer à vivre dans la vérité.
Lignes 9 à 16 : Exposition de la thèse, à travers la généralisation de cette loi aux relations sociales dans leur ensemble : elles ne peuvent reposer que sur l'absence de sincérité envers autrui.
Lignes 17 à 20 : Mise au jour de la cause radicale de ce mal : l'amour-propre de chacun.

CORRIGÉ COMPLET DU COMMENTAIRE

Introduction

Ce qui semble fonder les rapports entre les hommes dans une société, c'est que chacun espère parvenir à assurer ses propres intérêts grâce aux autres. Une société devrait donc pouvoir reposer sur la confiance. Au contraire, Pascal affirme, dans cet extrait, que la vie en société prend nécessairement la forme d'une dissimulation généralisée, par laquelle chacun ment à chacun pour préserver ses intérêts. Pour établir cette thèse, l'auteur commence par analyser et mettre en évidence ce phénomène à son niveau le plus visible, à savoir les instances de pouvoir. Il montre, ensuite, que cette analyse doit être étendue à la société dans son ensemble et à tous les rapports humains. Enfin, Pascal fait apparaître la cause première et profonde de ce mal qui touche la société : l'amour-propre, qui entache la nature humaine. S'agit-il cependant d'un mal irrémédiable ? N'est-il pas possible de faire comprendre aux hommes qu'ils vont, en réalité, contre leur véritable intérêt en faisant aussi peu de cas de la vérité ?

I Partie explicative

I-1 Mise en évidence d'une sorte de « loi » (lignes 1 à 8)

L'extrait commence par l'énoncé d'une sorte de « loi » : plus on accède à des places avantageuses dans la société et plus il faut renoncer à vivre dans la vérité. Le phénomène tient au fait que le devoir de dire la vérité se heurte bien souvent aux intérêts des individus. Pascal relève, à ce sujet, un décalage entre les deux parties concernées : « Dire la vérité est utile à celui à qui on la dit, mais désavantageux à ceux qui la disent. » Il y a ici un présupposé implicite : dire la vérité à autrui est préjudiciable dans la mesure où celle-ci est désagréable à entendre. Si Pascal évoque la vérité uniquement sous son aspect « blessant », c'est parce que c'est le seul à poser problème (il est facile de dire une vérité agréable). C'est aussi parce que « la vérité » dont il est question ici correspond directement ou indirectement aux qualités et aux défauts des personnes. Or, pour Pascal, l'homme est surtout défini par des défauts et des imperfections. Entendre la vérité est donc souvent désagréable mais pas inutile, comme le précise le texte. Cela permet de mieux se connaître, de s'améliorer éventuellement, de savoir en tout cas quelles sont les véritables idées des autres à son égard. Or, plus on s'élève socialement et plus on est en relation avec des gens qui ont du pouvoir et qui peuvent nous procurer de grands avantages. On a donc beaucoup à perdre en tenant des propos pouvant passer pour des critiques. D'où cette conséquence paradoxale : plus on a de pouvoir et de responsabilités et plus on vit dans un entourage faux, trompeur. Ce que décrit Pascal ici correspond directement aux pratiques des « courtisans » de l'Ancien Régime (*cf.* l'allusion à « un prince » qui serait « la fable de toute l'Europe », c'est-à-dire un sujet de moquerie générale tant il est victime des flatteurs qui l'entourent). Mais cette analyse est généralisable à toute société hiérarchisée.

I-2 Exposition de la thèse, à travers la généralisation de cette « loi » : l'absence de sincérité envers autrui (lignes 9 à 16)

Pascal poursuit son analyse en l'étendant à la société dans son ensemble et à toutes les formes de relations humaines. S'il a commencé par étudier le phénomène au niveau le plus haut de la société (« les [plus] grandes fortunes »), c'est seulement parce qu'il s'y manifeste de façon plus évidente. Mais cette « loi » vaut à tous les échelons de la société. En effet, toutes les relations humaines sont soumises à la même logique. Même lorsque les enjeux sont moindres, ils ne sont jamais totalement négligeables : personne ne prend donc le risque de déplaire à autrui en lui parlant de façon sincère et véridique. Pascal en tire la conséquence logique que « l'union [...] entre les hommes n'est fondée que sur cette mutuelle tromperie ». Autrement dit : les hommes ne peuvent vivre les uns avec les autres que dans des rapports faussés, où chacun ment à chacun. Pascal l'affirme même de l'amitié, qui est pourtant, par définition, la forme la plus sincère et authentique du rapport à autrui. Elle suppose, en principe, une estime réciproque, fondée sur la juste connaissance de chacun, et doit être séparée de toute question d'intérêt. Pour Pascal, rien de tel ne peut exister dans les faits : personne ne pourrait aimer quelqu'un qui le connaisse pour ce qu'il est vraiment et qui ait le courage de lui dire ce qu'il pense sincèrement de lui.

I-3 Mise au jour de la cause radicale de ce mal : l'amour-propre de chacun (lignes 17 à 20)

Pascal termine son analyse en dégageant la cause première et profonde de ce mal social, sa « racine naturelle » : l'amour-propre individuel. L'amour-propre désigne l'estime que chacun se porte, qui pourrait être légitime. Cependant, pour Pascal, cet amour-propre prend nécessairement des proportions exagérées. Il nous pousse à ignorer nos défauts ou à nous inventer des qualités, et, plus généralement, à refuser de connaître et d'entendre la vérité sur nous-même. La comédie sociale que les hommes se jouent entre eux trouve donc son origine dans la comédie que chacun se joue à lui-même, en son for intérieur (« L'homme n'est donc que déguisement, que mensonge et hypocrisie, et en soi-même et à l'égard des autres »). En parlant de « racine naturelle », ancrée dans le « cœur » de l'homme, Pascal suggère, de façon pessimiste, qu'il s'agit là d'un mal irrémédiable, lié à la nature même de l'homme.

II Partie critique

Ne faut-il pas pourtant essayer de dépasser ce constat amer ? Nous avons vu que le problème tenait au fait que le principal souci des hommes était celui de leurs intérêts et qu'ils y subordonnaient le devoir de dire la vérité. La solution serait donc de faire prendre conscience aux hommes qu'en réalité ils assurent mal leurs intérêts de cette façon. En effet, par cette dissimulation constante de la vérité, ils ne peuvent aboutir qu'à des relations humaines fausses ou du moins superficielles. De plus, si l'on se permet de mentir au nom de son intérêt particulier, il faut avoir conscience que tous les autres hommes sont susceptibles d'en faire autant. Une telle façon d'agir engendrerait une méfiance généralisée : tout le contraire de ce qui peut fonder une véritable société. Plus profondément encore, il faut que chacun fasse l'effort de lutter contre les excès de son amour-propre, en acceptant de mieux se connaître soi-même, y compris dans ses défauts. Pour cela, il faut comprendre que les illusions que l'on se fait sur soi ne peuvent pas rendre vraiment heureux. Elles n'apportent qu'un plaisir « de surface », car on doit bien sentir au fond de soi que l'on se ment, comme on ment aux autres. Enfin, comme le soutient Pascal, même si l'homme est imparfait, il y a du moins une dignité à savoir reconnaître ses défauts. C'est là encore ce qui doit nous apporter une satisfaction plus profonde que de fuir la vérité.

Conclusion

Nous avons donc vu que, selon Pascal, les hommes ne pouvaient pas vivre autrement que dans des rapports de dissimulation et de mensonge. En effet, chaque homme cherche naturellement à assurer et protéger ses intérêts – ce qui le conduit à toujours ménager la susceptibilité d'autrui en lui cachant la vérité. Une telle attitude aboutit à un résultat opposé à celui recherché. Elle n'engendre que des rapports faux, superficiels, ou une méfiance réciproque, contraires à ce qui fonde une vraie société mais aussi au véritable bonheur. C'est ce dont chacun devrait prendre conscience, pour remédier à ce mal social.

L'ÉPREUVE ORALE DE RATTRAPAGE

EXEMPLE DE TEXTE Explication du préambule de la *Lettre à Ménécée* d'Épicure

« Quand on est jeune, il ne faut pas remettre à philosopher et quand on est vieux il ne faut pas se lasser de philosopher. Car jamais il n'est trop tôt ou trop tard pour travailler à la santé de l'âme. Or celui qui dirait que l'heure de philosopher n'est pas encore venue pour lui ou est passée, ressemblerait à un homme qui dirait que l'heure d'être heureux n'est pas encore venue ou qu'elle n'est plus. Par conséquent, le jeune homme et le vieillard doivent donc philosopher l'un et l'autre, celui-ci pour rajeunir au contact du bien, en se remémorant les jours agréables du passé, celui-là afin d'être, quoique jeune, tranquille comme un ancien en face de l'avenir. Ainsi, il faut méditer sur les causes qui peuvent produire le bonheur car lorsque nous l'avons, nous avons tout et lorsqu'il nous manque nous faisons tout pour l'avoir.

Attache-toi donc aux enseignements que je n'ai cessé de te donner et que je vais te répéter, mets-les en pratique et médite-les, convaincu que ce sont là les principes nécessaires pour bien vivre. »

Présentation de l'auteur et de l'œuvre

1. Présenter Épicure comme un philosophe grec de l'Antiquité en insistant sur ce qui domine sa philosophie :

– le **matérialisme** : toute la réalité se compose de matière, à savoir d'atomes « tombant » dans le vide et s'entrechoquant ;

– l'**hédonisme** : le but de la vie et la morale doivent se résumer à rechercher le bonheur compris comme plaisir, sachant que pour Épicure c'est le plaisir simple de l'âme et du corps en paix, ce qu'il nomme « ataraxie » (absence de troubles).

2. Présenter la *Lettre à Ménécée* comme une lettre écrite à un jeune disciple et se résumant à une morale du bonheur en quatre points (quadruple remède).

Situation du texte

Ce préambule annonce les quatre remèdes qui suivent en insistant sur la nécessité de philosopher pour être heureux. Il permet de comprendre l'importance de la philosophie.

Thèse et plan du texte

Le texte propose ici de montrer l'importance de la philosophie à tout âge de la vie en expliquant le rapport entre la philosophie et le bonheur. C'est parce qu'à tout âge nous désirons être heureux qu'à tout âge alors il faut faire de la philosophie.
– « Quand on est jeune… vieux » : urgence de la philosophie à tout âge.
– « Car… n'est plus » : rapport entre philosophie et bonheur.
– « Par conséquent… avenir » : ce qu'apporte la philosophie au jeune homme et au vieillard.
– « Ainsi… l'avoir » : importance du bonheur dans la vie humaine.
– « Attache-toi… bien vivre » : rôle de la pratique dans la philosophie.

EXPLICATION DÉTAILLÉE

Première partie : nécessité et urgence de la philosophie à tout âge

➤ « Quand on est jeune… quand on est vieux »
Épicure commence par souligner la nécessité et l'urgence de la philosophie aux âges extrêmes de la vie, jeunesse et vieillesse, remettant ainsi en question l'opinion commune posant qu'à ces âges, la philosophie serait secondaire ou inutile.

➤ « remettre »
En effet, on peut croire le jeune dispensé de philosopher car il aurait tout le temps devant lui ou aurait d'autres préoccupations plus importantes (pour Platon par exemple, la philosophie ne doit être enseignée qu'à un âge mûr, après d'autres connaissances).

➤ « se lasser »
De même on peut croire que le vieillard n'a plus besoin de philosopher car il saurait déjà tout, de par son âge, ou bien parce qu'il aurait d'autres soucis ou serait fatigué.

Deuxième partie : explication et mise en évidence du rapport entre philosophie et bonheur

➤ « trop tôt… trop tard »
Épicure explique ensuite (« car ») cette urgence par le rapport entre philosophie et bonheur. C'est parce que la philosophie apprend à être heureux qu'on en a besoin durant notre vie entière.

➤ « santé de l'âme »
Épicure compare en effet la philosophie à une médecine de l'âme. D'une part la notion de santé renvoie ici à ce qu'Épicure nomme « ataraxie », à savoir absence de troubles, tranquillité de l'âme. D'autre part cette santé correspond

chez Épicure à quelque chose de « matériel », à savoir une certaine composition « atomique », un équilibre de la matière qui compose nos pensées.

➤ « Or… ressemblerait… »
Pour renforcer ses propos, Épicure oppose cette attitude sensée consistant à rechercher le bonheur par la philosophie, à une attitude absurde consistant à ne pas vouloir être heureux. Il montre par là clairement que refuser de philosopher revient à refuser d'être heureux, ce qui est absurde. En effet, tout homme, même jeune et même vieux, désire être heureux.

Troisième partie : conséquences de la philosophie sur le bonheur du jeune homme et du vieillard

➤ « l'un et l'autre »
Épicure suggère que le jeune et le vieil homme doivent philosopher aussi bien l'un que l'autre, ou encore ensemble. Cela suppose qu'ils ne recherchent pas le même bonheur d'une part, ou encore qu'ils pourront s'apporter mutuellement ce qui leur manque, le jeune homme apportant la jeunesse et le vieil homme apportant son expérience.

➤ « celui-ci… rajeunir au contact du bien »
Épicure commence par le vieil homme pour montrer que la philosophie va lui apporter la **jeunesse** qu'il n'a plus (et que possède le jeune). La philosophie va permettre en effet au vieil homme la « réminiscence affective » : se souvenir de sa jeunesse. En effet, selon la conception matérialiste d'Épicure, le souvenir est matériel, notre passé étant **conservé** matériellement en nous et toujours **disponible**. Se souvenir du passé, c'est donc le revivre **pareillement** à ce qu'on a vécu. Le vieil homme peut donc, parce qu'il a fait provision de plaisir, retrouver le plaisir de sa jeunesse et le revivre.

➤ « le jeune homme… tranquille comme un ancien en face de l'avenir »
Épicure poursuit par le jeune homme en montrant que la philosophie va lui apporter ce qui lui manque (et que possède le vieil homme), à savoir la **tranquillité** face à l'avenir. En effet, le jeune est marqué par l'incertitude et l'amplitude de l'avenir (nous ne pouvons prévoir ce qui va nous arriver, il y a une part de hasard, de destin). Or la philosophie permet au jeune de ne pas craindre l'avenir, puisque les « remèdes » qu'elle lui apporte vont justement lui permettre de mieux maîtriser l'avenir : elle lui apprend en effet à ne pas craindre les dieux, à ne pas craindre la mort, à maîtriser ses désirs et la douleur, et à s'assurer d'un bonheur accessible par lui-même (*cf.* les quatre remèdes). Cette tranquillité est irréversible (une fois son âme transformée par la philosophie, le jeune est en quelque sorte « blindé » contre les coups du sort) bien qu'à entretenir (*cf.* la fin du préambule).

Quatrième partie : importance du bonheur

➤ « nous avons tout… nous faisons tout pour l'avoir »

Épicure reprend ensuite la conception aristotélicienne du bonheur comme « fin » de la vie humaine pour insister sur l'idée que la philosophie est absolument nécessaire, essentielle. Il pose ainsi que le bonheur est plénitude achevée = notre **seul but** (lorsque nous sommes heureux, nous ne désirons plus rien d'autre) et qu'il est le but vers lequel tendent **toutes nos actions = tout ce que nous faisons est orienté vers une seule chose, le bonheur**.

➤ « causes qui peuvent produire le bonheur »

Les causes du bonheur sont en fait les remèdes que va nous apporter la philosophie, à savoir des manières de mieux concevoir ce qui pour nous est source de crainte.

Cinquième partie : rôle de la pratique (manière de philosopher)

➤ « cessé… répéter »

Épicure insiste sur la répétition comme moyen d'assimiler les principes philosophiques. En effet, il faut modifier la structure atomique de notre âme pour la libérer des craintes, ce qui suppose une sorte de gymnastique : se répéter de nombreuses fois la même chose : « tâchez de confier 10 000 fois à votre mémoire ce que nous venons de dire » (Maximes).

➤ « mets-les en pratique »

Épicure insiste également sur la dimension pratique de la philosophie : il ne s'agit pas de connaître pour connaître (théorie) mais de connaître en vue d'agir et de vivre autrement. Il faut donc appliquer les principes, les conceptions à notre expérience quotidienne, si l'on veut être heureux (le plaisir visé ici n'est pas un plaisir intellectuel, c'est le plaisir du corps et de l'âme apaisés, libérés des troubles qui les menacent).

➤ « principes nécessaires »

Les principes nécessaires désignent ici les quatre remèdes qui vont suivre. Ce sont des **règles** et des « **commencements** » (sens de principe) dont **on ne peut se passer** (sens de « nécessaire ») si l'on veut être heureux.

Conclusion

Ce préambule est une sorte de mise en condition mettant en valeur les remèdes qui vont suivre en insistant sur leur rapport avec le bonheur. C'est une manière de concevoir la philosophie comme savoir en vue de la sagesse, et c'est aussi une manière d'inviter tous les hommes à philosopher (conception universelle de la philosophie), et non pas quelques-uns à qui cet exercice serait « réservé » (conception élitiste de la philosophie).

LISTE DES REPÈRES

Ces repères sont des outils conceptuels nécessaires à la réflexion. À la différence des notions, dont la définition doit être interrogée et problématisée, ils peuvent faire l'objet d'une définition élémentaire accréditée par la tradition.

Absolu / relatif

Est absolu ce qui vaut sans conditions et sans limites. Est relatif ce qui ne vaut qu'en relation avec quelque chose ou quelqu'un et qui varie en fonction de cette relation (sujets 3, 9, 20, 35).

Abstrait / concret

Ce qui est abstrait renvoie au domaine des idées et du général. Ce qui est concret renvoie aux choses, à ce qui est singulier et à ce qui peut faire l'objet d'une expérience sensible (sujets 15, 22, 32, 51).

Analyse / synthèse

L'analyse est l'action de décomposer en éléments simples. La synthèse est l'opération inverse, consistant à rassembler les principaux éléments en un tout.

Cause / fin

La fin permet de rendre raison de l'existence de quelque chose en fonction d'un but : telle chose existerait « pour ». La cause explique l'existence d'une chose par son origine : telle chose existerait « parce que » (sujets 25, 27, 28, 30, 31, 51).

Contingent / nécessaire / possible

Est contingent ce qui existe, mais qui aurait pu ne pas exister. Est nécessaire ce qui existe et qui ne peut pas ne pas exister. Est possible ce qui n'existe pas, mais qui peut exister (sujets 2, 19, 24, 36, 39, 40, 41, 46, 47, 52).

Croire / savoir

De façon générale, croire, c'est tenir pour vrai de façon subjective alors que savoir, c'est tenir pour vrai en s'appuyant sur des éléments objectifs. On peut distinguer plusieurs degrés de croyance, allant de la simple opinion à la foi, laquelle implique une conviction intime (sujets 1, 5, 7, 18, 19, 21, 24, 29, 41, 44, 46, 48, 53).

En acte / en puissance

Ce qui est en acte correspond à ce qui est réalisé effectivement. Ce qui est en puissance, c'est ce qui n'existe qu'à titre de possibilité, autrement dit ce qui est en attente de réalisation (sujets 11, 13, 16, 38, 50).

En fait / en droit

Ce qui est « en fait », c'est ce qui existe dans les faits, sans être forcément légitime. Ce qui vaut « en droit », c'est ce qui devrait être, si l'on s'en tient à un principe de morale ou de justice, voire de logique (sujets 2, 10, 36, 37, 52).

En théorie / en pratique

« En théorie » renvoie au champ de la pensée et aux principes qu'elle peut établir. « En pratique » renvoie au domaine de l'action et de la réalité qu'imposent les faits (sujets 4, 15, 29, 52).

Essentiel / accidentel

Ce qui est essentiel, c'est ce qui renvoie à l'essence d'une chose, c'est-à-dire aux propriétés qui la définissent et qu'on ne peut lui retirer sans qu'elle devienne autre chose. Est accidentelle une propriété qui se trouve dans une chose mais de façon contingente, donc que l'on pourrait très bien lui retirer (sujets 7, 8, 11, 12, 16, 25, 36, 40, 41, 50).

Expliquer / comprendre

Expliquer, c'est rendre compte de quelque chose par des causes. Comprendre, c'est rendre compte de quelque chose par des raisons (fins, intentions) (sujets 2, 8, 19, 25, 26, 50).

Formel / matériel

Pour être valable d'un point de vue formel, il suffit qu'un raisonnement respecte les exigences de la logique. Pour être valable d'un point de vue matériel, il faut qu'il soit conforme à la réalité (sujets 10, 21, 23, 24).

Genre / espèce / individu

Ces concepts permettent de classer des êtres et des choses, voire des idées (en logique). Le genre désigne le groupe général auquel appartient l'individu et l'espèce est un sous-groupe du genre (sujets 27, 28, 41).

Idéal / réel

Ce qui est réel, c'est ce qui existe dans les faits. L'idéal est ce qui n'existe qu'en pensée mais qui représente un modèle de ce qui devrait être, un horizon vers lequel tendre (sujets 6, 7, 14, 36, 52).

Identité / égalité / différence

L'identité désigne le fait d'être le même d'un point de vue qualitatif. L'égalité porte sur un rapport quantitatif. La différence consiste à ne pas être le même soit du point de vue de la qualité, soit du point de vue de la quantité (sujets 4, 10, 30, 34, 36).

Intuitif / discursif

Ce qui est intuitif, c'est ce qui peut être saisi de façon immédiate soit de façon sensible, soit sous la forme d'une évidence intellectuelle. Ce qui est discursif implique l'idée de raisonnement et d'articulation en un discours (sujets 5, 11, 12, 18, 19, 20, 21, 23, 24).

Légal / légitime

Ce qui est légal est ce qui est conforme à ce que les lois civiles (le droit positif) définissent comme juste. Ce qui est légitime renvoie à ce qui serait juste en soi, selon une loi morale absolue (sujets 2, 18, 35, 36, 37, 38, 39, 45).

Médiat / immédiat

Est immédiat ce qui ne passe pas ou ce qui ne suppose pas de passer par des intermédiaires, autrement dit ce que l'on peut atteindre directement. On qualifie de médiat quelque chose qui ne s'atteint qu'indirectement (sujets 1, 9, 11, 12, 13, 21, 22, 29, 32, 37).

Objectif / subjectif

Est subjectif ce qui est relatif à un sujet, c'est-à-dire à un individu particulier. Est objectif ce qui vaut de façon universelle en faisant abstraction de tout point de vue particulier. Ainsi, être objectif, c'est ne tenir compte que de l'objet jugé indépendamment du sujet qui juge (sujets 3, 4, 5, 7, 8, 9, 10, 14, 17, 18, 19, 20, 21, 22, 23, 25, 26, 38, 46, 48).

Obligation / contrainte

La contrainte désigne ce qui nous est imposé extérieurement. Elle représente une nécessité absolue à laquelle on ne peut se soustraire. L'obligation désigne, en revanche, ce que l'on s'impose à soi-même intérieurement. Elle suppose donc la liberté : c'est dès lors ce que l'on peut ne pas faire mais que l'on doit faire du point de vue du devoir moral (sujets 1, 24, 29, 35, 38, 39, 43).

Origine / fondement

L'origine désigne le simple commencement historique. L'idée de fondement implique en plus celle de légitimité. La première nous permet donc d'expliquer l'existence de quelque chose, la seconde permet de la justifier (sujets 3, 17, 18, 31, 33, 37, 42, 51).

Persuader / convaincre

Persuader, c'est amener quelqu'un à adhérer à un jugement à partir d'éléments subjectifs pouvant influencer sa sensibilité. Convaincre, c'est s'adresser à la raison de son interlocuteur en recourant à des éléments objectifs et démonstratifs (sujets 12, 21, 24).

Principe / conséquence

Le principe désigne « ce qui est premier », ce qui est au point de départ ou au fondement d'un raisonnement. La conséquence désigne ce qui en résulte de façon nécessaire (sujets 24, 27, 40, 41).

Ressemblance / analogie

On parle de ressemblance pour des éléments que l'on peut comparer directement et qui comportent suffisamment d'éléments semblables. Une analogie est une comparaison indirecte qui fait apparaître une identité de rapport impliquant quatre éléments (sujets 15, 28, 31, 40).

Transcendant / immanent

Ce qui est transcendant, c'est ce qui appartient ou est capable de s'élever à un autre ordre que celui de la réalité. Ce qui est immanent, c'est ce qui appartient à ce même ordre de réalité (sujets 9, 18, 20, 27, 30).

Universel / général / particulier / singulier

On qualifie d'universel ce qui est valable sans exception. Le général admet des exceptions, c'est ce qui est valable dans la plupart des cas. Le particulier se distingue du général comme ce qui est valable dans certains cas seulement. Le singulier se distingue de l'universel comme ce qui n'est valable que pour un seul individu (sujets 3, 4, 9, 10, 12, 20, 21, 23, 24, 27, 28, 30, 32, 41, 42, 46, 47, 48, 49, 51).

Achevé d'imprimer en Italie par L.E.G.O. S.p.A.
Dépôt légal : 08/2011 - Edition n° 01 - Collection n° 56
16/0308/3